桥梁维护、安全与运营管理

——迎接大数据时代

陈艾荣　冯良平　阮　欣　编

内 容 提 要

本书重点介绍了大数据时代背景下桥梁维护、安全与运营管理面临的问题和挑战，从桥梁维护与安全应用实际出发，介绍了桥梁结构运营维护、桥梁运营荷载、桥梁模型修正等多个方面的研究进展，提出了基于海量数据的桥梁管养维护新方法，介绍了基于桥梁管理养护需求的决策方法与管养体系。

本书可供从事桥梁设计、管理养护及相关研究人员使用，也可供高等院校相关专业的高年级本科生和研究生参考使用。

图书在版编目(CIP)数据

桥梁维护、安全与运营管理：迎接大数据时代／陈艾荣，冯良平，阮欣编. —北京：人民交通出版社股份有限公司，2015.5

ISBN 978-7-114-12217-0

Ⅰ.①桥… Ⅱ.①陈… ②冯… ③阮… Ⅲ.①桥－维修②桥－安全管理③桥－运营管理 Ⅳ.①U445.7

中国版本图书馆 CIP 数据核字(2015)第 082977 号

书　　名：桥梁维护、安全与运营管理——迎接大数据时代
著 作 者：陈艾荣　冯良平　阮　欣
责任编辑：曲　乐　卢俊丽
出版发行：人民交通出版社股份有限公司
地　　址：(100011)北京市朝阳区安定门外外馆斜街 3 号
网　　址：http://www.ccpress.com.cn
销售电话：(010)59757973
总 经 销：人民交通出版社股份有限公司发行部
经　　销：各地新华书店
印　　刷：北京市密东印刷有限公司
开　　本：720×960　1/16
印　　张：19.5
字　　数：311 千
版　　次：2015 年 5 月　第 1 版
印　　次：2015 年 5 月　第 1 次印刷
书　　号：ISBN 978-7-114-12217-0
定　　价：70.00 元

序

在役桥梁的安全性和耐久性问题日益得到关注，桥梁的安全管理和科学维护正在成为全世界桥梁工程界的研究热点。国际桥梁养护与安全协会(International Association for Bridge Maintenance and Safety)是专注于这一领域的国际学术协会，它成立于1999年，协会的宗旨为提升桥梁养护、安全和管理领域的国际交流与合作，增强理论与实践之间的沟通，促进技术发展和创新。协会创建以来，通过主办和协办国际会议、技术论坛等活动，为桥梁管养相关领域的工程师、管理者和研究人员提供了一个相互了解和交流的平台，对促进领域发展做出了积极贡献。

国际桥梁养护与安全协会主办和协办的众多会议和专题活动中最为重要的是桥梁维护、安全和管理系列国际会议。自2002年起，逢双年，已分别于西班牙、日本、葡萄牙、韩国、美国、意大利和中国举办了七届会议。第七届会议于2014年在中国上海召开，会议吸引了来自近40个国家的700余位代表，收到600余篇论文摘要，并最终录用了396篇论文。在为期五天的会议中，组织方共邀请了9位领域内顶尖学者发表了大会主题演讲，并组织了48场专题研讨会，获得了圆满成功。

在业内同仁的支持下，2012年，成立了国际桥梁养护与安全协会的中国团组(IABMAS - China Group)，目的是促进和提升国内桥梁维护与安全领域内的研究及学术联系，促进领域内工程师、管理者和研究人员的学术交流。协会的主要活动是举办两年一次的全国桥梁维护与安全学术会议。2012年，第一届会议与团组成立大会同期在同济大学召开，来自全国多家高等院校与研究单位近200人参加，10位特邀嘉宾在会上发表了主题演讲。会后，团组将部分演讲内容扩充整理，出版了《桥梁维护、安全与运营管理——技术与挑战》一书。2013年4月第二届全国桥梁维护与安全学术会议在重庆交通大学召开，会议邀请了多位领域内顶尖专家学者发表了主题演讲，并选取了40篇高质量会议论文以《重庆交通大学学报》增刊的方式正式出版。

在第二次会议成果的基础上，同时结合近两年来国内在桥梁安全、维护领域中的最新研究进展，我们邀请了来自工程单位和高等院校的10位专家，编写了本书。本书重点介绍了大数据时代背景下桥梁维护、安全与运营管理研究面对的挑战与进展，从桥梁维护与安全应用实际出发，说明了桥梁结构运营状态、桥上荷载形式、桥梁结构模型等多个方面对数据的采集与处理方法，建立了基于海量数据的健康监测与维护管理过程，引进了基于桥梁管理养护需求的决策方法与体系建设。

在我国桥梁维护与安全领域研究需求的不断推动下，IABMAS中国团组得到了迅速的发展，在国内和国际相关领域内的影响力日益增强。中国团组也将利用这一优势，更好地组织国内相关研究领域内的学术交流，进一步促进领域发展，为社会进步做出积极贡献。2015年5月将在长安大学召开第三届全国桥梁维护与安全学术会议，就可持续桥梁、桥梁长期性能、桥梁维护策略等研究主题开展广泛深入的讨论。在此也借这个机会，对关注与支持中国桥梁维护与安全领域发展的研究者与读者致以真诚的谢意。

由于时间紧迫、编者水平有限，书中难免有错漏，望广大读者不吝赐教。

国际桥梁维护与安全协会中国团组　主席

陈艾荣

2015年3月

目录

第1章　大型桥梁的管养体系

冯良平

中交公路规划设计院有限公司，北京市德胜门外大街85号，100088

1.1　引言

中国拥有众多宽阔的河流、峡谷和漫长的海岸线。为了适应交通运输的需要，中国政府在大约20年的时间内耗费巨资，建设了大量的大跨径桥梁。这其中，不乏类似于苏通大桥、港珠澳大桥等世界级的超大工程。为了保证这些桥梁的正常通行，中国政府每年需要花费巨资进行桥梁养护。然而，随着大型桥梁设计的轻柔化、复杂化，以及桥梁安全事故的频频发生，大型桥梁的养护管理问题越来越突出。我国现行的养护规范及管理模式，主要针对的是中小型混凝土桥梁，对大型桥梁的适用性还有待完善。因此，建立与大型桥梁结构相适应的养护管理制度，构筑高效、科学、合理的养护管理体系，是十分必要的。

大型桥梁管养体系是桥梁养护管理活动中的组织结构、职权和责任划分、制度建设与执行的总称。根据我国目前长大桥梁的产权性质的不同，可分为经营性管理体系和非经营性管理体系。经营性管理体系的管理主体为经营性桥梁业主单位,采用的是"谁收费、谁管养"模式。非经营性管理体系的管理主体为地方交通运输主管部门及其公路管理机构,均采用的是"管养分离"模式。受地区经济发展水平、管养模式、资金保障等各方面因素的影响,不同管养体系下桥梁的总体管养水平存在差异。在本章中,分别从养护理念、管理制度、管养模式、管理体系等方面进行论述。

1.2 大型桥梁养护理念

传统的桥梁养护主要是指桥梁的检查和保养。广义的桥梁养护概念是指为保证桥梁运营期的安全性、适用性、耐久性而采取的各种工程行为。基于这样的概念,桥梁养护行为的介入应从建设期开始,一直延伸到桥梁寿命的终结。对于大跨径桥梁,"七分建,三分养"显得尤为重要。桥梁养护行为主要包括以下几个方面。

建:建设期从设计的角度提出要求,为日后开展桥梁养护工作创造条件。

管:为运营期的桥梁管养建立科学合理的管理体系和管理制度,指导养护工作的顺利开展。

养:对桥梁结构进行例行的保养,包括小规模的修补。

查:采用人工、自动或半自动的方式采集和发现与桥梁安全相关的各类信息。

评:从安全、适用、耐久等各个角度,对桥梁结构的状况进行评估。

修:对桥梁出现的损伤进行维修和加固。

研:与桥梁管养相关的各类科研工作。

1.2.1 预防性养护理念

桥梁的预防性养护是指为了防止桥梁病害的发生和延迟桥梁轻微病害的进一步扩展,以减缓桥梁病害发展速度、延长桥梁使用寿命为目的的养护作业。它是一种周期性的强制保养措施,它并不考虑桥梁是否已经有了某种损坏,而是通过采用先进的检测技术,努力拓宽人们对于桥梁早期病害的认识空间,提前发现桥梁隐藏的隐形病害,并施以正确的预防性养护措施,其核心是要求采用最佳成本效益的养护措施,强调养护管理的计划性和科学性。

针对大型桥梁,应按以下原则和措施,建立桥梁预防性养护制度。

1)累积信息,科学评价

在桥梁养护中,汇集桥梁养护管理的基础资料,全面加强桥梁检测评定基础性工作,定期开展桥梁技术状况调查,不断完善、更新桥梁数据库,及时掌握桥梁的使用状况。同时,汇总分析桥梁养护病害修复的记录、采取的措施、修复后的结构改善等情况。通过资料积累,为桥梁养护提供大量、及时、准确的数据信息,为桥梁养护科学决策提供依据。依托桥梁数据库等管理系统,组织技术检测,分析桥梁日常检查数据,研究对比各项技术性能指标,分析桥梁技术状况的演变,实现桥梁病害及交通状况预警,制订桥梁周期性养护工程计划,提高桥梁养护管理的科学决策水平。

2)科学决策,制订方案

在桥梁检查中,逐步实现从人工检测到自动化检测,由破损检测向无损检测的发展,建立和完善桥梁养护管理数据库,充分发挥桥梁养护管理信息系统及养护维修工程决策系统的作用,应用计算机技术,通过科学分析桥梁技术状况的衰减规律,使桥梁质量的检测、评估和病害分析更加快捷科学,合理制订预防性养护方案,实现养护决策由经验型向科学型转变。

3)把握时机,预防为主

预防性养护技术的关键在于养护时机的选择。桥梁预防性养护时机的选取应基于高速公路桥梁的功能性,通过科学检测及时弄清桥梁功能失效的时间。预防性养护的实施时机应该是在桥梁结构尚处于良好状况,或者只有某些病害先兆时进行。一旦结构损坏发生,预防性养护措施就不再是可行的选择。及时地采取预防性养护措施将大大减少交通延误时间,延长桥梁的使用寿命。

4)优化资金,分类施策

以桥梁全寿命周期理论为指导,牢固树立预防性养护理念,从"养好桥、修病桥、治险桥、改危桥"的养护理念上精确把握养护标准,科学决策,优化资金分配,分类施策,提高桥梁的整体技术状况。"养好桥"是对技术状况好的一类桥梁做好日常保养,保持其良好的运营服役状态;"修病桥"是对二、三类桥梁及时维修,改善桥梁技术状况,延长桥梁使用寿命;"治险桥"是对急弯桥、窄桥、安全防护等级低等影响正常使用功能的险桥采取有效处置措施,消除安全隐患;"改危桥"是对四、五类桥梁及时采取加固或改建措施,提高危桥结构安全,有效遏制危桥出现安全事故。

5)桥梁日常养护常抓不懈

建立日常养护管理工作的长效机制,实施预防性、经常性养护。对日常养护全面检查、考核、评比,使养护投入真正做到科学、公平、合理;建立桥梁病害快速报告、快速处治工作制度,及时处治桥梁缺陷和病害;根据桥梁病害数量、种类确定养护措施,达到小修工程标准的列小修工程,其他列保养费用,需要中修的,采取经济有效的预防性养护措施。

桥梁养护要做到“三勤”,即勤查、勤治、勤督。只有做到位,预防性养护才能做细、做深。勤查,即加强桥梁的日常巡查、经常检查、定期检查及特殊检查,是做好预防性养护的前提。勤治,是对桥梁各类病害及时处理,把险情消灭在萌芽状态,是做好预防性养护的重点。勤督,是监管部门督促巡查的真实性、齐全性以及病害处治的及时性,是做好预防性养护的保障。

在桥梁预防性养护中,还要对不同季节、不同的设施采取不同的养护措施。抓住汛期防洪排水和冬期冰雪防护两大要素。保证桥梁排水系统的完善和排水功能的正常发挥。雨季、冰冻前后,桥梁应做全面检查和维护,确保构造设施等完整无损,泄水孔无堵塞,顺畅泄水,若发现附属设施破坏或存在裂缝要尽快修复,绝不允许雨水渗漏。在病害初期,及时采取措施将各种病害隐患彻底消除。

6)基于 RCM 的设备综合工程管理

目前,预防性管养的发展方向是以可靠性为中心的维修。以可靠性为中心的维修(Reliability Centered Maintenance,RCM)是目前国际上通用的、用以确定资产预防性维修需求、优化维修制度的一种系统工程方法。它的基本思路是:对系统进行功能与故障分析,明确系统内各故障的后果;用规范化的逻辑决断方法,确定出各故障后果的预防性对策;通过现场故障数据统计、专家评估、定量化建模等手段在保证安全性和完好性的前提下,以维修停机损失最小为目标优化系统的维修策略。英国工商部于 1974 年提出的设备综合工程学的概念,即“设备综合工程学是这样一门学科,它对适用于固定资产的工程技术、管理、财务等实际业务进行综合研究,以求实现设备寿命周期费用(Life Cycle Cost)最大程度的节约,工厂机械、装置、建筑物的可靠性和有关可靠性的方案与设计,使用和费用的信息反馈,这些都属于它的研究范围。”提出了设备综合管理的特点:①追求设备寿命周期费用最经济——设备寿命周期费用 = 设备设置费 + 设备维持费;②设备综合管理包括工程技术管理、组织管理和财务管理三个方面——技术是基础、管理是手段、经济是目的；③把可靠性和可维修性设计放到重要位置——将设备先天素质的提高放在首位；④以系统工程理论研究设备全寿命周期管理——从系统整体最优的角度考虑设备维修与管理；⑤重视设计、使用、费用的信息反馈。

对于大型桥梁的管养，建立一套基于 RCM 的现代设备综合管理科学，对预防性养护理念的总结提升，也是未来的发展趋势。

1.2.2　桥梁风险评估理念

桥梁运营期将不可避免地面临环境侵蚀、材料老化等问题，以及受到各种静载、动载长期疲劳效应的作用。随着建成后投入运营时间的推移，大桥各构件将面临退化或损坏，相应构件的刚度和强度就会出现不同程度的衰减，从而抵抗自然灾害（如台风、地震、车船撞击等）的能力就会下降。同时，如果结构未得到良好及时的保养维护，其使用寿命也会随之降低。养护制度的建立首先是对桥梁运营中可能发生的风险进行识别，根据风险性分析的结果制定结构养管对策和制度，通过结合日常巡检、定期检查、特殊检查、实时监测等手段来发现风险，最后通过养护和维修的手段来降低风险，延长结构的使用寿命。

1.2.3　资产管理理念

资产管理是进入21世纪面向资产密集型企业的企业信息化解决方案的总称。它基于“精细化、便捷化、标准化、专业化”的管理理念，采用“信息化、集成化”的技术手段，以提高企业资产可利用率、降低企业长期运行维护和管理成本为目标，通过对企业资产全寿命周期（或运营周期）的有效管理，实现资产的保值与增值。

资产管理是以企业资产、设备台账为基础；以工作单的提交、审批和执行、分析为主线；按计划检修、预防性维修、预测性维修、以可靠性为中心的维修和状态检修等多种维修管理思想，对设备进行多角度跟踪、操作、维护、维修管理；并结合物资、工具、人员等资源安排管理，以及物资准备采购管理，对设备进行全生命周期管理的过程。其目的是提高资产可利用率、降低企业运行维护成本，以优化企业维修资源为核心，通过信息化手段，合理安排维修计划及相关资源与活动，从而提高企业的经济效益和市场竞争力。

资产全寿命周期管理理念带来的好处是资产的拥有者可以详细地管理

资产各个时期的情况,实现资产全过程的可视和可控,使资产处于持续最佳状态,并且实现其保值、增值,以及最低的总体拥有成本(Total Cost of Ownership,TCO)。如图1.1所示的冰山问题形象地比喻了后期运营成本与资产总成本的比例关系,即资产的前期投入,比如大桥的建设成本,仅仅占大桥全寿命成本中的一部分。

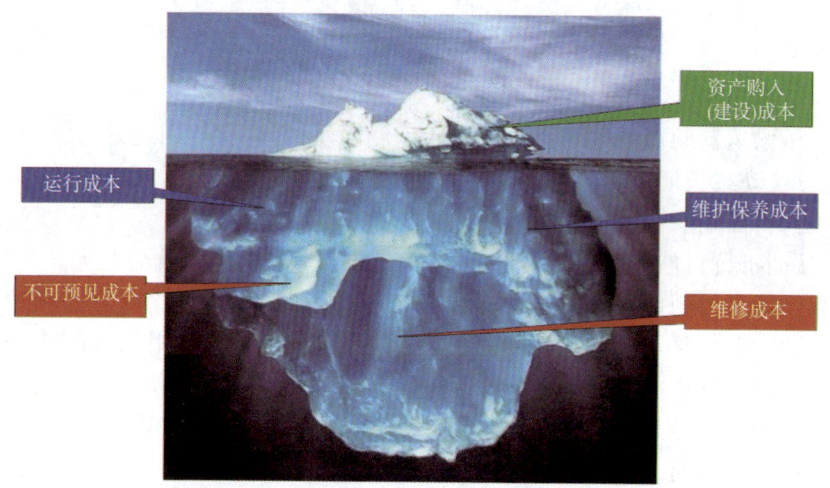

图1.1 桥梁全寿命周期成本的冰山问题

将资产管理的理念,引入以桥梁管养为核心的企业中来,在确保桥梁资产性能安全服务于社会公众的前提下,全面提升目前桥梁管养公司管养效益,整体提高桥梁管养企业的降本增效、盈利管理水平,是引入该理念的基本目标。

1.3 大型桥梁管理制度

完善的养护管理制度是养护管理工作开展的前提。大型桥梁自通车运营之日起,就应建立与大桥结构特点和运营管理相适应的桥梁养护管理制度,从桥梁养护管理工作原则、养护管理责任划分、养护工程师制度、检查与评定制度、监测与预警制度、病害动态管理制度、养护工程管理制度、技术档案管理制度、安全事故责任追究制度、应急预案等各个方面进行详细的制度设计与建设。

1.3.1 行业管理制度

目前,我国交通行业的桥梁养护管理标准规范制度正在逐步完善,尤其是最近几年连续出台了一系列的相关规章制度,为大型桥梁的管理养护起到了十分重要的指导作用。表1.1为目前行业出台的管理制度。

目前行业管理制度　表1.1

阶　段	时间节点	相关规范、标准和制度
第一阶段	2004年以前	《公路养护技术规范》(JTJ 073—96); 《公路旧桥承载能力鉴定方法》(1988年试行版); 《公路桥梁养护管理工作制度》(1991年)
第二阶段	2004~2011年年末	《公路桥涵养护规范》(JTG H11—2004); 《公路桥梁养护管理工作制度》(交公路发〔2007〕336号); 《公路桥梁加固设计规范》(JTG/T J22—2008)
第三阶段	2012年至今	《公路桥梁技术状况评定标准》(JTG/T H21—2011); 《公路桥梁承载能力检测评定规程》(JTG/T J21—2011); 《交通运输部关于进一步加强公路桥梁养护管理的若干意见》(交公路发〔2013〕321号)

1.3.2 大型桥梁专用养护制度

目前,我国的养护规范和标准主要是针对中小型钢筋混凝土和预应力混凝土桥梁,大型桥梁的养护工作所参考的制度还很不完善。因此,对于大型桥梁管养机构和监管单位,有必要针对具体桥梁的特点专门研究相关的养护制度,以适应自身的桥梁管养。桥梁专用养护制度汇总见表1.2。

桥梁专用养护制度汇总　表1.2

名　称	内　容	修编周期
桥梁中长期养护规划	应对桥梁中长期(一般为20年)的养护工作进行规划。内容应包括规划期内的养护目标、养护准则、养护计划、投资估算等	4年
桥梁专用养护标准	应包括桥梁主体结构的养护标准和桥梁机电系统的养护标准两大部分。养护标准应以现行的养护规范、评估规范为基础,结合桥梁的结构特点制定。标准应包含检查标准、养护维修标准、评估标准等	4年

续上表

名　称	内　　容	修编周期
桥梁养护手册	应包括桥梁主体结构的养护手册和桥梁机电系统的养护手册两大部分。养护手册的编制应以风险评估和构件易损性分析为基础，并应符合桥梁中长期养护规划和桥梁专用养护标准的规定	3年
桥梁应急预案	应在风险评估的基础上制订桥梁面临的各类突发事件的应急处置方法。应每年组织对应急预案的演习工作	4年
桥梁档案管理规程	应对桥梁基础资料、管理资料、检查资料、养护维修资料、特殊情况资料等的建档、维护做出详细规定。该规程也包含对电子化档案管理系统建立和维护的要求	4年
桥梁固定资产管理规程	应对桥梁固定资产投资、编码、调拨、清查、报废、核算、折旧等方面的管理做出详细规定。该规程也包含对固定资产管理平台系统的建立和维护要求	4年
桥梁专用养护定额	应根据桥梁实际情况对检查、养护、维修、加固等养护工作的取费标准做出详细规定	4年
桥梁健康监测系统规程	应对健康监测系统的采集频率、预警指标、响应方法、评估方法、评估成果等做出详细规定	4年

1.3.3　大型桥梁管养标准工作流程(SOP)

对于一座大桥的管养机构或监管机构，首先要根据结构特点，进行风险评估和危险性、耐久性等方面的分析，确定符合大桥自身特点的维修策略，包括：分类策略，即对不同结构或构件进行分类，确定优先等级；预防策略，对不同结构或构件的功能行为和病害影响进行分级，确定大桥可能的失效模式或故障模式；应对策略，确立在大桥出现病害或应急状况时的应对措施，包括结构状况信息采集方案，如通过结构健康监测系统、人工巡检系统等，以及发现病害或出现应急状况后的处理方案，包括作业标准、作业人员、作业工具、作业安全等内容。

当上述管养策略和管养行动纲领确定后，就应该制定相应的标准工作流程(Standard Operation Procedure，SOP)。所谓标准工作流程，就是将某一事件的标准操作步骤和要求以统一的格式描述出来，用来指导和规范日常的工作。所谓的标准，就是尽可能地将相关操作步骤进行细化、量化和优化，细化、量化和优化的度就是在正常条件下大家都能理解又不会产生歧义。标准工作流程的作用有：①将企业积累下来的技术、经验记录在标准文件中，以免因技术人员的流动而使技术流失；②使操作人员经过短期培训，快速掌握较为先进合理的操作技术；③根据作业标准，易于追查不良产品产生的原因；④树立良好形象，取得客户信赖与满意；⑤是贯彻ISO精神核心（说、写、做一致）的具体体现，实现生产管理规范化、流程条理化、标准化、形象化、简单化；⑥是企业最有效的管理工具和技术数据。标准工作流程的精髓是对工作岗位进行流程化和精细化，使得任何人经过培训合格后都能很快胜任该岗位。

1.4 大型桥梁管养模式

大型桥梁由于其结构的复杂性，以及桥梁本身具有的社会和经济效益，相对于一般的桥梁，其养护管理具有以下特点：

(1)养护实施的强制性。保证大型桥梁结构良好的使用性能和优秀的服务水平，是养护管理的首要任务，大型桥梁的养护应当是一种强制性的养护。

(2)养护对策的预防性。大型桥梁的预防性养护十分重要，通过预防性养护可以及时完善设计和施工中的不足，消除潜在的质量隐患，延长桥梁的使用寿命，降低养护成本。

(3)养护对象的广泛性与全面性。大型桥梁的养护对象相当广泛，除桥梁结构本身外，还包括桥梁附属设施，交通工程、景观标志、绿化环保等设施。

(4)养护作业方式的机动性与时效性。与普通桥梁养护相比，大型桥梁的养护要求更快捷机动、实用高效，养护工艺、操作规程程序性强，养护作业实施时需特别设置交通安全管制区段。

(5)养护技术的专业性和复杂性。大型桥梁的养护除需具备机械化、专业化外，还需不断探索和发展新技术、新工艺、新材料的使用；检测手段上需具备现代化综合检测设备，养护工作涉及的学科领域宽泛，科技含量高、技术工艺复杂。

(6)综合养护成本高、人员素质要求高。大型桥梁由于其养护对象自身的价值高,为保持或恢复养护对象的使用功能和服务水平,必须付出高成本。从事养护的作业与管理人员必须十分熟悉养护对象的技术构成,必须具备高素质。

(7)施工环境风险大。大型桥梁的日常养护作业往往是在不影响车辆通行的情况下进行的,而不是在禁止车辆通行的封闭环境下施工,因此具有较高的风险性。

因此,针对大型桥梁,采取市场化和专业化的养护管理体制,一方面是响应交通运输部"事企分开、管养分离"的管养体制改革要求;另一方面是提高大桥养护质量,降低养护成本和提高资金使用率的最有效手段。

市场化、专业化养护的一般模式(图 1.2)为:

(1)业主通过招投标形式,将桥梁巡检、日常养护、小中修工程委托给专业养护公司承担,一般时间在 3 ~ 5 年。

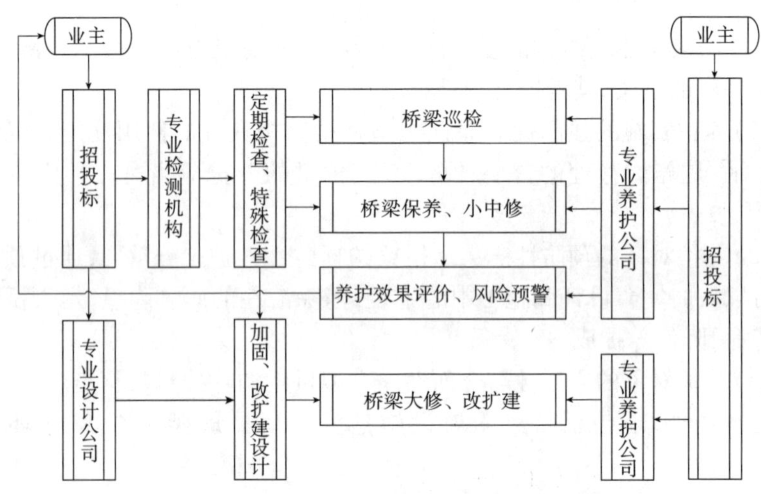

图 1.2　桥梁市场化、专业化养护管理工作模式

(2)在巡检、养护和定期检查过程中发现的缺陷与病害,属于保养和小中修工程的,直接由中标的养护公司实施保养维修工作。

(3)在巡检、养护和定期检查过程中发现的重大病害,由业主组织鉴定,需要进行加固、改造的项目,列为专项工程,委托专业设计公司进行设计,并通过招投标选择专业施工单位进行专项施工。

在大桥市场化、专业化养护管理体制下，特大桥桥梁运营管理部门可建立以其工程技术部门为主体，吸收专业养护公司桥梁工程专业技术人员，以“联合办公、统一检测、外设专家组”等为主要形式组成的“大型桥梁运营安全管理技术服务中心”。依托中心的专业技术优势，为大型桥梁运营管理构筑人员和技术交流平台。与此同时，也提高了业主养护工作人员和社会养护力量的技术进步，同时为业主创造了可观的社会效益和经济效益，形成社会、业主、养护单位“三赢”的局面。

1.5　大型桥梁管养技术

与大型桥梁管养相关的技术问题非常繁杂，包括检测技术、养护技术、加固技术等方方面面，本节着重介绍大型桥梁管养过程中的中长期养护规划、基于结构分解的精细化管养、综合评估等方面的一些情况。

1.5.1　大桥中长期养护规划

我国已建成的许多特大型桥梁，由于缺少对于桥梁管养工作中长期的规划，使得整个养护工作停留在被动处理问题的水平上。主要表现出了以下欠缺：

(1)由于没有对桥梁结构做有效的风险评估和易损性分析，所以无法掌握结构的薄弱位置。在经常检查和定期检查中没有重点，导致在出现损伤的初期，无法及时发现损伤。

(2)由于没有提前做好技术储备，当发现结构损伤时，无法判断损伤原因，也无法及时形成有效的补救方案。

(3)由于对未来养护费用的规模缺乏了解，在桥梁损伤集中爆发时，无法筹备足够的资金进行维修，导致损伤恶化，甚至产生安全事故。

(4)由于缺乏对管养辅助系统(桥梁管理系统、健康监测系统等)的研发、升级、改造的规划，导致系统技术落后，甚至瘫痪。桥梁结构信息和档案信息无法连续、准确地采集和保存，遗失了大量的有效数据。

因此，对一座大型桥梁而言，中长期养护规划的编制非常重要。规划编制一般采用需求交流、现场勘察、资料调研、工程类比等方法展开研究工作，技术路线如图1.3所示。

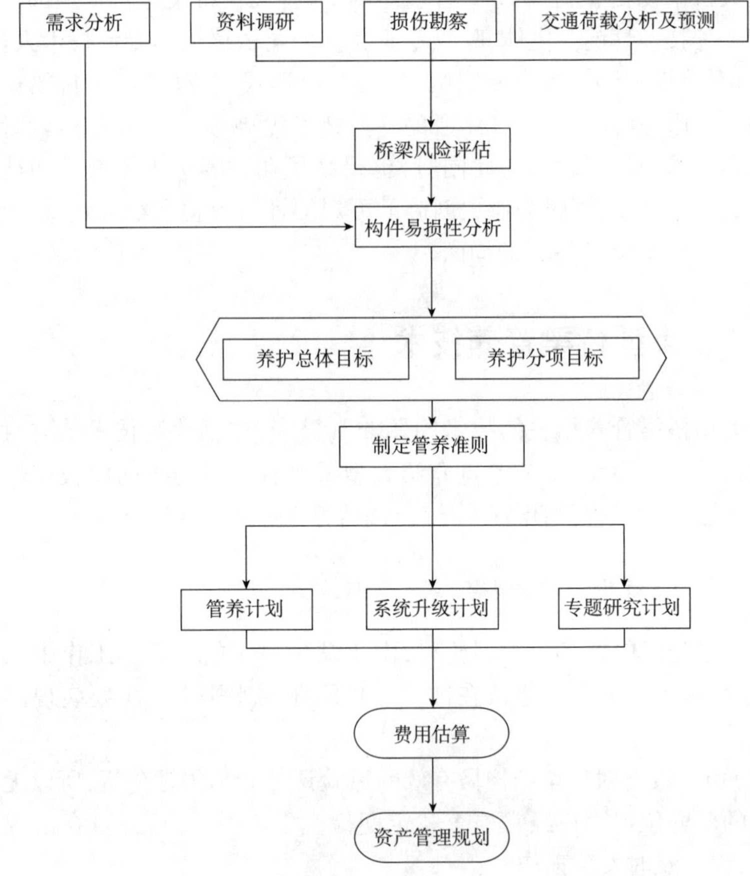

图 1.3 大桥中长期养护规划技术路线

(1)通过与管养单位的充分交流,做好大桥中长期养护规划的需求分析。

(2)通过对结构图纸和相关专题报告的调研,全面掌握大桥的结构特点。

(3)通过现场勘察和对养护、巡检、荷载试验报告的调研,深入了解大桥的已有损伤和潜在损伤。

(4)通过对交通量及车辆荷载的分析与预测,研究交通荷载的增长可能对桥梁结构造成的损伤。

(5)通过风险评估,明确大桥的风险源。并基于风险评估的结果对桥梁构件做易损性分析，指导养护规划的制定。

(6)根据需求分析、结构资料调研、损伤勘察、交通荷载分析预测及风险评估的结果制定大桥养护工作总体及分项目标。

(7)根据大桥养护工作总体及分项目标制定大桥运营期管养准则。

(8)充分调研现有的检查手段和养护维修手段，结合养护工作目标制定大桥中长期管养计划、管养辅助系统升级计划以及专题研究计划。

(9)根据已有定额、取费标准、类比工程等，估算大桥中长期养护资金投入。

(10)在交通量增长分析和中长期养护资金投入估算的基础上，提出资产管理目标和手段。

大桥中长期养护规划的研究内容一般分为技术支持、主体内容和更新管理三个部分。各部分内容组成如图1.4所示。

技术支持部分是为规划的顺利编制而做的基础性研究。本部分内容分别从大桥现有的病害、大桥交通量的发展、大桥面临的风险事件、大桥主要构件的易损性、适合于大桥的养护模式、适合于大桥的养护工艺等方面做了调查和研究工作。

规划的主体内容则是在技术支持部分的基础上，本着预防性养护和全寿命周期成本最低的理念，为规划期内大桥各方面的养护工作所做的规划。

为了能够保证规划更新规范有序地开展，在规划中还对规划更新的触发条件、各类更新需开展的研究工作以及规划更新流程的管理等分别做出了规定。

1.5.2　基于结构分解的精细化管养

编码系统设计是桥梁管理系统的基础。也是桥梁管养单位实现信息标准化管理的重要标志。编码不仅影响数据处理的效率，也关系到各功能模块的业务处理功能是否方便准确。任何信息的编码都具有以下三个要素：

(1)有一套符号序列。

(2)有一套符号的排列规则。

(3)用一定的符号序列表示一定的信息内容。

对于桥梁结构的离散及编码主要分为以下三个方面：

(1)桥梁结构本身的离散和编码，包括土建结构、机电系统、仪器设备、科研成果等。

图 1.4　大桥中长期养护规划研究内容概览

(2)桥梁结构行为的分类和编码,包括检查检测、维修加固、评定评估、健康监测等。

(3)桥梁结构标准属性库的分类和编码,包括构件材料库、维修措施库、病害损伤库、机构人员库等。

对桥梁结构的离散和编码的过程相当于对桥梁结构的电子化"再设计"。合理的编码结构能够使对桥梁结构风险、退化、收益的管理更加有效,从而实现精细化的管养。桥梁结构离散示意如图1.5所示。

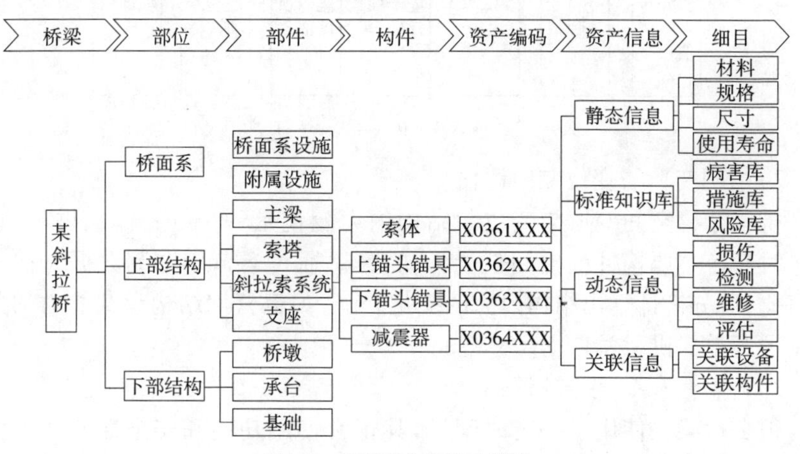

图1.5　桥梁结构离散示意图

1.5.3　大型桥梁综合评估技术

近年来,随着桥梁风险评估技术在中国桥梁设计和养护领域的开展,工程师们逐渐意识到在桥梁设计阶段开展的许多专题研究并没有完全杜绝安全事故的发生。这是因为,任何一个结构物都存在作用、结构性能以及本构关系三个方面的不确定性。这些不确定性并不能通过设计阶段的研究完全解决。要想预防这些不确定性带来的风险,就必须利用在运营阶段获取的数据来提高对桥梁性能的把握。目前,在桥梁运营阶段常开展的综合评估项目如图1.6所示。

1)钢结构疲劳专项评估

疲劳问题是钢结构设计与实践过程中遇到的特有问题之一。桥梁钢结构疲劳专项评估分为荷载模拟和疲劳寿命估算两大部分。荷载模拟是通过车轴车速仪实测的车辆数据,分析统计规律,并用计算机程序来模拟疲劳荷载谱;疲劳寿命验算是通过将模拟得到的疲劳荷载施加到有限元模型(或通过有线元模型得到的影响线上),并得到剩余疲劳寿命。这时需要采用累计损伤准则和雨流计数法。

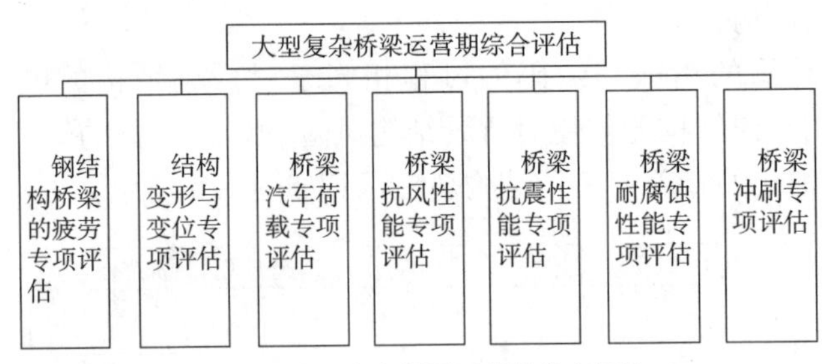

图 1.6　大型复杂桥梁运营期综合评估

2)结构变形与变位专项评估

桥梁结构空间变形与变位与结构内力变化是一个统一体,以桥梁建成通车时其各主要构件的空间位置为初状态,通过运营期监测数据与初状态的对比,可分析计算出结构内力的变化趋势,为运营期结构承载能力的判断及维护调整提供科学依据。

3)桥梁汽车荷载专项评估

很多桥梁在使用了一定时间后,其正常使用功能和安全性就产生了不同程度的隐患与缺陷,其原因除了桥梁结构自身的设计与施工之外,还与桥梁运营荷载状况(汽车荷载)有很大的关系。

桥梁车辆荷载专项评估是利用安装在大桥上的动态称重系统对大桥实际车辆荷载参数进行记录和统计,将统计到的车流施加到实际桥梁结构关键截面关键效应(如弯矩、应力等)的影响线上,并对计算出来的效应进行拟合。计算在大桥 120 年基准期内各分位值,特别是在 95% 保证率下的车辆荷载效应,并与规范荷载计算的结果进行对比,最终对大桥上的汽车荷载进行评价。根据评价结果,及时采取限载、分流等交通管制措施。

4)桥梁抗风性能专项评估

风对桥梁的作用被分为静力作用和动力作用。桥梁在风的作用下发生的振动主要是颤振、驰振、涡激振动、抖振和拉索风振等。动力作用引起的桥梁风致振动可以分为颤振、抖振、涡振和驰振四种。

桥梁抗风性能专项评估是通过分析自由风场的平均风速和平均风向角、湍流强度、脉动风功率谱密度函数以及湍流积分尺度,获得桥梁实际风场的数据信息,从而掌握风场特性,获得风玫瑰图,并与结构各类实测的振动水平与幅度进行关联分析,以评估结构使用安全状态。

5)桥梁抗震性能专项评估

我国是世界上多地震国家之一,近几十年来,我国地震活动较为频繁,地域分布具有很大的不确定性,对于大跨度桥梁结构,建立桥梁抗震监测系统有助于震后桥梁结构安全性能的评定,同时也能为改进现行的抗震设计方法和抗震措施提供科学依据。

桥梁抗震性能专项评估通过对桥梁结构实测地震动的分析,确定相应的地震动参数,即:地震加速度峰值、强震持时、卓越周期、地震频谱特性及参考烈度,从而掌握桥梁结构的地震动特性,并通过选取合适的桥梁抗震分析理论对桥梁结构的抗震性能进行计算评估,以判定桥梁结构的使用安全状态。

6)桥梁耐腐蚀性能专项评估

材料劣化的形式多种多样,如碱集料反应、酸性侵蚀、混凝土碳化、氯离子侵蚀等。而研究最多的两种主要的材料劣化形式是混凝土碳化和氯离子侵蚀。桥梁耐腐蚀性能专项评估主要是基于人工巡检或健康监测系统获取的碳化或氯离子测量结果,并结合已有的经实践验证可靠的耐久性评估模型推测桥梁的耐久性剩余寿命。

7)桥梁冲刷专项评估

桥梁水下部分监测、检测内容包括流速、水位、波浪、水温、盐度、冲刷深度、波流力、桩应变、加速度等参数。各个参数在一定程度上是相互关联、相互影响。随着水文和气象条件的改变,冲刷深度随之改变,结构受力(如波流力)也随着改变,进而影响桥墩结构动力响应和特性。

桥梁冲刷专项评估是通过检测代表性桥墩水下部分的结构受力、局部冲刷深度以及水力要素、水体要素、土体要素。通过有限的监测信息来反映全桥同类构件以及大桥整体的受力水平和桥墩基础局部冲刷深度水平,与桥梁水上部分合在一起进而掌握全桥的结构受力状况以及安全使用状态。

1.6　大型桥梁管养人员能力胜任模型

20世纪中叶,西方心理学家的研究热点逐渐从智力测评和职业能力测评转移到求职者的“岗位适合度”上来,也就是说,社会各界开始对“人—职匹配”越来越重视。到了20世纪60、70年代,以智力测评、能力测评为中心的人才测评理论越来越受到人们的质疑,美国心理学界当时就有报告指出:传统的智力测评在预测工作绩效方面有很大的局限。

1973 年,美国哈佛大学著名心理学家戴维·麦克米兰在总结多年的研究成果后指出,传统的智力测验和理论知识测验及等级分数,不能准确预测复杂工作和高层次职位从业者工作绩效的高低和个人生涯的成功。而且,其方法常常对妇女、社会底层人士、少数民族不尽公平。针对这些问题,他强调抛开被实践证明无法成立的理论假设和主观判断,从实际出发,从第一手材料入手,直接去发掘那些能够真正影响工作绩效的个人条件和行为特征,为提高组织效率和促进个人事业成功做出实质性贡献。他在《美国心理学家》杂志上发表的题为《测量胜任力而非智力》的文章,宣告"胜任特征(Competency)"理论的诞生。

目前,桥梁养护工作和从业人员管理中存在的主要问题有:①桥梁养护从业人员队伍基础薄弱。主要表现为:从业人员数量少,且多为兼职,投入的精力有限;部分桥梁养护工程师缺乏责任心;部分桥梁养护工程师专业基础知识不足,技术能力不高,对桥梁基本状况和危险情况等判断不清。桥梁养护从业人员专业技术培训不系统,部分从业人员对专业知识的掌握和更新不足,难以胜任工作。②桥梁养护工作中的责权利不平衡。桥梁养护工程师责任重大,而没有相应的权力,多为直接任命,工作积极性不高,人才流失现象严重。要从根本上解决问题还需要对公路桥梁养护人员这个职业进行更为深入的研究,进一步研究公路桥梁养护人员胜任特征模型,对照该模型先建立科学的管理制度,提出具体而细致的要求,并设计一整套合理的评价体系,如此才能逐步解决目前各层面的不适应现状。

要对公路桥梁养护岗位和公路桥梁养护人员本身进行细致的了解,首先就要对公路桥梁养护的岗位要素进行分析。狭义上讲,岗位要素是指工作活动中不能再继续分解的最小动作单位。广义上讲,岗位要素应该指,从该岗位实际工作职责中总结和提炼出来的反映围绕该岗位某一项或多项工作目的的工作表现的相关标准。通过工作分析得到岗位要素有助于我们解决两个问题:一是该岗位究竟是做什么事情的?即该岗位的名称、职责、从事该岗位工作的要求、工作场所、工作时间以及工作条件等内容;二是什么样的人才适合做这些事情?即从业者的专业、年龄、必要的知识和能力、必备证书、工作经历以及心理要求等内容。而完成工作分析后,能够将这两个问题协同起来一并解决的就是建立该岗位乃至职业的胜任特征模型。

胜任特征模型是人力资源管理的基础，可以科学有效地评价从业人员的素质，为其提供职业发展的进取导向，有利于强化其自我管理，调动其主动提高职业技能水平和职业道德水平的积极性。

根据自下而上和自上而下两种数据采集方式，最终得到包含27个胜任特征的公路桥梁养护人员胜任特征模型，如表1.3所示。

公路桥梁养护人员胜任特征模型　　表1.3

维度	胜任特征	特征描述
知识	公共安全与安保知识	与实施有效的地方(或全国)安保行动相关的设施、政策、手续和策略的知识，目的在于保护人民、数据资料、财产和组织机构的安全
	机械知识	关于机器和工具的知识，了解基本的使用、简单维修和日常维护
	政策法规知识	了解与公路养护相关的基本法律、法规、政策和要求等相关知识
	教育与培训知识	具备养护技能相关知识，并掌握传授这些知识的方法
	建筑工程知识	关于在公路、桥梁和隧道等养护工作中涉及的材料、方法与工具的知识
	工程技术知识	工程科学和技术的实际应用知识，包括用于设计与生产多种物品与服务的原则、技术、程序和设备
	数学知识	基本的算术、代数、几何、统计知识及其应用
	职业病防护知识	职业病防护相关知识和应用
技能	故障排除	诊断故障原因并决定应采取什么措施排除
	设备保养检修	进行设备例行维护并决定何时需要何种维护
	操控	控制机器或系统正常运转的能力
	协调	根据他人的行为方式相应调整自己的行为方式的能力
	检查与监测	检查评估自己、他人或者组织的表现，以做出进一步提高或者正确行动的能力
	复杂问题解决	识别复杂问题，并参照相关信息制订措施和评估可能的解决方案的能力
	操作检查	观察仪表，刻度盘或其他指示器，确保机器运转正常的能力
	简单救护	在遇到突发事故时，能采取简单的心肺复苏、止血和必要防护措施
	自我保护	在作业期间注意保护自身安全，如避让来车等

续上表

维度	胜任特征	特 征 描 述
能力	反应协调能力	为回应信号或指示,快速、准确地做出肢体动作,包括运用手、脚或其他身体部位做出反应的能力
	精细控制能力	通过对手或手指的协调,快速、精准而反复操控,把机器或交通工具调整至精确位置的能力
	感知问题的能力	当错误发生时能够及时提出来,或者能够预示事情在未来某一时间段有可能出错的能力这并不涉及具体问题的解决,只是敏感地意识到问题的存在
	空间感知能力	能够判断哪些物体离自己更近,哪些物体离自己更远,或者判断物体与自身之间距离,并对近距离(几尺以内)事物能够观察、判断其细节的能力
	听觉专注能力	在其他声音的干扰下能专注某一声音的能力
	速率控制能力	有效控制和安排挪动物体或场景的时间,使得该物体或设备按预期的变化保持一定的运行速度与方位的能力
工作风格	敬业	诚实、可靠、责任心强、自觉,不论有无监督均能主动履行义务,爱岗敬业,面对困难仍坚持不懈
	团结协作	在工作中与他人愉快相处,善于理解和帮助同事,并表现出合作的态度
	专注细节	对于细节认真小心并贯穿工作的始终
	适应性	在工作中,无论是面对积极的变化还是消极的变化,都能保持开放的心态,主动适应各种项目管理环境

上表可以从以下两个方面进行应用:一是为公路桥梁养护人员职业资格制度体系建设提供理论依据,将胜任特征理论成果真正应用到从业人员职业资格管理中,提高职业资格制度组织实施的科学性;二是适应目前管养体制改革的现状,为部分养护企业对公路桥梁养护人员的招聘、培训和绩效管理提供切实可行的量化评价标准,从而提高整个公路养护行业的管理水平和人员队伍的素质水平。

1.7　结语

相对于我国大型桥梁的建设发展而言,现有的桥梁养护管理制度和养护管理体系已严重滞后于大型桥梁的发展步伐。针对大型桥梁养护管理特点,从建立市场化、专业化的桥梁养护管理体制、建立预防性养护制度以及一些新技术和人力资源建设等方面阐述了桥梁养护管理制度的建设思路。以此为基础,本文希望在以后工作中进一步发展新型的桥梁养护管理理念和高效的桥梁养护管理体系、提升我国桥梁的养护管理水平,有效推动我国大型桥梁养护事业的发展。

本章参考文献

[1] 中华人民共和国行业标准 . JTG H11—2004　公路桥涵养护规范[S]. 北京:人民交通出版社,2004.

[2] 陈惟珍,等 . 现代桥梁养护与管理[J]. 北京:人民交通出版社,2010.

[3] 梁玉明,凌坚校 . 美国桥梁管理政策[J]. 广东公路交通 . 1995(2).

[4] 安琳 . 美国桥梁管理体系概观[J]. 世界桥梁 . 2002(2).

[5] 陈艾荣 . 基于给定结构寿命的桥梁设计过程[M]. 北京:人民交通出版社,2009.

冯良平　教授级高级工程师

教授级高级工程师。1994 年毕业于同济大学桥梁工程系，1994 至今在中交公路规划设计院有限公司（原交通部公路规划设计院）分别任助工、工程师、高级工程师、教授级高级工程师。

冯良平主要从事桥梁设计，桥梁监测、检测，桥梁加固设计与桥梁风险评估等工作。他作为主要设计人员完成了虎门大桥（部分）、南京长江二桥、南京长江三桥、青岛海湾大桥（部分）等大桥设计项目。作为项目负责人完成了铜陵长江大桥检测、加固设计，运营期结构安全监测与养护管理系统实施等项目。作为项目负责人完成了交通运输部 2011、2012 年度国家干线公路长大桥梁检测项目。现作为项目负责人正在进行港珠澳大桥运营期结构监测与养护管理系统项目的实施。获得交通部优秀设计奖、国家优质工程设计金奖、中国公路学会科技进步奖、中交集团科技进步奖等多项奖项。

多年来冯良平发表论文 10 余篇，参与或参与完成了国家高技术研究发展计划（863 计划）、国家科技支撑计划、交通运输部西部科技项目、交通运输部规范项目、中交集团科技项目等国家和省部级项目近十余项，获得专利和软件著作权多项。

第 2 章　大跨度桥梁养护管理系统

黄侨，任远

东南大学交通学院，江苏省南京市玄武区四牌楼 2 号，210096

2.1　引言

改革开放 30 年来，基础设施建设投资成为拉动国民经济增长的重要引擎之一，对我国经济的腾飞贡献了巨大的能量。其中，交通基础设施因其显著的社会与经济效益一直在各级政府和民间投资中占有很大比重，这得益于国家以及社会各界对于公路运输业发展的重视。迄今为止，我国的公路建设已取得了辉煌的成就。与此同时，作为公路系统的重要组成部分，全线交通的咽喉和枢纽——桥梁，其设计和施工水平也取得了极大的技术进步，相继自主建成了一批具有世界先进水平的大跨径桥梁，使得我国一举成为桥梁大国，并且正在向桥梁强国迈进，实现了跨越式的发展。但是，随着我国经济的逐渐转型和公路网大规模追赶式建设的结束，我国的桥梁工程领域也正在从过去的“重建设轻管养”步入“建设与管养并重”的新阶段。在此时代背景下，急需结合国情系统地对桥梁养护管理中的相关理论和技术问题开展针对性的研究。

桥梁养护管理系统涉及系统科学、管理科学、统计科学、计算科学等多门学科，是关于桥梁基本数据、桥梁检测、状态评估、结构退化预测、维护对策和计划以及经济分析的计算机信息系统，是桥梁管理与现代科学技术相结合的产物[1,2]。桥梁养护管理系统是实施桥梁管养的重要工具，作为信息化社会的必然产物，桥梁管理系统能在一定程度上节省人力成本，并对桥梁的相关资料做到有效的数字化管理和运用。结合桥梁工程、检测技术、病害机理和数据采集技术，运用电子计算机系统所提供的数据处理功能、管理学理论和评价决策方法，桥梁养护管理系统对现有桥梁进行状况记录、分析评估得出桥梁的当前状况，并根据现状做出管理决策和状态预测。在此基础上，管理者可对桥梁结构的将来状况、维修方法及相关维修费用进行预测分析，并制订出相应的桥梁维护计划。根据管理和应用层次的不同，可以将桥梁管理系统分为路网级管理系统和项目级管理系统。路网级管理系统主要应用于桥梁管理的上级决策部门，是对管理单位辖区内所有桥梁的基本状况、维修检测信息进行统筹管理，并作为主管单位决策的依据。国内外均已开发出较为成熟的产品，如美国的 PONTIS、丹麦的 DANBRO、国内的 CBMS 等。项目级管理系统主要应用于桥梁管理单位的基层维护部门，是针对特定的单体、大跨度桥梁进行更为细致的管理和决策的系统，如美国的 BRIDGIT 和法国的 SCANPRINT 等。

大跨度桥梁投资通常达几十亿甚至上百亿，是生命线工程和战略运输线的重要节点，这些桥梁的寿命期通常要求超过百年。在桥梁的全寿命期内由于环境影响、材料性能劣化、交通量的增大、突发事件及自然灾害等各种效应综合作用，结构自身必然会产生一定的损伤和抗力衰减。一旦这些桥梁由于损伤累积导致出现严重的损坏或者倒塌，将带来巨大的社会影响和经济损失。对大跨度桥梁结构而言，跨度增大带来结构体系的轻柔化，各种外荷载，如车辆荷载、风荷载、温度荷载、地震荷载、船只撞击等随机性很强，使结构在各种随机荷载作用下的力学行为难以准确预测，而且针对大跨度桥梁结构耐久性的相关理论研究还处于不成熟阶段。因此，为了保证大跨度桥梁在运营期内的安全性、适用性和耐久性，需要针对这些大跨度桥梁自身的特点为其“量身定做”一套完整的管理平台来更好地实时反映桥梁的状态，记载桥梁全寿命期中发生的重要事件及其影响，为运营管理提供科学数据和策略支撑。同时，也可为未来桥梁工程的新建和技术改进积累宝贵经验。

目前大多数桥梁养护管理系统着重点在于对桥梁相关信息的存储和查

询,现有的评估体系较适用于中小型桥梁,而对于大型和特大跨度桥梁的养护和管理力不从心。目前我国针对大跨度桥梁的管理主要依靠人工巡检体系和桥梁健康监测系统。桥梁健康监测系统是现阶段大跨度桥梁安全监测的重要手段,已经在国内许多大跨度桥梁上安装。理论上,结构健康监测系统应该有以下两个功能:第一个主要功能是通过各种预埋的传感器实时采集桥梁运营状态下的各种信号[3],并将信号处理后转换为桥梁相关的应力、位移、索力、风速、温度、湿度等可视化的时间序列数据。第二个主要功能是期望通过对这些实时监测的数据进行在线分析以实现对桥梁结构的损伤预警、损伤识别、安全性评估等功能[3]。值得指出的是,现有的大跨度桥梁健康监测系统均可以较好地实现第一个功能,即数据的采集与可视化的功能。但是对于第二个功能,即结构的安全评估功能,综合国内外已经建成的桥梁健康监测系统,目前距离大跨度桥梁健康监测系统的理想目标还有较大的差距,尚不能满足运营管理部门的需求。而且各类传感器的寿命远远低于桥梁的使用寿命,使得数据信息的有效继承难以实现。此外,人工巡检方法在实际应用中也掺杂很多主观因素,具有一定的局限性。

本文旨在对既有大跨度桥梁养护管理系统的研究现状进行系统的总结和梳理,对一些关键问题进行剖析和探索性研究,希望为我国大跨度桥梁的养护与管理工作提供有益的参考。

2.2 桥梁养护管理系统的发展现状

2.2.1 桥梁管理系统的发展现状

一个完整的桥梁养护管理系统,要能有效协调桥梁各项养护管理活动,辅助桥梁养护管理部门和养护管理工作者做出正确决策,使桥梁养护管理过程系统化。一般来说,桥梁养护管理系统应该包括以下五个基本组成部分[4],具体如图2.1所示。

(1)数据采集及数据库管理系统:它是整个系统的基础,完成系统所有数据库的管理工作,包括数据的编辑、校检、修改等,实现数据检索、数据查询、图像查看、桥梁各种信息的打印等功能。

(2)桥梁技术状况综合评估系统:根据数据库系统中桥梁的基本资料,对桥梁结构状况进行评定,得到整个桥梁结构使用现状的评估。

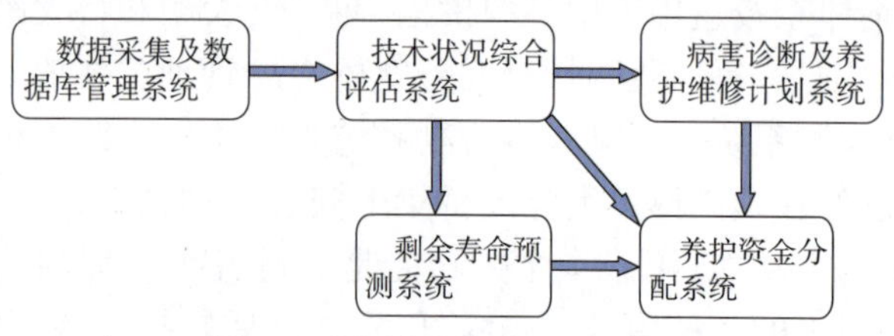

图 2.1　桥梁养护管理系统示意图

(3)桥梁剩余寿命预测系统:根据桥梁的承载力可靠度,利用马尔科夫预测理论,或桥梁已有运营期中综合技术状况的变化规律,对桥梁的剩余使用寿命做出合理的推断和预测。

(4)桥梁病害诊断及养护维修计划系统:结合现行的各项规范要求,根据桥梁的技术状况评估结果,选择合理的养护措施对桥梁进行科学的养护维修。

(5)桥梁养护资金分配系统:根据桥梁的技术状况、寿命预测及养护维修内容,进行最优化计算,合理分配使用桥梁养护资金。

总之,桥梁养护管理系统能够在全面地收集、储存和处理各类桥梁数据资源的基础上,利用系统所提供的各个模型以及功能的运行,直观展现现有桥梁的过去、当前和未来若干年内的运营状况,合理安排养护资金,及时、经济、有效地对桥梁实施养护和维修,以实现达到或延长桥梁使用寿命、充分发挥桥梁运营效能、确保交通运输安全通畅的目的[5]。

1)国外的研究现状

桥梁养护管理系统最早出现在美国。1967 年美国锡尔弗(Silver)桥由于一个螺栓孔的脆断而突然倒塌,致使 46 人丧生。此事件引起了美国社会的普遍关注,人们开始意识到桥梁监测的必要性。1968 年,美国“国家桥梁状况数据库”(NBI)的建立,标志着世界上第一个桥梁养护管理系统诞生。随后美国国家桥梁检测标准(NBIS)颁布,要求对全美长度超过 6.1m 的桥梁进行资产管理,至少两年一次由专业人员进行桥梁定期检查,由此美国进入了桥梁管理规范化的阶段[6]。

PONTIS 桥梁养护管理系统是美国著名的两大桥梁养护管理系统之一。该系统主要针对公路交通网络中中小桥梁的管理与维护,目前已广泛应用于美国各州公路桥梁的管理工作。该系统采用动态整体规划法、概率条件状态劣化模型等方法对桥梁数据进行分析,以预测桥梁未来的维修管理和改建需要。系统构建了网络级维护模型、功能型改进模型和决策优化模型三个模型来帮助桥梁管理者较容易地获取和处理原始检测数据,确定维修、加固和改造的最佳时机[7~9]。

BRIDGIT 桥梁养护管理系统是美国另一套著名桥梁养护管理系统。该系统在模型和功能上与 PONTIS 有许多相似之处,如退化模型都运用了马尔科夫退化模型。但是优化模型上两个系统有所区别,BRIDGE 能够进行多年的分析,属于项目级桥梁养护管理系统,而 PONTIS 主要是在网级水平上进行桥梁优化[10]。

在欧洲,典型的桥梁养护管理系统有英国的 NATS、丹麦的 DANBRO、挪威的 BRUTUS、法国的 EDOUARD、芬兰的国家公路署管理系统[11~13]等。丹麦的 DANBRO 桥梁养护管理系统是欧洲比较典型的桥梁养护管理系统,于1987 年由丹麦道路管理部门研制开发,并在实践中进一步发展和完善。该系统根据相关的道路法规、设计、施工与维修规范,对桥梁的规划、设计、施工、检查、维护、整修和预算工作进行管理。决策者可以随时掌握桥梁状况及车辆通行能力的信息,对维修资金进行科学的预测,并通过优选程序进行资金的合理分配,将有限的资金投向具有最高效益与成本比的项目中[14]。

欧洲桥梁养护管理系统项目 BRIME 是基于欧洲路网中桥梁养护管理系统的需求,开发了系统框架,可满足工程和路网管理的需要。作为公路路网管理的组成部分,BRIME 的目的是使得社会对公路基础设施建设的投资能够得到最大程度的回报。

亚洲较为典型的管理系统有韩国的 SHBMS、日本的道路公用桥梁养护管理系统等。印度政府在世行贷款资助下,通过其地面运输部 MOST(Ministry of Surface Transport)第二期国道项目完成了一个桥梁养护管理系统,随时提供国道上所有桥梁的情况和承载能力信息、预测桥梁在无人看管情况下的劣化状况、制定出养护维修和重建计划、确保关键通道在给定的服务标准下得到有效的维修,并能够提前 5 年预测出维修成本。

2)国内的研究现状

我国关于桥梁养护管理系统的研究虽然起步较晚,但伴随着近年来对桥梁养护管理越来越多的重视,我国的桥梁养护管理系统得到迅速的发展。四川、广东、北京等地公路管理单位在吸收国外开发经验的基础上,根据我国的具体国情,先后开发了四川省桥梁数据库系统、广东省桥梁养护管理系统、北京市桥梁养护管理系统等。

交通运输部的 CBMS 系统[15]采用集成了地理信息系统(GIS)与 SQL Server 网络数据库,主要包括数据管理子系统、统计查询子系统、桥梁评价子系统、费用模型子系统、维修计划子系统以及 GIS 功能子系统共 6 个子系统。系统有桥梁文件数据库、静态数据库、动态数据库、评价决策数据库以及图像处理、图形服务、费用分析等 105 个功能。

同济大学开发的基于 GIS 平台的"上海市城市桥梁养护管理系统"[16],作为我国第一个城市桥梁养护管理系统,第一次将城市高架桥梁管理纳入桥梁养护管理的重要内容,主要包括技术状况监测子系统、档案管理子系统、重车过桥咨询子系统、统计查询子系统、评价与决策子系统以及报表输出子系统。

西南交通大学开发了"桥梁工程设计数据库管理系统",系统考虑了传统关系数据库的特征及新型的演绎数据库的特征,实现了对桥梁的设计、施工、桥梁河流环境及运营养护数据的录入、查询和修改功能,并进一步把各种数据应用于统计、计算和决策系统。

交通运输部公路科学研究院开发的"南京长江二桥综合管理系统"[17],其对南京长江二桥的北汊特大桥、南汊斜拉桥、全线公路、桥梁、沿线设施以及竣工等文档进行有效的管理。

此外,我国代表性的桥梁养护管理系统还有交通运输部公路科学研究院开发的"江阴长江大桥养护信息管理系统"、厦门路桥管理公司与丹麦公路局等单位共同开发的"厦门海沧大桥养护管理系统"等[18]。

2.2.2 桥梁健康监测系统的发展现状

20 世纪 80 年代中后期,国外提出了桥梁结构健康监测的新思路,各种规模的桥梁健康监测系统也开始建立。Housner[19]等人定义结构健康监测为:一种从运营状态的结构中获取数据并处理,以此评估结构的主要性能指标(如可靠性、耐久性等)的有效方法。结构健康监测系统 SHMS(Structural Health Monitoring System)是一个复杂的系统工程,融合了现代测试分析、计算机、数学理论和通信等领域的尖端技术,目标是通过测量反映桥梁环境激励和结构响应状态的信息,实时监测桥梁的工作性能、评估桥梁的工作状态,保证桥梁的安全运营,并为桥梁的养护维修提供科学依据[20,21]。

随着现代计算机与通信技术、信号分析与处理技术、传感技术及结构振动分析理论的迅速发展,大跨度桥梁结构健康监测与安全评价技术已成为国内外工程界和学术界关注的热点问题[22]。桥梁结构健康监测系统主要由四个基本子系统组成[23,24](图2.2),通过系统间的网络联系进行工作。

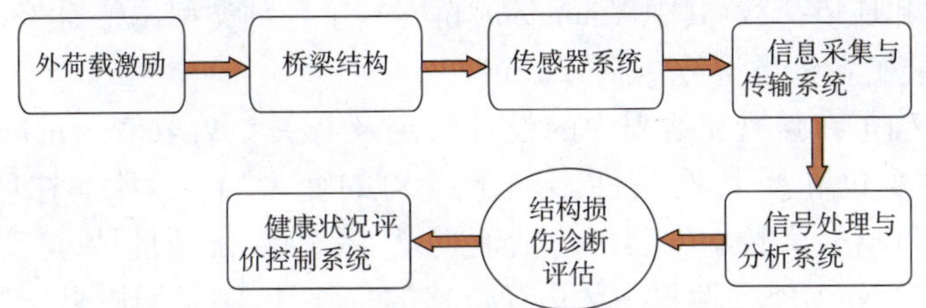

图2.2 桥梁结构健康监测系统示意图

(1)传感器系统通常包括:加速度计、风速风向仪、温度计、位移计、水平仪、信息放大处理器及连接界面、车轴车速仪等。

(2)信息采集与传输系统包括:信号采集器及相应的数据存储设备。

(3)信息处理与分析系统包括:高性能计算机及分析软件。

(4)健康状况评价控制系统:用于对上述处理结果进行评估并做出决策建议。

目前,世界上一些大跨度桥梁已经设计并安装了长期健康监测系统,以期望通过系统的监测确保桥梁的运营安全,保证或延长桥梁使用寿命,同时通过早期发现桥梁病害来减小桥梁的维修费用,避免频繁的大幅修补及关闭交通所引起的经济损失[25]。

1)国外的研究现状

世界上最早安装的较为完整的监测系统之一是英国在522m长的三跨变高度连续钢箱梁桥Foyle桥上布设的长期监测仪器和自动数据采集系统,它实现了实时监测、实时分析和数据网络共享三大功能,用以监测大桥运营阶段在车辆荷载与风荷载作用下主梁的振动、应变和挠度等结构响应,同时监测环境风场和结构温度场[26]。

丹麦曾在总长1 726m的Faroe跨海斜拉桥上实施施工阶段及通车首年的结构监测,用以检查关键的设计参数、监测危险施工阶段以及获取开发优化的监控维护系统所必需的桥梁健康记录。丹麦亦在主跨1 624m的Great Belt East悬索桥上安装了结构健康监测系统,该系统监测的内容主要包括主缆、吊杆和索夹的应力,桥面箱梁的加速度、应力、支撑处的位移,下部结构的腐蚀监测、桥墩的倾角、桥塔混凝土应变,基础的土质监测,气候监测,并尝试把极端记录与正常记录分开处理的技术,以减小数据存储量[27]。

韩国在主跨为400m的两塔斜拉桥——Seohae桥以及自锚式悬索桥——Youngjong桥上均安装了结构健康监测系统。监测内容包括结构的静动态性能和环境荷载，其中Youngjong桥安装了各种类型传感器380个，Seohae桥安装了各种类型传感器120个[28]。

为了确定在强风和地震中的设计假定及有关参数取值的正确性，确定桥梁温度变化和受其他条件影响下结构的变形特性，日本在明石海峡(Akashi-Kaikyo)大桥上安装了包括地震仪、风速计、加速度计、速度计、全球卫星定位系统(GPS)、测量主梁边缘位移的位移计、测量调质阻尼器(TMD)的位移计及温度计等传感器的监测系统[29]。

墨西哥在长为1 543m的Tampico斜拉桥上安装了桥梁健康监测系统，进行了动力特性测试，并比较了环境激振和传统振动试验的效果。

挪威在主跨530m的Skarnsundet斜拉桥上安装了全自动数据采集系统，该系统能对加速度、风速、倾斜度、温度、应变、位移等进行自动监测[30]。

据了解，目前不论在美国还是在日本，安装桥梁健康监测系统的大跨度桥梁尚不普遍。桥梁健康监测系统并未得以广泛应用，仍处于研究阶段。

2)国内的研究现状

20世纪90年代中期我国开始在大跨度桥梁传感器布点、结构病害调查、结构损伤识别、系统识别、结构理论模型修正、结构可靠度评定等方面开展了研究工作，并在一些大跨度重要桥梁上建立了不同规模的桥梁健康监测系统。

20世纪90年代中后期，上海徐浦大桥开发并安装了我国第一个桥梁结构状态监测系统。该系统的监测内容包括：车辆荷载、主梁高程、中跨跨中断面应力及应变、主梁自振特征、斜拉索索力及斜拉索的振动等。徐浦大桥结构状态监测系统成功实现了通过大量多源传感器与系统集成技术对结构工作性能进行连续、实时地监测。

2005年，由江苏省交通科学研究院联合香港理工大学针对苏通长江大桥设计了一套结构健康监测和安全评价系统SHMASES(Structural Health Monitoring and Safety Evaluation System)。该监测系统包括了温度计、风速计、加速度传感器、位移计、GPS等11种不同类型的传感器，传感器的总数达到了800多个。此外，这个长期健康监测系统中还融入了1 430个用来监测地基稳定性和施工安全的埋入式传感器，监测内容包括：主梁和桥塔的几何状态、斜拉桥的拉索、静动力响应、大桥地处自然环境、交通荷载状况等[31]。

我国现阶段最为完善和最具代表性的健康监测系统为用于香港青马

(Tsing Ma)桥、汲水门(Kap Shui Mun)桥和汀九(Ting Kau)桥的风和结构健康监测系统,简称WASHMS(Wind and Structural Health Monitoring System)。由于索支承桥对风比较敏感,1998年香港路政署在这三座桥上安装了保证桥梁运营阶段安全的"风和结构健康监测系统",该系统包括GPS、风速风向仪、位移计、加速度计、应变计、温度计、地震仪、动态地磅等各类传感器774个,用来监测桥梁的运营状况及健康状态,利用该系统所采集的数据分析评价桥梁的动力特性[32]。

此外,我国还在江阴长江大桥、南京长江二桥、芜湖长江大桥、重庆大佛寺长江公路大桥、郑州黄河大桥、钱塘江四桥、舟山西堠门大桥等多座大跨度桥梁上建立了各种不同侧重点的桥梁结构健康监测系统[33,34]。截至2010年,国内百余座桥梁已安装了桥梁结构健康监测系统。目前来看,我国在大跨度桥梁上安装健康监测系统的数量和比率远高于美国和日本,而且有向中等跨度桥梁发展的趋势。

2.3 现有桥梁养护管理系统的问题

交通运输部公路科学研究院已开发完成中小桥梁的养护管理系统CBMS,并服务于国内的一些省、市、县公路养护管理部门及市政桥梁管理部门;而针对大跨度桥梁我国也自主开发了一些相应的养护管理系统,但经过使用和进一步深入地研究发现这些系统滞后于实际工程的需要,大跨度桥梁的检测、养护维修工作远远未达到实际要求,这将影响大跨度桥梁的正常运营与养护管理工作。下面从四个方面讨论现有大跨度桥梁养护管理系统存在的主要问题。

2.3.1 养护管理模式

虽然目前已开发了一些桥梁养护管理系统,并在很多桥梁上得以实施,但实际上这些桥梁的养护维修与管理并未得到有效的执行,这与我国的桥梁养护管理模式有很大关系。具体表现在以下几个方面。

(1)"重建轻养"的国情。我国正处于交通事业的快速发展阶段,交通基础设施建设方面的投资占了很大的财政预算比例,受国家财力所限,能够投入到桥梁维修方面的资金尚不能满足需要。与此同时,亟待维修改造的桥梁数量日益增多,这势必带来资金紧缺问题。虽然交通运输部强调加大桥梁养护管理工作力度,但“重建设轻养护”、“养路不养桥”等问题仍然是当前桥梁养护管理体制中较为突出的问题[35]。目前桥梁的检查和养护费用来源包括车辆通行费和政府部门拨款,采用一事一申请的模式,没有明确的养护资金提取额度,同时也缺乏制度支持。另外,养护经费的划拨多数没有考虑桥梁养护的特殊性,费率简单等同于道路养护。而且养护经费的划拨缺乏灵活性,桥梁养护维护的及时性难以得到保证[36]。

(2)桥梁资料管理手段有待提高。在桥梁资料信息化管理之前,桥梁资料的收集、分析和管理采用传统的人工方法,使得桥梁档案管理存在资料不全、统计方法不一、准确性较差、资料查询和检索较困难等缺陷。一些已开发的桥梁管理系统没有进行详尽的、长远的规划,功能比较简单,资料管理制度不够健全,难以为后续的研究、开发创造条件。

(3)大跨度桥梁管理系统的基本模式沿袭中小桥梁。其主要功能是存储桥梁有关的数据,养护管理的核心主要是修补桥梁结构危害运营的部分,缺乏系统、规范的管理方法,难以做到预防性养护。养护管理工作不到位,对桥梁的早期病害发现不及时、不重视,难以做到防患于未然。

(4)桥梁检查工作尚未落到实处。虽然我国已经颁布了新的桥梁养护规范,规范中对经常检查、定期检查、特殊检查的三级检查制度有明确的定义和分工。但实际上大部分的桥梁检查工作都停留在桥梁的巡检上,且检查工作密度低,周期长,桥梁管理系统中缺乏对养护人员检查工作的计划和安排。

(5)桥梁管理和养护人员的基本素质有待进一步提高。不少地区的桥梁养护单位对桥梁养护的意识不强,职责不明确,管理和养护人员在桥梁基础知识和计算机操作技能上的能力相对较低,桥梁的日常养护得不到保证,有些地方的桥梁甚至处于失修和不养的状态。很多桥梁养护工程师需要同时负责一个区域内所有桥梁的管养,既要开展桥梁检查,又要负责管理和养护,工作强度、工作责任、专业覆盖面也很大,且普遍存在责任和待遇反差较大等问题,导致养护工程师队伍不稳定。

基于以上情况,必须改变传统的管理模式,运用现代化的信息处理技术和管理手段,建立科学、规范、完善的桥梁养护与管理机制,为桥梁保持良好的技术状态和通行能力提供有力的保障。

2.3.2 数据来源方面

目前桥梁管理系统的数据大多来源于常规的人工目测检查或便携式仪

器测量得到的信息，但人工检查方法在实际应用中具有一定的局限性。具有丰富专业知识和评估经验的工程技术人员十分有限，大多数养护人员的业务素质不够，对检查结果的判断能力不强。人工检查的判断结果与检查人员的知识水平和经验直接相关，在相同的情况下，不同的检查人员对同一问题的判断结果也会出现一些偏差。最近美国联邦公路局的调查表明，由人工目测检查做出的评估结果有 56% 是不恰当的[37]。因此仅凭人工检查的数据难以作为大跨度桥梁养护管理系统数据的唯一来源。

另一方面，很多大跨度桥梁养护管理系统却又过分依赖桥梁健康监测的数据。一般研究者眼中完整的桥梁结构健康监测系统应该包括以下内容：高性能传感器与信号采集系统；多参量、多传感器监测数据处理与数据动态管理系统；结构实时损伤识别、定位与模型修正，结构实时健康诊断与安全预警系统等。安装上这些桥梁健康监测与振动控制系统，就等于给桥梁配上一个“全天候”的医生，桥梁的建设、运行都能得到有效的保障。然而，经过 20 年的积极探索，人们在桥梁健康监测领域取得了一些成果，但应该清醒地认识到，由于桥梁结构本身的复杂性和不确定性，以及受到很多客观条件的限制，目前桥梁健康监测系统的研究仅仅处于起步阶段，距离实用性的目标尚有一定的差距。在实际工程应用实践中，桥梁健康监测系统尚存在一些比较普遍的问题[3]。

(1)缺乏统一标准，系统规模差异性较大，有的系统安装了上千个传感器，有的系统则仅安装了几十个传感器，可为奢侈与简陋并存。

(2)传感器选型与布设合理性有待商榷。部分传感器精度或耐久性不够，有些测点布置不合理。由于有些桥梁健康监测系统并不是由桥梁专业人员设计，或者这些设计者缺乏丰富的桥梁检测与评估经验，使得其测点的布设不甚合理，导致目前桥梁监测系统测点布置规模差异性较大，造成投资浪费或关键数据缺失。

(3)受电子产品使用寿命的制约，健康监测系统本身的使用寿命远低于桥梁结构的使用寿命。传感器寿命和传输线路长期使用限制了监测系统的使用寿命。

(4)环境影响及测量噪声难以完全消除，降低了监测数据的可靠性。测量数据的不完整性给后续分析带来很大的困难。

(5)有些大桥的健康监测系统获取了海量数据，但是无有效切实的数据处理手段和方法，分析人员缺乏足够的桥梁知识，造成数据积压。

(6)桥梁健康状况评价体系不完备,有些桥梁监测系统虽然监测到了大量数据,但是由于评估理论本身不完善及部分桥梁健康监测系统评估模块的建立缺乏有经验的桥梁评估专业人员,使得监测到的有效数据未能有效应用于桥梁状况评估之中。

(7)理论与实践及相关系统的有机结合需要加强。健康监测领域涌现了大量的研究论文,但目前有些理论并不能有效应用于工程实践;健康监测系统由许多子系统组成,如何将这些子系统更有效地结合起来进行评估需要进一步研究。

就目前大量采用的监测方法和技术而言,很难确定是否能够利用监测信息及时准确地诊断出桥梁结构的异常或损伤。

由此可见,现有的大跨度桥梁养护与管理系统的两大数据来源:人工检查数据和健康监测数据都难以独立地成为桥梁管理系统的主要数据来源,单独使用哪一类数据都会对桥梁运营状况的判断产生不利影响。目前,尚没有一个大跨度桥梁养护管理系统能将两类数据整合到一起,扬长避短,真正实现无缝连接。

2.3.3 桥梁评估方面

作为桥梁养护管理系统中的重要组成部分,桥梁评估是学术界的热点研究内容之一,目前常用的桥梁评估方法有以下几种。

(1)基于养护规范的评估方法。根据《公路桥涵养护规范》(JTG H11—2004)、《城市桥梁养护技术规范》(CJJ 99—2003)、《公路桥梁技术状况评定标准》(JTG/T H21—2011)提出的方法,通过桥梁检测人员对旧桥进行全面检查,根据文字描述的定性和定量检测结果对桥梁的技术状态进行分类、评分。该方法的评估结果相当程度上依赖于测试人员的工程知识水平和经验,对于复杂问题的判断结果可能会因人而异,评估结论包含较多的主观性和经验性[38]。

(2)荷载试验评估方法。对桥梁进行现场荷载试验,结合理论分析手段,对试验桥梁进行识别,从而评定桥梁的实际承载能力。荷载试验评估方法最大的优点是直观,但由于荷载试验费用昂贵、需要封闭交通,且有一定的风险,有可能使桥梁潜在的病害加剧。

(3)专家系统评估方法。典型代表是特尔菲法,它是通过无记名方式函询各专家的意见,每一轮意见由课题组进行汇总分析,并作为参考数据反馈给每个专家供其分析判断,在下轮填表中做出新论证。经多次的反馈和处理,最终获得满意的结果。但是这种方法不仅成本很高,而且在实际应用中发现专家意见也存在离散性,且对于复杂的大跨度桥梁很难将所有构件损伤程度预估准确,影响最终的评估结果。

(4)基于可靠度理论的评估方法。对既有桥梁结构,其荷载和抗力都是不确定的,且随时间而变,其对应的可靠性概率也不同。通常采用时变可靠度的计算方法,并考虑结构抗力退化的影响,对桥梁结构在剩余使用期内承载能力失效概率进行分析计算,并以计算得到的桥梁结构的可靠度作为评估桥梁状态的指标。目前,可靠度理论在桥梁评估中的应用尚处于初级阶段,其重点放在桥梁承载能力评估方面,对于结构的整体失效评估尚不成熟,还有待于进一步的研究。

(5)其他评估方法。由于目前常用评估方法的不足,研究人员还在积极探索新的桥梁结构评估方法,如模糊综合评估方法、灰色关联度评估方法、基于遗传算法的评估方法以及基于神经网络的评估方法等。模糊综合法以模糊数学为基础,较好地解决了事物的模糊性与算法的确定性这一矛盾[39],能较好地反映客观事物的本质,但如何选择模糊运算法则、如何合理确定隶属函数等问题都没有得到根本解决;神经网络法的学习需要大量的样本,如果积累的资料少,其结果的准确性必然存在局限性[40];遗传算法的强大寻优功能可以较好地适用于可靠性计算与分析的要求,但在实际桥梁评估计算中的收敛速度很慢。

综上所述,由于大跨度桥梁评估的复杂性,目前各种评估方法在理论上均有一定的局限性。主要表现在:大多数评估方法仍然基于现场检查、荷载试验的基础,桥梁评估的主观性较强,评估效率及经济性较低;各类计算分析中,桥梁系统建模中的模型误差难以考虑,影响评估的精度;评估方法复杂,不便于工程应用,且缺乏相对统一的评估指标,难以系统化、标准化等。

2.3.4　病害分析与维修决策方面

大跨度桥梁在长期使用过程中难免会发生各种各样的病害,病害的原因可能是使用、维护不当,车祸、船舶撞击事故等人为因素,也可能是环境腐蚀、地震、台风等自然灾害所致。然而,大跨度桥梁的病害分析及相关的研究还很缺乏,桥梁的病害分析也只限于表面病害状况,并没有在理论上通过桥梁的结构特性变化对其产生病害的原因进行分析。

目前对于大跨度桥梁的维修策略仍基于中小桥梁的维修手段,而对于复杂的大跨度桥梁,仅仅通过以往简单的养护措施和技术手段显然不适用。此外,维修决策过程中由于受桥梁工程师经验的限制,缺乏对桥梁病害类型及其程度的定量化,会导致桥梁养护及维修方案不及时、不合理,最终使桥梁总体状况进一步恶化。

以上是大跨度桥梁在病害分析和维修决策方面存在的问题。其实,现有的大跨度桥梁养护管理系统中对于桥梁的病害和养护维修方面的工作几乎是空白,系统中仅对桥梁已发生的病害和养护维修情况进行数据录入工作,却不提供桥梁结构的损伤、各种典型的病害以及维修养护措施的描述和分析等可供养护人员参考的内容,使养护人员无据可依,难以判明桥梁病害产生的原因及程度,更难以适时地、恰当地进行维修和加固。

综上所述,大跨度桥梁养护管理系统的理论和方法研究还处于初级阶段,还需要很多专家和学者们的深入探索与研究。建立科学的、专业的、智能的大跨度桥梁养护管理系统是桥梁界一项艰巨而重要的任务,还有很长的路要走。因此,应积极开展大跨度桥梁养护管理系统关键技术的研究,探索建立多元化的桥梁管理体系。

2.4 大跨度桥梁养护管理系统关键问题研究

近些年来,课题组在国家自然科学基金、教育部博士点基金、交通运输部西部项目基金以及江苏省、黑龙江省、吉林省、海南省交通运输厅科技项目等基金的支持下一直致力于大跨度桥梁的养护、维修、评价和管理方面的研究工作,开发了大跨度桥梁数字化养护管理系统,并针对大跨度桥梁养护管理系统的一些关键问题开展了系统性、探索性的研究工作。

2.4.1 系统的数据采集

大跨度桥梁养护管理系统的数据采集旨在收集整理能全面描述桥梁基本特征和当前技术状况的信息。在建立桥梁基本信息档案库的同时,提供对桥梁进行评价、决策的数据支持,从而对桥梁进行有效的管理和状况监控。

1)系统中的数据源

大跨度桥梁养护管理系统中所有的功能都是围绕着数据而开发的,数据的质量决定着整个养护管理系统的质量。系统中的数据源应考虑两部分内容：桥梁基本数据信息和桥梁检查检测数据信息。其中桥梁基本数据信息提供桥梁所需的基本数据资料，包括设计资料、施工资料、竣工资料、成桥试验资料、重车过桥记录以及维修历史等基本内容。桥梁检查检测数据信息是桥梁运营状态评估和决策的主要数据来源，它包括人工检查数据、仪器检测数据和健康监测数据。

通过桥梁检测可以随时清楚地了解桥梁的运营状态。桥梁检测内容包含经常检查、定期检查和特殊检查三个部分。为尽量避免人工检查的局限性，桥梁养护管理系统在检查、检测信息录入时应为检查人员提供桥梁各个部位可能出现的病害类型、病害描述、病害原因分析、病害发展趋势以及病害对比图片等大量信息，参见图2.3，使得检查人员通过这些信息能够做出正确的判断；系统中尽量减少检查人员的定性判断，增加他们对定量数据的输入，例如：钢筋锈蚀电位、主梁线形、伸缩缝接缝处高差、支座相对位置偏离等定量信息；系统尽量做到检查人员的判断都有据可依，有标准可查。

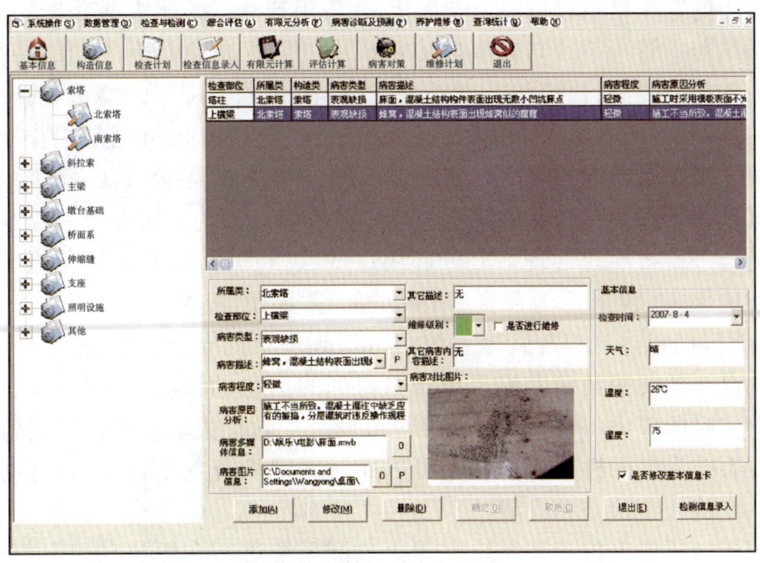

图2.3　检查信息录入界面

2）桥梁健康监测数据与养护管理系统的有效融合

随着桥梁检测技术的发展，通过桥梁养护管理系统和健康监测系统能够检测或采集到大量的桥梁数据信息，而以人工检查为主的桥梁养护管理系统和以传感器监测为主的桥梁健康监测系统都有各自的利弊，都不宜独立地成为桥梁状态评估的理想数据来源。如何正确合理地、最大限度地利用这些资源完成桥梁的评估决策是一个关键问题。“多源信息融合”作为多学科交叉融合的新学科和高层次的共性关键技术。由于多源信息融合可将各信源采集的不完整信息加以综合,减少多源信息间可能存在的冗余和矛盾信息,降低其不确定性[41],提高智能系统决策、规划、反映的快速性和正确性,自20世纪70年代以来得到了国外的广泛重视。我国从20世纪90年代也开始了多源信息融合技术的研究和开发工作,并在军事、工业、医学、测量及空间技术等领域广泛发展[42~44]。多源信息融合的基本原理就像人脑综合处理信息的过程一样,它充分地利用多个信息资源,通过对各种传感器及人工观测信息的合理支配与使用,将各种信源在空间和时间上的互补与冗余信息根据某种优化准则组合起来,产生对观测环境的一致性解释和描述。其最终目的是利用多个信源协同工作,来提高整个系统的有效性。鉴于此,应引入“多源信息融合”的理论和方法将大跨度桥梁养护管理系统和健康监测系统中的数据信息进行整合和优化,并应用到桥梁的评估决策中。

桥梁养护管理系统与健康监测系统中的数据信息具有不同的特征:时变的或者非时变的,快变的或者缓变的,模糊的或者确定的,精确的或者不完整的,可靠的或者不可靠的,相互支持的或互补的,也可能是相互矛盾或冲突的。根据大跨度桥梁的自身特点,采用多源信息融合方法,将来自大跨度桥梁养护管理系统与健康监测系统的数据信息模仿人类专家的综合信息处理能力进行智能化处理。充分利用这些数据资源,对其进行分析、综合、过滤和优化,对数据去伪存真、消除冗余,并导出更多的有效信息。例如,“互补性”的特点:从养护管理系统中可得到桥梁混凝土质量、钢梁裂纹、桥梁附属设施状况等健康监测系统难以得到的信息,而健康监测系统能够得到桥梁实时的应力、索力、动力特性等数据;再例如“去伪存真性”的特点:健康监测系统发现的桥梁局部异常可以通过详细检查判断真伪,且有助于指导进一步的人工检查和检测。

通过对桥梁养护管理系统和健康监测系统进行多源信息融合,有助于判断健康监测元件是否处于正常工作状态,有助于分析构件的病害原因,甚至判断病害程度,由此获得更为全面、准确和可信的结论,指导桥梁的评估和养护维修决策。

采用多源信息融合方法对两类系统的数据信息进行融合,其技术路线见图2.4。

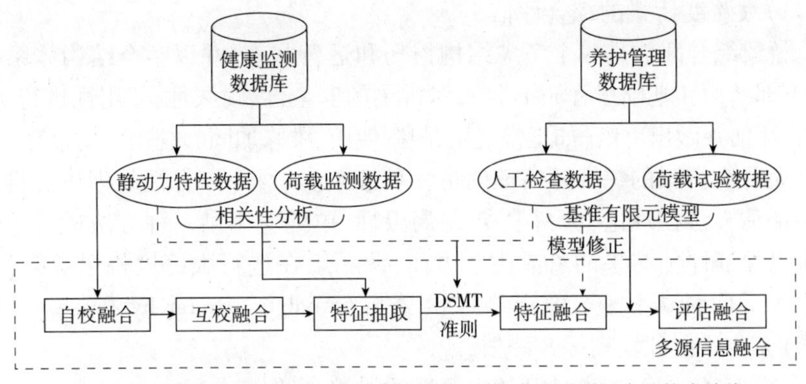

图 2.4　采用多源信息融合方法对两类系统的数据信息进行融合的技术路线

2.4.2　大跨度桥梁的评估理论

为了保证大跨度桥梁的安全运营,必须对桥梁进行科学的评估,实时了解桥梁的运营状态,并为进一步制定养护维修决策提供定量的依据。大跨度桥梁的评估理论是近年来的研究热点,由于大跨度桥梁的复杂性和不确定性,使得这方面的研究始终没有较大的突破。根据现行评估规范《公路桥梁技术状况评定标准》(JTG/T H21—2011)和《公路桥梁承载能力检测评定规程》(JTG/T J21—2011),大跨度桥梁的评估也分为两部分:桥梁综合评估和承载能力评估,理论框图见图 2.5[1]。

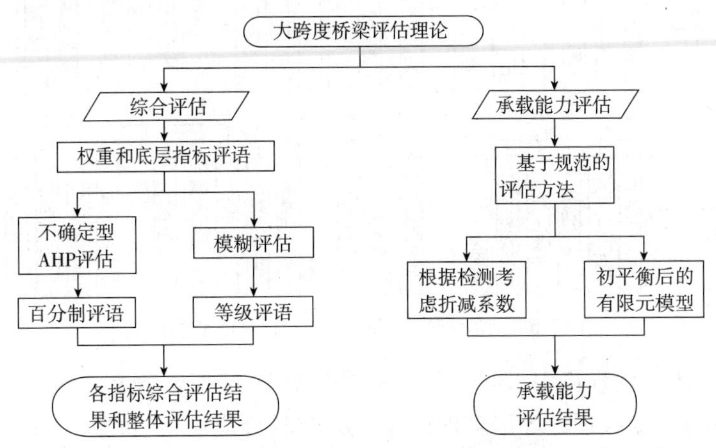

图 2.5　大跨度桥梁评估理论框图

1)大跨度桥梁的综合评估

桥梁综合评估是一个考虑结构损伤和运营状态,并以整个结构体系(上部、下部结构和基础工程)为对象,对桥梁的安全性、耐久性、适用性进行综合分析、评估并做出决策(如正常使用、限制使用、维修加固、改造等)的过程。

大跨度桥梁的综合评估理论是一种涉及多学科、综合性的理论。目前,各种评估方法在理论上均有一定的局限性,单纯应用某一种方法进行评估,尚难以保证评估结果的可靠性。因而,课题组在进行大跨度桥梁综合评估时采用了两种方法:不确定型层次分析(Analytic Hierarchy Process,简称AHP)综合评估和模糊综合评估[45]。

(1)基于不确定型AHP的大跨度桥梁综合评估

大跨度桥梁综合评估的影响因素众多,它们之间相互作用、相互联系,是一个复杂的决策问题。用不确定型AHP法将影响桥梁结构工作状态的各种因素条理化、层次化,并逐级分解为递阶层次结构。某钢—混凝土组合梁斜拉桥的评估体系参见图2.6。这种递阶层次结构能够较好地反映影响因素的层次关系,并把桥梁的工作状态分解为许多较为简单的子问题。

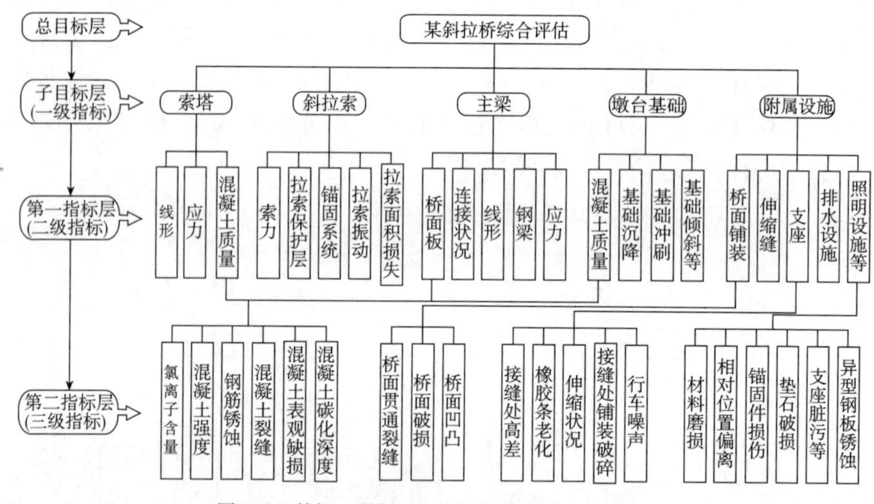

图2.6　某钢—混凝土组合梁斜拉桥综合评估体系

在上述评估理论中,通过对不确定型AHP、区间数判断矩阵计算方法、群判断理论、变权理论等诸多理论和方法的联合应用,从桥梁评估指标模型的建立到判断矩阵的选择与构成、区间判断矩阵计算方法的选择,再到专家意见的综合等,构建了一套行之有效的基于不确定型 AHP 的大跨度桥梁综合评估流程[46],见图 2.7。通过该方案的实施能够对该类斜拉桥进行合理的、科学的评估。

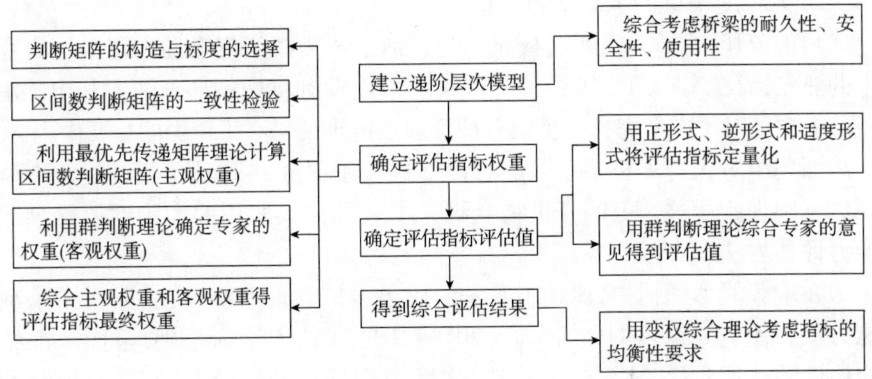

图 2.7 基于不确定型 AHP 的桥梁综合评估流程图

(2)基于模糊理论的大跨度桥梁综合评估

在对大跨度桥梁进行综合评估过程中,影响其工作性能的指标有很多,这些评估指标有的可以用精确的数字来描述,如斜拉索索力、主梁挠度等;有的只能用模糊的语言或模糊量来描述,比如斜拉索锚头锈蚀程度、混凝土表观缺损严重程度等。由此,引入用来描述、计算、分析模糊量或模糊概念的理论——模糊理论,基于该理论建立了一套适用于大跨度桥梁综合评估的模糊综合评判方法[47],见图 2.8。该方法从评语等级的确定、隶属函数的建立到合成算子的选择等方面,都对大跨度桥梁进行了针对性的研究。

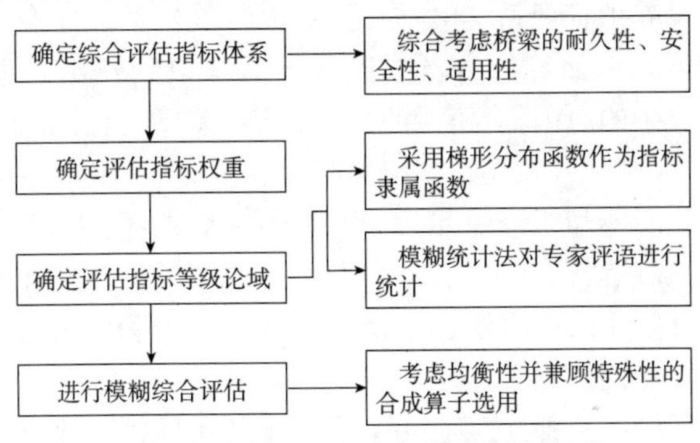

图 2.8 基于模糊理论的桥梁综合评估流程图

通过对上述两种综合评估方法进行实例对比分析,得到的评估结果基本吻合。这两种评估理论相互验证、互相校核,有助于对桥梁的技术状态给出更科学的评价。

2)大跨度桥梁的承载能力评估

目前,对既有桥梁实际承载能力的评估已成为桥梁安全性和耐久性研究中的热点,而在实际的桥梁养护管理系统中还没有将这一部分纳入其中。承载能力评估对于一个完整的桥梁养护管理系统来说是必不可少的重要内容。

课题组对大跨度桥梁承载能力评估进行了研究,利用检测数据、健康监测数据和现有相关规范的有机结合研究了一种比较实用的大跨度桥梁承载能力评估方法。

在承载能力评估中,课题组开发的桥梁养护管理系统以《公路桥梁承载能力检测评定规程》(JTG/T J21—2011)中的评估方法为基础,全面考虑结构构件的表观质量、结构动力特性、强度等指标对结构的影响,通过检测和监测的数据计算得到结构(或构件)的恶化系数、截面折减系数和活载影响修正系数等,并以修正后的桥梁成桥状态的有限元模型为基准,对其进行计算和分析,从而对桥梁实际的承载能力进行合理的、实时的评定。另一方面,以当前状态下(即对初始成桥模型修正后的)相对真实、准确的有限元模型为基础,采用数值加载的方法,进行"设计荷载"下桥梁的承载力计算和分析,从而评估当前状态下桥梁结构是否依然具备设计的通行能力,使承载能力的评定结果更加科学。

2.4.3 大跨度桥梁的病害诊断库与维修决策库

现有的桥梁养护管理系统中鲜有针对大跨度桥梁建立专门的病害诊断库和维修决策库。因而养护人员看到病害后难以判断出病害属于哪一类型,病害程度,产生的原因,对桥梁的影响,是否需要处置,应怎么样处置,怎么样修补,需要大修、中修、还是小修保养等。

建立病害诊断库和维修决策库,可使养护人员通过这些信息能够尽早地发现病害,正确地认识病害,了解病害产生的原因以及发展趋势。根据维修决策库中的维修建议适时地、恰当地处置病害,以保证桥梁的使用寿命。

1)病害诊断库的建立

由于设计理论不完善、施工质量问题、环境和材料问题以及运营交通量剧增等多方面的原因,已建成的大跨度桥梁不可避免地会出现各种病害,并导致结构构件老化、承载能力降低,影响结构的正常运营。未来的几十年,将会是我国桥梁维修、加固和改造的高峰期。研究桥梁病害的根源,进行桥梁病害诊断分析是桥梁维修、加固的重要环节,也是桥梁维修加固设计的前提。

大跨度桥梁的复杂性使得研究者难以对其病害原因给出合理、准确的解释。同一桥型中构件不同,同一构件中材料、所处位置、管理养护等方面不同,都会使桥梁产生完全不一样的病害。这就需要通过调研、收集国内外发生各种病害及事故的多座桥梁的实例,对所需要研究的桥型病害进行归类和原因分析,并将它们放到病害数据库中供桥梁养护管理部门参考。此外,利用建立桥梁病害分析的精细化模型的方法,模拟病害过程,分析其易损部位和关键部位,并进行桥梁的特性分析,包括各种工况下桥梁的静力特性、动力特性分析。例如在进行斜拉桥病害分析时,可假设多种不同斜拉索的损伤程度、分布情况,进行有关静、动力分析,研究拉索损伤对桥梁结构受力性能的影响。静力分析主要是获得在各主要工况下桥梁线形、内力等结构整体性能;动力分析主要是获得结构自振频率、振型、阻尼比等动力特性,从而为桥梁病害知识库的建立奠定基础,为养护维修决策提供科学依据。

2)维修决策库的建立

在归纳、总结桥梁的病害类型及其产生机理的基础上,有必要从设计、建设和运营角度针对病害诊断库中的各种病害类型进行相应的维修策略研究。

通过对大量已建桥梁的资料调研和分析,课题组针对某钢—混凝土组合梁斜拉桥开发的桥梁养护管理系统中为该类桥梁的各种病害建议了相对实用的维修策略,并针对桥梁的长期性能预测结果给出了维修预案。其中包括斜拉索的换索预案,考虑斜拉索可能出现病害的不同组合,利用大型有限元程序 ANSYS 建立由空间杆、梁、板壳单元组成的空间有限元模型,以斜拉索索力优化理论为基础,利用最小余能原理,给出了通过换索、调索改善结构线形与内力的实施方法。

交通行业的相关规范中只是对桥梁的总体等级划分规定了相应的维修类型,而对于具体构件的损伤程度没有详细划分、应该选择哪种维修策略也无从而知。针对这种情况,建立维修决策库时,在选择维修等级和相应的维修方法方面查阅了大量的资料,针对各类构件的每一种不同程度的病害,都有相应的维修预警级别、维修策略、一种或多种维修方法及其相应文献的参考。此外，还提供发生同样病害的桥梁维修案例。

2.4.4 大跨度桥梁的主动养护理念

大跨度桥梁的养护管理理念应该由传统的防御性养护工作转向技术预测，变以往的消极防御为主动养护，即将现场调查、现场检测与监测、计算识别与判别、维修与预测的整个过程系统化、流程化。

桥梁结构的长期性能预测关系到结构将来维修计划的制订以及维护工作的优先级排序，通过对结构各构件的合理预测、掌握桥梁工作状态的变化趋势，管理者可以选择养护维修工作的最佳时机，及时制订养护维修实施计划，从而降低维修成本和桥梁出现重大事故的概率。维修工作不及时将会严重影响大跨度桥梁结构的使用寿命。

2.5 某大跨径组合梁斜拉桥养护管理系统简介

课题组以某钢—混凝土组合结构斜拉桥为背景开展了大跨度桥梁的养护、维修、评估和管理方面的研究工作。开发了一套大跨度斜拉桥养护管理系统，与传统的中小桥梁管理系统相比，该系统更强调数字化、科学化、专家化，最终通过数字化来实现，因此命名为数字化斜拉桥养护管理系统 DMMS (Digital Maintenance and Management System of Cable-stayed Bridges)。这一系统可为大跨度桥梁养护管理系统的研发提供技术参考。

2.5.1 DMMS 系统的总体设计

DMMS 系统总体设计框图见图 2.9，该系统既要方便地存储大量的数据信息，又要进行复杂的计算分析，还应具有养护、维修和管理的指导功能。该系统根据人工检查数据库、桥梁基本资料库和健康监测子系统的数据信息，通过对平面和空间有限元模型的修正、计算，分别采用综合评估方法和承载能力评估方法对桥梁的技术状态进行科学的评价，能够完成桥梁的病害诊断、构件预警、性能预测、维修管理等功能。此外，该系统还建立了较为全面的斜拉桥病害维修知识库，提供了较为完整的斜拉桥养护管理指南和试验方法手册，该系统的开发将为大桥的适时评价、养护、管理及维修决策提供有力的技术平台[48]。

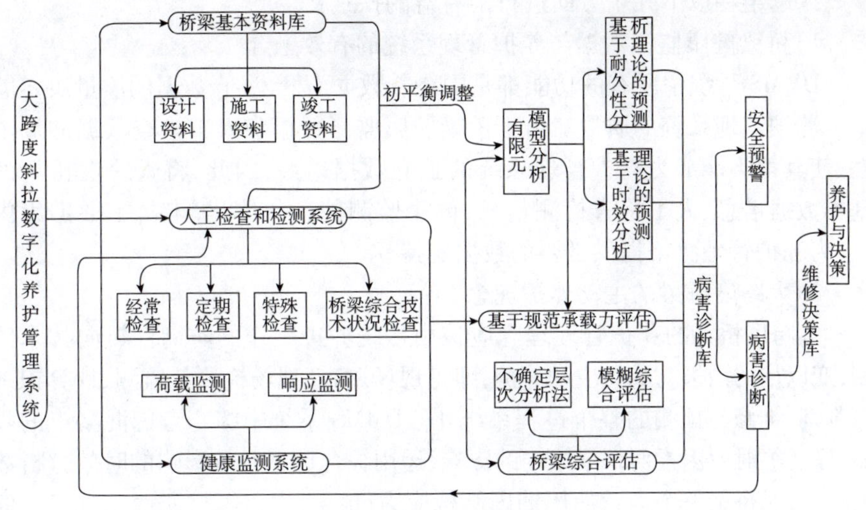

图 2.9　DMMS 总体设计框图

2.5.2　DMMS 系统的特点

DMMS 所涉及的功能主要有斜拉桥结构分析、斜拉桥损伤识别、结构检测与监测、桥梁综合评估和模糊评估、数据库等。DMMS 针对现有的大跨度桥梁养护管理系统存在的几个关键技术问题给出了初步的解决方法。DMMS 系统的特点见图 2.10，图中 BMS 指传统的桥梁养护管理系统。

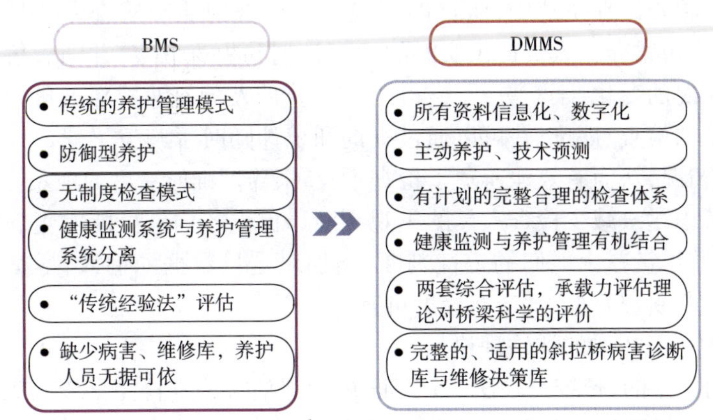

图 2.10　DMMS 系统的特点

课题组在以下几个方面进行了有益的探索：

1）桥梁健康监测数据与养护管理系统的有效融合

DMMS系统中所有的功能都是围绕着数据而开发的，数据的质量决定着整个养护管理系统的质量。由于桥梁健康监测数据和人工检查数据的局限性，使其都不能成为养护管理系统的独立数据来源，因此，将大跨度桥梁的基本数据信息、人工检查检测信息、健康监测信息一体化，丰富了数据库内容，为养护管理决策提供必要的数据支持。

2）大跨度桥梁的主动养护理念

大跨度桥梁的养护管理理念应该由传统养护工作的防御性转向技术预测，变以往的消极防御为主动养护，即将现场调查、现场检测与监测、计算识别与判别、维修与预测的整个过程系统化。DMMS系统中综合考虑混凝土的收缩、徐变等时效因素对桥梁结构的影响，运用综合计算时效影响的时效分析数值算法，对桥梁整个运营使用期内结构应力、挠度、索力等长期性能进行数值预测。此外，从结构的耐久性理论入手，对桥梁各主要构件的耐久性进行预测分析，包括混凝土构件的碳化深度、混凝土锈胀开裂、混凝土表面涂装、钢主梁的防腐蚀涂装、斜拉索及其防护系统以及橡胶支座耐老化性等内容的预测。最后，根据桥梁长期性能的预测结果，提供主动养护的时间及相应的维修策略，并针对斜拉索损伤严重的问题，提供相应的斜拉桥换索预案。

3）建立完整合理的检查体系

DMMS将桥梁检查分为四级：经常检查、定期检查、特殊检查和桥梁综合技术状况检查。在系统中，将这四项检查的检查周期和检查内容录入到数据库中，为桥梁养护人员提供实时的检查计划和检查内容，并随着桥梁各构件技术状况的变化，不断更新检查计划，使养护人员能够按部就班地对桥梁进行系统的检查、评价，并可以通过查询和统计随时了解桥梁建成以来的检查、检测情况，从而有效地避免了检查不及时、养护维修滞后的现象。

系统中尽量减少检查人员的主观判断。提供各构件可能发生病害的详细资料，并尽量减少他们的定性判断，增加对定量数据的输入，尽量做到养护人员的判断都有据可依，有标准可查。

4）大跨度桥梁的评估理论

针对原始的“传统经验法”，DMMS中的评估方法不再完全依赖工程技术人员的评估经验和个人主观判断，而是采用不确定型层次分析法和模糊综合评估两种评估方法建立起大跨度桥梁的综合评估指标体系，能够相对客观的对桥梁的技术状态给出更科学的评价。这两种综合评估方法相互校核,互相验证,有助于判断桥梁评估结论的正确性。此外,该系统可对大跨度桥梁的承载能力进行评估,并在现有承载能力评定规范的基础上进行了改进。

5)大跨度桥梁病害诊断库与维修决策库

通过调研、收集国内外发生各种病害及事故的多座桥梁的实例,对所需要研究的桥型病害进行归类和原因分析,并将它们放到病害数据库中供桥梁养护管理部门参考。此外,通过对大量已建桥梁的调研,系统中为不同的桥梁病害形式提供相对实用的维修策略,并针对桥梁的长期性能预测给出了维修预案。

2.5.3　DMMS 系统的开发平台和主要功能

为存储大量的数据,同时考虑到程序的扩展性、各模块间的兼容性以及在不同计算机上的移植性等特点,DMMS 系统是在 Windows 环境下采用 Visual studio. net 开发工具和 SQL Server2000 数据库联合实现的。图 2.11 为 DMMS 系统的界面示意图。

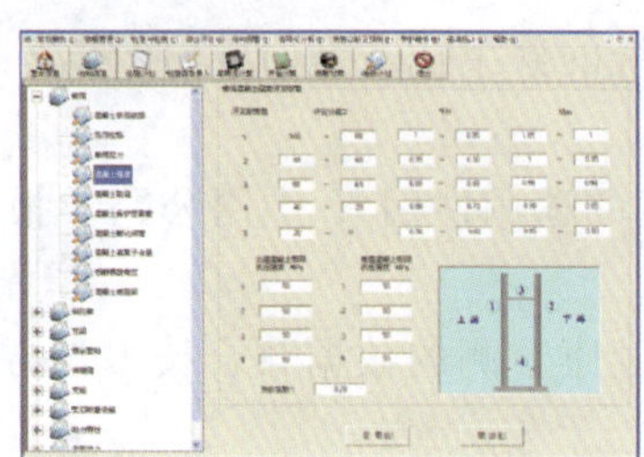
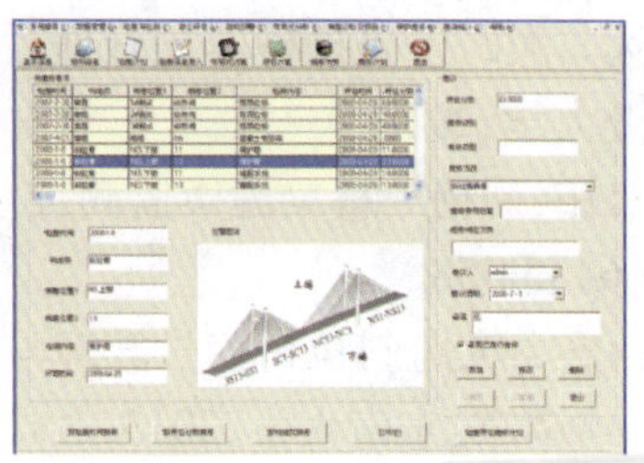

图 2.11　DMMS 系统部分界面

DMMS 系统包含 10 个主要模块:系统操作模块,数据管理模块,检查与检测模块,综合评估模块,有限元分析模块,结构预警模块,病害诊断与预测模块,养护与维修模块,查询统计模块与帮助模块。

2.6　结语

大跨度桥梁养护管理系统是近年来国际上的研究热点,国内的一些特大型桥梁也已经或将要使用相应的桥梁养护管理系统。本文基于大量调查研究、在实际桥梁考查的基础上,就大跨度桥梁养护管理系统存在的问题及发展趋势进行了分析,并以数字化斜拉桥养护管理系统 DMMS 为例介绍该系统针对大跨度桥梁养护管理中的几个关键技术问题所做的探索性研究。利用DMMS系统可以实时了解桥梁的工作状况，给出相应的维护方案，并预测桥梁在未来状态下的运营状况，使桥梁的养护和管理更加科学化。

大跨度桥梁养护管理系统的研究涉及运筹学、系统分析、工程技术、经济学以及计算机技术等众多领域的知识，目前的研究仍处于比较初级的发展阶段，且缺乏有关桥梁管理维修方面的实际数据积累。随着一批科技含量高、技术复杂、施工难度大的特大跨径桥梁在我国建成，随之而来对桥梁养护管理也提出了更高的要求，这就需要对大跨度桥梁养护管理系统做更为深入和系统的研究，切实采取有效措施，确保大跨度桥梁的安全运营。

本章参考文献

[1] Pulkkinen P, Kiviluoma R. Maintenance Issues in the Design of Long-Span Cable-Stayed Bridges[C]//Proceedings of the 5th International Conference on Bridge Management. 2005:314-320.

[2] 任远. 大跨度斜拉桥养护管理系统的数字化研究[D]. 哈尔滨:哈尔滨工业大学,2008.

[3] 张启伟,周艳. 桥梁健康监测技术的适用性[J]. 中国公路学报. 2006, 19(6):54-58.

[4] 李西芝. 大跨斜拉桥养护管理与健康监测的数据融合技术与方法研究[D]. 南京:东南大学,2013.

[5] 许烈平. 桥梁养护管理系统的研究与开发[D]. 重庆:重庆交通大学,2008.

[6] Yanev B. Bridge Management for New York City[J]. Structural Engineering International. 1998,8(3):211-215.

[7] P D Thompson. ThePONTIS Bridge Management System[J]. Structural Engineering International. 1998,8(4):303-308.

[8] AbdelRazig Y. A., Chang L. M. Intelligent Model for Constructed Facilities Surface Assessment [J]. Construction Engineering and Management, ASCE. 2000,126(6):422-432.

[9] Kong JS, et al. Life-cycle reliability-based maintenance cost optimization of deteriorating structures with emphasis on bridges[J]. Structural Engineer-

ing. 2003,129(6):818-828.

[10] H Hawk,E P Small. The BRIDGIT Bridge Management System[J]. Structural Engineering International. 1998,8(4):309-314.

[11] 谭金华,吕秀杰,徐俊,等. 欧洲桥梁管理概况[J]. 世界桥梁. 2004,(3):52-55.

[12] Road Directorate. Demark Ministry of Transport,Bridge Management Systems. 1998.

[13] Pardi L. New Developments of theItalian Bridge Management System[C]// Proceedings of the 5th International Conference on Bridge Management, Bridge Management 5:Inspection,Maintenance,Assessment and Repair-Proceedings of the 5th International Conference on Bridge Management. 2005:517-524.

[14] Kong JS,Frangopol D. M. Cost-reliability interaction in life-cycle cost optimization of deteriorating structures [J]. Structural Engineering. 2004,130(11):1 704-1 712.

[15] 李昌铸. 公路桥梁管理系统(CBMS2000)的开发与应用[J]. 公路交通科技. 2003,20(3):84-90.

[16] 贾丽君,郭瑞,许俊,肖汝诚. 城市桥梁信息管理系统 2.0 版的研究与开发[J]. 同济大学学报. 2004,32(1):24-26.

[17] 王晓晶,娄学全. 南京二桥综合管理系统[J]. 公路交通科技. 2005,22(1):101-104.

[18] 林伍湖,于征,张建斌. 厦门海沧大桥养护管理系统(BMMS)的研究开发及应用简介[J]. 公路. 2002,(8):107-112.

[19] Housner,G. W. Bergman,L. A. Caughey,T. K. et al. Structural control:past, present,and future[J]. Journal of Engineering Mechanics,ASCE,1997,123(9).

[20] 袁万城,崔飞,张启伟. 桥梁健康监测与状态评估的研究现状与发展[J]. 同济大学学报,1999(4):184-188

[21] 史家钧,项海帆,许俊. 确保大型桥梁安全性与耐久性的综合监测系统[J]. 同济大学学报,1997,25(增刊):71-75.

[22] 张启伟. 大型桥梁健康监测概念与监测系统设计[J]. 同济大学学报. 2001,29(1):65-69.

[23] Andersen EY, Pedersen. Structural monitoring of theGreat Belt East Bridge. In: Jon Krokeborg, ed[C]//Proceedings of the Third Symposiumon Strait Crossing. Rotterdam: Balkema, 1994. 54-62.

[24] Muria Vila D, Gomez R, KingC. Dynamic structural properties of cable stayedTampico Bridge [J]. Journal of Structural Engineering, ASCE, 1991, 117(11): 3 396-3 416.

[25] Myroll F, Dibiagio E. Instrumentation for monitoring the Skarns under Cablestayed Bridge. In: Jon Krokeborg, ed [C]//Proceedings of the Third Symposiumon Strait Crossing. Rotterdam: Balkema, 1994. 207-215.

[26] Lau C K, Mak W P N, Wong K Y, et al. Structural health monitoring of three cable-supported bridges inHong Kong [C]//Chang FK. Structural Health Monitoring 2000. Pennsylvania: Technomic Publishing Co, 1999. 450-460.

[27] 张启伟,袁万城,范立础．大型桥梁结构安全监测的研究现状与发展[J]. 同济大学学报,1997,25(增刊):76-81.

[28] 刘海亮．小波变换在旧桥实时监测系统中应用研究[D]. 天津:河北工业大学,2007.

[29] Honshu-Shikoku Bridge Authorit. The Akashi-Kaikyo Bridge-Design and Construction of the World's Longest Bridge[R]. Japan, October, 1998.

[30] Inaudi Daniele, A Rufenacht, et al. Monitoring of a Concrete Arch Bridge During Construction [C]//Proceedings of SPIE-The International Society for Optical Engineering. 2002: 146-153.

[31] 李爱群,丁幼亮,邓扬．苏通大桥结构健康状态评估技术研究与应用[J]. 防灾减灾工程学报,2010(6):330-335.

[32] 刘正光,麦惠培,黄启远,等．青马大桥的初步监测结果[C]//第十三届全国桥梁学术会议论文集．1998:730-734.

[33] 谭永朝,郑翰献,余菊虎．钱江四桥桥梁实时健康监测系统开发研究[J]. 公路交通科技．2004,21(11):43-46.

[34] 李爱群,李兆霞,等．润扬长江大桥结构健康监测系统研究[J]. 东南大学学报．2003,33(5):544-548.

[35] 黄侨,任远,等．大跨度桥梁养护管理系统的若干问题研究[C]//中国土木工程协会桥梁及结构工程分会第十八届全国桥梁学术会议论文集．2008.

[36] 邓广樊,张杰,王鹏. 基于重点监测的长大桥梁养护管理现状及经验[J]. 公路交通科技. 2014,(8):11-14.

[37] A Miyamoto, K Kawamura, H Nakamura. Bridge Management System and Maintenance Optimization for Exiting Bridges[J]. Computer Aided Civil and Infrastructure Engineering,2000,(5):45-55.

[38] 胡志坚,胡钊芳. 中小跨径公路混凝土桥梁技术状态评估[M]. 北京:人民交通出版社,2009.

[39] Sasmal, Saptarshi, Ramanjaneyulu K. Condition Evaluation of Existing Reinforced Concrete Bridges Using Fuzzy Based Analytic Hierarchy Approach [J]. Expert Systems with Applications. 2008,35(3):1430-1443.

[40] Hong NK, et al. Development of Artificial Neural Network-Based Preliminary Structural Design System for Cable-Stayed Bridges [J]. Advances in Engineering Software. 2002,33:85-96.

[41] 姜绍飞,王留生,殷晓志. 结构健康监测中的数据融合技术[J]. 沈阳建筑大学学报(自然科学版),2005(1):18-22.

[42] 杨杰,李爱群,李兆霞. 桥梁结构健康监测的数据融合框架[J]. 防灾减灾工程学报,2008(8):292-297.

[43] 刘同明,夏祖勋,解洪成. 数据融合技术及其应用[M]. 北京:国防工业出版社,2000.

[44] Guo H Y. Structural damage detection using information fusion technique [J]. Mechanical Systems and Signal Processing,2006,20(5):1173-1188.

[45] 任远,黄侨,林阳子. 大跨度斜拉桥综合评估系统的研制与开发[J]. 南京航空航天大学学报. 2007,39(4):535-539.

[46] 黄侨,任远,林阳子. Application of Uncertain Type of AHP to the Condition Assessment of Cable-stayed Bridges[J]. 东南大学学报(英文版). 2007,23(4):599-603.

[47] 黄侨,任远,等. 基于模糊理论的大跨度桥梁评估理论研究[J]. 公路交通科技. 2010,27(1):62-66.

[48] 任远,黄侨. Research and Development of Digital Maintenance and Management System for Long-span Cable-stayed Bridges [J]. Journal of Harbin Institute of Technology (New Series). 2009,16(1):96-100.

黄侨　教授/博士生导师

先后担任哈尔滨工业大学和东南大学教授，博导。现任东南大学桥梁与隧道工程研究所所长，桥梁工程学科带头人。国家级百千万人才工程第一、二梯队人选，获国务院政府特殊津贴。现为中国公路学会桥梁与结构工程分会常务理事，中国土木工程学会桥梁与结构工程分会理事，国际桥梁与结构工程学会会员，江苏省公路学会理事，南京市土木建筑学会理事。

从事桥梁工程专业（方向）的教学、科研及管理工作30余年。在桥梁混凝土结构设计理论，桥梁钢—混凝土组合结构设计理论及桥梁工程设计理论，桥梁施工控制、试验及桥梁养护、管理、检测、加固和评估理论等方面开展理论研究。在上述研究工作的基础上开展大量的桥梁工程科研、设计、检测、施工及养护管理方面的技术咨询工作和工程实践。先后主持参与多项国家自然科学基金、完成了几十项省、部级科研及和地方政府工程建设项目的研究和技术咨询工作。

在上述领域中已获得省部级科技进步奖13项，其中一等奖2项，二等奖4项，多为项目主持人或主要技术负责人。先后获得国家发明专利5项，软件著作权2项。发表学术论文200余篇。主编、参编专著、教材及讲义16部。

任远　讲师/博士

东南大学交通学院讲师、博士。主要研究方向：大跨度桥梁评估、养护、管理的数字化及其软件系统开发。主持国家自然科学基金青年基金1项，教育部博士学科点专项科研基金1项，作为技术负责人参与桥梁评估及养护管理方面的省部级科研项目10余项，发表学术论文20余篇。

第3章　BIM技术在桥梁领域的应用与发展

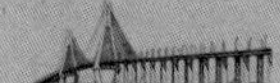

石雪飞,黄睿,阮欣

同济大学桥梁工程系,上海市四平路1239号,200092

3.1　引言

信息模型的核心是“信息”,所有的工作将围绕相关信息展开。工程中的信息有以下三个方面:实体信息要素、过程信息要素、特性信息要素。建筑信息建模(BIM)是在计算机基础上,利用数字化方法,对建筑工程项目全周期(设计、施工、运营)中的信息进行建模的过程。BIM建模的整体思路是:首先进行信息识别,并把握住信息的质量要求,然后进行信息的采集、处理和利用,最后实现BIM模型的建立。

BIM模型中的信息必须要满足一定的质量要求,这是整个BIM模型发挥价值的根本,也是BIM模型质量要求的基础。总的来说,BIM模型中的信息需要满足精准性、一致性、完整性、唯一性、及时性、可用性的要求。

BIM技术在桥梁工程中(BrIM),通过记录高质量的信息数据、有效交流信息,同样会提高工作质量,提高项目参与者的效率,节约材料、人力和资金[1]。桥梁工程中所涉及的信息与建筑工程不完全相同,模型中的信息要想完全实现上述要求还面临着挑战。建立一个能满足需要的BrIM模型,就意味着要做到 BIM 的专业化,BIM 专业化的含义包含平台化、系统化、集成化、自动化、标准化五个方面的内容。

本章结合作者在前阶段对 BIM 技术应用状况的调研,以及在桥梁工程中应用的探索,提出 BrIM 发展中的关键问题。

3.2 建筑工程中的 BIM 应用

在我国,建筑信息模型技术正处在一个高速发展时期,主要应用在建筑工程领域。国际上,过去的十年时间内,BIM 的理论和技术发展十分迅速,在许多国家已经建立了技术标准。BIM 在建筑工程领域中主要有如下的应用。

3.2.1 碰撞检测

碰撞检测指在电脑中通过三维建模提前预警工程项目中各不同专业(结构、暖通、消防、给排水、电气桥架等)在空间上的碰撞冲突,这是 BIM 技术发展的初衷,三维建模软件平台成为 BIM 技术发展的必要条件。

2010 年《中国商业地产 BIM 应用研究报告》中指出:77% 的企业遭遇因图纸不清或混乱而造成项目的投资损失(图 3.1),其中有 10% 的企业认为该损失可达项目建造投资的 10% 以上,43% 的施工企业遭遇过招标图纸中存在重大错误的问题,改正成本超过 100 万元。

在设计阶段有否因图纸不清或混乱而造成项目或投资上的损失?

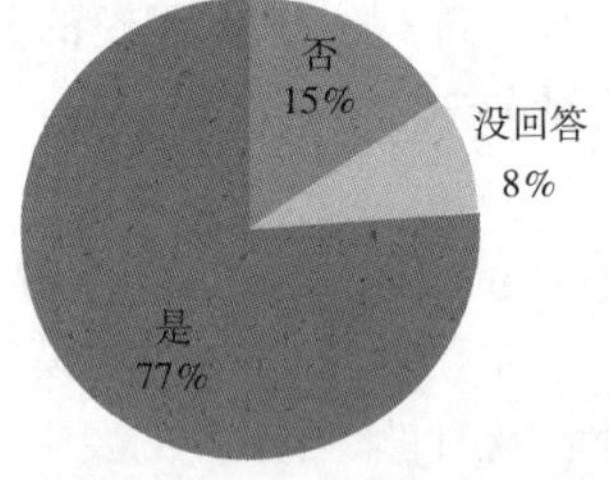

在过去的项目中,是否有招标图纸中存在重大错误(改正成本超过100万元人民币)的情况?

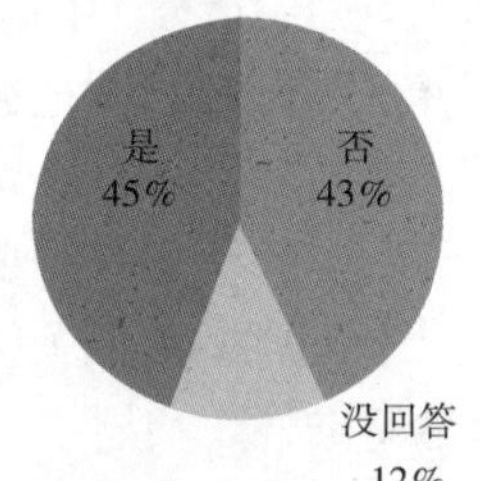

图 3.1 图纸错误引起的损失

应用 BIM 进行碰撞检测的基本思路是:首先创建建筑工程中各专业三维 BIM 模型,然后使用碰撞检测平台进行碰撞检测,最后出具检测报告,并进行相关的图纸修改。BIM碰撞检测的平台有NavisWorks、Bentley Projectwise Navigator、Solibri Model Checker、Luban BIM Works等。

目前国内以二维设计为主,鲁班的相关BIM软件可以利用二维电子图直接转化,进行碰撞检测,如图3.2所示。鲁班算量软件建立的BIM模型可以用于工程量计算、施工过程成本管控等方面,而利用鲁班云技术,可以实现使用鲁班服务器检验上传至云端的建筑模型。

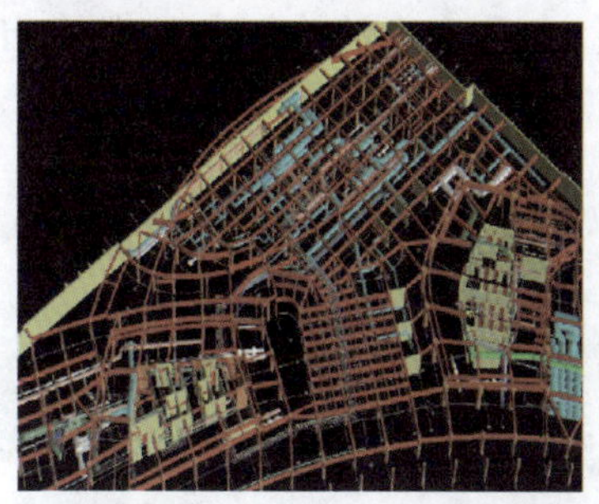

图3.2　利用Luban BIM Works进行碰撞检测

如图3.3所示,可使用Revit建模,并导入NavisWorks中进行碰撞检验;或使用Bentley Microstation建模,利用Navigator进行碰撞检验,能人工进行错误标注。利用NavisWorks、Navigator进行碰撞检测时,需要建立三维模型,可视化效果更好、检测结果更为精确;并可在三维模型的基础上,在后续施工中进行进度和成本管理。

图3.3　利用NavisWorks、Navigator进行碰撞检测

3.2.2　安全分析

这里的安全分析针对的是建筑使用者的安全。在建立建筑三维模型后,就可以针对建筑使用者的安全进行仿真分析,如防护系统分析、人员疏

散分析等[2-4]。

应用 BIM 进行建筑安全性分析的基本思路是：首先创建建筑工程的三维 BIM 模型，然后对建筑各构件进行参数化定义，最后进行安全性分析，出具相关报告。BIM 安全分析的平台有 Solibri Model checker、Tekla、IES < VE > Simulex 等。

在 Solibri Model checker、Tekla 平台中，使用 Tekla 进行建筑安全性分析，软件可以自动识别模型中的孔洞和边缘，每当有新的构件出现，便会自动生成相关的防护系统，并生成防护系统的相关计算用量和类型，如图 3.4 所示。

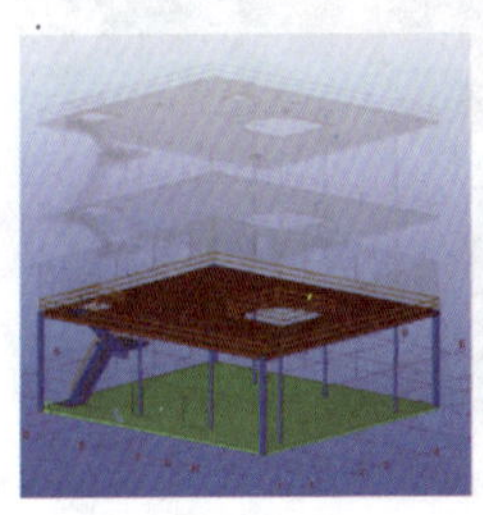
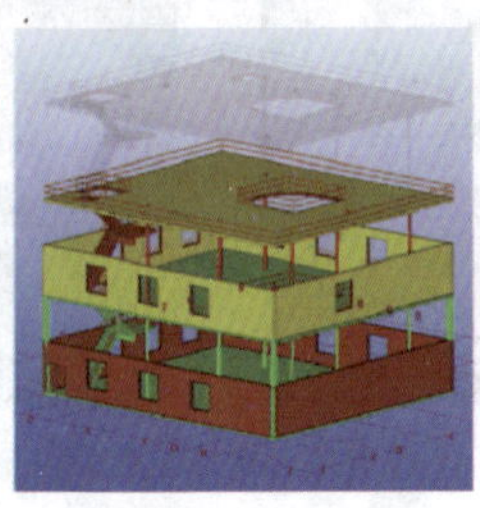
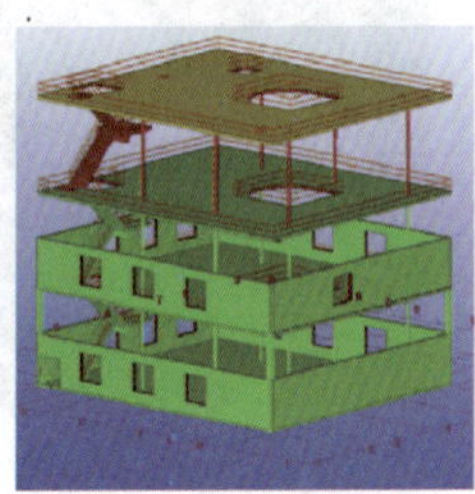

图 3.4　利用 Solibri Model checker、Tekla 进行安全分析

在 IES < VE > Simulex 平台中，使用 Simulex 模块，进行疏散分析。如图 3.5a）所示，该平台可以与 CAD 平面图链接，模拟楼层、楼梯和出口情况，以三个圆代替人体，模拟紧急和正常情况下人员疏散分析。在该平台中，也可三维模拟整个建筑和三维人体，动态观察人员疏散情况，如图 3.5b）所示。

3.2.3　成本估算

成本估算是指在建筑正式开工之前，在三维模型的基础上，可以准确计算工程量，在建筑开工之前，针对建筑不同的设计、施工方案进行准确的施工成本估算，合理选择方案[5-7]。

应用 BIM 进行建筑成本估算的基本思路是：首先创建建筑工程不同方案的三维模型，其次定义建筑各构件的工程属性，然后分别计算不同方案的建筑成本并形成报表，最后比较各个设计与施工方案，择优实施。BIM 成本估算的平台有 Dprofiler、Vico Cost Planner、LIDX、Innovaya、Solibri、Bentley、鲁班等。

在利用 BIM 进行成本估算时，可以使用 Bentley 平台。Bentley 可以生成高精度的三维模型，保证工程量统计的精准性，并可生成建筑中各构件的三维几何信息、位置信息、数量信息等，便于建筑工程的成本估算，如图 3.6 所示。

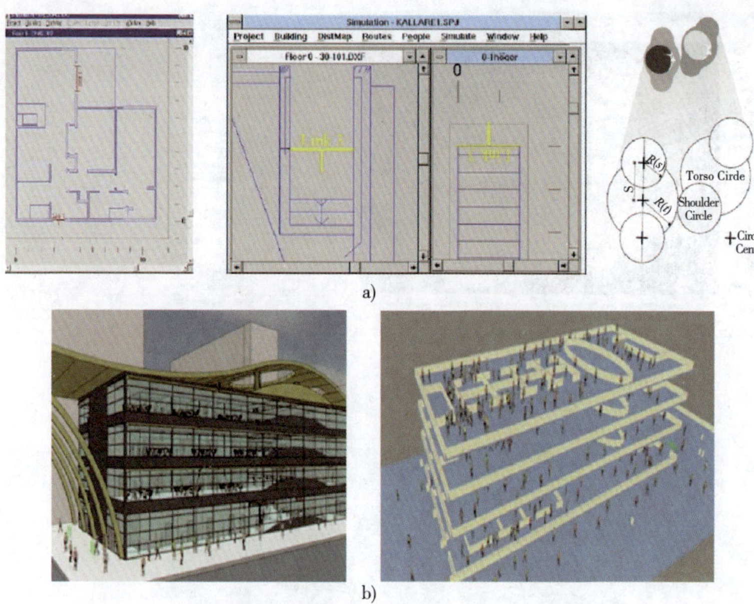

图 3.5　利用 IES < VE > Simulex 进行安全分析

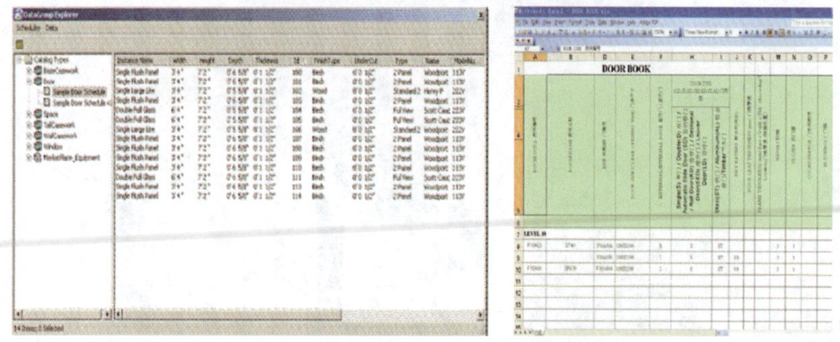

图 3.6　利用 Bentley 平台进行成本估算

鲁班软件在建筑工程算量中应用比较多。使用鲁班 BIM 系统，在三维模型基础上生成建筑的工程量统计表，快速准确编制清单、编制投标造价，如图 3.7 所示。

使用 LIDX 进行成本分析时，运用了迭代性分析方法。首先使用 SketchUp 进行建模，然后 LIDX 可以自动识别 SketchUp 模型，并实时识别模型中新增加的信息，自动更新 LIDX 中的数据，然后自动选择合适的计算模型，计算建筑成本，如图 3.8 所示。

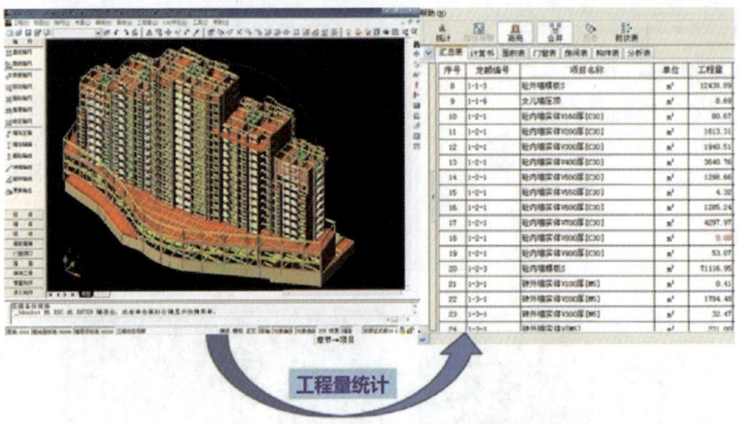

图 3.7　利用鲁班平台进行成本估算

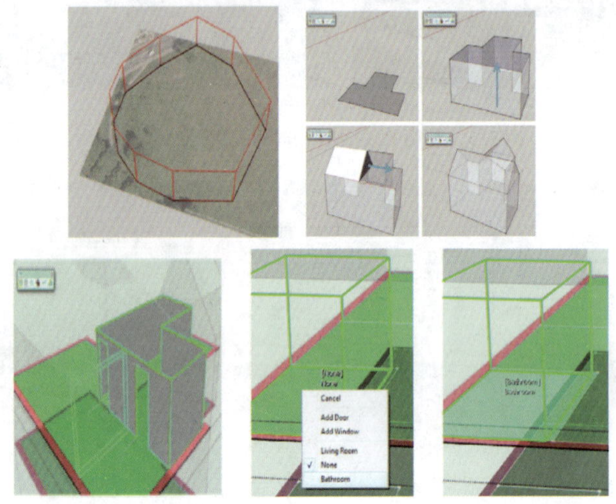

图 3.8　利用 LIDX 进行成本估算

3.2.4　进度分析

进度分析是指在建筑正式开工之前，在三维建模基础上虚拟施工过程，这样就可以在建筑开工之前，针对建筑不同的设计、施工方案进行准确的施工进度分析[8]。

应用 BIM 进行施工进度分析的基本思路是：首先创建建筑工程不同方案的三维模型，其次定义建筑各构件的工程属性，然后分别分析各个方案的施工进度并形成报表，最后比较各个设计与施工方案，择优实施。BIM 进度分析的平台有 lnnovaya、NavisWorks、Project、Bentley、鲁班等。

利用 BIM 进行施工进度分析时，可以使用 Revit 进行建模，用 Project 软件完成进度计划；将 Project 中的进度计划与 Revit 中的模型结合，使用 NavisWorks 进行进度分析。在这个过程中，NavisWorks 和 Project 可以实时识别 Revit 中的模型，并做出分析，如图 3.9 所示。

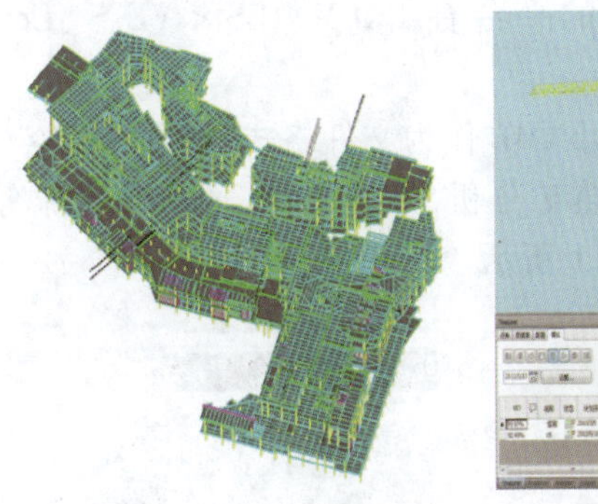
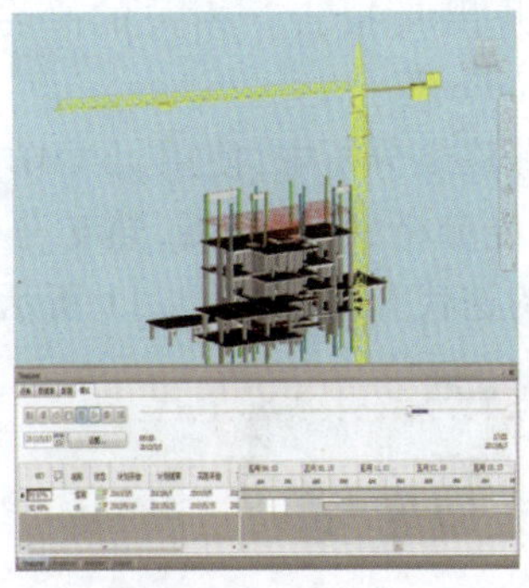

图 3.9 利用 NavisWorks、Project 进行进度分析

利用 Bentley Navigator、Project 进行进度分析时，首先使用 Microstation 进行结构的三维建模，用 Project 软件完成进度计划；将 Project 中的进度计划与 Microstation 中的模型结合，使用 Navigator 的 schedule simulation 模块进行进度分析，如图 3.10 所示。

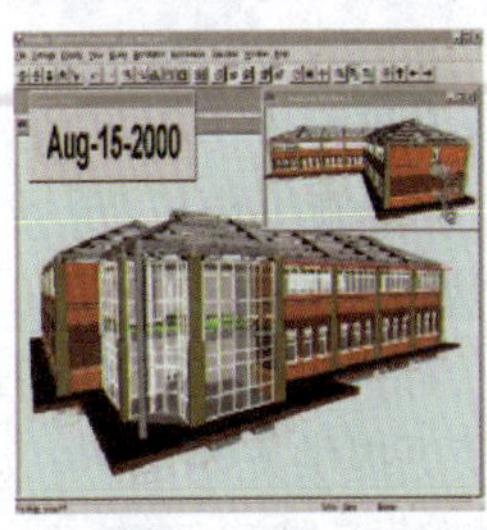

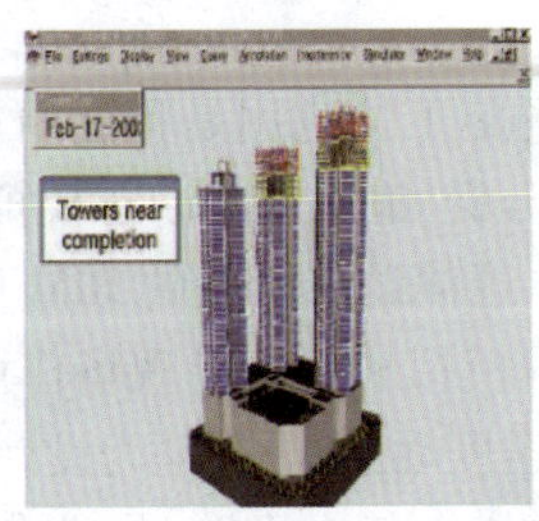

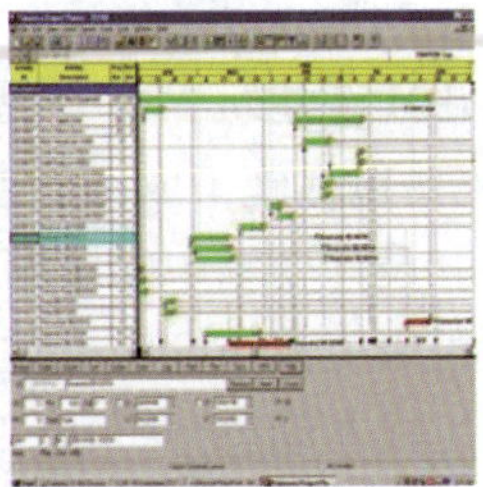

图 3.10 利用 Bentley Navigator、Project 进行进度分析

3.2.5 绿色建筑

绿色建筑又称为可持续建筑。利用三维模型建立建筑与环境和人的关系，获得全生命周期中对环境破坏性最小、对资源利用率最高、对人体健康

最有益的方案,即可持续建筑[9-11]。

绿色建筑是一个比较广泛的概念,可以涉及工程的全生命周期。在施工中涉及绿色建筑分析的就有节约资源和加快进度,分别对应着工程的成本估算和进度分析。在设计和运营阶段中的绿色建筑分析是研究的重点。

利用BIM进行绿色建筑分析的基本思路是:首先创建建筑的三维模型,然后定义建筑各构件和建筑中设备的工程属性,然后分析建筑的各项可持续性指标并出具报告。相关的平台有PKPM、IES < VE >、Ecotect、Green Building Studio等。

在绿色建筑分析中,使用gbXML作为文件格式,分析的内容有:供暖、制冷分析,采光分析,照明分析,热工分析,声学分析,通风和气流分析等伴随建模过程的迭代分析,如图3.11所示。

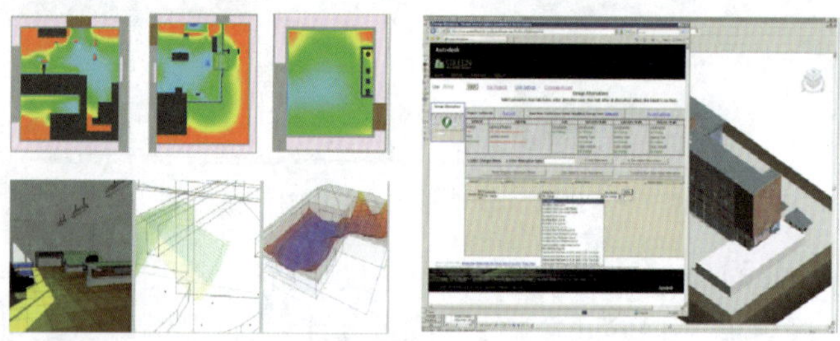

图3.11　绿色建筑分析

3.2.6　现场施工

BIM在建筑工程中现场施工的应用是指建筑施工过程中BIM的综合应用,主要包括施工成本动态分析、施工进度动态模拟、精细施工模拟、现场施工指导和设计变更中的应用。延伸设计阶段的BIM模型,补充施工设备三维模型就可以完成精细施工过程模拟从而指导现场作业,补充动态信息就可以完成施工成本动态分析、施工进度动态模拟,并为设计变更提供方便[12,13]。

进行施工成本动态分析时,基本思路是:首先创建三维建筑施工模型,其次进行施工前计划成本分析,并形成采购建议,然后在实际施工过程中产生实际成本,最后进行计划成本和实际成本的对比。相关平台有Luban BIM、NavisWorks、Bentley等。在该项工作中,计划成本已在施工前的成本估算中进行。鲁班造价根据BIM模型,给出人材机等采购指导,并可记录施工过程中的实际成本,将实际成本和计划成本对比分析,如图3.12所示。

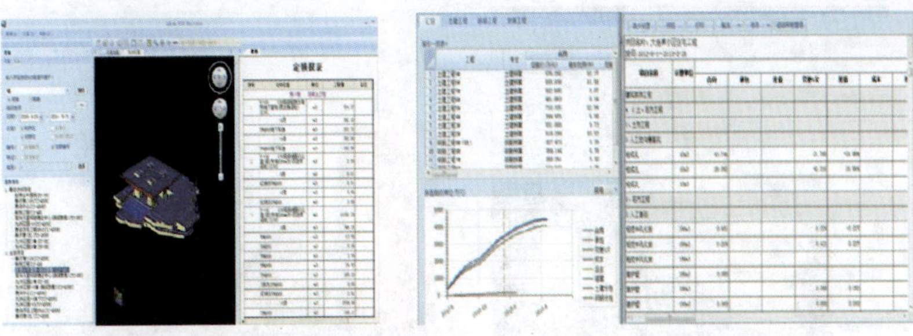

图 3.12 利用 Luban BIM 进行施工成本动态分析

进行施工进度动态模拟时，基本思路是：首先创建三维建筑施工模型，其次进行施工前计划进度分析，并形成进度规划，然后在实际施工过程中记录实际的进度，最后将计划进度和实际进度进行比较分析。相关的平台有 Luban BIM、NavisWorks、Bentley 等。该工作中，计划进度已在施工前的进度分析中进行。Bentley 平台可以根据 BIM 模型，给出建筑施工的进度规划，并记录施工过程中的实际进度，将实际进度和计划进度对比分析，根据实际情况进行进度调整，如图 3.13 所示。

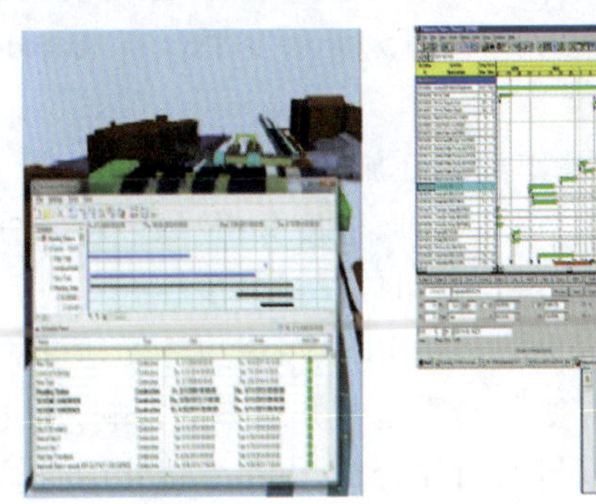

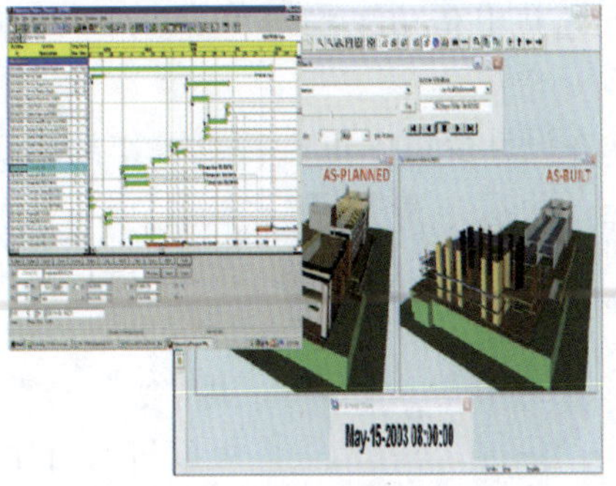

图 3.13 利用 Bentley 进行施工进度动态模拟

利用 BIM 可以实现精细施工模拟，基本思路是：首先建立三维建筑施工模型，然后设计建筑施工工序，并辨别重要、敏感的施工工序，进行局部仿真精细化模拟，并指导实际施工。相关平台有 Luban BIM、NavisWorks、Bentley 等。在实际应用中，对于施工中重大、敏感的施工工序，如小空间的机电及设备安装及拆卸、钢筋笼绑扎等需要精细化模拟。可以利用 Navigator 动画功能，进行仿真精细化模拟，对吊装过程中的动态碰撞进行检测，如图 3.14 所示。

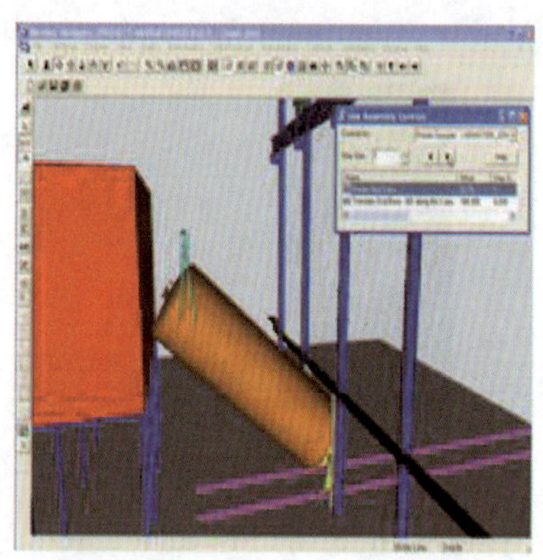

图 3.14　利用 Bentley 进行施工精细化模拟

利用 BIM 可以实现先进的现场施工指导，并实现精益化施工，向“零库存”施工的方向更近了一步。在该项工作中，涉及了 BIM 技术、增强现实技术（AR）和云技术的结合：利用 BIM 技术建立建筑虚拟模型，利用 AR 进行定位，实现虚实融合、实时交互。基本思路是现场施工人员将现场问题上传，并下载施工指导意见；而远程技术人员下载现场上传的问题，再远程解决问题并上传施工指导意见，如图 3.15 所示。平台有 Autodesk360、ProjectWise 等。

BIM 在设计变更中也有着重要作用。在施工前做好各项分析，如碰撞检测、成本估计、进度分析、绿色建筑分析和安全性分析，就可以尽量减少在施工过程中的设计变更。利用 BIM，可以更方便地计算设计变更对实际施工进度和成本的影响，在此基础上可以进行对比分析，做出更优化的决策。而且设计变更可以精确地记录在 BIM 模型中，便于后期的审阅、复核等工作。

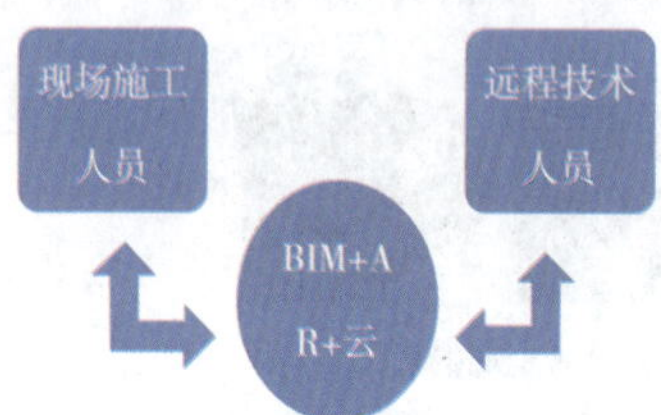

图 3.15　BIM 现场施工指导的工作思路

3.2.7　建筑管养运维

在建筑管养运维阶段，竣工结构 BIM 模型为定期检查建筑外观、日常建筑管理、受力分析等提供准确的结构状况信息[14,15]。基本思路是：首先明确运营中的实际需求，然后从已经存在的模型中提取信息或者进行该建筑的追溯建模，最后进行相关分析。相关的平台有 Leica cyclon、Revit、CAD、TLS

扫描仪、全站仪、NavisWorks、Bentley、Luban BIM 等。

使用 BIM 技术进行建筑外观检测，可以使用 Leica cyclon、Revit、CAD、TLS 扫描仪、全站仪等工具。首先建立地理网格，然后使用扫描仪进行外部点云数据采集，利用 Revit 直接生成建筑轮廓，并使用全站仪进行内部数据采集，利用 CAD 进行数据处理建模。最后使用 Revit 生成建筑内外部结构的模型，并建立相关高程系统，进行建筑的外观检测，如图 3.16 所示。

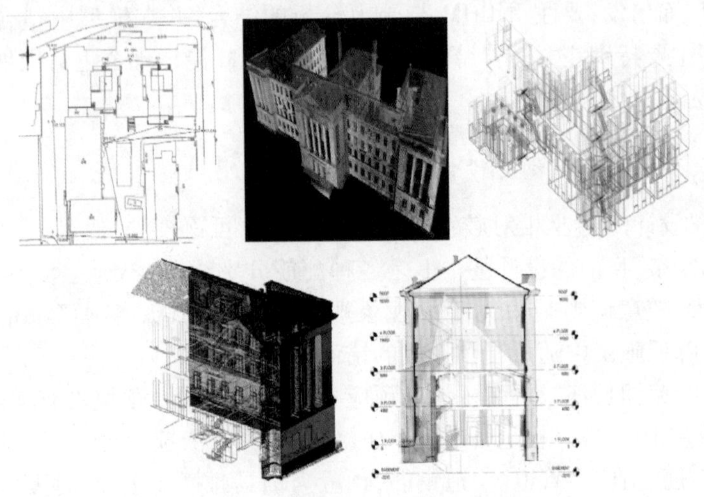

图 3.16　BIM 在建筑外观检测中的应用

3.2.8　小结

上述应用均已经在三维建模软件平台的基础上形成了集成化、自动化的 BIM 建模系统，但不同的分析往往需要建立单独的 BIM 模型[16]。除上述各应用外，其他应用还在不断发展中。

3.3　目前桥梁领域中可能的 BrIM 应用

3.3.1　桥梁工程的特点

BrIM 是 BIM 的一种典型专业化应用，需要推进两方面的工作：一是需要有便于收集桥梁信息的三维建模平台，二是需要形成体现桥梁特点的建模系统流程。桥梁工程相对于建筑工程而言有以下的特点：

(1)在桥梁领域,以桥梁结构设计为主,涉及其他专业比较少;

(2)桥梁的构件形状比较复杂、配筋一般比建筑复杂;

(3)桥梁的受力行为比较复杂、施工过程对受力有很大影响;

(4)桥梁的使用环境比较恶劣、耐久性问题更加严重。

BrIM 可以借鉴建筑中 BIM 的应用,但应根据桥梁工程本身的特点,注重以下问题:BrIM 也需要从结构 3D 建模出发,但对于复杂构件的三维模型要从配筋层面出发;要注重 BrIM 与受力分析的结合,并在模型中整合受力信息;模型中要特别注意完善结构的施工信息;BrIM 能体现全生命周期桥梁的结构行为。

3.3.2 BrIM 精细化设计方面的应用

桥梁设计的专业相对较少,管线设备碰撞问题较少,但是桥梁构件形状、配筋复杂,目前的设计基本上是各种配筋分别绘图,不绘总装图,施工现场矛盾大,随意调整受力钢筋的现象严重。利用 BrIM 模型可以精细化设计,有效降低施工中随意调整造成的错误。

例如,芜湖长江二桥引桥体外预应力节段预制梁墩顶块设有横隔板,预应力全部锚固在横隔板上,因此受力大且复杂,在传统设计手段下,现场发现受力钢筋、预应力管道、构造钢筋、预应力锚具碰撞严重,临时无序调整工效极低,钢筋施工周期是预计时间的 3 倍以上。为解决此问题可采取下列措施:

首先,利用三维模型在虚拟的环境中对横隔板中钢筋位置和形状进行优化,从计算上保证钢筋不会碰撞,从而无需在现场进行临时调整。对于设计图纸中明显碰撞的普通钢筋,可以在普通钢筋位置附近进行微调,从而避免碰撞,一般微调幅度不超过一根钢筋的直径。而钢筋与预埋导管碰撞,可以在碰撞位置将普通钢筋弯起,并设置井字形补强钢筋,以及相应的平台钢筋。图 3.17 显示了优化后的局部配筋,图 3.18 显示了横隔板的整体三维配筋。

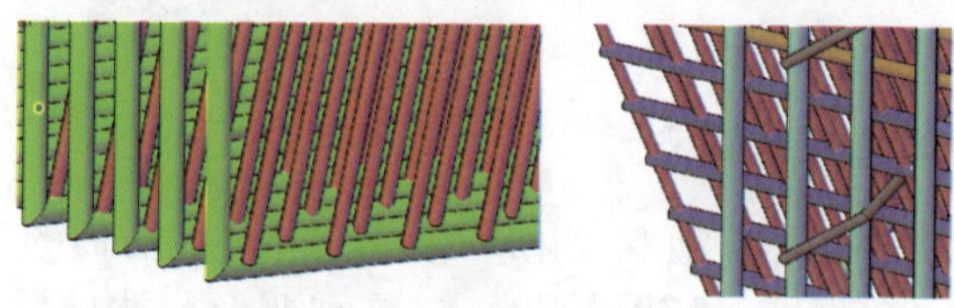

图 3.17 普通钢筋碰撞微调

图 3.18　横隔板钢筋整体优化图

然后,在三维模型的基础上,利用施工顺序优化工具,设计出横隔板钢筋施工时施放的顺序。施工设计的原则是:施工中简化工序,方便施工,加快进度;采取从中间向两边施放钢筋的顺序;采取由下向上一层一层施放钢筋的方法。并利用增强现实技术和云技术,实现现场施工的指导。如图 3.19 所示为钢筋施工过程设计视频截图。

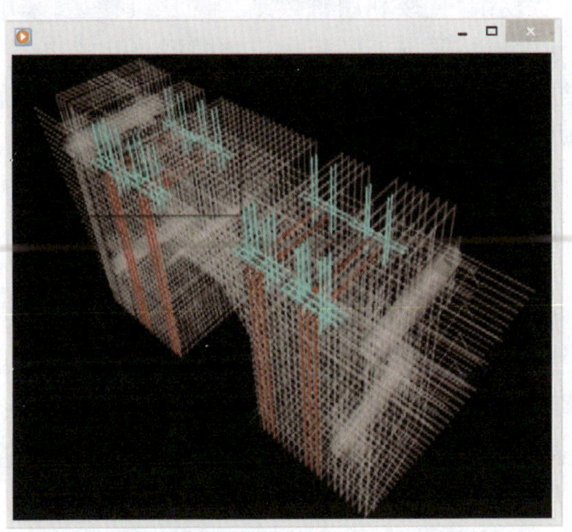

图 3.19　横隔板钢筋施工过程视频

经过上述精细化设计,现场钢筋施工工效提高 3 倍,满足了进度要求。

上述应用只是独立使用了建筑中的一些 BIM 工具,目前还没有针对桥梁的软件平台对桥梁的所有设计进行类似的全面分析。

3.3.3 BrIM在成本估算中的应用

BrIM在桥梁工程领域中有关方面的应用与建筑工程中BIM的应用类似。主要体现在两个方面：一是在桥梁施工前对各个设计、施工方案进行成本估算与比较，选择合适的方案；二是生成更加精确的施工各阶段的工程量、费用等数据，提供更为精确的采购建议。目前可以利用的成本分析平台有Dprofiler、Vico Cost Planner、LIDX、Innovaya、Solibri、Bentley、鲁班等。

但是，由于桥梁工程的特殊性，必须要在现有的基础上进行如下开发：建立各种施工方案、各种结构形式的成本模型，并且需要形成适合我国国情的成本管理算法。

3.3.4 BrIM在精细施工中的应用

利用BrIM模型可以更有效地进行施工设计、施工线形监控和施工受力监控等。

1）施工设计

桥梁构件形状复杂，直接利用桥梁结构的三维模型，采用抽壳等建模方式，能快速便捷地生成桥梁施工模板的三维模型。除此之外，可以利用BrIM对桥梁构件的结构下料进行无缝设计，确保构件形状的准确。在上述节段预制梁墩顶块钢筋优化的实例中，施工单位如果具备数控钢筋加工机械，就可以直接与设计阶段的模型对接，大大提高工效。

2）施工线形监控

桥梁构件长，且施工中变形大，线形控制是一个非常重要的工作，在现场施工中，可以利用BrIM技术更加有效地对施工线形进行监控。

例如，芜湖二桥引桥节段预制梁采用短线法预制，各种误差的积累效应显著，避免误差累计的办法是建立数据库对误差进行全局分析，因此开发了“短线法节段预制梁线形数据管理系统”进行预制测量定位控制和架设定位控制。图3.20为节段梁模型及测点布置，表3.1为部分线形测控数据。

设计模型中的线形加上施工中变形的数据，就成为预制阶段的控制线形，而预制测控到的实际线形又成为架设阶段定位的重要数据。

上述信息的流转过程，在桥梁施工中是很普遍的，目前主要是采用数字的形式保存和流传，不是很直观。如果BrIM模型中包含有桥梁线形的理论数据和现场数据，各参与方根据具体情况上传并调取相关信息，将理论线形、几何信息与现场线形、几何信息对比显示，可进行高效的现场施工指导，保证桥梁的线形。

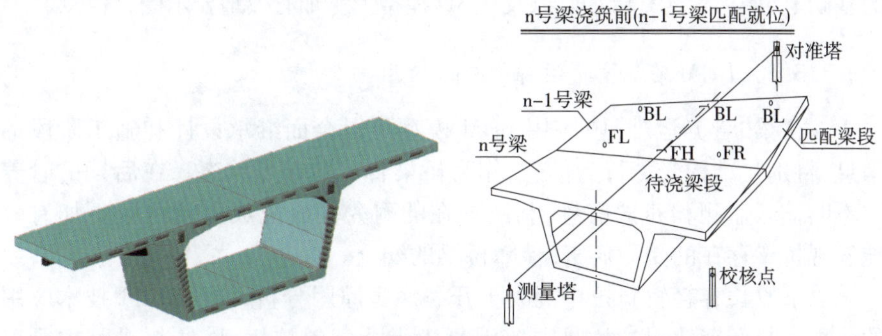

图 3.20　芜湖二桥节段梁模型及测点布置

施工线形监控部分现场测量数据　　表 3.1

梁段位置	预制台座内		预制台座内		修整台座上		存梁台座上(固定位置)				
时间段	脱模前	脱模后	匹配就位	匹配后一天	调离后	调离后三天	调离后六天	调离后九天	调离后十六天	调离后二十三天	调离后三十天
测量时间	2014.07.13	2014.07.14	2014.07.15	2014.07.16	2014.07.17	2014.07.19	2014.07.22	2014.07.25	2014.08.01	2014.08.08	2014.08.15
环境温度(℃)	32	28	26	25	30	36	38	30	29	28	29
h_1	0.008 3	0.006 3	0.004 4	0.002 2	−0.022 4	−0.021 2	0.004 0	0.004 1	0.004 8	0.005 8	0.004 0
h_2	0.011 5	0.010 2	0.009 7	0.008 2	−0.021 3	−0.020 2	0.009 3	0.009 9	0.010 3	0.011 1	0.009 7
h_3	0.006 2	0.004 2	0.004 7	0.003 2	−0.030 7	−0.029 6	0.004 3	0.004 6	0.005 1	0.006 5	0.004 1
h_4	0.007 2	0.006 9	0.005 4	0.003 9	−0.016 0	−0.015 3	0.006 0	0.006 2	0.006 4	0.007 0	0.006 2
h_5	0.012 3	0.011 9	0.011 6	0.010 3	−0.013 6	−0.013 0	0.012 4	0.012 7	0.012 8	0.013 0	0.012 7
h_6	0.008 7	0.008 1	0.008 8	0.007 6	−0.020 9	−0.020 2	0.009 6	0.009 7	0.009 7	0.011 0	0.009 6
h_7	0.007 2	0.007 4	0.005 9	0.004 8	−0.010 5	−0.009 9	0.007 2	0.007 3	0.007 3	0.007 7	0.007 4

3）施工受力监控

桥梁的受力行为比较复杂，施工过程对受力有很大影响，有必要在施工过程中对受力情况进行监测。而监测的结果对将来的运营又有参考作用。

在桥梁中预埋应力传感器进行结构的应力监测，将实测应力分布整合入 BrIM 模型。如果 BrIM 模型中存有设计阶段的理论分析数据信息，就可判别桥梁混凝土以及钢筋的受力是否安全，并可做到对桥梁的长期跟踪监测。在桥梁生命周期后续阶段，可以利用 BrIM 模型进行考虑施工过程的空间结构分析，将实测应力与计算应力对比，判别桥梁结构的性能。因此，BrIM 可以给“建管养”一体化提供技术保障。

建筑 BIM 应用目前基本上没有涉及受力分析层面,BrIM 在桥梁工程中的受力分析应用目前还处于起步阶段,需要开展的开发工作包括如何在 3D 设计的基础上组织受力信息数据,以及在 3D 模型上更加有效地显示受力信息。

3.3.5 BrIM 在"管养运维"中的应用

在桥梁"管养运维"中应用 BrIM 模型可以全面继承设计和施工阶段的信息,特别是结构受力行为信息,作为桥梁管养的起点状态。在后期的管养中不断输入监测和养护信息,利用现在的耐久性研究成果就可以更加有效地发现桥梁存在的受力病害,保障桥梁的安全。

以下以长春轻轨斜拉桥混凝土开裂病害原因分析,说明 BrIM 技术应用的成果。长春轻轨斜拉桥是一座混凝土无背索斜拉桥,塔柱与锚跨主梁连成整体,混凝土分多层浇筑完成,运营阶段塔柱与锚跨出现了大量裂缝,如图 3.21 所示。

根据该桥的施工图、竣工图及施工过程文字记录,利用 AutoCAD 与 Navis Works 建立主塔施工过程追溯模型。在模型中记录施工顺序、时间、材料特性、配筋等信息,如图 3.21 所示。

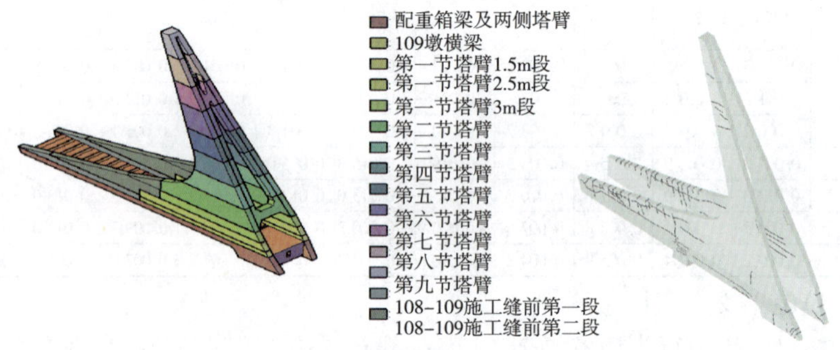

图 3.21 主塔三维模型

然后根据主塔的三维空间信息、施工过程信息、材料信息,在 Ansys 中建立三维计算模型,以计算混凝土的收缩应力。根据计算结果,我们可以清晰地看到拉应力分布与裂缝的关系,图 3.22 显示了水平裂缝与应力的关系。

建筑运维 BIM 的应用研究主要在建筑物功能方面,这与桥梁主要关心结构安全有很大不同。运维 BrIM 的应用也仅限于 3D 可视化管理[17]等方面,因此类似于 BrIM 在桥梁施工过程中受力监控应用,需要进行专门的开发。

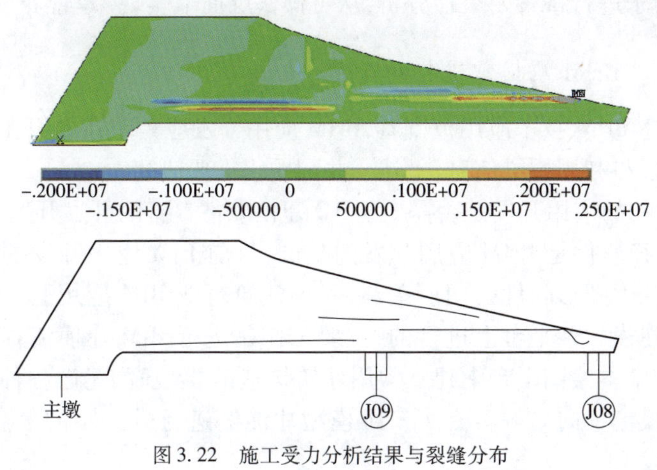

图3.22 施工受力分析结果与裂缝分布

3.4 BrIM 技术应用的思考

针对目前 BrIM 在桥梁工程中的应用热潮,通过上述尝试,我们认为需要考虑 BrIM 在桥梁领域中能做什么和怎么去做的问题。

3.4.1 BrIM 的应用重点范围

根据上述的调查和探索,我们认为 BrIM 除可进行类似于建筑中 BIM 应用外,在桥梁领域中的发展应关注以下几方面:

(1)桥梁工程中 BrIM 应用与建筑工程领域中 BIM 应用类似的部分:BIM 往往涉及多专业的协同,对构件层面三维建模要求较高;尽管桥梁工程中主要包括桥梁结构,很少涉及其他专业,但桥梁中应更加关注复杂的构件和配筋的三维建模。

(2)桥梁中 BrIM 除记录空间信息外,更重要的是记录、利用与桥梁受力相关的信息,更加有效地保证桥梁结构的安全。包括如何利用设计中的受力分析信息指导施工,如何利用 BrIM 模型高效控制施工过程中桥梁的受力和变形。

(3)桥梁中 BrIM 的应用还体现在记录、利用桥梁全寿命的结构信息。桥梁的使用环境恶劣,故对其耐久性要求较高,如果桥梁全生命周期中的结构空间信息、受力信息、施工信息、养护信息、环境信息全部包含在 BrIM 模型中,将便于进行桥梁耐久性分析,从可操作层面上实现“建管养”一体化。

3.4.2 BrIM应用需进行的开发

从前述BrIM技术应用范围看,BrIM应用开发应集中在如何在三维模型基础上记录与利用桥梁信息,下述一些问题仍需要研究。

1)BrIM的应用开发是否需要从3D建模软件自身的开发开始

3D建模软件是BrIM应用开发的基础,目前BIM应用开发的平台已经被国际上几大图形软件公司所垄断,我国建筑行业BIM应用基本上是在国外的三维建模软件平台上进行的,主要工作是进行BIM建模流程的二次开发,例如在基本绘图平台上建立常用建筑构造的模型库、建设各种常用结构形式的建模流程向导等。有了三维模型才能够进行进一步的信息记录、信息利用开发。

目前国外的BIM软件大多数是过去的绘图软件公司建立的,目前还不具备BrIM所需要的功能,他们采用收购的方式吸纳桥梁受力分析软件,并与绘图软件融合。

从目前我国桥梁绘图软件发展的水平看,自主开发3D建模软件平台已经失去了机遇期,除非从国家层面上投资开发。BrIM的应用开发目前只能采用建筑BIM的二次开发模式。

2)桥梁全寿命信息的表现形式

桥梁全生命周期的信息非常庞大,在实质上,三维设计是先导,而数据库是BrIM建模的关键。那么在BrIM模型中如何储存如此庞大复杂的信息,这些信息又需要采取什么样的表现形式?桥梁的三维受力分析软件在设计和施工过程中已经大量使用,如何将分析结果整合进BrIM模型,便于高效地使用这些结果是BrIM技术发展必须要研究的问题,需要在3D建模平台基础上进行二次开发。

3)信息的应用方法

BrIM建模的成果是包含有桥梁生命周期中信息的BrIM模型,我们最终的目的是对该模型中的信息进行利用,从而有助于项目各相关方更好地协同完成工作。对于模型中信息的应用,要形成一定的方法并达成共识,从而让BrIM模型更好地发挥作用。

4)综合集成开发平台,体现我国的管理特点

桥梁工程涉及的信息往往有结构三维空间信息、结构施工信息和结构

受力信息,而桥梁项目的参与方也为数众多、关系复杂。在 BrIM 的应用中,有必要结合我国的管理特点,综合集成开发 BrIM 的应用平台,从而方便项目各方的协同工作,并使得模型中的信息满足质量要求。

3.4.3　BrIM 技术应用的推进方式

目前,BrIM 应用在我国桥梁建设领域正处于热烈的探讨中,设计、施工、管理单位都投入了大量的人力和物力,如何推进 BrIM 技术应用发展也是需要关注的问题。

1)各相关方的协同应用

要在桥梁领域中推广 BrIM 应用,必须实现桥梁各参建单位对 BrIM 的独立应用和协同工作。在 BrIM 中,三维设计是先导,数据库的建立是关键,只有在设计阶段建立合适的 BrIM 数据库,其他参建各方共同应用和维护数据库,保证数据合理有效地共享使用[18],才能良好地发挥 BrIM 技术的优势。

2)是否要引入专业咨询公司进行 BrIM 管理

鉴于我国桥梁参建各方对 BrIM 技术应用尚处于起步阶段,对 BrIM 模型的维护非常生疏,也许会需要有专业咨询公司来统一指导创建和维护 BrIM 模型,推动其在桥梁工程行业的发展。但是从长远看,设计单位真正基于 BrIM 技术的思想进行设计,参建各方基于同样的模型协同工作,才能从根本上推动 BrIM 技术的应用。

3.5　结语

桥梁信息建模作为桥梁工程的一个发展潮流,受到越来越多人的关注。本文对 BIM 技术在桥梁领域中的专业化应用做了探索性的思考,得到如下结论:

(1)BrIM 技术应用的重点范围应该关注于如何利用三维模型提高对桥梁受力信息的收集与应用效率。

(2)BrIM 技术应用的开发目前应集中于在 3D 建模软件基础上二次开发收集、利用桥梁信息的软件平台,探索各种信息的表现形式和利用方法。

(3)在目前桥梁建设相关企业尚不熟悉的状况下,由专业咨询单位维护 BrIM 模型不失为推进该技术应用的手段之一。

本章参考文献

[1] Barlish K,K Sullivan. How to measure the benefits of BIM-A case study approach[J]. AUTOMATION IN CONSTRUCTION,2012. 24:149-159.

[2] Porter S,et al. Breaking into BIM:Performing static and dynamic security analysis with the aid of BIM[J]. AUTOMATION IN CONSTRUCTION, 2014. 40:84-95.

[3] Zhang S,et al. Building Information Modeling (BIM) and Safety:Automatic Safety Checking of Construction Models and Schedules[J]. AUTOMATION IN CONSTRUCTION,2013. 29:p. 183-195.

[4] Choi J,J Choi,I Kim. Development of BIM-based evacuation regulation checking system for high-rise and complex buildings[J]. 2014:38-49.

[5] Hartmann T,et al. Aligning building information model tools and construction management methods[J]. AUTOMATION IN CONSTRUCTION, 2012. 22(SI):605-613.

[6] Lee S,K Kim,J Yu. BIM and ontology-based approach for building cost estimation[J]. AUTOMATION IN CONSTRUCTION,2014. 41:96-105.

[7] Cheung F K T,et al. Early stage multi-level cost estimation for schematic BIM models[J]. AUTOMATION IN CONSTRUCTION,2012. 27:67-77.

[8] Kim H,et al. Generating construction schedules through automatic data extraction using open BIM (building information modeling) technology[J]. AUTOMATION IN CONSTRUCTION,2013. 35:285-295.

[9] Wong J K,K Kuan. Implementing 'BEAM Plus' for BIM-based sustainability analysis[J]. AUTOMATION IN CONSTRUCTION,2014. 44:163-175.

[10] Azhar S,et al. Building information modeling for sustainable design and LEED (R) rating analysis[J]. AUTOMATION IN CONSTRUCTION, 2011. 20(2SI):217-224.

[11] Kneifel J. Life-cycle carbon and cost analysis of energy efficiency measures in new commercial buildings[J]. ENERGY AND BUILDINGS,2010. 42(3):333-340.

[12] Davies R,C Harty. Implementing 'Site BIM':A case study of ICT innova-

tion on a large hospital project[J]. AUTOMATION IN CONSTRUCTION, 2013. 30:15-24.

[13] Wang X, et al. Integrating Augmented Reality with Building Information Modeling: Onsite construction process controlling for liquefied natural gas industry[J]. AUTOMATION IN CONSTRUCTION, 2014. 40:96-105.

[14] Mill T, A Alt, R Liias. Combined 3d building surveying techniques-terrestrial laser scanning(tls) and total station surveying for bim data management purposes [J]. JOURNAL OF CIVIL ENGINEERING AND MANAGEMENT, 2013. 191:S23-S32.

[15] Motawa I, A Almarshad. A knowledge-based BIM system for building maintenance[J]. AUTOMATION IN CONSTRUCTION, 2013. 29:173-182.

[16] Sanguinetti P, et al. General system architecture for BIM: An integrated approach for design and analysis[J]. ADVANCED ENGINEERING INFORMATICS, 2012. 26(2):317-333.

[17] Shaffer J K, et al. 3-D visualization for better bridge asset management, A. Chen, D. M. Frangopol and X. Ruan, A. Chen, D. M. Frangopol and X. Ruan^Editors. 2014:153-157.

[18] Jeong Y S, et al. Benchmark tests for BIM data exchanges of precast concrete[J]. AUTOMATION IN CONSTRUCTION, 2009. 18(4):469-484.

石雪飞　教授

博士，博士生导师。1986年本科毕业于同济大学桥梁与隧道工程专业，后留校任教，1997年获得同济大学工学博士学位，先后任同济大学桥梁工程系讲师、副教授、教授，桥梁施工与信息技术教研室主任。

主要研究领域为桥梁设计理论、桥梁施工控制理论与方法、桥梁性能监测、桥梁状态评估与识别、桥梁仿真分析与优化等。在复杂桥梁结构仿真与优化、工程事故分析与处置、特殊及异性桥梁性能分析与优化、桥梁施工控制、在役桥梁性能监测与状态识别等方面形成了突出的研究特色。

主持了包括各种桥型、各种施工方法的百余座大跨径桥梁施工控制工作，由他提出并实践发展的桥梁自适应施工控制方法被广泛应用。主持863计划“大跨径混凝土桥梁长期变形和开裂控制技术”、西部交通科技项目“西部地区在役混凝土桥梁结构体系时变可靠度分析与评价方法的研究”等国家和省部级科研项目。2006年起，在863计划和多个省市交通科技项目的支持下，石雪飞教授针对大跨径预应力混凝土桥梁的长期下挠及开裂病害，系统地开展了现场调查、模型试验、理论分析和数值模拟等研究工作，最终基于现有的设计理论解释了这一长期困扰工程界的病害产生机理及控制方法，回答了对预应力混凝土桥梁长期性能的各种疑问，提升了工程师继续使用这种经济实用桥型的信心。研究成果获得广东省科技进步二等奖。

国家精品课程《桥梁工程》课程负责人，任主讲教师10余年，积累了丰富的教学经验。多年来培养硕士、博士研究生50余人，发表论文百余篇，主编及参与编写专著10余部，承担了国家高技术研究发展计划（863计划）、交通部西部科技项目和省部级项目30余项，获省部级奖励10余项。

现为中国公路学会桥梁与结构工程分会理事，上海市公路学会桥梁专业委员会委员，国际桥梁维护与安全协会中国团组（IABMAS—China Group）会员、理事，国际桥梁与结构工程协会（IABSE）会员。

第 4 章　面向管理需求的桥梁工程风险评估

阮欣

同济大学桥梁工程系,上海市四平路 1239 号,200092

4.1　引言

工程风险评估处于工程科学与管理科学的交叉领域,也是大型工程不确定问题决策的重要方法。2000 年左右,风险评估和管理逐渐进入重大桥梁工程的关键问题决策过程,相关研究也随即展开。通过十多年的努力,我国在这方面取得了很大的进步,很多重大桥梁工程都在不同的阶段以不同的形式尝试了风险评估和管理。2010 年,交通运输部颁布了《公路桥梁和隧道工程设计安全风险评估指南》,对一些特殊桥型要求在设计阶段开展设计风险评估工作;2012 年颁布了《公路桥梁和隧道工程施工安全风险评估指南》,要求对一些桥梁在施工过程中开展风险评估和管理工作;对于运维阶段的相关方法和指南也在研究过程中。这些工作都使得风险评估方法和风险管理的理念在桥梁工程界迅速普及,并得到日益广泛的应用和重视。

在应用过程中,逐渐出现了一些疑惑和问题,例如,风险评估究竟应该(或者能够)产生什么作用;以设计风险评估为例,评估过程和成果与以往设计工作的联系和区别是什么;如何增强风险评估最终成果与管理建议的针对性等。

风险评估和管理本质上是一种决策辅助过程,它以工程学科的发展为基础,主要针对不确定性决策问题。对风险问题和管理方法的基础性研究表明,风险管理过程是一个隶属性很强的过程,同一个问题,当决策辅助的对象不同时,最终的管理对策可能有很大区别。因此,桥梁工程风险评估和管理也应从面向需求出发,结合具体的评估问题、特点和要求,构建适当的评估方法。以下将就这一问题,结合近年来在国内一些桥梁工程中应用的实例进行讨论。

4.2 风险评估的基本过程

风险(Risk)一词的出现由来已久,对风险的评估和管理也可追溯至古希腊、罗马时代之前,但对“风险”的定义却直到今日也未能明确。美国风险分析协会(Society of Risk Analysis,SRA)在成立之初,就组织专门委员会对“风险”进行定义,经过四年的工作最终的结论是:委员会决定放弃对“风险”的定义,认为研究者可对“风险”给出不同的定义,只需对其定义给出明确解释。但这些并没有影响风险评估方法在各个领域中的研究和应用。

虽然目前没有针对风险的普适定义,但风险研究者对风险的内涵有基本统一的认识,即认为风险的内涵包括三个方面,即不确定性损伤事态、事态概率和事态损失。出于对风险事态内涵的基本认识,可以提出不同的风险量化表达方式,其中最为常见的一种为风险事态中损失的预期值,其表达式为:

$$R = p \times l \tag{4.1}$$

式中:R——风险的量化表达;

p——风险事态的概率值;

l——风险事态的损失值。

如果定性的表达就能满足管理的需要(或者更加符合概率和损失估算的实际条件),则还可以通过划分等级表达风险事态的强弱,其基本的数学表达方式为:

$$R = f(p, l) = R_{ij} \quad (\text{当 } p_i \leqslant p < p_{i+1}, \text{且 } l_j \leqslant l < l_{j+1} \text{时}) \tag{4.2}$$

式中：R_{ij}——风险矩阵中对应于风险概率第 i 级和风险损失第 j 级的风险等级；

p_i、l_j——风险概率第 i 级和风险损失第 j 级的下限，p_{i+1} 与 l_{j+1} 分别为上限。

将这种数学表达转化为表格，就是目前应用最为广泛的风险评估矩阵。表 4.1 给出了一个典型的风险评估矩阵，对矩阵中概率与损失等级的划分，以及对不同风险管理水平的定义，需要根据项目实际情况进行。

风险评估矩阵　　表 4.1

概率＼损失	1	2	3	4	5
1	可忽略	可忽略	可接受	可接受	合理控制
2	可忽略	可忽略	可接受	合理控制	严格控制
3	可接受	可接受	合理控制	严格控制	不可接受
4	可接受	合理控制	严格控制	不可接受	不可接受
5	合理控制	严格控制	不可接受	不可接受	不可接受

目前，对风险的定义与表达均指向了风险管理、风险交流和风险评估方法等方面。风险评估的过程实质上为不确定性决策过程，而研究风险评估方法的目的在于寻找一种风险评价标准，在充分反映决策者风险态度的条件下，合理有效地对不同风险的风险水平做出比较，并以易于理解的形式展示出来。但是，风险本身的不确定性与复杂性，使得对其做出有效准确的估计成为一个难题，因此风险评估方法的研究显得尤为重要。

对于风险评估方法的研究，存在定性、定量、矩阵、准则等分类，但从风险评估的本质特点，特别是管理要求出发，风险评估中更为重要的可能是评估过程对风险事态本质特征的体现。因此国际风险评估协会推荐的基本评估过程仅有风险识别、风险概率和损失分析、风险评价、风险管理等几个基本步骤。这是在风险评估的基本要求的基础上，结合桥梁工程风险评估的特点，尝试提出一个风险评估的基本流程，可以作为通用的方法[12]。

1)风险评估项目定义

风险评估的首要步骤需要进行项目定义,包括明确评估的对象、评估目的、关注的时间区间、关注的风险原因、关注的损失类别等问题。这一步骤既是整个评估工作的起点,也是研究者与决策者进行的第一次风险交流工作,其基本目的是明确决策者关心的决策目标。以往的一些评估研究中,过分强调方法本身的重要,而忽视了决策者在整个评估过程中发挥的关键性作用,风险评估项目定义这项工作往往被作为辅助性。实际上,考虑到风险评估本质是决策辅助,这项工作的重要性不言而喻。

2)效用函数研究

为了更加清晰地表达决策者的风险态度,还需要与决策者进行深入地风险交流,明确其评估效用函数。在此基础上,得到后续决策准则确定时使用的基础数据。在桥梁工程风险评估中,常用的决策准则包括满意准则和最优准则两个基本类型,但都有多种不同形式。在由效用函数确定决策准则的环节中,需要明确具体选用的准则形式,例如,对满意准则形式究竟采用常值函数、风险矩阵还是 FN 曲线。准则确定的基本原则是考虑具体评估问题的特点、可以获得的基本信息和资料、具备的评估分析手段以及业主对评估精度的要求等。

3)项目风险识别

项目风险识别是根据项目定义,研究确定所有可能对评估目标形成影响的风险事态,并形成列表。项目风险的识别过程可以借助以往的经验,如桥梁事故研究等,或者采用与业主和专家交流、现场调查、咨询问卷等方法进行。风险识别的要求是事态的完备性,需要形成尽量全面的风险列表,以保证最终风险对策和风险管理体系的完备性。

4)风险概率和损失分析

获得项目风险列表后,可以分别进行其风险概率和风险损失的研究工作。根据风险概率的研究成果,需要对各个风险事态进行基础概率和损失发生概率的分析,在基础研究数据缺乏的情况下,可以根据专家意见、决策者态度、过往事故研究等多个手段直接形成风险概率的判断。针对风险损失的分析,可以从其三类基本物理形态出发,即人员伤亡、时间损失和物质损失,但根据具体的问题,损失还可能出现很多具体的表现形态,这些都需要在损失研究中进行明确。有些研究问题中,可以对各种形式的损失分别考虑其影响程度,这类问题虽然考虑了多种损失,但决策过程本质仍是单目标决策；对于有些问题，需要综合考虑各种损失的最终影响，则是多目标决策问题，对于这类问题，或是通过价值转换函数将损失价值统一到同一价值尺度，或是利用多目标决策问题研究处理，还需要在损失计算或决策环节中进行特殊处理。

5）决策准则确定

在桥梁工程风险评估中，常见的决策准则主要包括两种，分别为基于满意准则和基于最优准则。本研究选用基于满意准则的决策，其根据风险合理控制的原则，考虑决策者的效用函数，在对风险概率和损失估计的基础上，形成对风险事态基本对策的过程。各种形式的ALARP（As Low As Reasonably Possible）准则是满意准则的主要表现形式，具体选用何种形式的满意准则与具体的决策问题有关。满意准则的决策结果是形成对各个风险事态基本的风险对策，对风险可接受或可忽略的风险事态，可认为对其的评价过程基本结束；对不可接受风险，必须进入后续的对策研究阶段；而对于处于ALARP的风险事态，可以根据具体评估要求选择结束评估过程或进行对策研究。

基于最优准则的决策本质上是形成各种风险对策的完全序，从而获得最优决策方案。对于获得了风险概率和损失代表值的决策问题，可以利用贝叶斯方法进行决策；而对于利用分布或密度函数的决策问题，可以利用随机优势决策方法进行决策。

6）显著风险事态的对策研究

所谓显著风险事态是指在项目风险列表中，通过满意准则判定成为不可接受以及处于ALARP区间的风险事态。在全部项目风险中，相对于可接受风险和可忽略风险，其影响程度更为显著。从风险控制的角度，对显著风险事态应该采用更为积极主动的风险对策，其主要的形式包括管理优化、设计优化、工程保险以及风险规避等。在研究确定了显著风险事态的对策后，还应对考虑风险对策条件下各个风险事态的风险概率和风险损失程度进行估算，并再次进行基于满意准则的决策过程，以检验风险对策的控制效果。如果有多个对策均能通过满意准则的检验，则还需要通过最优准则再次进行决策，以获得最优的控制方案。

上述几个步骤即为进行桥梁风险评估的基本流程，图4.1给出了事故研究、损失研究、概率研究、决策方法研究、工程保险研究等桥梁风险评估研究的几个主要基础研究在基本评估流程中发挥的作用及其相互之间的关系。

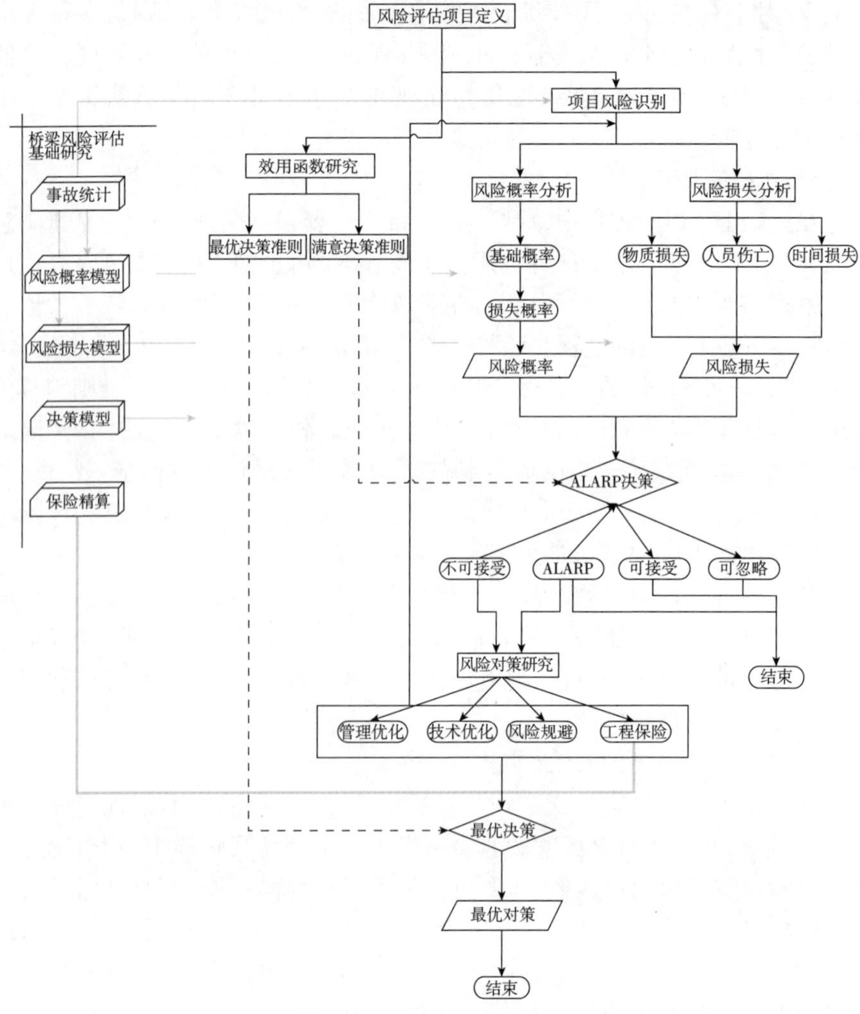

图 4.1　桥梁风险评估基本流程

4.3　管理需求对风险评估的影响

与以往的评估流程相比，这个基本流程的突出特点是系统地融入决策理论，强调主要步骤，淡化具体方法，形成能够反映风险决策的基本理念、强调决策者风险态度且易于融入项目研究最新进展的弹性评估体系，从而适应风险评估问题变化多样的特点。结合近年来桥梁工程风险评估相关研究和应用的经验，以下将从项目（评估目标）定义、概率和损失估计、决策方法、风险管理等几方面，具体讨论管理需求对具体评估方法构建和评估过程展开的影响。

4.3.1 项目风险定义

桥梁工程风险评估工作，无论针对的是桥梁整体还是结构构件，均应该从具体的问题出发，对工程项目风险进行定义。由于不同的桥梁结构的复杂程度存在显著差异，风险评估项目决策者对项目的评估目标具备明确的意向，因此，为保证风险管理的针对性，项目风险的定义需要在开展初期通过充分的风险交流之后确定。

桥梁工程具备明显的公众服务性质，设计过程中的交通流量预估、施工过程中的工期控制以及运营阶段中的交通人身安全等问题，都对公众出行的便利与安全存在显著的影响，在桥梁工程风险评估项目的风险定义过程中，需要充分重视公众的影响力。在桥梁结构的施工和运营阶段，结构的安全也是一个非常重要的方面，施工工艺与步骤的控制、自然灾害条件对结构与运营环境的损害、社会不稳定因素对桥梁结构的损伤，这些因素也应该在风险定义中有所体现。

由此可见，桥梁风险评估项目中决策者往往会对安全和经济性能较为关注，在风险定义过程中应根据需求有所体现。总而言之，当项目是针对桥梁局部构件时，决策者关注点较为单一，比如侧重构件承载能力的安全性能要求，或者侧重可替换构件装配过程的经济性能要求，在这种情况下，对项目风险的定义可从侧重点出发，直接基于决策者所关注的性能目标进行定义，对应的管理过程也更为具体；当项目是针对桥梁整体时，由于桥梁结构复杂性与公共服务特性，决策者需要考虑的性能要求更为多样化，既需要考量结构与构件自身的安全性能与服役状态，又需要优化风险管理措施及其效用的经济性能，对应的项目风险定义过程需要与决策者开展充分风险交流，结合风险分析专家与决策者的工程经验共同确立具体的风险定义，在这种情况下的风险管理工作则更为全面。

值得注意的是，虽然目前针对工程风险的研究日益增多，对风险的准确定义却很难给出，这主要是因为风险研究对象的复杂性与风险场景的多样性，对风险高度概括的精准定义往往不现实。在工程风险评估项目中，由于研究对象明确，风险场景也较为有限，其风险内涵往往较为明晰，在与项目决策者充分交流的前提下,为明确风险管理的针对性,有必要对项目风险做出定义。

4.3.2 风险概率与风险损失分析

在风险评估过程中,针对风险事态开展的概率和损失分析是保证整个评估过程合理有效的重要步骤,当管理目标存在具体与全面的区别时,风险分析的方法与程度则可根据管理需求、风险事态特性、结构特征以及经济条件等多方面因素确定。

桥梁工程是道路公共服务中非常重要的主体,在桥梁设计、施工与运营阶段的风险事态的影响下,桥梁结构安全是决策者与公众使用者最为关注的问题。因此,在管理水平较高、细化研究需求显著的前提下,需要对风险事态开展构件易损性和结构强健性分析,提高风险分析的可信度。

构件易损性是指构件在潜在风险源影响下出现各级损伤的概率,开展构件易损性研究的目的在于预测结构在不同风险事态影响下发生各级损伤的可能性;结构强健性则是指结构在部分构件损伤影响下整体结构失效的敏感性,开展结构强健性研究可进一步深入研究构件损伤对结构整体安全的影响,从而更加准确地判定损伤程度。图 4.2 给出了某斜拉桥在地震风险影响下的构件易损性与结构强健性分析的流程。

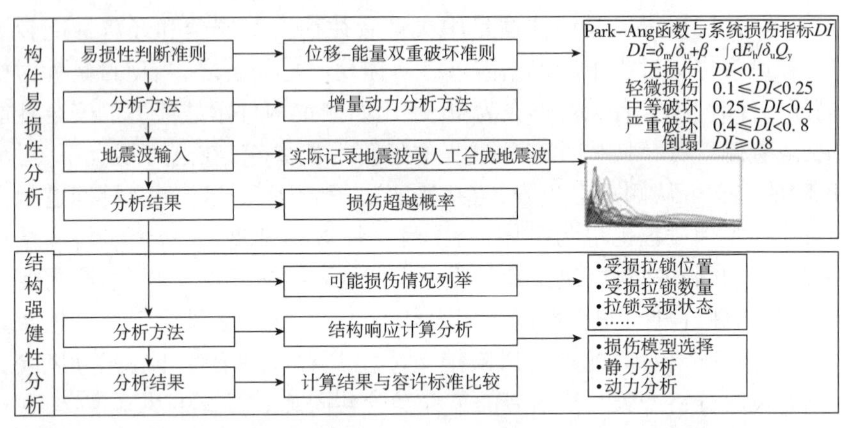

图 4.2 斜拉桥地震风险下构件易损性与结构强健性分析流程

桥梁结构在生命周期内各个不同的阶段面临的风险形态复杂多变,除结构安全外还存在多种需要管理应对的风险形式。不同的风险形式由于其鲜明的特点,对应的风险概率与损失分析方法的区别显著,需要根据实际情况确定具体的方法,如对自然灾害风险的概率分析,需统计桥址处历年气象资料，获得各类灾害天气发生的概率。

4.3.3　风险决策方法

风险评估与管理的过程需要评估者与决策者的共同协作，由评估人员提供专业领域知识以描述桥梁工程在各个阶段面临的风险情况，选用一定的工具对决策者的意愿进行表达，在风险事态描述的基础上对风险事态严重情况进行判断，并最终制订风险管理方案。由此可见，风险决策方法对风险评价与管理过程的影响十分显著。

研究风险决策方法的首要前提是确定决策者的身份，桥梁工程的多属性特点决定了其利益相关体的复杂性，在不同阶段、不同项目中，决策者的身份均可能存在差异，常见的决策者群体主要包括项目出资人、工程管理单位、第三方监管单位、社会公众等。不同决策者的利益出发点不同，对应的决策意愿也将存在显然的差异，甚至同一决策者的决策意愿也会受到工程规模与资金情况的影响而有所区别。对决策者的决策意愿可采用风险态度进行表达，然而在目前的桥梁工程风险评估中，决策者风险态度对风险评估与管理的影响并未受到相应的重视，针对风险决策方法的研究尚存在很大的提升空间。

作为基于满意准则的主要表现形式，ALARP 准则在桥梁工程中最为广泛的应用形式为风险矩阵，已经在多个国家的工程风险评估指南中得到推荐使用。目前的风险矩阵评估中，具备相同或相似特征的“标准矩阵”应用广泛，无法体现不同的决策者风险态度。为解决这一问题，可以开发基于效用理论的风险矩阵构建方法，采用效用函数对不同决策者的风险态度进行量化表达，通过效用预期理论实现效用与概率之间的联系，在风险概率与损失值基本框架中求解效用无差异曲线，并基于一定的判断准则最终确定具备表征决策者风险态度的评价矩阵。图 4.3 给出了一个基于风险厌恶态度的风险矩阵。

在具体的桥梁工程风险评估项目中，需要根据实际的管理需求选择、制定符合要求的风险决策方法。当项目管理水平较高、精细化管理需求较大时，需要制定专门的问卷调查获取实际决策者的风险态度，并在此基础上建立符合项目实际情况的风险决策方法；在项目管理更注重整体资源调度的情况下，可参考其他类似项目选用的决策方法，在符合自身实际情况的前提下进行适当调整，以切实符合项目管理需求。

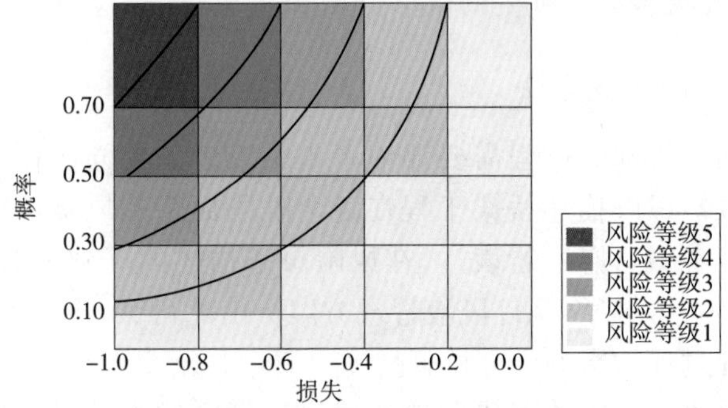

图 4.3　基于风险厌恶态度的风险矩阵

4.3.4　桥梁建养各阶段风险管理的需求

桥梁工程风险评估项目往往针对桥梁寿命周期内的某一阶段,对应的风险管理特征也具备显著的特点。在管理策略制定过程中,需要依托于背景工程实际情况,从各阶段不同的管理需求出发,获得符合决策者实际需求的最优管理策略。以下分别从桥梁设计、施工、运营阶段出发,讨论对各阶段风险管理的需求与特点。

桥梁设计阶段中,设计人员的专业实际知识是初步风险评估与管理的重要影响因素。在相关设计规范的指导下,设计人员结合其专业经验,尽可能避免桥梁工程在施工和运营阶段出现风险事态。考虑风险在桥梁整个寿命周期内是不可避免的,在设计阶段意图完全消除之后可能存在的风险是不可实现的,所以设计阶段的风险评估与管理工作主要是避免出现设计错误,尤其是一些重大的设计问题,如桥梁选址、材料选用、混凝土保护层厚度设计、结构选型等。这些设计问题往往不仅与桥梁的长期服务性能密切相关,而且在设计阶段需要从长远出发,对桥梁未来交通形势、周边环境变化等多类潜在的不稳定因素进行综合考虑,制订最优的设计方案。

桥梁结构在施工阶段往往较为不稳定,从结构安全的角度出发,施工阶段的桥梁面临着最为显著的风险,相应的风险评估与管理的要求更高,而且施工现场存在一定的调度难度,防护设施的漏洞可能导致建设人员的人身安全问题,在施工阶段的风险评估与管理工作中应特别注意应对这两类安全问题。在风险分析阶段,结构安全研究可基于构件易损性与结构强健性分析,通过计算不同工况的结构受力与稳定情况,判断施工阶段中桥梁面临的结构安全风险。另外，桥梁在施工阶段中还面临着工期延误的风险，由于桥梁是道路网络中的关键节点，工期延误的损失往往非常显著，在风险评估与管理工作中也应特别注意。

桥梁工程运营阶段是整个寿命周期内最长的，所面临的风险情况也是最复杂的，除了常规的结构安全与人员安全之外，由运营期间出现的自然灾害与交通事故造成的损失也对风险管理工作有显著的影响。针对运营期间制定的桥梁工程风险管理策略往往最终由桥上管理工作人员具体实施，考虑到这一人群相关专业知识不够完善，管理策略的表达形式应注意简洁易懂，尽量以直白详细的形式在相应的管理手册中对工作人员进行指导。以往的工作经验指出，对桥梁结构进行区域划分，并采用图文结合的形式表达特定风险事态的形式(图4.4)对提升工作人员的相应速度与精度有良好的指导作用。

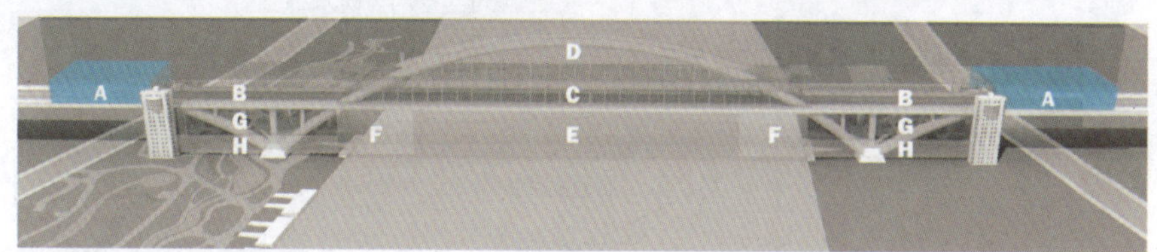

图4.4　某斜拉桥管理区域划分示意图

4.4　基于寿命周期成本分析的风险决策

如果评估的目标是一个或几个较为明确或具体的风险事态，考虑到决策目标单一明确，通常可以建立定量、统一的判断标准。在决策过程中，基于对风险事态的研究，提出多个可行的解决方案，在统一判断标准的支持下，对所提出的解决方案进行判断比较，选择其中的最优方案作为决策结果。

某跨海大桥跨越海域的气象复杂多变，时有台风、龙卷风、雷暴等灾害性天气发生，特别是侧风对桥上行车安全影响很大，容易导致交通事故。单纯通过限行方法进行管理将对大桥的通行时间和运营收入产生影响，需进行风险评估，优化管理方法。下面以该桥风障布置的风险决策过程说明此类评估和决策过程。

4.4.1　基于公共安全的必要性评价

这是一个典型的基础设施安全性的决策问题，它决策的重点是对人员安全的合理保证，以实现全社会层面的资源公平配置；其评估指标的选定不仅需要具备优良的行业通用性，还需对人身安全有直接明确的反映，并在具备科学性的基础上，易于技术专家、管理专家、普通公众之间的交流。

在偏重于社会层面的公众安全水平的研究中，可选用个人风险和社会风险作为评价指标，其中个人风险（Individual Risk，简记为IR）是个人参与某项活动或是处于某个位置一定时间，而未采取任何特别防护措施的人员，遭受特定危害的概率；社会风险（Social Risk，简记为SR）则着重关注严重人员伤亡事故，以造成10人死亡的年事故率作为曲线起点。根据桥梁事故伤亡人数统计结果，结合相关可接受准则的研究成果，图4.5给出了一个典型的桥梁社会风险的ALARP区域图。

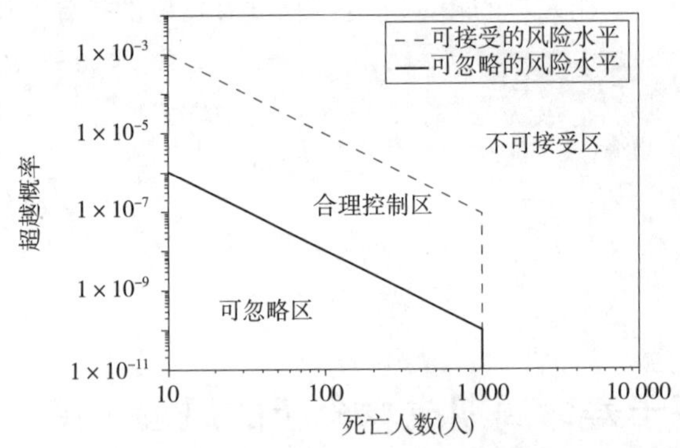

图4.5　桥梁社会风险水平的合理控制准则

选取该跨海大桥全桥最不利的桥塔区进行评估，计算风致车辆侧翻并造成人员伤亡的概率，得到不考虑风障时桥塔区个人风险水平见表4.2，除小客车外，其他各车型个人风险均不可接受，必须采取措施进行控制。另外，对社会风险的f-N曲线绘制结果也显示，交通事故附加社会风险部分处于合理控制区域边缘，需要根据情况采取适当的控制措施。

不考虑风障时桥塔区的个人风险水平　　表4.2

车辆类型	个人风险水平平均值	个人风险水平最大值	个人风险水平最小值
小客车	2.78×10^{-7}	4.45×10^{-7}	1.11×10^{-7}
小货车	1.24×10^{-5}	9.88×10^{-6}	4.94×10^{-6}
大客车	1.77×10^{-5}	3.36×10^{-5}	1.86×10^{-6}
大货车	4.67×10^{-6}	3.73×10^{-6}	1.86×10^{-6}

4.4.2　基于寿命周期成本—收益的最优决策

考虑用布设风障的方式降低个人和社会风险，结合该跨海大桥具体情况，对风障布设形式进行了研究。根据全桥不同位置的风场特性，提出了1.3m和1.5m两种高度的安全围栏与1.5m高的普通风障，对最不利的桥塔处，设置了专门的风障布置形式，具体如图4.6所示。

图4.6　跨海大桥桥塔处局部风障布设形式

该跨海大桥全桥长度达到了36km，在全桥方向上的风场特性也存在纵向差异，因此将全桥在长度上划分了不同的区域，在每个区域提出了对应形式的风障，具体风障布设方案如图4.7所示。

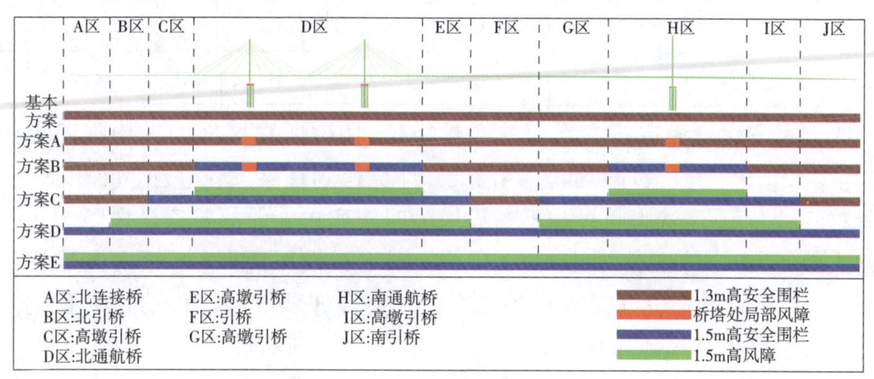

图4.7　跨海大桥风障布设方案示意图

对提出的五种风障布设方案进行的分析研究指出，在各风障设置条件下，该跨海大桥的个人风险和社会风险都能得到很好的改善，满足公共安全的基本要求,均为备选方案。对所提出的五个风障布设方案开展优选工作,以确定最合理的实施方案,选择基于桥梁寿命周期成本的形式,并基于费用—效益平衡原理进行风险评估。

设置风障的费用包括首次设置风障的工程费用及其寿命周期内的维护费用。设置风障的收益可以从社会效益和业主收益两个方面进行考虑。从社会收益角度出发,行车侧风安全事故将造成大桥关闭,使车辆绕行,由此引起车辆磨损、燃油损耗、环境污染等直接损失,同时也对旅客和货物的时间价值造成间接损失。设置风障能提高桥梁安全行驶风速,从而减少事故造成的大桥封闭时间,降低公众的直接和间接经济损失。从业主收益方面出发,风障的设置能提高大桥的通行率,减少因大桥关闭造成的车辆绕行,从而增加运营期间内过桥费用的收取效率。

基于上述考虑,可以对不同风障布设方案的建养费用,以及对应能提供的安全行驶风速、年非安全行驶时间和年影响通行时间开展计算,具体的计算结果如表 4.3 所示。

各种风障布设体系的建养费用、安全行车风速及影响通行时间 表 4.3

类　别	不设风障	方案 A	方案 B	方案 C	方案 D	方案 E
建养费用(万元)	0	213.6	277.2	1 268.4	8 562	17 915
安全风速 v(m/s)	18	19.1	20.1	22.5	24.5	28.5
年非安全行驶时间(h)	30.3	20.9	14.9	6.5	3.3	0.8
年影响通行时间(h)	121.2	83.6	59.6	26.0	13.2	3.2

通过支付意愿进行方案可接受性决策,桥位所在区域的人均国民生产总值为 20 147 元,人均寿命为 74.7 年,计算得到社会支付意愿为 63.38[万元/(人・年)]。认为布设和不布设风障时年死亡人数的差值是风障的年受益人数,考虑风障的使用寿命为 10 年,则不布设风障时,年死亡人数约为 27.7 人,在风障布设方案 A 中为 1.6 人。偏保守地以风障布设方案 E 的死亡人数估算各种风障布设体系下的年死亡人数,则对设置风障方案 E,其支付意愿决策结论为不可接受;而风障方案 D 可接受。因此,从社会支付意愿的角度,风障方案 A ~ D 均是可以接受的。各个风障布设方案的费用—效益分析结果如表 4.4 所示。

各种风障布设费用—效益分析　　表4.4

类　别	方案A	方案B	方案C	方案D	方案E
社会效益(万元)／平衡年限(年)	1 419/0.2	2 264/0.1	3 436/0.4	3 893/2.2	4 237/4.2
业主收益(万元)/平衡年限(年)	362/0.6	578/0.5	878/1.4	995/8.6	1 083/16.5

对五个方案的分析结果指出,各方案都能在使用期间收回建养费用,均满足成本—效益的要求,但所需时间依次递增。最终,通过综合考虑公众安全、社会效益、业主收益三方面因素,建议选用风障布设方案D。

4.5　复杂施工技术的风险评估和管理

大型桥梁因其结构的复杂性与重要性,在施工过程中可能面临很多复杂问题和关键技术,对这些问题的处理上需要更加谨慎;可以借助风险评估方法,提高管理的科学性。评估过程可以将定性与定量方法结合起来,以突出管理的重点,下面以某大型斜拉桥索塔施工过程为例进行介绍。

该斜拉桥地处长江口,受到风、潮等不利条件影响,施工条件苛刻;索塔高度达到300m,其施工过程具有世界难度。这一评估过程为施工单位现场管理服务,以针对索塔和塔吊组成的施工体系为目标,评估时间由塔柱施工开始至索塔施工结束。索塔分60个节段浇筑施工。塔柱采用滑模方法施工,下横梁在临时支撑上完成,中塔柱施工期间,中间施加7道临时横撑。在中塔柱合龙以前,有两台大型吊机,施工过程如图4.8所示。

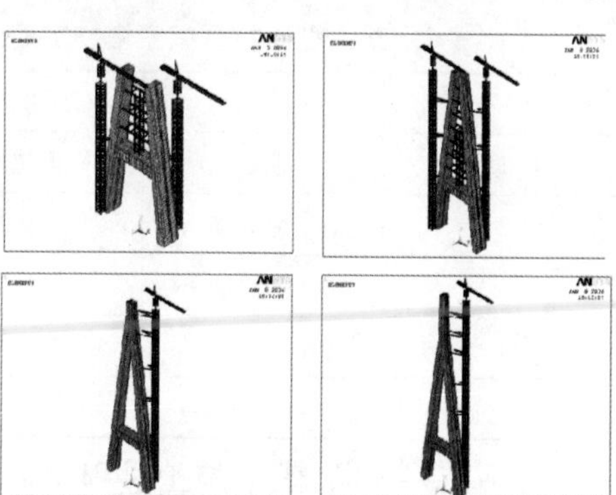

图4.8　某斜拉桥索塔施工过程示意图

评估过程中首先识别了需要关注的31个风险事态,然后通过定性的评价,筛选出了需要重点关注的三个重要的风险事态进行深入分析,从而科学的管控了施工过程中复杂的风险事态。

4.5.1　基于风险评估矩阵的评估

评估过程首先采用了定性的风险矩阵评估方法,对施工期间各种可能的风险事态进行识别，并利用风险评估矩阵进行首次评估。施工期间的主要风险事件可分为自然灾害、特殊问题、意外事故和质量问题四类。自然灾害是指由不可抗力引起的风险事件，如地震、台风等，自然灾害的发生概率不可控制，基本需要通过加强管理和结构优化等方法控制风险。特殊问题是指由于该桥高塔施工的特殊要求，引起的结构振动、工程控制等方面的问题，对特殊问题引起的风险主要通过加强研究，明确损失的原因和等级，进行有针对性的控制。意外事故主要是指由于一些发生概率很低的小概率事件引起的工程事故。意外事故的损失很难预测，但可以通过加强管理等方法控制其发生概率，从而达到降低风险的目的。质量问题主要是指在索塔施工中常见的施工质量问题，理论上说只要精心组织施工，质量问题均能得到比较好的控制。

对大桥索塔施工阶段可能面临的风险进行了归纳，总结了 31 种主要的风险事态，结合以往工程经验、文献研究、计算分析等手段确定了各事态的风险概率水平，并针对工期、安全和投资三大控制目标，分别研究了其可能造成的损失等级。根据风险矩阵，确定了对各事态的风险等级评价，结果如表 4.5 所示。

某大型斜拉桥南索塔施工期间主要风险事态评价结果 表 4.5

编号	风险描述	工期延误	人员伤亡	成本增加
1	地震	可忽略	可接受	可接受
2	通行船只撞击	可接受	可接受	ALARP
3	施工船只撞击	可接受	可接受	ALARP
4	吊机涡振	ALARP	ALARP	不可接受
…	…	…	…	…

评估结果表明，索塔施工过程中需要重点关注的风险事态包括吊机涡振问题、模板安全性问题以及台风影响，这三类事态的风险等级为不可接受，必须进行有针对性的控制，控制对策将主要以风险管理措施为主。对重点关注的工期延误、人员伤亡、成本增加的风险水平的比较表明，按风险程度由高到低，大致的顺序为：成本增加、工期延误、人员伤亡。

4.5.2 关键风险的定量评估和管理对策

为实现对该桥索塔施工阶段三个不可接受的风险事态的控制管理，即索塔施工系统（包括塔柱和吊机）的涡振安全性、上塔柱施工期间的模板安全性和台风影响,专门针对这三类风险事态开展了对策研究,并综合应用了精细分析、技术改进、工程保险和管理优化等手段,以期取得高效的控制效果。

1)涡振风险分析和对策

该桥索塔施工期间涡振需要考虑桥塔和吊塔的相互作用,为了明确这一影响,利用离散涡方法对各个施工阶段涡振锁定风速进行了分析,计算得到了双塔柱合龙前和索塔施工完成时的涡振锁定风速。图4.9给出了基于离散涡计算的塔柱和吊机流场图,表4.6给出了双塔柱合龙前塔柱涡振风速值。

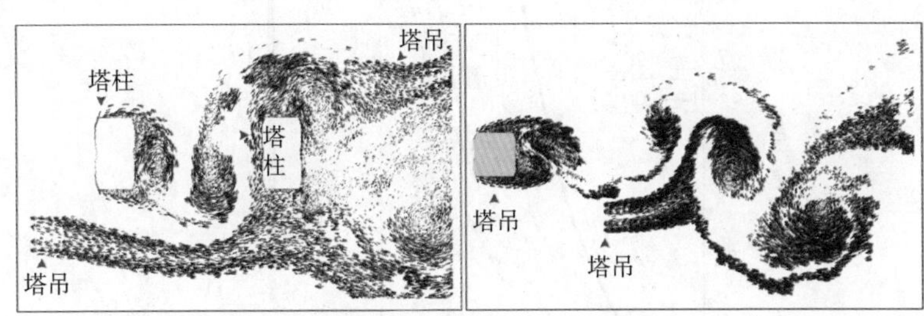

图4.9 基于离散涡计算得到的塔柱和吊机流场图

双塔柱合龙前塔柱涡振风速　　表4.6

风攻角(°)	双塔柱合龙前前塔柱涡振风速(m/s)	双塔柱合龙前后塔柱涡振风速(m/s)	塔柱合龙前前吊机涡振风速(m/s)
0	17.34	18.58	14.37
20	18.58	18.58	15.47
40	15.30	18.58	15.47
60	14.45	15.30	11.83
90	10.00	13.01	10.06

由计算分析结果可知,在双塔柱合龙前在14~18m/s范围索塔和吊机都可能发生涡振;在双塔柱合龙后,在上塔柱施工期间,涡振风速将进一步降低,索塔涡振风速在8m/s范围,塔吊涡振风速在10m/s范围。相比迎风塔吊,背风塔吊流场位于附近塔柱死水区,涡振问题不明显。

综上所述,涡振问题在中塔柱和上塔柱施工期间都可能发生,但考虑到本桥索塔为混凝土结构,具有较大的阻尼,实际结构中涡振引起结构振动比较困难,且计算得到的涡振风速较低,即使发生振动,能够摄入的能量较少,对索塔和塔吊安全影响相对较小。因此,建议对涡振采取风险接受的对策,暂不采取特定措施降低涡振问题。

2)模板风险分析和对策

根据技术交底材料,桥塔模板的安全工作风速为19.4m/s。基于这一理解,从图4.10所示塔高方向风速变化图可见,在气象风速为5级时,上塔柱区段就接近安全极限风速,因此进入上塔柱施工后,就必须加强安全管理。

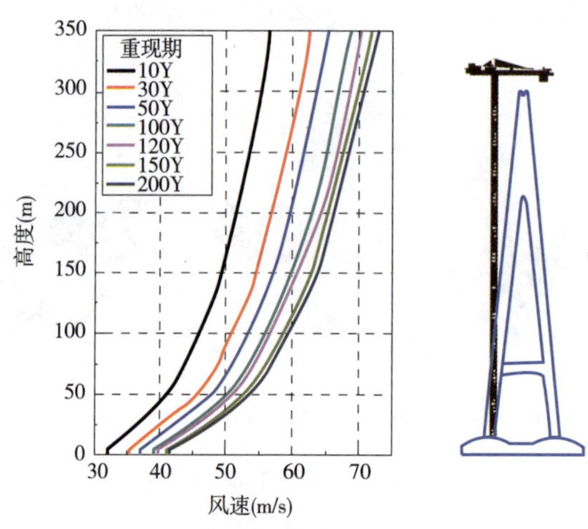

图4.10　风速随塔高变化示意图

根据模板有关设计资料,在正确操作的前提下,不采取加固措施,模板的安全风速可达到45.6m/s,这完全可以满足正常工作的需要。因此,保证模板操作的规范性就成为确保模板安全、降低其风险的重要措施。

建议的模板风险管理对策以强化管理水平为主,针对各种风速登记,制订不同的防范预案;并考虑保险措施转移风险,针对模板增加保险附加条款,并对日常施工管理提出建议,以便出险理赔。

3)台风风险分析和对策

索塔施工期间遭遇台风的可能性非常大,因此必须制订详细的防台预案。通常,台风来袭前7天就可从天气预报上得到有关信息,因此可以以7~10天作为防台、抗台预案中考虑的时间周期。

基于风洞试验等前期分析研究,基本排除了索塔施工期间由于风作用引起结构性破坏,因此,对台风风险的控制主要通过制订详细、周密的防台、抗台预案来减小损失。2005年某大型跨海桥梁施工建设过程中遭遇台风

“麦莎”袭击，但由于抗台措施得力，基本上没有造成损失。基于这样的成功经验，研究建议该桥索塔施工期间防台对策主要是依靠制订和落实防台预案。

研究建议的台风风险的管理对策包括防台组织机构、船只防台措施、机械防台措施、人员防台措施、应急处置、风后检查等。与此同时，研究中还建议对台风风险采取上保险的对策。

4.6　桥梁总体施工方案评估和管理

桥梁总体施工方案的目标在于保证桥梁施工过程安全有序地进行，并保证施工阶段在预定工期内完成。从桥梁总体施工的角度出发开展风险评估与管理工作，需要注意整个施工周期内不同条件下面临的多种复杂风险情况，对施工周期较长的大型桥梁或者关键构件部位的建设，需要对高风险时期做出判断，并制定相应对策，以减小特殊情况下的安全事故，保证工程建设按时按质完成。

下面以某异形拱桥为例，介绍对于总体施工方案的风险评估和管理。该拱桥主桥采用多跨异形空间拱肋叠合主梁拱桥，南北引桥采用了叠合梁连续梁形式。主桥采用整体顶推法施工，顶推总质量达 14 000t，且需在强涌潮河段进行。该拱桥主桥上部结构采用拱梁整体顶推的施工方法，具体过程是：拱与结合梁钢梁先期组拼一体，配合临时杆件共同受力，进行整体顶推，主桥各梁段顶推到位后，拆除临时杆件，分批张拉吊杆，表 4.7 示例性地给出了前四个主要施工步骤的过程表。

某异形拱桥主桥主要施工过程表　　　　表 4.7

工序	施工过程
工序一	(1)搭设栈桥即基础施工平台结构，留出临时通航孔。 (2)主桥及引桥基础、墩身施工，顶推用水中临时墩及北岸临时墩施工，永久墩(PN3 ~ PN5)上顶推用临时支架施工。 (3)混凝土桥面板预制，钢梁、钢拱板单元工厂加工，现场组拼。 (4)对北岸地基进行硬化处理。 (5)搭设拱梁拼装、顶推平台，采用多点顶推

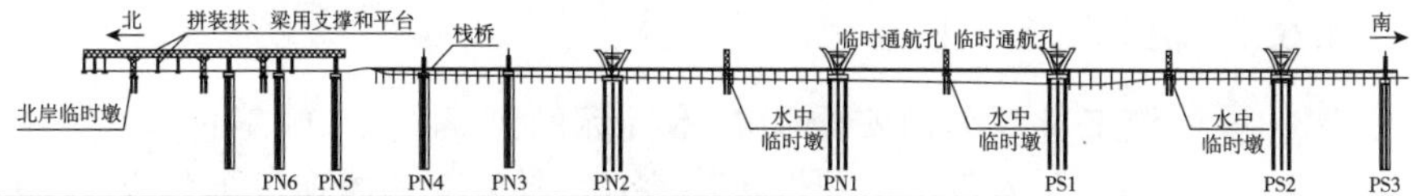

续上表

工序二	(1)在顶推用永久墩、临时墩和临时支架顶部安装顶推装置。 (2)在顶推平台上拼装第一拱梁结合段的钢主梁。 (3)搭设拱肋拼装支架。 (4)在支架上拼装拱肋,并安装拱、梁间临时撑杆。 (5)安装顶推用前导梁。 (6)对第一拱梁结合段进行持续顶推施工
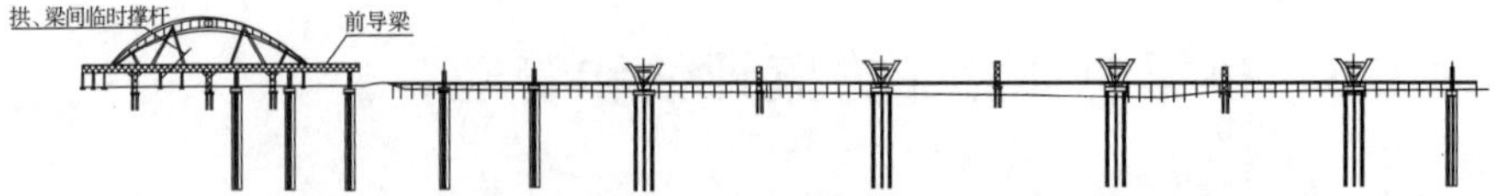 	
工序三	(1)待第一拱梁结合段顶推至图示位置时,在拼装平台上组拼第二拱梁结合段。 (2)待第二拱梁结合段和第一拱梁结合段通过焊接连为一个拱梁结合段整体。 (3)对拱梁结合段整体持续进行顶推
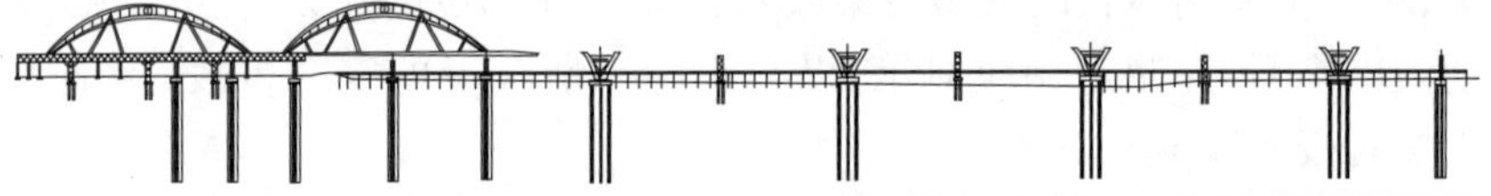	
工序四	(1)待拱梁结合段整体顶推至图示位置时,在拼装平台上组拼第三拱梁结合段。 (2)将第三拱梁结合段与前面的拱梁结合段通过焊接连为一个拱梁结合段整体。 (3)对拱梁结合段整体持续进行顶推。 (4)待拱梁结合段整体顶推至图示位置时,安装后导梁
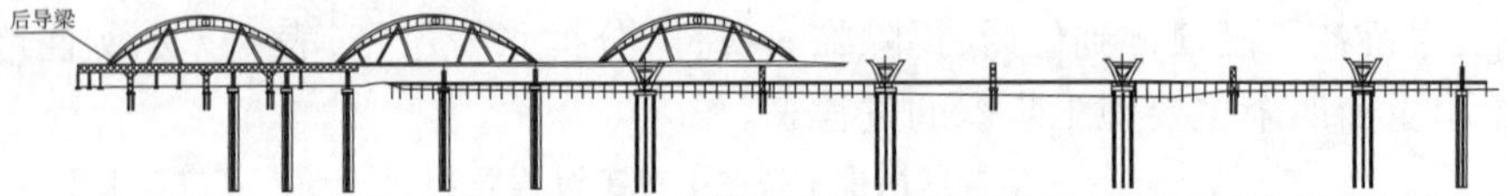 	

在对这座桥的评估过程中,根据整个施工阶段不同时期的调度安排,重点考虑了顶推拱梁组合体在过程中的自身安全和稳定性,将主桥施工过程划分为基础施工和顶推准备、拱梁组拼及整体顶推、吊杆张拉和体系转换、桥面系和附属结构施工四个主要阶段,并考虑涌潮影响下施工过程的风险评估与控制,并编制了对应的风险管理手册。

4.6.1 施工过程风险管理场景划分

影响该桥施工过程结构安全和总体目标的因素复杂,施工过程风险程度高,管理难度大,在风险评估和管理研究中,须关注和体现以下特点:主桥顶推采用多点平衡顶推工艺，顶推距离长、重量大，需要考虑顶推拱梁组合体在过程中的自身安全和稳定，施工技术难度高，过程管理复杂；全桥结构体现显著的空间特性，整个施工过程中全拱历经多次体系转化，结构安全的控制性状态和位置也多次变化，对安全风险管控要求高；位于涌潮河段，施工环境复杂，需考虑涌潮、风浪等各种环境因素影响；大型机械和精密控制设备多，施工机械化和自动化程度高，施工进度对设备的依赖性也更高，施工进度控制的要求提高。

为了便于后续风险管理，结合本桥施工方案与施工过程主要特点，将主桥施工过程划分为基础施工和顶推准备、拱梁组拼及整体顶推、吊杆张拉和体系转换、桥面系和附属结构施工等几个主要阶段，明确各个阶段的主要施工内容、施工场地、使用机具、结构特性等。表 4. 8 示例性地给出了四个主要管理阶段所识别出的风险事态，为后续风险分析、评价和管理过程提供了研究脉络。在整个施工阶段过程中，共识别得到 78 项风险事态。

某异形拱桥主桥施工过程风险管理阶段风险事态示意　　　　表 4. 8

序号	管理阶段名称	风险编号	风险描述
1	顶推准备及首段拼装	R001	涌潮影响下临时墩和栈桥的安全
		R002	涌潮过程中施工船只和机械安全
		R011	局部场地压实度不合格
		R015	龙门吊倾覆垮塌
2	主桥顶推和续拼	R037	多根风缆断裂
		R040	栈桥区域永久墩被撞毁
		R041	临时通航孔区域永久墩被撞毁
		R043	连续两根临时撑杆失效
3	吊杆张拉和体系调整	R056	临时托架拆除顺序不当
		R058	临时撑杆拆除顺序不当
		R059	吊杆张拉应力超标后断丝
		R066	暴雨对顶推作业车辆、机具及船只安全的影响
4	桥面系和附属结构施工	R070	吊机倾覆
		R071	吊机钢丝断裂
		R075	暴雨影响下吊机作业的安全问题
		R078	桥面施工对通行船只人员安全的影响

4.6.2 针对场景的风险评估与管理

对所识别的78个风险事态进行评估后得知,需要进行风险规避措施研究的风险有40项,包括严格控制风险11项,合理控制风险29项,无不可接受风险。对这些具体的风险事态,将开展针对风险场景的风险评估与管理。下面以涌潮引起的风险事态为例,说明具体方法和过程。

1)涌潮影响下施工过程风险识别

该桥处于强涌潮涌向范围内,日日有潮,涌潮对施工安全的影响需要全面考虑。具体识别为以下三个风险事态。

(1)涌潮影响下临时墩和栈桥的安全

临时墩和栈桥是参与整个施工过程的关键临时结构,保证其安全性具有重要意义。涌潮过程中,短时间内水流量大、流速快;水流与临时墩等阻水构件的作用形式、产生效果等与常时显著不同;在强潮水作用下,甚至可能形成水—墩的动力作用过程,其作用效果可能几倍于常规静力设计取用水平。临时墩、栈桥等临时构造物的设计经验和规范相对较少,且构件形状和具体布设方式选择相对随意。因此在强涌潮过程中,发生构件失效的可能性是存在的。栈桥在大潮过程中,还可能出现局部被淹没的可能性,栈桥将承受潮水的水平作用并引发破坏。如果发生临时墩和栈桥失效的事故,其损失主要是临时墩和栈桥结构本身;但涌潮对于临时墩和栈桥的影响将长期存在;且随着施工的推进,一旦发生临时墩、栈桥失效,则造成的损失将逐渐扩大,可能影响顶推过程中的主桥结构安全。

(2)涌潮过程中施工船只和机械的安全

施工船只行驶随意性大,管理相对困难。涌潮过程中施工船只发生走锚事故的可能性增加,上游的船只在走锚后,可能进一步危及临时墩、栈桥等其他施工区域的安全。涌潮过程还可能引起施工平台(包括栈桥和临时墩)的振动,可能进一步影响各种机械如栈桥上作业的吊机的安全。这类事故的损失范围基本可控制在船只、机械等局部,显著影响其他部分的可能性不大。

(3)涌潮过程中施工人员的安全

涌潮过程可能引起施工平台和栈桥的振动。在施工的前期,工人正在逐渐熟悉施工环境,在涌潮条件下工作的经验相对较少,发生落水的可能性较大;尤其是在“观潮”期间落水或是被潮水卷入的可能性均存在。加强在涌潮期间的人员安全管理尤其重要。

2)涌潮影响下施工过程风险评价

对该拱桥总体施工方案的风险评估过程中,关注的目标主要涵盖施工过程中结构安全以及施工过程关注的质量、安全、进度三大管控目标,具体划分为结构安全、施工进度、人员安全和工程投资等。施工过程对环境和生态的影响,将转化为对工程投资和施工进度的影响进行评价。评估过程中将对上述评估目标分别制定评估标准,并结合风险事态具体分析对各项目标的影响。

该桥在施工过程中面临的风险事态具备明显的复杂性,在风险评价过程中采用风险矩阵。基本的过程是:对识别得到的风险事态分别评估确定其风险概率和风险损失水平;由此在风险矩阵中确定其风险等级水平;最后根据风险等级水平确定风险管理和控制的总体对策。具体的风险矩阵采用表 4.1 所表达的矩阵形式,并在之前类似工程应用所用矩阵的基础上,通过与本桥施工方决策者的沟通交流后,对结构安全损失的水平等级进行了规定,并制定了风险概率和损失的等级划分区间,具体如表 4.9 ~ 表 4.11 所示。

结构安全损失水平等级　　表 4.9

等级	风险损失描述
1	损失控制在局部范围,不影响结构安全,不具有持续影响
2	损失影响范围可能较大,但不影响结构整体安全,不具有持续影响
3	损失影响范围较大,对结构整体安全的影响可控,可能有持续影响但尚可接受
4	损失严重,对结构整体安全有一定影响,其持续影响仍可控制,但比较困难
5	损失严重,对结构整体安全影响显著,其持续影响控制困难,并可能引起连锁反应

风险概率等级划分及其描述　　表 4.10

等级	1	2	3	4	5
文字描述	非常不可能	不可能	偶尔	可能	非常可能
概率范围	<0.000 3	0.000 3 ~ 0.003	0.003 ~ 0.03	0.03 ~ 0.3	>0.3

施工阶段人员安全、施工进度、工程投资损失水平分级　　表4.11

等级	1	2	3	4	5
文字描述	无关紧要	一般的	严重的	非常严重	灾难性的
人员安全	0	轻伤1~4人	重伤1~2人或轻伤多人	死亡1~2人或重伤多人	死亡3人以上
施工进度	<6h	6~12h	12~24h	24~72h	>72h
工程投资	<2万元	2万~20万元	20万~100万元	100万~300万元	>300万元

根据上述风险矩阵评价工具,结合对涌潮影响下施工过程中各风险事态的概率和损失分析,可得到三个风险事态的风险等级评价情况如表4.12所示。

强涌潮河段水中施工风险事态等级评价　　表4.12

风险名称	结构安全	施工进度	人员安全	工程投资
涌潮影响下临时墩和栈桥的安全	严格控制	合理控制	合理控制	合理控制
涌潮过程中施工船只和机械的安全	合理控制	严格控制	严格控制	合理控制
涌潮过程中施工人员的安全	合理控制	合理控制	严格控制	合理控制

3)涌潮影响下施工过程风险管理

由上述分析可以得知,涌潮对该桥施工的结构安全、工程投资和人员安全等可能产生显著影响,是长期存在的重大风险源,在施工之初建立严格的管理制度对于降低该事态的影响具有重要意义。

在此基础上,编制便于现场使用的风险管理手册是加强风险评估成果落实的有效手段。风险管理手册应与现场具体的施工场景结合,针对各个施工阶段,明确应关注的风险事态和执行的管控内容。风险管理手册编写完成后印发,使得现场管理者可以根据施工进展进行同步风险管理。针对涌潮影响施工过程的风险管理手册内容如图4.11所示。

1.1 临时墩和栈桥设计施工风险管理

本阶段施工中的内容中涉及到水中作业的主要是临时墩和栈桥搭设，临时墩和栈桥属于临时结构，但在本桥施工中它们都是将参与整个施工过程的关键构造，保证其安全性具有重要意义。对强涌潮河段水中施工的安全问题可具体识别为以下风险事态：

- 强涌潮河段水中施工安全
- 临时墩防撞安全及合理设计
- 栈桥防撞和防挤压安全

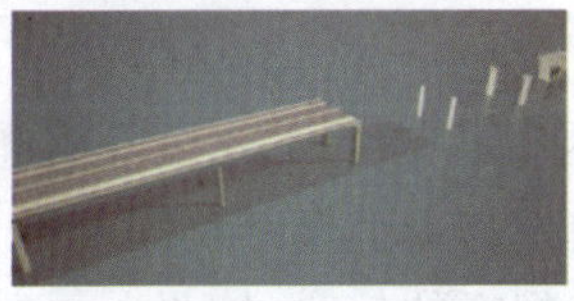

1.1.1 强涌潮河段水中施工安全

风险事态简介

涌潮对本桥施工的结构安全、工程投资和人员安全等可能产生显著影响，是长期存在的重大风险源，因此在施工之初建立严格的管理制度对于降低该事态的影响具有重要意义。

风险事态评价

编号	风险名称	结构安全	施工进度	人员安全	工程投资	总体评价
R001	涌潮影响下临时墩和栈桥的安全	严格控制	合理控制	合理控制	合理控制	严格控制
R002	涌潮过程中施工船只和机械安全	合理控制	严格控制	严格控制	合理控制	严格控制
R003	涌潮过程中施工人员安全	合理控制	合理控制	严格控制	合理控制	严格控制

建议风险管理要点

1)针对涌潮建立严格管理措施，针对不同的潮水等级建立不同的管理员体系；
2)明确对施工船只、人员和设备等的具体管控办法，并严格落实；
3)适时发布预警信息：便于启动相应预案；
4)做好现场人员安全防范措施，做好安全储备工作(准备救生安全设备，如救生圈等)；
5)要求施工单位对临时墩和栈桥进行周密设计，并对潮水影响进行专门考虑；
6)要求施工组织方案针对潮水进行专题设计，例如对漂浮水面的施工机具在涌潮期强度、刚度和稳定性进行分析等；
7)注意将潮水影响包括在工程保险的赔付范围之内；
8)在涌潮活跃期，召开针对涌潮的施工安全专题会议，落实各项管理措施。

图 4.11　某异形拱桥涌潮影响施工过程风险管理手册

4.7　桥梁运营阶段风险评估和管理

桥梁在运营期间需要应对极为复杂的情况，在自然条件、社会环境、交通情况等多方因素的影响下，可能出现的风险事态形式多样，并与实际情况息息相关。对大型桥梁运营期间的风险做出合理有效的评估和管理，需要针对实际情况对可能出现的风险事态进行详细的识别，并针对其中重要的风险事态开展相应的构件易损性评价与结构强健性分析，以获得对关注度较高的风险事态的概率和损失信息，提升风险评价与管理的有效性与合理性。

下面以某大型斜拉桥为例，介绍桥梁运营期间的风险分析与管理。该斜拉桥采用了双层公路斜拉桥桥型，上层按高速公路标准设计，双向 8 车道，下层为一般公路，双向 6 车道。该桥型方案中跨主梁采用钢桁梁结构，边跨主梁为桁式腹杆组合结构。该桥结构复杂，构件形式较为多样化，为区分风险评估过程应对的不同构件，提高风险管理效率，根据该桥的对称布置情况划分了管理区域，具体划分情况如图 4.12 所示。

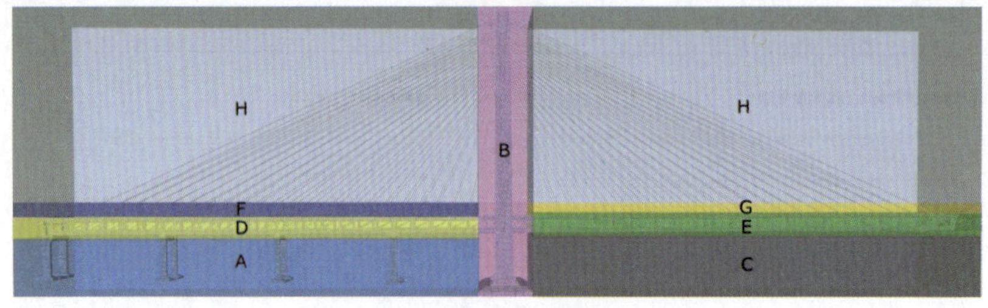

图 4.12　某斜拉桥管理区域划分示意图

在大桥设计阶段开展的结构分析的基础上，对其面临的主要风险事态进行了识别，并研究了影响结构整体安全程度的构件易损性和结构强健性，加强了对各种风险事态下结构损伤的概率、程度的判断的信心，增强了风险评估与管理的效用与针对性，提高了大桥运营管养水平与安全保证程度，降低了寿命周期管养成本。

4.7.1　桥梁运营风险识别

大桥在运营期内可能遭遇各种各样的不确定事件，从而对正常的交通运营产生干扰。为降低风险事件的影响，在风险交流的基础上，结合该大桥周边气候条件、交通情况及交通预计等调查分析以及运营阶段各种风险事态发生的可能性，总结出以下几类主要风险事态，如表 4.13 所示。

运营期间风险总体识别　　　　表 4.13

风险识别		相关介绍
自然条件	地震	破坏性较强的自然灾害之一； 强烈地震可能对结构产生较严重的影响； 发生时间、地点和强度具有极强的随机性； 大桥所在区域按照 7 度设防，地表加速度峰值为 0.1g
	风	主要的可预报的自然灾害之一； 主要对结构的稳定性及正常运营造成影响； 大桥所在区域属海洋性气候，极端大风主要由台风引起
	雨	主要的可预报的气象灾害之一； 主要对结构的运营造成影响； 大桥所在区域属亚热带季风性气候，汛期降雨量大
	雪	主要的可预报的气象灾害之一； 主要对结构的运营造成影响； 大桥所在区域为亚热带季风区，事态时有发生

续上表

风险识别		相关介绍
自然条件	雾	主要的可预报的气象灾害之一； 主要对结构的运营造成影响； 大桥所在地为雾多发地，但持续时间通常不超过3h
交通事故	普通交通事故	广泛存在的社会灾害； 造成人员损伤和经济损失； 影响结构健康及正常运营，属突发性事件； 大桥上下道路均为繁忙公路，发生概率极高
	危险易燃品交通事故	对结构、运营均会造成影响； 造成人员损伤和经济损失； 属突发事件
蓄意袭击	爆炸袭击	对结构、运营均会造成影响； 造成人员伤亡、经济损失及恶劣的社会影响； 属突发事件
	动力袭击	目的是造成社会恐慌或引起公众注意； 可能造成重大损失及人员伤亡； 发生具有不确定性
其他	市民轻生等社会事件	具有高度社会关注度； 当事人大多为满足自己的诉求； 一般不会对结构产生影响

运营阶段大桥的管理需求体现为结构安全、交通运营、人员安全和管养费用四项评估指标，其中结构安全是桥梁所有功能的基础，因此有必要对结构在风险事态下的损伤进行定量的分析，以提供更加精确的评估结果。根据评估经验的初步判断，表4.13中可能对结构造成损害的风险事态应主要关注地震和爆炸袭击，评估重点对这两种风险事态下的构件易损性和结构强健性做了定量分析，为风险损失的评价提供精度的保证，在此基础上提供相应的管理策略。

4.7.2 桥梁构件易损性分析

通过定量的分析获得构件在风险作用下产生各种等级的损伤或直接破坏的可能性，就是易损性分析。地震作用会直接对桥塔和桥墩造成损害，进而影响桥梁整体的安全性；爆炸袭击一般针对袭击者可触及的构件，如拉索和主梁桁架等。以下每一项风险分别取一类构件为例说明。

1)地震下构件易损性分析

评估过程选择有效地定量分析手段,选取合适的地震波,采用增量动力法进行分析,以位移—能量双重破坏准则判断桥塔的破坏程度。为方便管理中定量描述与视觉损伤状态之间的对应转换,采用 Park-Ang 破坏准则的量化性能指标,其与损伤状态的描述、破坏等级之间的关系如表 4. 14 所示。

双重破坏准则损伤状态的定性描述及损伤指标 表 4. 14

破坏状态	损 伤 特 征	Park-Ang 指标 *DI*
1-无破坏	仅在局部产生微小裂缝	$DI<0.1$
2-轻微破坏	微小裂缝分布广泛	$0.1\leqslant DI<0.25$
3-中等破坏	严重开裂或局部保护层剥落	$0.25\leqslant DI<0.4$
4-严重破坏	混凝土被压碎或纵筋失效	$0.4\leqslant DI<0.8$
5-倒塌		$D\geqslant 0.8$

分析结果通过易损性曲线表达,说明地震风险的强度水平与构件在某损伤程度下超越概率的对应关系,如图 4. 13 所示。

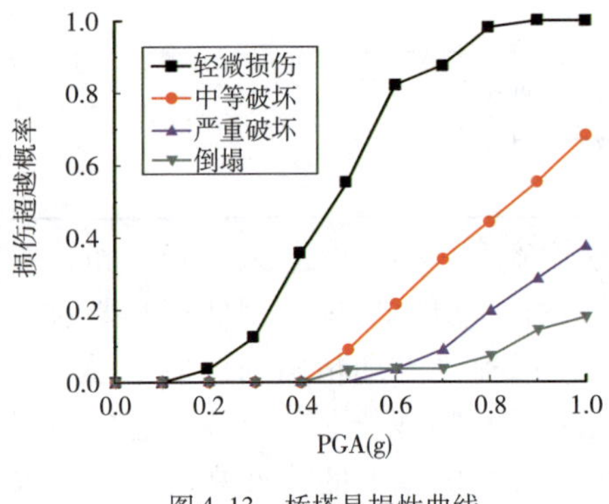

图 4. 13 桥塔易损性曲线

表 4. 14 和图 4. 13 的结果将风险评估矩阵中的结构安全等级和各安全等级的超越概率量化,较精确地评价了桥塔在各种峰值加速度的地震风险下发生不同损伤程度的可能性。

2)爆炸袭击下构件易损性分析

利用已有的爆炸作用应力公式,定量地评价主梁桁架在不同当量爆炸下的破坏可能性。在爆炸袭击中,根据钢结构的参数,结合公式计算,考虑个人携带炸弹和汽车炸弹可能的重量,可以得到离构件不同距离时在钢结构内产生的不同破坏应力值,具体如图 4. 14 所示。

根据上述对不同类型爆炸对主梁钢桁架杆造成的影响计算结果,考虑爆炸距离的随机特性为正态分布,可以得知:在个人携带炸弹场景中,仅有 15kg 炸药量在 0. 2m 以内距离才会对构件产生损伤,并可能使构件失效;在汽车炸弹袭击场景中，200kg 炸药量在 0.5m 范围内对构件产生损伤，500kg 炸药在 0.9m 左右范围内对构件产生损伤，并可能使构件失效。

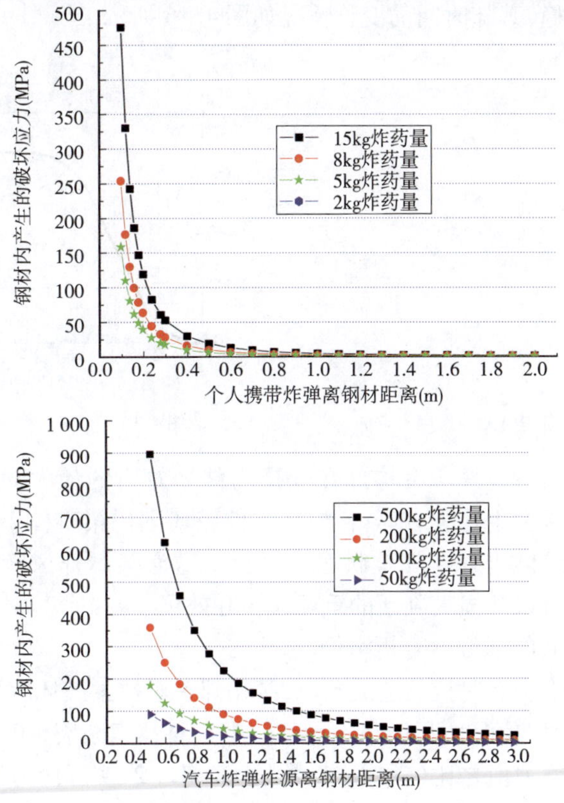

图 4.14　不同类型炸弹爆炸钢构件破坏应力与距离关系

4.7.3　桥梁结构强健性分析

风险事态往往直接作用于构件并造成损伤，但这并不代表桥梁整体也产生该程度的损伤，因此，评估过程采用有限元模拟工具，分析了不同位置不同构件破坏后桥梁的整体安全状态。桥塔或桥墩等重要构件是桥梁的支撑，其破坏往往导致桥梁整体破坏，所以不需进行强健性分析；而主梁桁架和斜拉索破坏后的强健性需着重考量。

1）强健性分析方法

强健性分析采用半动力模拟方法，模拟风险事态作用后典型构件在失效的整个过程中周边构件内力值的变化过程，分为构件失效模拟和周边构件动力求解两个过程。构件失效的模拟需在损伤模型上、构件损伤处施加一对作用力，如图 4.15 所示，通过选取合理的时程曲线保证模拟断索之前的该构件动力平稳，其随时间的变化情况如图 4.16 所示。

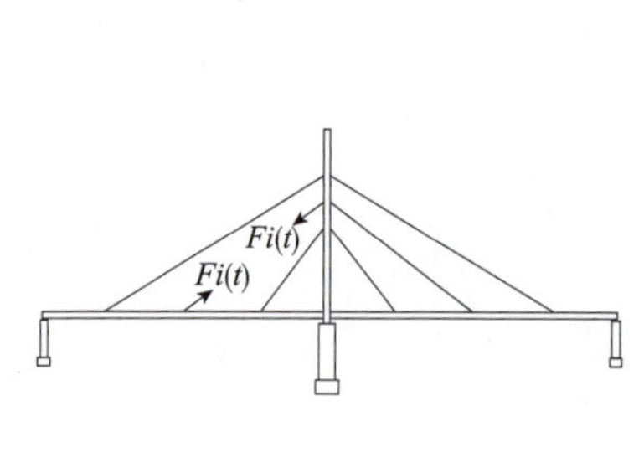

图 4.15　拉索损伤模拟的作用力方向

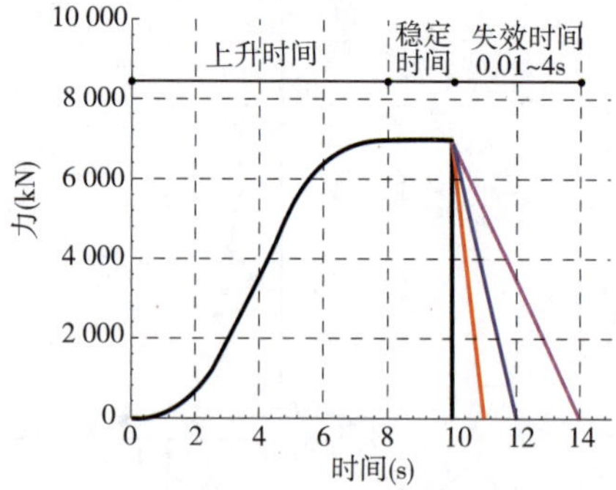

图 4.16　时间历程曲线

动力求解之后考察所有构件在受损构件失效后的最大动力值，即可判断相邻构件是否发生连续破坏；若相邻构件破坏则桥梁整体不安全，若不破坏则说明桥梁整体仍处在安全状态。以拉索遭遇某爆炸风险事态为例，说明强健性分析对风险损失判断的重要作用和效果。

2）拉索失效的强健性分析举例

某爆炸风险事态对拉索造成破坏，某相邻 5 对拉索破坏后强健性分析结果如图 4.17。由图可知，风险事态导致跨中 5 对拉索断裂，相邻拉索的最大动内力值与原静力值之比（动响应系数）已经超过 2，实际内力已超过拉索的条件屈服强度。此时相邻拉索会由于 5 对拉索的断裂而相继断裂，桥梁整体不安全。

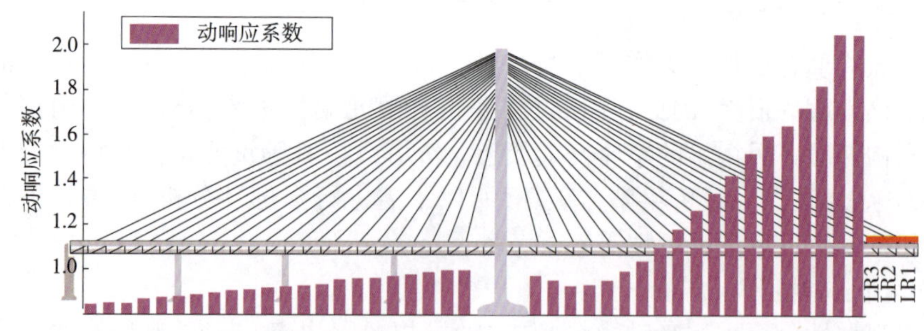

图 4.17　跨中 5 对拉索断裂其他拉索动力响应半结构对称示意图

通过以上分析可知,该风险事态不仅造成 5 对拉索失效,更使桥梁整体丧失安全性。强健性分析过程为评估提供完整的结构安全评价结果,保证了风险损失衡量的准确。

4.7.4　运营期间管理策略制定

运营期间出现的风险事态种类繁多,造成的损失类型也存在差别,为有效应对风险的发生,分别从风险发生前、发生时、发生后综合形成管理策略,分别对每一项风险事态制订具体的风险预防措施、风险管理措施、风险检查措施。这些措施的制订已经考虑了基于满意评价准则的风险对策等级要求,符合管理者对风险控制的态度。对于显著影响结构安全的风险事态,根据构件易损性和结构强健性的分析结果提供量化的管理措施和专业性较强的技术指导。为方便管理者对措施条目的有效实施,将大桥整体划分为若干区域,在不同区域所考虑的风险事态、风险程度、风险后果都不相同,突出每个区域的管理特点。最后形成风险管理手册,方便现场工作者应用,如图 4.18 所示。

R1037中跨主梁钢桁架处发生汽车爆炸事件

风险描述:

利用汽车装置在中跨主梁钢桁架处实施爆炸袭击。可能的爆炸物为TNT、硝酸甘油、黑火药等,开放环境下100kg当量爆炸超压波影响的半径范围约为0.5m。汽车封闭环境下会随车体体积发生变化。爆炸后可能一定范围起火,并伴有浓烟,会产生NO、NO_2、SO_2等有害气体。

本区域为下层桥面系,主要构件有桁架杆件。当爆炸发生后可能造成桥面、桁架杆件和附属杆件的损伤。会伴随发生严重交通事故。在事故发生过程中对运营时间影响较大。事故发生后检测、维修、养护费用较多。

可能的损失包括:

1)爆炸直接或间接引起人员伤亡;

2)单侧行车车辆会受到直接损坏,可能会影响到双向通行车道通行;

3)两侧桁架杆件及桥面出现局部破坏;

4)路灯等附属设施受到破坏;

5)栏杆或隔离护栏受到损伤、开裂;

6)交通拥堵时间较长。

风险应急预案

风险预防措施:

1)禁止行驶车辆在桥上随意停靠;

2)对过桥车辆进行定期随机检查,对可疑人员或车辆加大检查力度;

3)对现有闭路电视监察系统进行升级,提高分辨率。

风险管理措施:

风险时间发生后,应采取以下措施:

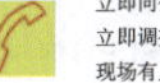

立即向公安部门报告袭击发生地点、位置、性质和现场破坏情况;
立即调查受灾情况、损伤情况:
现场有人员伤亡,应向"120"请求救护:
现场若发生火灾难于控制,应迅速通知消防部门。

爆炸所在车道可变信息板显示"前方道路封闭请绕行"。

根据破坏情况,封闭爆炸侧车道;
迅速隔离、保护现场,寻找目击证人。

风险检查措施:

对大桥以下部分进行重点检查:

1)加强道路检查,是否有遗留炸弹存在;

2)坑洞直径、深度,对结构的损伤和程度,裂缝宽度是否超出规范要求;

3)周边桁架杆件变形是否超出规范要求;

4)爆炸受损范围内对防护栏杆做常规检查;

5)爆炸区域做输电线路、灯柱常规检查。

R1037　56　R1037　57

图 4.18　某斜拉桥主梁钢桁架处发生汽车爆炸事件的风险管理手册

4.8 结语

近年来,风险评估与管理工作凭借其在预防或减轻桥梁工程在寿命周期内不利情况的作用,在桥梁工程中得到了日益广泛的应用。风险管理作为整个工作中极为重要的部分,直接连接风险评估成果与实际的管理人员,对决策的效率和效用都有显著的影响,目前却仅作为风险评估工作的延伸。为改善这一情况,提出面向管理需求的桥梁工程风险评估,在风险评估过程中全面体现管理需求的影响,有效提升了工程应用的实用性。

本章从项目风险定义、风险概率与损失分析、风险决策方法三个方面入手,详细介绍了风险管理需求在各个阶段的体现,并对桥梁设计、施工、运营三个阶段分别说明了管理需求在桥梁寿命周期各时期的体现的形式与特征。对四个在风险评估过程中考虑了管理需求的工程应用实例进行了介绍,结果显示,管理需求在风险评估过程中的引入,可以有效明确特定情况下的风险评估目标、指标与方法,加强对风险事态的理解与风险分析的可信度,提高风险评估人员和现场管理人员的风险交流效率。

本章参考文献

[1] Ayyub BM. Risk Analysis in Engineering and Economics[M]. Chapman & Hall/CRC Press,2003.

[2] Chen A,Ruan X,Ouyang X-y,Zhang J. Risk management system for pylon Construction of a Long Span Cable-Stayed Bridge[J]. International Association for Bridge and Structural Engineering,2007,4:23-30.

[3] Covello VT,Mumpower J. Risk analysis and risk management:an historical perspective[J]. Risk analysis,1985,5(2):103-120.

[4] Kaplan S. The words of risk analysis[J]. Risk analysis, 1997, 17(4): 407-417.

[5] Kaplan S,Garrick J. On the Quantitative Definition of Risk[J]. Risk Analysis,1981,1(1):11-27.

[6] Kirchsteiger C. On the use of probabilistic and deterministic methods in risk analysis[J]. Journal of Loss Prevention in the Process Industries,1999,12

(5):399-419.

[7] Ruan X, Yin Z, Chen A. Risk Management Strategy for Long Span Bridge During Operation Stage[C]. In: Conference on Structural Engineering in Hazard Mitigation. Institution of Structural Engineers, 2013.

[8] Ruan X, Chen A, Wang D. Risk Analysis and Decision Making Method of Wind Shielding Screen for Hangzhou Bay Bridge[C]. In: IABSE Symposium Report. International Association for Bridge and Structural Engineering, 2006, 1:102-106.

[9] Ruan X, Yin Z, Yan Z. Risk Based Management of Minpu Bridge[C]. In: 6th International Conference on Bridge Maintenance, Safety and Management, 2012. IABMAS. 2638-2643.

[10] 阮欣,陈艾荣,王达磊. 杭州湾跨海大桥风障设置风险评估[J]. 桥梁建设,2007,37(1):78-80.

[11] 阮欣,尹志逸,陈艾荣. 风险矩阵评估方法研究与工程应用综述[J]. 同济大学学报,2013,41(3):381-385.

[12] 阮欣,陈艾荣,石雪飞. 桥梁工程风险评估[M]. 北京:人民交通出版社,2008.

阮欣　副教授

2006 年同济大学桥梁与隧道工程博士研究生毕业，后留校任教；2008 年在美国里海大学（Lehigh University）大型结构与基础设施研究中心（ATLSS）访问研究一年。主要研究领域为桥梁设计理论、桥梁工程风险评估、桥梁荷载与可靠度方法等。主持国家自然科学基金项目 2 项，参与国家及省部级科研项目 10 余项；发表论文 100 余篇，其中 SCI、EI 检索 40 余篇，出版专著 1 部；获得广东省科技进步奖二等奖、中国公路学会科技进步奖特等奖奖励 10 余项；授权发明专利 3 项。国际桥梁与结构工程协会（IABSE）、国际桥梁安全与维护协会（IABMAS）等国际协会会员，在多次国际会议中担任学术委员会委员等。在桥梁工程风险评估、结构性能评估与优化等方面取得的研究成果解决了大量实际工程问题，为苏通大桥、泰州大桥、卢浦大桥等国内 20 余座大桥工程提供了建设、管理、养护过程的决策支持。2010 年在意大利获得国际桥梁与结构工程协会颁发的会议“杰出青年工程师奖（Outstanding Young Engineer Contribution Award）”；2014 年获得中国公路学会颁发的“第九届中国公路青年科技奖”。

第5章 信号处理在桥梁健康监测中的应用

单德山,周筱航,李乔

西南交通大学土木工程学院桥梁工程系,四川省成都市二环路北一段111号,610031

5.1 引言

为保障桥梁结构的正常使用和安全,需要对桥梁的健康状态进行监测和评估,即应用现代化的传感器技术、信号传输技术、数据分析技术建立一套完整的结构健康监测系统[1]。桥梁结构状态评估以及故障检测的依据是表征其结构特征的参数(例如:挠度、转角、频率、振型、阻尼比、信号分量成分、信号传导特性等),这些参数与结构损伤所引起的刚度、质量和阻尼等变化息息相关,通过考察与结构状态相关参数的改变可以对结构损伤发生的位置乃至程度进行估计。Farrar[2] 和 Huston[3] 等人在其专著中广泛地讨论了与结构健康监测相关的状态参数,本章在此基础上针对桥梁健康监测领域常用的状态参数展开详细讨论。

因基于动力测试的结构健康监测方法可检测结构发生的微小损伤或不易观测的内部损伤,近年来该方法已成为结构健康监测领域的研究热点[2]。与桥梁结构损伤相关的参数可通过采用基于动力测试的信号处理方法对结构的振动激励和振动响应进行处理而得到，例如相关函数、频率响应函数、脉冲响应函数等；在仅有结构振动响应的情况下，可通过傅里叶变换、小波变换、盲源分离和 Hilbert-Huang 变换等方法获得结构参数[4]。

当桥梁结构振动激励信号和响应信号为线性、平稳信号或非线性、非平稳信号时，所适用的信号处理方法又各有不同，按照处理信号性质的不同，可将信号处理方法分为频域信号处理方法和时频域信号处理方法。频域信号处理方法出现较早，大多建立在傅里叶变换基础之上，主要方法有傅里叶变换、相关函数、谱估计、频响函数等，这类信号处理方法适用于平稳信号，具有数学原理明确、算法易于实现和处理结果直观等特点，可用于快速考察桥梁结构特性并对桥梁结构状态进行初步判断，在桥梁结构健康监测过程中应用普遍。时频域信号处理方法有 Wigner-Ville 分布、小波变换、随机子空间法、盲源分离和 Hilbert-Huang 变换等，这类方法可考察信号在时间和频率维度上幅值或能量的分布情况，将更多的注意力集中到信号局部特征上。大跨度、复杂桥梁结构的不断涌现，以及对桥梁结构损伤过程研究的不断深入，使得桥梁结构响应具有非线性和非平稳性的特点[5]；另外，时频域信号处理方法还可通过较少样本获得结构特征参数[6,7]，因此时频域信号处理方法在桥梁健康监测领域得到越来越广泛的应用。桥梁结构健康监测常用信号处理方法的分类如表 5.1 所示。

信号处理方法分类 表 5.1

信号处理方法		模态参数	分量提取	降噪	非线性	非平稳
频域方法	傅里叶变换	√				
	相关函数			√		
	频响函数	√		√		
	传统谱估计	√				
时频域方法	短时傅里叶变换	√				√
	Wigner-Ville 分布	√	√		√	√
	小波变换	√	√	√	√	√
	盲源分离	√	√	√		
	Hilbert-Huang 变换	√	√	√	√	√
	现代谱估计	√			√	

5.2 信号处理与特征提取

对采集到的结构信号进行处理从而提取结构特征,是结构状态评估与损伤诊断的关键,是结构健康监测工作的核心内容,本章针对桥梁结构健康监测领域最常用的信号处理与特征提取方法展开介绍。

5.2.1 傅里叶变换

傅里叶变换是由傅里叶在1822年提出的,该方法的变换理论认为,信号都是由一系列的正弦谐波函数叠加而成[8],即任何信号都可展开成三角函数的无穷级数来表示,这种假设对于平稳的桥梁结构系统是合适的。

$$x(t)=a_0+\sum_{n=1}^{\infty}(a_n\cos n\omega_0 t+b_n\sin n\omega_0 t) \tag{5.1}$$

式中:$a_0=\frac{1}{T}\int_{-\frac{T}{2}}^{\frac{T}{2}}x(t)\mathrm{d}t$,$a_n=\frac{2}{T}\int_{-\frac{T}{2}}^{\frac{T}{2}}x(t)\cos n\omega_0 t\mathrm{d}t$,$b_n=\frac{2}{T}\int_{-\frac{T}{2}}^{\frac{T}{2}}x(t)\sin n\omega_0 t\mathrm{d}t$;

T——周期;

ω_0——基频。

信号$f(t)$的傅里叶变换定义为:

$$F(\omega)=\int_{-\infty}^{+\infty}f(t)\mathrm{e}^{-i\omega t}\mathrm{d}t \tag{5.2}$$

式(5.2)的逆变换,即傅里叶逆变换有:

$$f(t)=\frac{1}{2\pi}\int_{-\infty}^{+\infty}F(\omega)\mathrm{e}^{-i\omega t}\mathrm{d}\omega \tag{5.3}$$

傅里叶变换是桥梁结构健康监测领域最常用也是出现最早的一种信号处理方法,傅里叶变换将时域信号转换到频域空间,可得到原信号在频率域的特性分布,且傅里叶变换及其逆变换容易计算。

Brincker[9]等人在仅有结构输出响应数据的情况下,利用傅里叶变换对在环境激励作用下的一个两层框架结构的模态参数进行识别,并介绍了谱密度矩阵的分解方法,可提取结构各阶模态信息。Lee[10]等人利用傅里叶变换结合人工神经网络建立了桥梁结构损伤识别方法,通过有限元模型计算得到的结果对所提方法中的网络进行训练,并将模型试验所得测试数据作为输入,准确识别出了钢主梁模型桥的模态参数变化,并对钢主梁模型桥的损伤进行了识别。Amezquita-Sanchez[11]等人利用傅里叶变换对一桁架结构在地震动作用下的响应数据进行处理,提取了该桁架结构的模态参数。

但傅里叶变换也存在着一些局限性,若原数据具有非平稳、非线性特征,则傅里叶变换无法给出原数据频率成分所出现的时间段,这严重限制了傅里叶变换对结构损伤发生时刻的判断;同时傅里叶变换适合对全长数据进行处理,其对信号进行局部处理时存在一定困难。

5.2.2 短时傅里叶变换

为了克服傅里叶变换不能展示信号中频谱成分随时间变化特性的缺点,1946 年 Gabor[12]在其连载文章中提出了加窗傅里叶变换的概念,该方法克服了傅里叶变换不能处理非平稳信号的缺陷,可从时域和频域角度查看信号特性,该方法经过不断发展成为如今的短时傅里叶变换。短时傅里叶变换是信号时频域处理方法,其基本思想是选择一个局部化窗函数,并假定在时间窗内信号是平稳的,通过窗函数的滑移从而分析信号在各时刻的特性,并选定窗口中心点作为每次计算结果的对应点。滑动窗口可以也可以不与原窗口有交叠,交叠区域的范围可根据数据量的大小或用户人为设定,图 5.1 展示了无交叠窗口和 50% 交叠窗口两种情况。

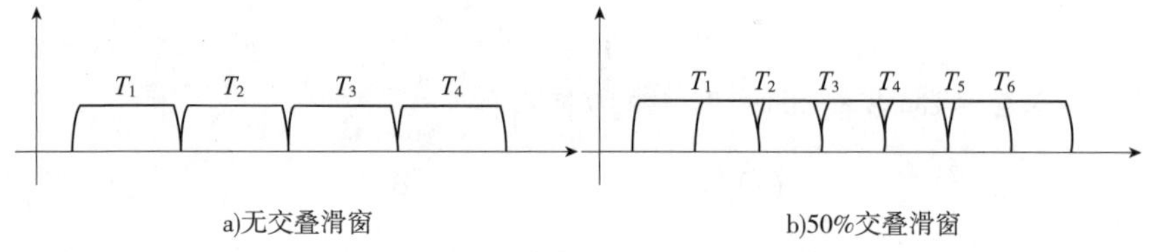

a)无交叠滑窗　　b)50%交叠滑窗

图 5.1　窗函数滑移示意

在短时傅里叶变换的应用方面,Pinto[13]等人使用短时傅里叶变换分别对板结构的刻痕损伤和穿孔损伤进行了定位,并对损伤程度进行了估计,取得了较理想的识别效果。Yang[14]等人利用 Kalman 滤波与快速傅里叶变换结合的方法对 7 层预应力混凝土框架结构的模态参数进行了识别。胡振邦[15]等人用短时傅里叶变换对振动信号进行处理,准确提取了结构的特征信息,该方法在实际应用中可有效识别结构的异常振动。

在短时傅里叶变换中,需要选定足够长的窗口来保证频率分辨率,窗函数一经选定便不可更改,这意味着算法的分辨率也因此固定,由于时间和频率存在耦合关系，这使得短时傅里叶变换不能同时兼顾高频信号和低频信号的最佳分辨率；并且短时傅里叶变换还存在混叠问题，即当信号中的频率成分相距很近时，短时傅里叶变换不能很好地对其进行区分[16]。因此短时傅里叶变换在处理非平稳信号时仍受到很多限制[17]。

5.2.3　相关函数

相关函数是一种在时域内对信号统计特性进行分析的数据处理方法，它描述了信号在时间刻度上移动的不同瞬时，其波形与其他波形之间的相似程度[3]，相关函数分为自相关函数和互相关函数[18]。

自相关函数描述了同一信号在时间刻度上移动不同距离后，其与原始信号之间的相关程度，可反映信号中是否有周期分量的存在。自相关函数的数学表达式为：

$$R_{xx}(k)=\frac{1}{N}\sum_{i=1}^{N-k}x(i)x(i+k) \tag{5.4}$$

式中：$x(i)$——信号样本；

$R_{xx}(k)$——移动 k 个数据点后相关函数的值。

类似的，互相关函数描述了两个信号在时间刻度上移动不同距离后，两信号之间的相关程度，是两信号相似程度的度量，可用来识别信号的传播特性。互相关函数的数学表达式为：

$$R_{xy}(k)=\frac{1}{N-k}\sum_{i=1}^{N-k}x(i)y(i+k) \tag{5.5}$$

式中：$x(i)$，$y(i)$——信号样本；

$R_{xy}(k)$——移动 k 个数据点后两信号相关函数的值。

相关函数计算方便，可用于快速提取信号之间的统计特征，在桥梁结构健康监测过程中，相关函数可用来检验结构上传感器所测得数据的可信性，并且经过相关函数处理的数据可作为ITD法、ARMA法等模态参数提取方法的输入数据，并可用相关函数分析信号与噪声的相关性，进而对信号进行降噪，因此相关函数一般用于对桥梁结构健康监测系统所测得数据进行前处理。但相关函数也存在着一些缺点，例如需进行多次相关分析才可提取信号中的特征成分；当噪声信号与有用信号同频时，相关函数则不能有效剔除噪声信号[19]。

Gao[20]等人利用相关函数法对输水管道两端的测试信号进行分析，从而实现对管道泄漏的检测，对实测输水管道数据的分析结果验证了该算法的有效性。孙晓兰[21]等人从理论上证明了振动结构加速度响应信号间的相关函数与脉冲响应函数具有相同的表达式，并将梁的振动加速度信号间相关函数作为脉冲响应函数，采用特征系统实现法对梁的工作模态参数进行了识别，模态参数识别结果与梁的理论计算结果一致。

5.2.4 频率响应函数

信号的频率响应函数由信号之间的互功率谱密度函数除以该信号的自功率谱密度函数得到，其描述了结构输出与输入在频率范围内的响应情况[2]，如图5.2所示。

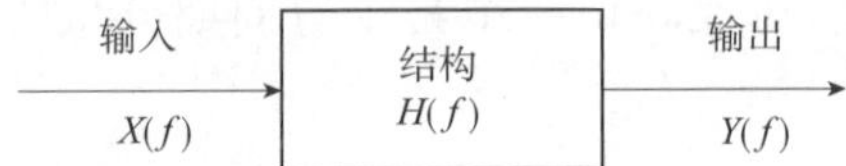

图5.2 线性系统输入输出在频率域的响应

图中：$X(f)$、$H(f)$、$Y(f)$分别表示结构在频率域上的输入、响应函数和输出。

定义信号自相关函数的傅里叶变换为其自功率谱密度函数，单个信号的自功率谱密度函数可表示为：

$$S_{xx}(k)=\frac{1}{N}\sum_{r=0}^{N-1}R_{xx}(r)\mathrm{e}^{-j2\pi kr/N} \tag{5.6}$$

根据信号自功率谱密度函数的定义可推广得到，两个信号互相关函数的傅里叶变换为信号之间的互功率谱密度函数，表达式为：

$$S_{xy}(k)=\frac{1}{N}\sum_{r=0}^{N-1}R_{xy}(r)\mathrm{e}^{-j2\pi kr/N} \tag{5.7}$$

则信号的频率响应函数可表示如下：

$$H(k)=\frac{S_{xy}(k)}{S_{xx}(k)} \tag{5.8}$$

频率响应函数同时考虑了输入信号与输出信号的特性，其表征输入信号在系统中的传递特性，输入信号通过桥梁结构时，其中某些频率成分的特性得到了放大，而另一部分的频率成分则受到了抑制，由此可得结构的特征成分[22]，同时也可通过频率响应函数法对桥梁结构振动所测得的输入和输出信号进行降噪[23]。

汤宝平[24]等人针对频响函数存在分辨率及精度较低的缺陷，提出先将频响函数按照模态阶次分段确定起止频率，再利用 Chirp-Z 变换分别对激励信号和响应信号逐频段进行细化，得到频段细化后各阶模态的频响函数，并将这种分段频谱细化的频响函数优化算法应用到钢框架模态识别中，得到了较精确的结果。高海洋[25]等人将频率响应函数虚部作为损伤指标，仅利用损伤后结构的频响函数虚部对多损伤板结构进行了损伤检测，并将该指标与均匀荷载面指标和模态振型指标进行详细对比，通过多损伤薄板的损伤检测试验，证明了该指标有良好的损伤敏感性和抗噪声能力。Esfandiari[26]等人利用频响函数法对结构发生损伤的位置和程度进行了识别。Araujo dos Santos[27]等人利用频响函数法对多层板结构的损伤情况进行了识别，并指出对轻微损伤进行检测时该方法存在较大误差。

5.2.5　Wigner-Ville 分布

Wigner-Ville 分布被认为是最早出现的信号时频域处理方法之一，由 Wigner 首先提出，并由 Ville 将其引入到信号处理领域。Claasen 和 Mecklen-Brauker 在其文章中详细地介绍了 Wigner-Ville 分布的概念、定义及运算等问题[28-30]。

在时域内进行 Wigner-Ville 分布计算，若有一个连续时间信号，则该信号的自 Wigner-Ville 分布可表示为：

$$WVD_{xx}(t,\omega) = \int_{-\infty}^{+\infty} x\left(t+\frac{\tau}{2}\right)x^*\left(t-\frac{\tau}{2}\right)\exp(-j\omega\tau)\,d\tau \tag{5.9}$$

若有两个连续时间信号 $x(t)$、$y(t)$，则该两信号的互 Wigner-Ville 分布可表示为：

$$WVD_{xy}(t,\omega) = \int_{-\infty}^{+\infty} x\left(t+\frac{\tau}{2}\right)y^*\left(t-\frac{\tau}{2}\right)\exp(-j\omega\tau)\,d\tau \tag{5.10}$$

上两式中：$x^*(t)$、$y^*(t)$——$x(t)$ 和 $y(t)$ 的复共轭。

设 $X(\omega)$、$Y(\omega)$ 分别是 $x(t)$ 和 $y(t)$ 的傅里叶变换，则频域内的自 Wigner-Ville 分布可表示为：

$$WVD_{xx}(t,\omega) = \frac{1}{2\pi}\int_{-\infty}^{+\infty} X\left(\omega+\frac{\Omega}{2}\right)X^*\left(\omega-\frac{\Omega}{2}\right)\exp(-j\Omega t)\,d\Omega \tag{5.11}$$

类似的，频域内的互 Wigner-Ville 分布可表示为：

$$WVD_{xy}(t,\omega) = \frac{1}{2\pi}\int_{-\infty}^{+\infty} X\left(\omega+\frac{\Omega}{2}\right)Y^*\left(\omega-\frac{\Omega}{2}\right)\exp(-j\Omega t)\,d\Omega \tag{5.12}$$

上两式中：$X^*(\omega)$、$Y^*(\omega)$——$X(\omega)$和$Y(\omega)$的复共轭。

Wigner-Ville 分布具有明确的物理意义，其准确描述了信号在时域和频域内的能量分布情况，故其适用于处理非线性、非平稳信号，同时具有时域有界性、频域有界性、时移不变性和频移不变性等优点，使其成为常用的时频域信号处理方法。

Chen[31]等人对桥梁结构中常用的钢束进行了波的传导试验，用 Wigner-Ville 分布对波中不同频率分量在钢束中传递的快慢次序进行处理，并通过频率成分传播速度的不同对钢束拉力进行了识别。Roshan-Ghias[32]运用改进的 Wigner-Ville 分布对单自由度和两自由度线性结构的模态参数分别进行了识别，并提取了结构模态参数随时间变化的特性。Michel[33]等人用 Wigner-Ville 分布分别对 9 层预应力混凝土框架结构和 13 层预应力混凝土框架结构的模态参数进行了识别。

Wigner-Ville 分布也存在缺陷，即存在交叉干扰项。交叉干扰项[36]是指在信号的两个频率成分之间会存在由该两频率成分干涉所产生的虚假的振荡能量分布。以包含两个频率分量的信号为例，交叉干扰项可从数学表达式解释为：

$$WVD_{xx}(t,\omega)=WVD_{x1}(t,\omega)+WVD_{x2}(t,\omega)+2\mathrm{Re}\{WVD_{x1,x2}(t,\omega)\} \tag{5.13}$$

上式中，除了两个信号分量的自 Wigner-Ville 分布之外，还存在一个互项，即交叉干扰项。

针对 Wigner-Ville 分布存在的不足，吴小羊[34]等人提出了一种基于时频重排算法的 Wigner-Ville 分布时频分析方法，该算法先采用 Gauss 窗函数对 Wigner-Ville 分布进行时域和频域加窗平滑处理，然后根据区域能量重心对能量的平均值进行重新分配，以此来减少信号分量的分散，以及提高信号的时频聚集性，并将该算法应用到地震信号处理中，处理结果表明，平滑 Pseudo-Wigner-Ville 分布具有更好的时频聚集性和分辨率，更适合于地震信号的时频分析。郭奇[35]等人针对 Wigner-Ville 分布产生交叉干扰项的问题，提出了利用二次聚合经验模态分解（EEMD）消除 Wigner-Ville 分布交叉干扰项的方法，该方法首先用 EEMD 对原始信号进行多次分解以得到单分量 IMF，然后对多次分解得到的 IMF 进行 Wigner-Ville 分布计算，将单分量 IMF 的计算结果聚合成 Wigner-Ville 分布最终结果，该方法在保留 Wigner-Ville 分布特征信息的前提下有效地抑制了交叉干扰项。

由于交叉干扰项不具有真实的物理意义,它的存在会严重影响对信号各分量特性的提取,因此抑制交叉干扰项对于改善 Wigner-Ville 分布结果至关重要;Zou[36] 等人从数学角度证明了不可能使用任何数学方法在不破坏 Wigner-Ville 分布时频聚集性的前提下来消除交叉干扰项,其还进一步证明了不含交叉项干扰而聚集性充分接近 Wigner-Ville 分布聚集性的时频分布一般也不存在;算法复杂也是 Wigner-Ville 分布的缺点之一;但其较高的时频域分辨率仍使得 Wigner-Ville 分布算法在桥梁结构监测领域得到了广泛应用。

5.2.6　小波变换

1984 年 Morlet 首次在地震波分析中引入了小波变换。小波变换[37] 是通过将原始信号进行伸缩和平移,从而分解成一系列具有不同空间分辨率和不同频率特性的子信号,这些子信号在时域和频域内都具有良好的分辨率,可描述原始信号的局部时频域特征。

小波变换的数学理论可表示如下。

设 $\psi(t)$ 是平方可积函数,且 $\psi(t)$ 的傅里叶变换 $\Psi(\omega)$ 满足下式:

$$\int_{-\infty}^{+\infty} \frac{|\Psi(\omega)|^2}{\omega} \mathrm{d}\omega < \infty \tag{5.14}$$

则称 $\psi(t)$ 为小波母函数。

将小波母函数 $\psi(t)$ 进行伸缩和平移变换可得小波基函数:

$$\psi_{a,b}(t) = a^{-\frac{1}{2}} \psi\left(\frac{t-b}{a}\right) \tag{5.15}$$

式中:a——伸缩因子,且 $a>0$;

b——平移因子,且 $b \in R$。

若 $f(t)$ 平方可积,$\psi^*(t)$ 为 $\psi(t)$ 的复共轭,则 $f(t)$ 的连续小波变换可表示为:

$$WT_{\mathrm{f}}(a,b) = \frac{1}{\sqrt{a}} \int_{-\infty}^{+\infty} f(t) \psi^* \left(\frac{t-b}{a}\right) \mathrm{d}t \tag{5.16}$$

小波变换在形式上类似于一系列具有不同频率和带宽的带通滤波器,原始信号经过滤波器后得到了不同频率带上的分量信号,其示意图如图 5.3 所示。

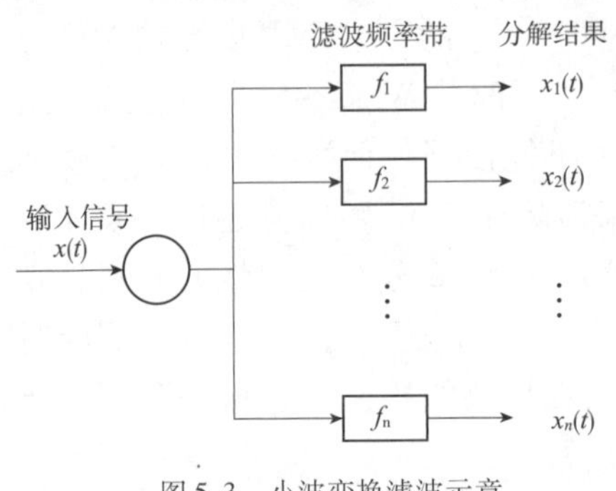

图 5.3 小波变换滤波示意

小波变换采用长度固定但形状可变的窗口对信号进行局部分析，从一定程度上增强了小波变换可根据信号特性进行自适应调整的能力；同时小波变换具有运算效率高，可对信号进行压缩、降噪等优点。小波变换对信号的低频部分做进一步分解，能够很好地表征信号的低频成分特征，但是对高频部分也即信号的细节部分不再继续分解，所以小波变换不能很好地表征包含大量细节信息的高频成分，如非平稳振动信号、地震信号等。作为对小波变换的一种改进，小波包变换可对信号的高频成分进行精细的分解，进而更好地描述局部信号的高频成分特征。小波变换在桥梁结构健康监测过程中常用来对信号进行降噪处理[38]、寻找信号奇异值点[39]和提取信号时频特性，小波变换及其改进后的小波包变换近年来得到了广泛应用。

李洪泉[40]等人利用小波变换方法对钢筋混凝土结构在地震作用下的响应信号进行处理，提取了结构损伤特征信息，对损伤发生的位置进行了准确的定位。Han[41]等人用小波包变换对钢梁结构 3 种不同的损伤工况进行了有效识别。韩建刚[42]等人利用小波变换可处理非平稳信号的优势，提出了一种以小波包变换的能量变化率为指标的梁体损伤识别方法，该方法将梁体结构响应信号进行小波包分解，并利用小波分解能量变化率来确定损伤位置，对梁体 3 种不同的损伤工况进行识别，识别结果理想。严平[43]构建基于模态应变能—小波变换的结构损伤指标，该方法能有效地识别斜拉桥模型在同时发生多处不同程度损伤情况下的损伤位置和损伤程度。

小波变换也存在一些局限性：小波母函数一经选定便不可重选，实际上一个小波母函数难以在不同尺度上准确逼近信号的局部特性；小波母函数形式多样，如何准确快速地找到合适的小波母函数也存在一定的困难[44]。

5.2.7 盲源分离

盲源分离是指从多个观测到的混合信号中分离出源信号的信号处理方

法，盲源分离最早由 Herault 和 Jutten 在 1985 年提出，随后他们又对该方法进行了一系列的改进，使其成为一种自适应的信号处理方法[45]。1994 年 Comon 提出了基于独立分量分析(ICA)的一种新的盲源分离方法，使盲源分离成为一种有效的信号处理手段，并得到了广泛的应用[46]。

盲源分离方法认为在不同位置的传感器测得的信号是多个未知源信号按照不同权值的组合，计算出各权值的大小，对源信号进行分离的过程即为盲源分离，为更直观地解释盲源分离的原理，假设有 3 个观测信号 $x_1(t)$、$x_2(t)$ 和 $x_3(t)$，3 个未知源信号 $s_1(t)$、$s_2(t)$ 和 $s_3(t)$，则观测信号 $x_i(t)$ 由源信号 $s_i(t)$ 加权合成可表示为：

$$\left.\begin{aligned} x_1(t) &= a_{11}s_1(t) + a_{12}s_2(t) + a_{13}s_3(t) \\ x_2(t) &= a_{21}s_1(t) + a_{22}s_2(t) + a_{23}s_3(t) \\ x_1(t) &= a_{11}s_1(t) + a_{12}s_2(t) + a_{13}s_3(t) \end{aligned}\right\} \tag{5.17}$$

其中 $a_{ij}(i,j=1,2,3)$ 为源信号的混合权值。

由于源信号未知，因此权值 a_{ij} 也未知。为求取权值，假定权值 a_{ij} 之间存在明显的差异，则由权值构成的矩阵可逆，即存在逆矩阵 ω 可对源信号进行估计。

$$\left.\begin{aligned} s_{g1}(t) &= \omega_{11}x_1(t) + \omega_{12}x_2(t) + \omega_{13}x_3(t) \\ s_{g2}(t) &= \omega_{21}x_1(t) + \omega_{22}x_2(t) + \omega_{23}x_3(t) \\ s_{g3}(t) &= \omega_{31}x_1(t) + \omega_{32}x_2(t) + \omega_{33}x_3(t) \end{aligned}\right\} \tag{5.18}$$

其中 s_{gi} 为源信号的估计。

在通常情况下源信号混合通道的特性也不可知，因此求解源信号估计 s_{gi} 的过程也变得十分困难。在实际应用过程中，常采用源信号 s_i 的统计特征信息来求解 a_{ij}。

盲源分离算法的基本原理如图 5.4 所示。

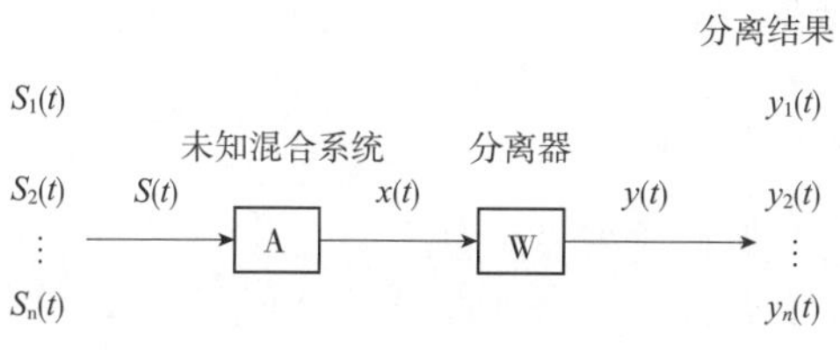

图 5.4　盲源分离原理示意

目前盲源分离已发展出多种有效算法,其中 ICA 是一种应用广泛的盲源分离算法。ICA 优化目标函数的建立准则一般为:①互信息最小化;②信息传输最大化或负熵最大化;③最大似然目标函数。

盲源分离算法可对非平稳信号进行处理,同时该算法可用于微弱信号特征的提取,近年来逐渐被应用到结构健康监测研究工作中。

Zang[47]等人运用盲源分离方法对桁架桥结构中单元刚度的减小和螺栓松动进行了识别,同时也对框架结构的损伤进行了识别。Poncelet[48]等人利用盲源分离技术对钢梁结构在冲击荷载作用下的响应数据进行了处理,得到了梁结构的振动频率和阻尼比。Yang[49-51]等人对盲源分离算法进行了大量研究,并利用盲源分离方法对多自由度有阻尼系统的模态参数以及损伤情况进行了有效识别。付春[52]等人利用结合经验模态分解的盲源分离技术对结构模态参数进行了有效提取。Chauhan[53]等人用盲源分离技术对复杂多自由度体系进行了运营模态识别。

但盲源分离方法仍存在着一定的不足:目前大多数的盲源分离算法都引入了一些经验知识,算法的理论基础仍有待完善;对于源信号数目大于观测信号数目或含噪声信号的有效分离仍是盲源分离方法需解决的问题,同时盲源分离方法在处理模态相近的振动信号时具有一定困难。

Yuan[54]等人基于振动信号分解模式的广义推导得到盲源分离的自适应分解方法,该方法可更好地根据信号自身特性而改变步长,且更易于计算。李志农[55]等人根据局域均值分解与盲源分离各自的特点,提出了一种基于局域均值分解的欠定盲源分离算法,该算法通过对观测信号进行 LMD 分解,从而得到对源信号的估计。该方法不受源信号需满足非高斯、平稳和独立性假设的约束,具有更广泛的应用空间,且该算法在处理非平稳信号混合的欠定分离时,相对于传统盲源分离方法具有更好的分离效果。Hazra[56]等人提出了 EMD 分解与盲源分离相结合的信号处理方法,对塔结构的频率、振型和阻尼比进行了识别,该方法改善了盲源分离处理模态相近信号的结果。

5.2.8 Hilbert-Huang 变换

Hilbert-Huang 变换由 Nordeng E. Huang 等人于 1998 年提出。Hilbert-Huang 变换以经验模态分解为基础,并引入了 Hilbert 谱分析方法,可根据信号自身的局部特征而进行自适应的调整,适用于对非线性、非平稳信号进行处理[57]。

1)经验模态分解

Nordeng E. Huang 等人提出的经验模态分解认为任何信号都是由一系列固有模态分量(IMF)组成的,将固有模态分量从原始信号中分离出来,便得到了原始信号的特征信息。在进行经验模态分解时,分解出来的各固有模态分量应满足:①IMF 数据序列中的极值点和过零点数目相等或最多相差一个;②由局部极大值点组成的上包络线及由局部极小值点组成的下包络线均值为零[60]。

经验模态分解的具体流程为:

(1)找出原始信号 $X(t)$ 所有局部极大、极小值点,利用三次样条插值函数连接形成上、下包络线;

(2)求出上下包络线均值 $m_1(t)$,将 $m_1(t)$ 从原始信号 $X(t)$ 中剔除,得到新的信号序列:

$$h_1(t)=X(t)-m_1(t) \tag{5.19}$$

(3)若 $h_1(t)$ 不满足 IMF 条件,则对 $h_1(t)$ 继续重复上述步骤,直至 $h_{1k}(t)$ 符合 IMF 条件,记 $c_1(t)=h_{1k}(t)$ 为原始信号 $X(t)$ 的第一个 IMF 分量;

(4)从原始信号 $X(t)$ 中剔除 $c_1(t)$,得到剩余信号 $r_1(t)$ 为:

$$r_1(t)=X(t)-c_1(t) \tag{5.20}$$

(5)将 $r_1(t)$ 作为一列新的原始数据,重复过程(1)~(4),依次提取余下的 IMF 分量,直至剩余的残量 $r_n(t)$ 中不能再分解出满足条件的 IMF 分量,分解结束。

则原始信号是由全部 IMF 分量及残量的合成,即

$$X(t)=\sum_{i=1}^{n}c_i(t)+r_n(t) \tag{5.21}$$

上述流程见图 5.5。

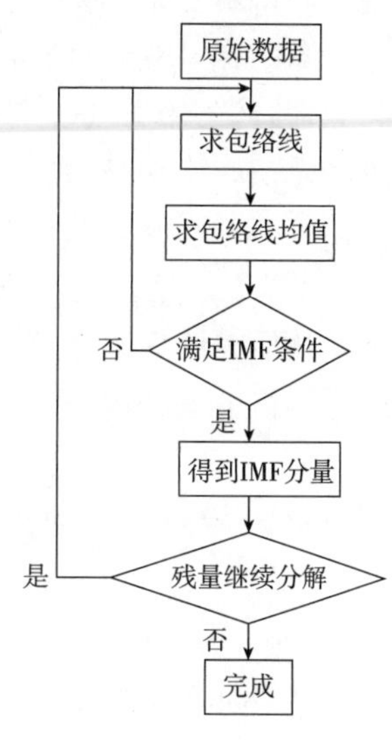

图 5.5　经验模态分解流程

2)Hilbert 谱分析

对一时间序列 $X(t)$ 进行 Hilbert 变换可得一新的时间序列 $Y(t)$:

$$Y(t)=H[X(t)]=\frac{1}{\pi}P\int_{-\infty}^{+\infty}\frac{X(\tau)}{t-\tau}\mathrm{d}\tau \tag{5.22}$$

式中,P 为广义积分的 Cauchy 主值。将原始时间序列 $X(t)$ 与其 Hilbert 变换 $Y(t)$ 组成复序列 $Z(t)$:

$$Z(t) = X(t) + iY(t) \tag{5.23}$$

则原始时间序列 $X(t)$ 的瞬时振幅 $a(t)$ 和瞬时相位 $\theta(t)$ 可定义为:

$$a(t) = \sqrt{X^2(t) + Y^2(t)} \tag{5.24}$$

$$\theta(t) = \arctan\frac{Y(t)}{X(t)} \tag{5.25}$$

由瞬时相位 $\theta(t)$ 可求瞬时频率 $\omega(t)$:

$$\omega(t) = \frac{\mathrm{d}\theta(t)}{\mathrm{d}t} \tag{5.26}$$

通过对 EMD 分解得到的各 IMF 分量进行 Hilbert 变换,可得到各 IMF 分量的瞬时振幅和瞬时频率,进而可得 Hilbert 谱和 Hilbert 边际谱,Hilbert 谱描述了信号幅值随时间和频率的变化情况,Hilbert 边际谱描述了信号的幅值或能量在频率上的分布情况。

Hilbert-Huang 变换是一种可根据信号自身特征进行自适应调整的信号时频域处理方法,可准确描述信号在时间和频率两个维度上的变化情况,并适用于处理非线性、非平稳信号;其中的经验模态分解不再要求信号分量的幅值保持不变,相对于傅里叶变换,该方法变得更加灵活[58]。在桥梁结构健康监测中,结构响应信号各分量的频率、相位和幅值等特性与结构状态是相关的,因此可用 Hilbert-Huang 变换对结构响应进行分解并考察各分量特性,进而评估结构状态。同时,Hilbert-Huang 变换在处理桥梁结构损伤识别等非线性、非平稳问题时,可对损伤发生的时刻进行定位。

王学敏[59]等人将 Hilbert-Huang 变换用于桥梁结构振动信号处理中,求得反映桥梁结构动力特性的 Hilbert 边际谱,将该方法应用于实际桥梁工程,验证了该方法的可行性。Pines[60]利用 Hilbert-Huang 变换对三层框架模型的损伤进行了识别。石春香[61]等人结合 Hilbert-Huang 变换与模糊统计原理,提出了新的结构损伤识别方法,并将该方法应用于两跨连续梁桥模型损伤识别试验中,识别结果准确指示了损伤的位置和程度。李书进[62]等人利用 Hilbert-Huang 变换对两层结构动力特性及损伤状况进行诊断,结果表明 Hilbert-Huang 变换能有效提取结构动力特性与损伤信息,从而对结构健康状况进行诊断。Chen[63]在其文章中详细叙述了 Hilbert-Huang 变换在结构健康监测领域的应用。西南交通大学桥梁健康监测研究团队对 Hilbert-Huang 变换及其在桥梁健康监测中的应用进行了大量研究[64-66],研究成果不在此赘述。

但 Hilbert-Huang 变换仍存在许多需要改进的地方,如经验模态分解的结果会存在模态混叠问题[67],在对有限长数据进行处理时,数据边界处理的影响会在分解过程中一直传递,因此选择合适的数据边界处理方法十分重要。

为了克服 Hilbert-Huang 变换时产生的端点效应,程军圣[68]等人提出了采用支持矢量回归机对信号进行延拓后再进行经验模态分解的新方法,该方法可以有效抑制 Hilbert 变换时产生的端点效应,获得准确的瞬时频率和幅值,从而得到更具有物理意义的 Hilbert 谱,对仿真和实际信号的处理表明,该方法对于 Hilbert-Huang 变换中端点效应的抑制作用明显优于基于神经网络的延拓方法。Qin 和 Zhong[69]介绍了用于计算 Hilbert-Huang 变换包络线的新算法,指出了 Hilbert-Huang 变换中包络线算法的问题,分析了三次样条插值和阿克玛插值这两个经典算法的缺点,并根据抛物线参数样条插值法的原则提出了分段滑动的包络线计算方法,通过实例分析对该算法的有效性进行了证明。

5.3 信号处理的新方法

最近几年,国内外学者提出了一些新的数据处理方法,这些数据处理方法的理论研究还有待进一步深入,在工程实践中的应用也不多,但是这些方法在某种程度上代表了未来信号处理技术的发展方向。

5.3.1 完全集合经验模态分解

完全集合经验模态分解(CEEMD)是由 Torres[70]等人提出的关于经验模态分解(EMD)方法的最新改进形式,该方法在保留了 EMD 方法处理非平稳信号能力的同时,克服了 EMD 方法存在的模态混叠问题,相比于 EMD 方法,CEEMD 方法拥有更高的时域和频域分辨率。

5.3.2 同步压缩小波变换

同步压缩小波变换由 Daubechies[71]等人提出,同步压缩小波变换可自适应地根据信号的频率特性重新计算小波变换系数，相比于小波变换，该方法同时具有更高的时域和频域分辨率，并且其自适应能力也得到了提高。

5.3.3 经验小波变换

Gilles[72]提出了经验小波变换方法，该方法结合了经验模态分解与小波变换两种方法的优点，通过对傅里叶频谱进行自适应分割，并对小波变换构造合适的带通滤波器，从而使小波变换可有效分离信号中的不同模态信息，该方法显著提高了小波变换的自适应能力。

5.4 改进的经验模态分解方法

针对前文所述的经验模态分解中存在的模态混叠问题，国内外学者进行了大量研究，其中 Wu[73]等人提出了总体平均经验模态分解方法（Ensemble Empirical Mode Decomposition，EEMD），该方法在 EMD 中加入 Gaussian 白噪声对模态混叠进行改善；研究表明白噪声添加次数越多，效果越显著；然而，EEMD 必会增加新的模态混叠，即重构信号中包含有残余的噪声项，并且由于白噪声的随机性使得不同噪声的叠加将获得不同的模态数目，进而影响总体平均的结果；另外 EEMD 方法是通过牺牲计算效率来解决模态混叠的。既有 IMF 的选择方法基本上均依据白噪声 EMD 得到的 IMF 成分的能量密度与其平均周期的乘积为常量的特点进行的。实际桥梁的动力测试多采用环境激励的方法进行，其动力测试信号具有噪声水平高、难以分离结构有效信号的特点[1]。针对桥梁结构动力测试信号特点，本节对 EEMD 算法进行了改进，并用多尺度主成分分析对 IMF 进行降噪和选择，达到精确提取结构有效信号的目的。

5.4.1 模态混叠改进

针对上述桥梁结构动力测试信号特点，本节针对经验模态分解算法中存在的两种不同模式的模态混叠问题分别进行了改进。

为克服同一固有模态中存在振幅完全不同的振动模式的问题，对 Gaussian 白噪声进行 EEMD 分解，以 Gaussian 白噪声的$\widetilde{IMF}_k^i$ 的分量为标准对原信号进行筛选;对于不同 IMF 中存在相同的振动模式,即不同 IMF 的波形相似问题,本节从信号相关性的角度对分解获得的 IMF 进行相关性检验,进而将相同振动模式的不同 IMF 合并,进而改进该类模态混叠模式。

5.4.2 IMF 降噪与选择

为解决 IMF 同时含有噪声和结构有用信息而难以处理的问题,本节采用多尺度主成分分析(Multi-scale Principal Component Analysis,MPCA)处理每一 IMF,实现 IMF 的降噪和选择。

主成分分析(Principal Component Analysis,PCA)在方差分析的基础上,将数据投影到方差最大的正交主成分上,使得多维数据的互相关最小,进而实现多维数据的降维。

多尺度主成分分析将主成分分析的正交相关性能力与小波多尺度分解能力相结合,利用噪声的互不相关特点对测试信号进行降噪,进而从桥梁动力信号中提取结构特征。

5.4.3 测试与验证

利用改进经验模态分解对桥梁结构测试信号进行处理,应用 MPCA 对每一分解成分进行降噪,分别用模拟信号和实际桥梁健康监测系统的动力测试信号对本节所提方法进行验证。

1)模拟信号

模拟信号由两个 1Hz 和 5Hz 的余弦信号叠加噪声水平约 15% 的随机噪声组成:$s(t)=15\cos\left(2\pi t+\frac{\pi}{3}\right)+12\cos\left(10\pi t+\frac{\pi}{8}\right)+10\mathrm{rand}$,模拟信号分解结果如图 5.6 所示。

比较图 5.6a)和 b)可知:普通 EEMD 获得 10 个 IMF 分量,其中 IMF4 和 IMF5 为 5Hz 的分量,即不同的 IMF 包含相同的频率成分,仍然存在模态混叠;改进 EEMD 获得 9 个 IMF,其中 IMF4 和 IMF5 为不同频率成分,不存在明显的模态混叠现象。

将分解得到的所有 IMF 叠加后重构信号,并与原信号进行比较,得到分解误差,两种方法的重构误差如图 5.7 所示,由图可知本节方法的误差在 10^{-14} 量级,EEMD 方法的误差在 10^{-1} 量级,显然本节方法的分解精度远大于原 EEMD 方法的分解精度。

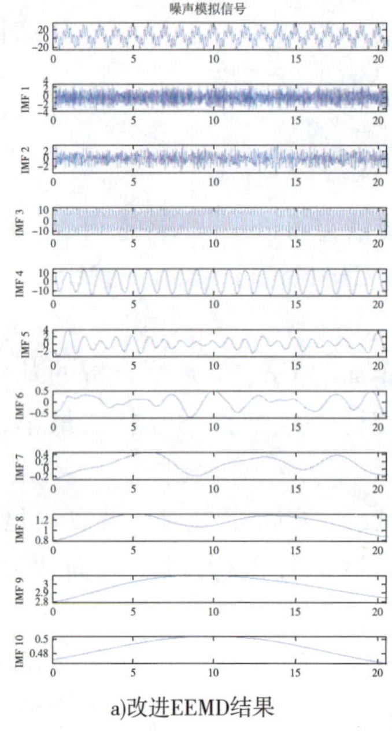

a)改进EEMD结果

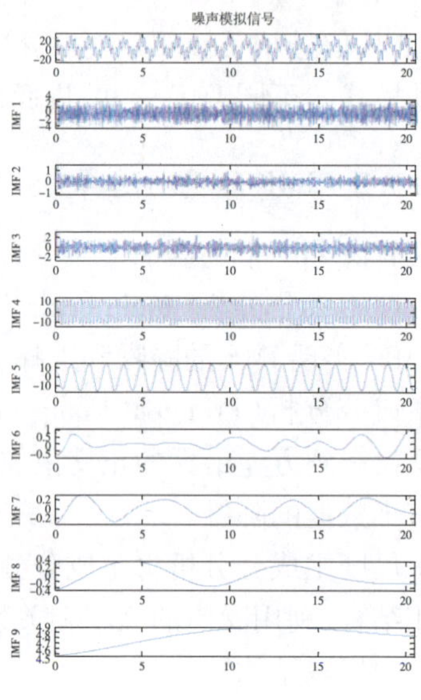

b)EEMD结果

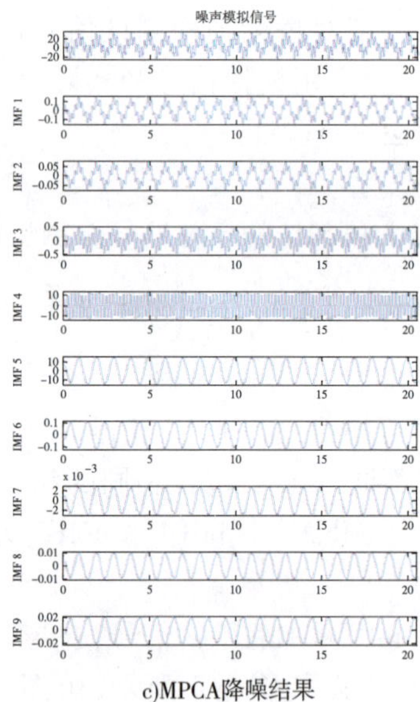

c)MPCA降噪结果

图 5.6　模拟信号分解结果

EEMD误差

a)EEMD误差

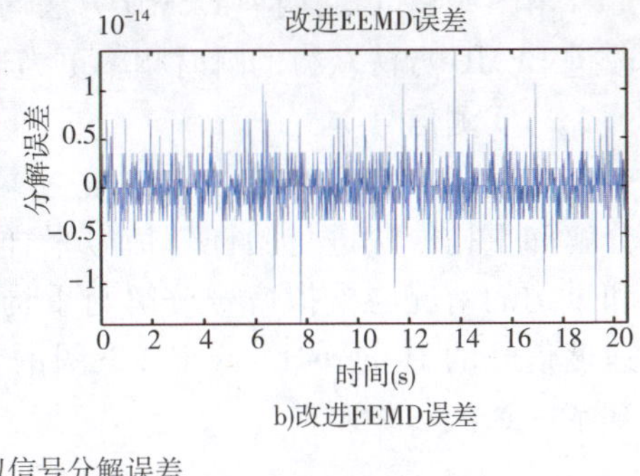

b)改进EEMD误差

图 5.7　模拟信号分解误差

图 5.8 示出了两种方法 EMD 执行次数箱线图，本节方法总的迭代次数为 45 918，最大迭代次数出现 IMF3 的计算过程中，为 73 次；EEMD 方法总的次数为 59 940，最大迭代次数出现 IMF5 的计算过程中，为 309 次。本节方法的计算量减少约 25%，即本节方法的计算效率更好。

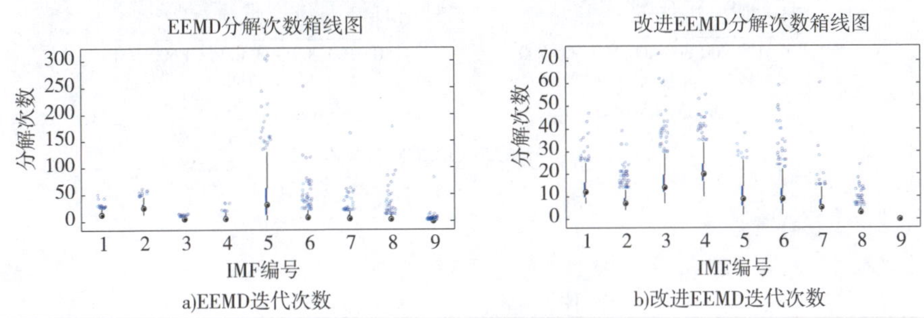

a)EEMD迭代次数　　b)改进EEMD迭代次数

图 5.8　模拟信号分解迭代次数

各方法获得的瞬时频率如图 5.9 所示。

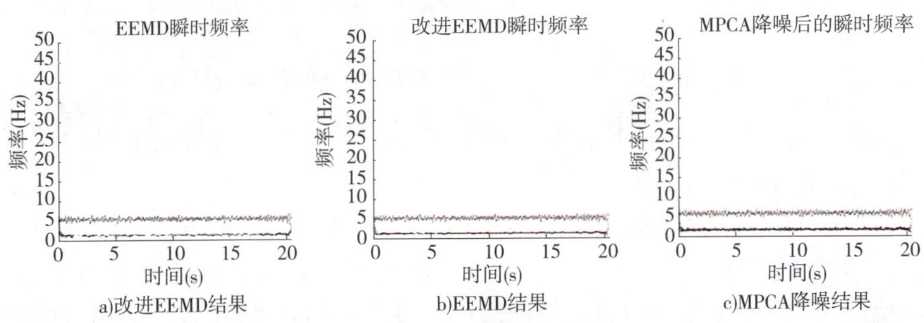

a)改进EEMD结果　　b)EEMD结果　　c)MPCA降噪结果

图 5.9　模拟信号分解后的 Hilbert-Huang 谱

由图 5.9 可知,两种 EEMD 方法均能凸显模拟信号的频率成分,但本节改进 EEMD 方法获得的瞬时频率更为连续和清晰。

2)实测信号

采用某主跨 1 088m 斜拉桥的主梁加速度测试数据对本节所述的信号分解和重构方法进行验证。信号采样频率为 20Hz,测试时长 700s。分解和重构的情况与模拟信号分解与重构流程一致,图 5.10 中给出了某一加速度信号的 Hilbert-Huang 谱,该图的情况与模拟信号的 Hilbert-Huang 谱基本一致。

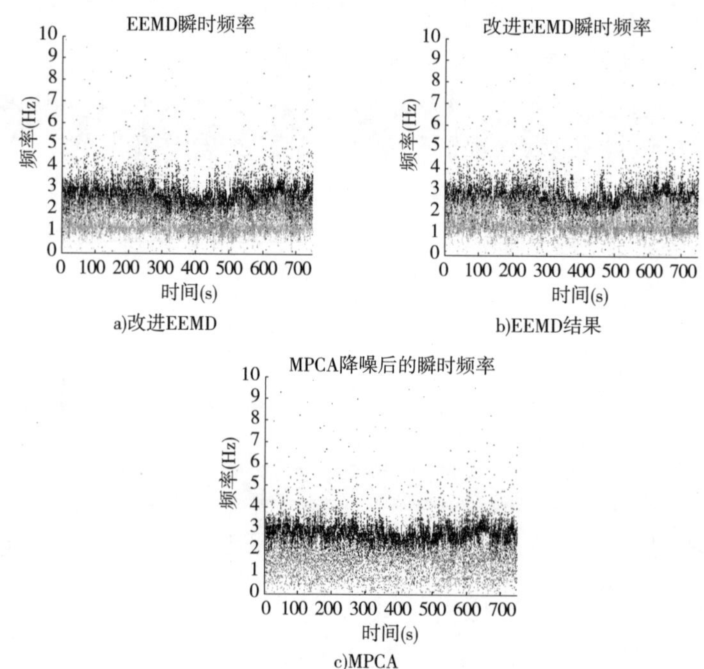

a)改进EEMD　　b)EEMD结果

c)MPCA

图 5.10　加速度传感器测试信号分解后的 Hilbert-Huang 谱

为说明该问题,采用数据驱动随机子空间方法对重构后的信号进行参数识别,识别结果如图 5.11 所示。

图 5.11a)为原始测试数据的稳定图,图 5.11b)为本节方法处理后的稳定图,对比这两个稳定图可知,用本节方法处理后数据识别的频率值更多、更稳定,且与文献[74]的竖向频率理论计算值相吻合,即本节方法提取的结构信息更为丰富、准确。

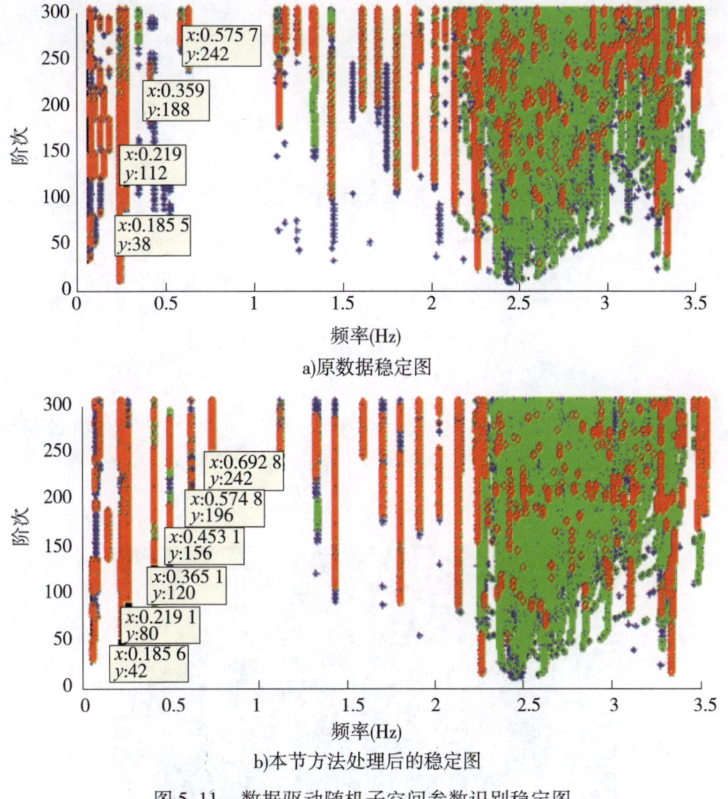

a)原数据稳定图

b)本节方法处理后的稳定图

图 5. 11　数据驱动随机子空间参数识别稳定图

5. 5　信号处理在模型修正中的应用

根据设计图纸建立的桥梁结构有限元模型,往往由于制造误差、参数误差等因素的存在,不能真实反映桥梁结构实际工作状态,为确保有限元模型计算结果与实际桥梁结构行为的一致性,应对有限元模型进行修正,本节针对吊拉组合模型桥试验,采用信号处理、参数提取、影响面分析等方法对其有限元模型进行修正[75]。

5. 5. 1　模型概况

待修正的模型为吊拉组合室内模型试验桥,模型全长 23. 63m,加劲梁全宽 2. 137m,桥塔倾角 20°,模型桥总体尺寸如图 5. 12 所示。

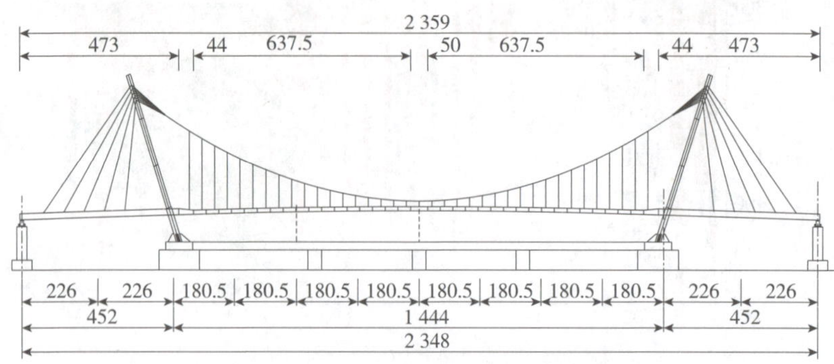

图 5.12　模型桥总体布置图(尺寸单位:cm)

试验模型由 2 根主缆、37 对吊索、10 对斜拉索、加劲梁、桥塔及锚箱、锚固耳板等构件组成,制作完成的桥梁模型如图 5.13 所示,吊索编号如图 5.14 所示。

图 5.13　模型桥实体图

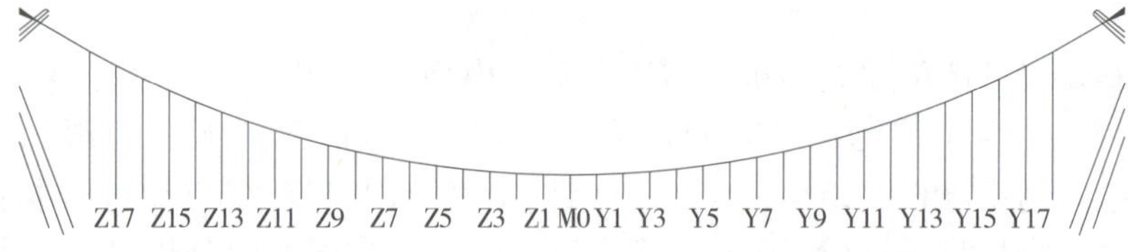

图 5.14　吊索编号

采用大型通用有限元软件 Ansys 建立该吊拉组合桥梁的有限元模型,其中主缆、分缆、吊索和斜拉索采用杆单元 Link180 进行模拟,加劲梁和主塔采用梁单元 Beam188 进行模拟,模型恒载采用 Mass21 质量单元进行模拟,梁段间的连接采用虚拟梁单元进行模拟,主塔底部边界条件为全固结,主梁在支座处对应位置进行竖向约束处理，边墩、桥塔底座以及支撑柱在有限元模型中未考虑。建立完成的吊拉组合桥梁有限元模型如图 5. 15 所示。

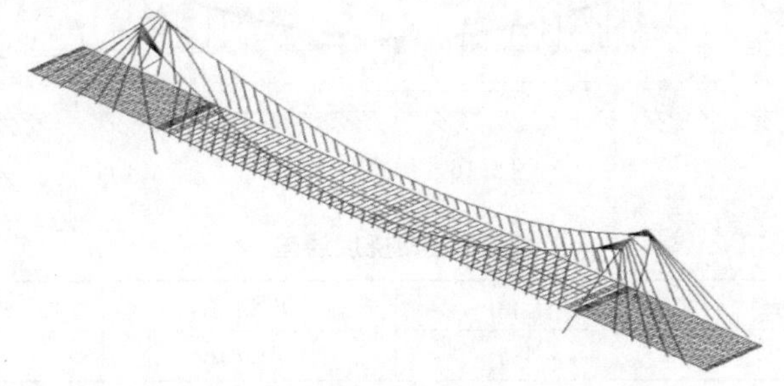

图 5. 15 吊拉组合桥梁有限元模型

建立初始有限元模型所使用的材料特性值如表 5. 2 所示，并采用迭代法调整有限元模型索力，使其逼近实测索力。

材料参数表 表 5. 2

材料	弹性模量(MPa)	质量密度(kg/m^3)
主缆	1.98×10^5	7.85×10^3
分缆	1.98×10^5	7.85×10^3
吊索	1.98×10^5	7.85×10^3
斜拉索	1.98×10^5	7.85×10^3
主塔	2.06×10^5	7.85×10^3
加劲梁	2.06×10^5	7.85×10^3
虚拟梁单元	2.06×10^5	7.85×10^3

5. 5. 2 传感器布置

根据模型桥动力及静力试验的需要，在边跨的跨中及中跨的八分点位置分别布置 9 个加速度传感器和对称布置 18 个位移计，传感器布置情况如图 5. 16 所示。

5. 5. 3 静力测试

在对称损伤吊索 M0 的工况下，对试验模型进行一系列的静力加载试验，从中提取主梁的位移数据作为该工况有限元模型修正的依据，实测位移数据与有限元计算结果比较如表 5. 3 所示。

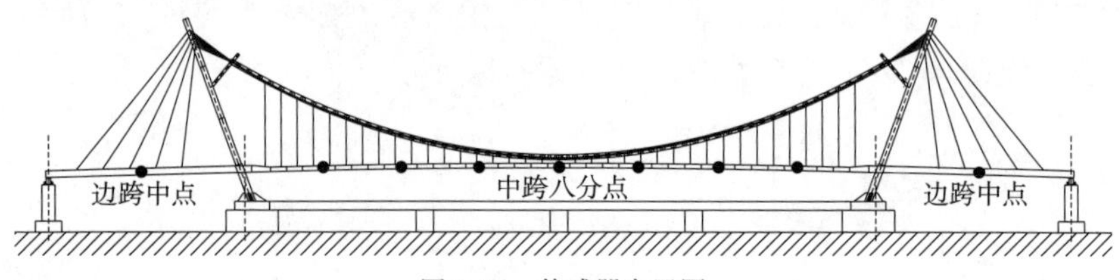

图 5.16　传感器布置图

初始主梁挠度误差　　表 5.3

主梁挠度(mm)	计 算 值	实 测 值	误 差
d_1	-3.485	-1.616	-115.64%
d_2	-3.478	-1.711	-103.27%
d_3	-6.593	-6.706	1.68%
d_4	-6.589	-6.590	0.01%
d_5	-8.541	-11.082	22.93%
d_6	-8.540	-10.527	18.87%
d_7	-6.601	-7.000	5.70%
d_8	-6.600	-7.116	7.24%
d_9	-3.492	-2.101	-66.22%
d_{10}	-3.495	-2.008	-74.05%

5.5.4　动力测试及参数识别

在对称损伤吊索 M0 的工况下,对试验模型进行一系列的动力测试试验,激励方式分别为环境激励、车辆激励,采用加速度传感器记录数据作为结构响应。

在对该吊拉组合桥梁进行模型修正时,选取实测的低阶竖向弯曲振动频率为修正的目标。依据测得的加速度信号,利用经验模态分解方法对其进行降噪处理,并用随机子空间法对其进行模态参数识别分析,基于多组测试数据的分析得到该桥主梁竖向前两阶竖向弯曲模态频率值,与初始有限元模型计算结果的比较如表 5.4 所示。

初始竖弯频率误差　　表 5.4

竖弯频率(Hz)	计算值	实测值	误 差
ω_1	2.022	1.852	-9.13%
ω_2	3.101	2.442	-27.00%

5.5.5　待修正参数选取

该模型桥各部分构件大多采用钢材制作，其中主塔和加劲梁是纯钢构件，由工厂预制加工而成，弹性模量和质量密度的变化范围较小，故主塔、加劲梁的弹性模量和质量密度以及虚拟梁单元的质量密度都不作为待修正的设计参数。模型桥所用缆索采用钢丝组合而成，刚度会存在一定的差异；同时由于要对吊索、斜拉索以及分缆的内力进行测量，其端部都连接有测力器及其附属装置，其重量不容忽视；由于主梁各节段间的连接形式为栓接，螺栓拧紧程度的离散性会对连接板的刚度产生影响。故选取主缆、分缆、吊索以及斜拉索的弹性模量和质量密度以及连接板刚度作为待修正的参数，参数的变化范围取为 -5% ~5%。因模型桥中连接板个数较多，逐个修正的话涉及的参数又太多，因此这里采用子结构修改法来修正虚拟梁单元的刚度，将全桥划分为八个子区域，每个子区域中虚拟连接梁单元作为一个子结构，以子结构为单元进行有限元模型修正，既保证了修正后参数的物理意义，又降低了模型修正难度。子结构的划分情况如图 5.17 所示。

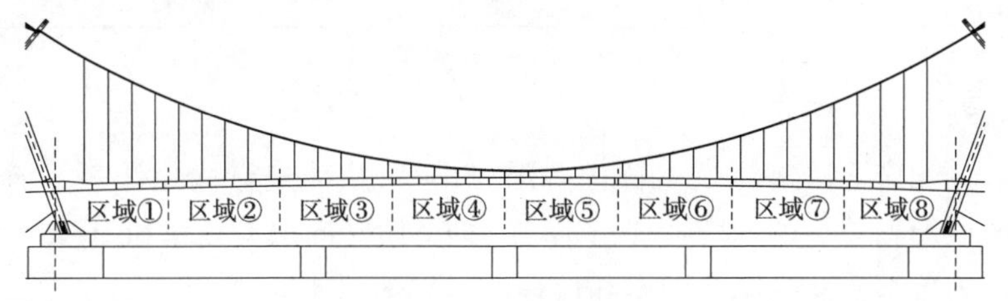

图 5.17　子结构划分示意

综合考虑，初步选取 16 个待修正参数，各修正参数如表 5.5 所示。

初步拟定待修正参数　　表 5.5

序号	模型部件	参数	序号	模型部件	参数
1	子结构 1	E_1	9	主缆	E_9
2	子结构 2	E_2	10	分缆	E_{10}
3	子结构 3	E_3	11	吊索	E_{11}
4	子结构 4	E_4	12	斜拉索	E_{12}
5	子结构 5	E_5	13	主缆	ρ_1
6	子结构 6	E_6	14	分缆	ρ_2
7	子结构 7	E_7	15	吊索	ρ_3
8	子结构 8	E_8	16	斜拉索	ρ_4

以主梁挠度以及主梁前2阶竖向振动频率为修正目标,利用F检验对初步选定的待修正参数进行显著性检验,最终确定修正参数如表5.6所示。

待修正参数　　表5.6

序号	参数	备注
1	E_1	子结构1弹性模量
2	E_2	子结构2弹性模量
3	E_3	子结构3弹性模量
4	E_4	子结构4弹性模量
5	E_5	子结构5弹性模量
6	E_6	子结构6弹性模量
7	E_7	子结构7弹性模量
8	E_8	子结构8弹性模量
9	E_9	主缆弹性模量
12	E_{12}	斜拉索弹性模量

5.5.6　模型修正

利用响应面法构建模型替代有限元模型,从而进行优化计算。该吊拉组合桥梁模型修正的响应特征有12个,即2阶竖向振动频率和10个测试点处的静力位移。建立联合频率和位移的目标函数如式(5.27)所示。

$$f(x)=\sum_{i=1}^{10}\left(1-\frac{D_{ai}}{D_{ti}}\right)^2+\sum_{j=1}^{2}\left(1-\frac{\omega_{aj}}{\omega_{tj}}\right)^2 \tag{5.27}$$

式中:D_{ai}、$D_{ti}(i=1,2,\cdots,10)$——10个测试点处的有限元模型计算静力位移和模型试验实测静力位移;

ω_{aj}、$\omega_{tj}(j=1,2)$——第j阶有限元模型计算的自振频率和模型试验实测频率。

分别采用序列二次规划法(以下简写为“SQP”)与遗传算法(以下简写为“GA”),将模型试验实测的响应结果作为修正的目标值,在参数的设计空间内对响应面模型进行优化迭代计算,得到修正后的参数值如表5.7所示,再将修正后的参数代入有限元模型,计算得到修正后的有限元模型响应结果如表5.8所示。

设计参数修正率 表 5.7

参 数	E_1	E_2	E_3	E_4	E_5	E_6	E_7	E_8	E_9	E_{12}
初始值	2.06	2.06	2.06	2.06	2.06	2.06	2.06	2.06	2.06	2.06
“SQP”修正值	0.061	0.06	0.06	0.015	0.015	0.054	0.061	0.061	2.115	1.992
“GA”修正值	0.061	0.06	0.057	0.017	0.015	0.039	0.061	0.061	2.121	1.971
“SQP”修正率	2.96%	2.93%	2.93%	0.74%	0.74%	2.60%	2.96%	2.96%	2.68%	-3.30%
“GA”修正率	2.95%	2.91%	2.77%	0.81%	0.72%	1.89%	2.95%	2.94%	2.96%	-4.32%

修正前后有限元模型误差对比 表 5.8

响应	实测值	初始值	“SQP”修正值	“GA”修正值	初始误差	“SQP”误差	“GA”误差
ω_1	1.852	2.022	1.854	1.859	-9.13%	-0.11%	-0.37%
ω_2	2.442	3.101	2.347	2.33	-27.00%	3.87%	4.60%
d_1	-1.616	-3.485	-1.915	-1.922	-115.64%	-18.49%	-18.97%
d_2	-1.711	-3.478	-1.506	-1.511	-103.27%	11.99%	11.69%
d_3	-6.706	-6.593	-7.061	-7.048	1.68%	-5.30%	-5.10%
d_4	-6.59	-6.589	-6.46	-6.444	0.01%	1.97%	2.21%
d_5	-11.082	-8.541	-11.542	-11.493	22.93%	-4.15%	-3.71%
d_6	-10.527	-8.54	-10.85	-10.797	18.87%	-3.07%	-2.56%
d_7	-7	-6.601	-7.466	-7.483	5.70%	-6.66%	-6.90%
d_8	-7.116	-6.6	-6.754	-6.759	7.24%	5.09%	5.01%
d_9	-2.101	-3.492	-2.385	-2.324	-66.22%	-13.52%	-10.60%
d_{10}	-2.008	-3.495	-1.883	-1.815	-74.05%	6.24%	9.62%

由表 5.7 和表 5.8 可知，修正后模型的一阶竖弯频率的误差不到 1%，二阶竖弯频率误差不足 5%；总体来看，修正后静力位移的误差相比初始有限元模型有了很大程度的降低，修正后的有限元位移计算值更接近于实测值；结果表明，以主梁竖向振动频率结合主梁挠度作为目标函数的有限元模型修正方法，有效地解决了吊拉组合桥梁的模型修正问题。

5.6 结语

通过以上分析可以看出：

（1）信号频域处理方法大多以傅里叶变换为基础，具有概念清晰、算法简单、运算快速等特点。对于线性、平稳的桥梁结构响应信号，可通过该类方法进行处理而直接得到信号的频率、相位、幅值等特征信息。相关函数和频响函数在考察桥梁结构输入信号与输出信号间关系问题上有独特的优势。在处理线性、平稳信号的桥梁健康监测问题时，信号频域处理方法仍是最基本的方法。

（2）信号时频域处理方法如短时傅里叶变换、Wigner-Ville 分布、小波变换、盲源分离、Hilbert-Huang 变换等方法可对时变的桥梁结构响应信号进行处理，从而得到结构性能退化、损伤演变等随时间变化的重要特性，这种处理非线性、非平稳信号的能力使信号时频域处理方法在桥梁健康监测领域扮演越来越重要的角色。

（3）Wigner-Ville 分布具有较高的时频分辨率，但交叉干扰项的存在一直制约着其应用与发展，目前所提出的交叉干扰项抑制方法基本都会削弱 Wigner-Ville 分布的时频聚集性，从改进算法本身出发来消除交叉干扰项是值得研究的方向。

（4）小波变换具有分析信号局部特征的能力，但窗函数的选择问题以及兼顾时域和频域分辨率的问题仍有待解决，针对桥梁结构振动信号的处理，常用的小波母函数形式单一，不能很好地适应处理不同信号的需要，没有一套完整的小波母函数选择标准；对于近年来发展的多维小波变换，其理论研究仍有待深入。

（5）盲源分离可通过分析观测信号对源信号进行估计，对信号分量估计有独特的优势，但在处理观测信号数目小于源信号数目或源信号过于复杂等问题时，仍存在一定困难，结合其他信号处理方法对信号源个数进行预先估计是值得研究的方向。

（6）基于不同信号处理方法各自的特点，并结合桥梁健康监测任务的需要，国内外研究人员对不同信号处理方法的结合算法进行了大量研究，如：经验模态分解结合 Wigner-Ville 分布，Hilbert-Huang 变换结合神经网络或支持向量机，小波变换与盲源分离的结合，盲源分离与 Hilbert-Huang 变换结合等，这些方法针对特定问题都取得了很好的效果，但由于理论与算法研究仍不够深入，这类方法的普适性仍有待改善和提高。

（7）近年来提出的信号处理方法，如完全集合经验模态分解、经验小波变换等都改善了信号处理方法的时域和频域分辨率，加快算法运算效率、提高处理结果的时域和频域分辨率是信号处理方法今后的发展方向。

(8)本章基于总体平均经验模态分解和主成分分析提出了新的改进方法,改进的经验模态分解方法具有较高的分解精度,有效实现了固有模态函数的降噪与选择,降噪后信号的 Hilbert-Huang 谱清晰、连续,将该方法应用于实际桥梁测试信号处理和桥梁有限元模型修正中,提取的结构特征信息丰富、准确,可满足工程实际的需要。

本章参考文献

[1] 单德山. 智能桥梁健康监测与损伤评估[M]. 北京:人民交通出版社,2009.

[2] Farrar C R, Worden K. Structural Health Monitoring: A Machine Learning Perspective [M]. John Wiley & Sons,2013.

[3] Huston D. Structural Sensing Health Monitoring and Performance Evaluation [M]. CRC Press,2011.

[4] Nigro M B, Pakzad S N, Dorvash S. Localized Structural Damage Detection: A Change Point Analysis [J]. Computer-Aided Civil and Infrastructure Engineering,2014.

[5] 单德山,付春雨,李乔. 桥梁结构损伤诊断的统计学习理论[M]. 北京:科学出版社,2014.

[6] Vapnik V N, Vapnik V. Statistical learning theory [M]. New York: Wiley,1998.

[7] 宗周红,牛杰,王浩. 基于模型确认的结构概率损伤识别方法研究进展[J]. 土木工程学报,2012,45(08):121-130.

[8] Bloomfield P. Fourier analysis of time series: an introduction [M]. John Wiley & Sons,2004.

[9] Brincker R, Zhang L, Andersen P. Modal identification of output-only systems using frequency domain decomposition [J]. Smart Materials and Structures, 2001,10(3):441.

[10] Lee J, Kim S. Structural damage detection in the frequency domain using neural networks [J]. Journal of Intelligent Material Systems and Structures,2007.

[11] Amezquita-Sanchez J P, Osornio-Rios R A, Romero-Troncoso R J, et al. Hardware-software system for simulating and analyzing earthquakes applied to civil structures [J]. Natural Hazards and Earth System Science, 2012,12(1):61-73.

[12] Gabor D. Theory of communication. Part I:The analysis of communication [J]. Journal of the Institute of Electrical Engineers, 1946, 93 (26): 429-441.

[13] Pinto P,Hurlebaus S,Jacobs L J,Gaul L. Localization and sizing of discontinuities using Lamb waves [J]. Sturctural Health Monitoring, 2003: 379-386.

[14] Yang J N, Lin S, Huang H, et al. An adaptive extended Kalman filter for structural damage identification[J]. Structural Control and Health Monitoring,2006,13(4):849-867.

[15] 胡振邦,许睦旬,姜歌东,等. 基于小波降噪和短时傅里叶变换的主轴突加不平衡非平稳信号分析[J]. 振动与冲击,2014,33(05):20-23.

[16] Amezquita-Sanchez J P,Garcia-Perez A,Romero-Troncoso R J,et al. High-resolution spectral-analysis for identifying the natural modes of a truss-type structure by means of vibrations [J]. Journal of Vibration and Control, 2012,19(16):2347-2356.

[17] 纪跃波,秦树人,汤宝平. 基于多分辨分析的时频分析[J]. 振动与冲击,2002,21(01):14-17.

[18] 于哲峰,杨智春. 基于互相关函数幅值向量的结构损伤定位方法研究[J]. 振动与冲击,2006,25(03):77-80.

[19] Box G E P,Jenkins G M,Reinsel G C. Time series analysis:forecasting and control [M]. John Wiley & Sons,2013.

[20] Gao Y,Brennan M J,Joseph P F,Muggleton J M,Hunaidi O. On the selection of acoustic/vibration sensors for leak detection in plastic water pipes [J]. Journal of Sound and Vibration,2005,283(03):927-941.

[21] 孙晓兰,王太勇. 基于相关函数的振动结构工作模态参数识别方法[J]. 天津大学学报,2007,40(04):503-506.

[22] 段虎明,秦树人,李宁. 频率响应函数估计方法综述[J]. 振动与冲击,

2008,27(05):48-52.

[23] 孙鑫晖,张令弥,王彤. 基于奇异值分解的频响函数降噪方法[J]. 振动、测试与诊断,2009,29(03):325-328.

[24] 汤宝平,李瑞,章国稳. 基于分段频谱细化的频响函数优化[J]. 重庆理工大学学报(自然科学),2010,24(10):1-6.

[25] 高海洋,郭杏林,吴明勇. 基于频响函数虚部的板结构损伤检测方法研究[J]. 振动与冲击,2012,31(12):86-91.

[26] Esfandiari A, Bakhtiari-Nejad F, Rahai A, et al. Structural model updating using frequency response function and quasi-linear sensitivity equation [J]. Journal of Sound and Vibration, 2009, 326(3):557-573.

[27] Araujo dos Santos J V, Soares M, Mota Soares C A, et al. Structural damage identification in laminated structures using FRF data [J]. Composite Structures, 2005, 67(2):239-249.

[28] Claasen T A C M, Mecklen-Brauker W F G. The Wigner distribution-A tool for time-frequency signal analysis. Ⅰ. Continuous time signals [J]. Philips J. Res., 1980, 35:217-250.

[29] Claasen T A C M, Mecklen-Brauker W F G. The Wigner distribution-A tool for time-frequency signal analysis. Ⅱ. Discrete time signals [J]. Philips J. Res., 1980, 35:276-300.

[30] Claasen T A C M, Mecklen-Brauker W F G. The Wigner distribution-A tool for time-frequency signal analysis. Ⅲ. Relations with time frequency signal transformations [J]. Philips J. Res., 1980, 35:372-389.

[31] Chen H L, Wissawapaisal K. Application of Wigner-Ville Transform to Evaluate Tensile Forces in Seven-Wire Prestressing Strands [J]. Journal of Engineering Mechanics, 2002, 128(11):1206-1214.

[32] Roshan-Ghias A, Shamsollahi M B, Mobed M, et al. Estimation of modal parameters using bilinear joint time-frequency distributions [J]. Mechanical systems and signal processing, 2007, 21(5):2125-2136.

[33] Michel C, Gueguen P. Time-frequency analysis of small frequency variations in civil engineering structures under weak and strong motions using a reassignment method[J]. Structural health monitoring, 2010, 9(2):159-171.

[34] 吴小羊,刘天佑. 基于时频重排的地震信号 Wigner-Ville 分布时频分析

[J]. 石油地球物理勘探,2009,44(02):201-205.

[35] 郭奇,刘卜瑜,史立波,等. 基于二次 EEMD 的 Wigner-Ville 分布旋转机械故障信号分析及试验研究[J]. 振动与冲击,2012,31(13):129-133.

[36] Zou H X,Lu X G,Dai Q H,Li Y D. Nonexistence of cross-term free time-frequency distribution with concentration of Wigner-Ville distribution[J]. Science in China Series F:Information Sciences,2002,45(03):174-180.

[37] Daubechies I. The wavelet transform,time-frequency localization and signal analysis [J]. Information Theory, IEEE Transactions on, 1990, 36(5): 961-1005.

[38] Raich A M,Liszkai T R. Multi-objective Optimization of Sensor and Excitation Layouts for Frequency Response Function-Based Structural Damage Identification[J]. Computer-Aided Civil and Infrastructure Engineering, 2012,27(2):95-117.

[39] Dawood T A,Shenoi R A,Veres S M,Sahin M. Low level damage characterization in FRP sandwich beams using the Lipschitz exponent [C]//Second European Workshop on Structural Health Monitoring,2004:661-668.

[40] 李洪泉,董亮,吕西林. 基于小波变换的结构损伤识别与试验分析[J]. 土木工程学报,2003,36(05):52-57.

[41] HAN J G,REN W X,SUN Z S. Wavelet packet based damage identification of beam structures[J]. International journal of solids and structures,2005,42(26):6610-6627.

[42] 韩建刚,任伟新,孙增寿. 基于小波包变换的梁体损伤识别[J]. 振动、测试与诊断. 2006,26(1):5-10.

[43] 严平,李胡生,葛继平,等. 基于模态应变能和小波变换的结构损伤识别研究[J]. 振动与冲击,2012,31(01):121-126.

[44] Pakrashi V,O'Connor A,Basu B. A study on the effects of damage models and wavelet bases for damage identification and calibration in beams[J]. Computer-Aided Civil and Infrastructure Engineering, 2007, 22(8): 555-569.

[45] Jutten C,Herault J. Blind separation of sources, part I: An adaptive algorithm based on neuromimetic architecture [J]. Signal Processing,1991,1:

1-10.

[46] Comon P. Independent component analysis, A new concept [J]. Signal Processing. 1994, 36:287-314.

[47] Zang C, Friswell M I, Imregun M. Structural damage detection using independent component analysis [J]. Structural Health Monitoring, 2004, 3(1):69-83.

[48] Poncelet F, Kerschen G, Golinval J C, et al. Output-only modal analysis using blind source separation techniques[J]. Mechanical Systems and Signal Processing, 2007, 21(6):2335-2358.

[49] Yang Y, Nagarajaiah S. Time-frequency blind source separation using independent component analysis for output-only modal identification of highly damped structures [J]. Journal of Structural Engineering, 2012, 139(10):1780-1793.

[50] Yang Y, Nagarajaiah S. Blind identification of damage in time-varying system using independent component analysis with wavelet transform [J]. Mechanical Systems and Signal Processing, 2014, 47(2014):3-20.

[51] Yang Y, Nagarajaiah S. Data compression of structural seismic responses via principled independent component analysis [J]. Journal of Structural Engineering, 2014, 140(32):1-9.

[52] 付春,姜绍飞. 基于改进 EMD-ICA 的结构模态参数识别研究[J]. 工程力学,2013,30(10):199-204.

[53] Chauhan S, Martell R, Allemang R J, Brown D L. Application of independent component analysis and blind source separation techniques to operational modal analysis[C]//Proceedings of the 25th IMAC, 2007.

[54] Yuan L X, Wang W W. Variable Step-Size Sign Natural Gradient Algorithm for Sequential Blind Source Separation [J]. IEEE Signal Processing Letters, 2005, 12(08):589-592.

[55] 李志农,刘卫兵,易小兵. 基于局域均值分解的机械故障欠定盲源分离方法研究[J]. 机械工程学报,2011,47(07):97-102.

[56] Hazra B, Sadhu A, Roffel A J, et al. Hybrid Time-Frequency Blind Source Separation Towards Ambient System Identification of Structures[J]. Computer-Aided Civil and Infrastructure Engineering, 2012, 27(5):314-332.

[57] Huang N E. Empirical mode decomposition apparatus, method and article of manufacture for analyzing biological signals and performing curve fitting. U. S. Patent 6,381,559[P]. 2002.

[58] 张建,黄勇,关键,等. 基于局部 Hilbert 边际谱隶属度的微弱目标检测算法[J]. 信号处理,2011,27(09):1335-1340.

[59] 王学敏,黄方林,陈政清. Hilbert-Huang 变换在桥梁振动分析中的应用[J]. 铁道学报,2005,27(02):80-84.

[60] Pines D, Salvino L. Structural health monitoring using empirical mode decomposition and the Hilbert phase [J]. Journal of sound and vibration, 2006,294(1):97-124.

[61] 石春香,李胡生. 基于 Hilbert 边际谱与随机—模糊统计原理的梁桥损伤识别试验研究[J]. 振动与冲击,2011,30(08):123-127.

[62] 李书进,铃木祥之. Hilbert-Huang 变换在结构健康诊断中的应用研究[J]. 武汉理工大学学报,2007,29(08):78-81.

[63] Chen B, Zhao S, Li P. Application of Hilbert-Huang Transform in structural health monitoring: A state-of-the-art review [J]. Mathematical Problems in Engineering, 2014:1-22.

[64] 苏延文. 基于 Hilbert-Huang 变换的桥梁结构模态参数识别[D]. 成都:西南交通大学,2011.

[65] 黄振兴. 震后桥梁结构时频域损伤诊断研究[D]. 成都:西南交通大学,2012.

[66] 杨景超. 基于 HHT 和 SVM 的震后桥梁结构损伤诊断研究[D]. 成都:西南交通大学,2014.

[67] 胡爱军,孙敬敬,向玲. 经验模态分解中的模态混叠问题[J]. 振动、测试与诊断,2011,31(04):429-434.

[68] 程军圣,于德介,杨宇. 基于支持矢量回归机的 Hilbert-Huang 变换端点效应问题的处理方法[J]. 机械工程学报,2006,42(04):23-31.

[69] Qin S R, Zhong Y M. A new envelope algorithm of Hilbert-Huang transform [J]. Mechanical Systems and Signal Processing, 2006, 20(08): 1941-1952.

[70] Torres M E, Colominas M A, Schlotthauer G, et al. A complete ensemble empirical mode decomposition with adaptive noise [C]//Acoustics, Speech

and Signal Processing (ICASSP),2011:4144-4147.

[71] Daubechies I, Lu J, Wu H T. Synchrosqueezed wavelet transforms: an empirical mode decomposition-like tool [J]. Applied and computational harmonic analysis, 2011, 30(2):243-261.

[72] Gilles J. Empirical wavelet transform [J]. Signal Processing, IEEE Transactions on, 2013, 61(16):3999-4010.

[73] Wu Z H, Huang N E. Ensemble Empirical Mode Decomposition: a noise assisted data analysis method [J]. Advances in Adaptive Data Analysis, 2009, 1(01):1-41.

[74] 陈文元. 考虑桩土水耦合的大跨度斜拉桥地震响应与可靠度研究[D]. 成都:西南交通大学. 2013:30-39.

[75] 孙松松. 吊拉组合桥梁有限元模型修正研究[D]. 成都:西南交通大学,2013.

单德山　教授

单德山，男，1969年生，工学博士，教授，博士生导师。1999年毕业于西南交通大学桥梁工程专业，获工学博士学位，后任教于西南交通大学桥梁工程系至今。

单德山教授主要研究领域为桥梁结构健康监测与损伤识别，大跨度桥梁施工控制等。近年来，主持了包括国家自然科学基金在内的5项科研项目，出版专著两部（第一著作者），在核心以上期刊发表论文100余篇（三大检索60余篇）。大力提倡多学科的交叉与融合，将通信工程、数控及大型网络数据库等方面的知识应用到本专业中，解决了诸如苏通长江大桥、南京长江三桥等世界著名桥梁在施工与运营中的关键性技术难题。拥有“短线法施工控制系统ShortLine-Con”、“桥梁巡检评估维修管理养护系统BirMMS”和“智能桥梁SmartBridge”三套软件的著作权。

单德山教授所领导的智能化桥梁研究团队，从20世纪末开始致力于智能化桥梁结构研究。先后完成了主跨648m的双塔斜拉桥“南京长江三桥”和主跨270m的混凝土单塔斜拉桥“泸州泰安长江大桥”健康监测系统的设计、安装、调试，目前这两套系统都已经投入运营，运行情况良好。从2002年开始，对渝和高速公路三座特大桥（分别为主跨180m的单塔混凝土斜拉桥——沙溪庙嘉陵江大桥、主跨200m的北碚嘉陵江大桥、主跨250m的马鞍石嘉陵江大桥）进行为期5年的长期运营监测。在铁道部重大科研项目的支持下，在试验室先后完成了简支梁桥、连续梁桥和自锚式悬索桥的损伤识别模型试验。目前，正在进行主跨480m的铁路双塔斜拉桥“韩家沱长江大桥”健康监测系统的设计。在这些实际工程项目和大型科研项目的支持下，该研究团队经过十几年的努力，研究水平得到了极大的提高。智能化桥梁研究团队已培养5名工学博士，29名工学硕士，正在指导3名博士生和18名硕士生。

2009年，单德山教授主持的千米级斜拉桥施工全过程几何自适应控制技术获四川省科技进步奖二等奖。2013年“南广铁路桂平郁江钢桁斜拉桥建造技术研究”获中国铁路工程总公司科技进步一等奖，同年单德山教授成为国家科技奖励评审专家。单德山教授十分重视国内外学术交流，先后二十余次参加本研究方向的国际、国内学术交流，并出访过日本、泰国、中国台湾等国家和地区，将研究成果及我国的工程建设经验与国际同行进行交流，得到了他们的一致肯定。

第6章　舟山跨海大桥监测数据挖掘与分析

田浩

浙江省交通科学研究院，浙江省杭州市体育场路379号8楼，310006

6.1　引言

近二十年来，我国桥梁建设取得了世人瞩目的成就，一批结构新颖、技术难度高的大跨径悬索桥、斜拉桥相继建成。至今，已建和在建的世界排名前十位的千米级悬索桥及大跨斜拉桥中我国各有数座，我国正由桥梁大国向桥梁强国迈进。但由于建设期技术条件的限制，包括桥梁设计、施工、材料、体系缺陷，超载交通，结构安全监管手段的缺乏，以及"重建轻养"、"被动事后"的桥梁监管养护方式，已无法满足现代大跨径缆索体系桥梁百年安全运营的要求。

20世纪80年代以来，各国对防灾减灾工作日益重视，欧美及日本、韩国、中国香港特区率先提出"主动预防式"的结构健康监测理念，并先后在一些重要的桥梁上安装了健康监测系统，开始研究桥梁结构健康监测和养护技术，并迅速成为国内外研究热点。但是随着桥梁投入运营时间的推移，实时的动态健康监测系统在桥梁全寿命期内将逐步积累产生大量的监测数据和图像信息，如何对这些不同历史阶段采集的数据进行有效提取以及处理和分析利用，获得反映大桥结构受力状态的代表性动、静力指纹，并定期对结构的运营结构安全性进行评估，及时有效地为大桥管养提供数据技术支持是监测系统亟待解决的问题。

目前，我国绝大多数大型桥梁，特别是跨海大桥，均布设了不同规模的结构监测系统，用以实时获取大桥所处地区的环境信息、车辆荷载信息以及关键结构响应信息等。这些监测系统根据规模不同，一般都包含几十至几百个传感器，每天产生的监测数据量少则几百 MB、多则数个 GB，全年下来规模大的监测系统原始数据存储量达到数个 TB。针对这些海量原始数据，很多专业人员仅是根据自己的研究专长（如抗风、抗震、耐久性、疲劳等），选取一部分数据进行处理和分析，而缺乏针对这些海量原始数据整体的梳理、分析和挖掘方法。因此，有必要建立能够快速、有效梳理和分析这些海量原始数据的方法，使经过梳理和分析后的数据能够初步地、较好地反映环境、车辆荷载以及关键结构响应等有效信息。

6.2 监测系统总体架构

舟山跨海大桥，是国家高速公路网甬舟高速公路（G9211）的主要组成部分，舟山跨海大桥全长约 50km，总投资超过 130 亿元，于 2009 年 12 月 25 日正式通车。舟山跨海大桥构筑出一条全天候的舟山—大陆通道，使舟山从孤悬海中的岛屿变成与大陆相连的半岛，对进一步开发舟山海洋资源，推动浙江省、长江三角洲乃至中国经济发展都具有深远的意义。整个跨海大桥由金塘大桥、西堠门大桥、桃夭门大桥、响礁门大桥和岑港大桥五座跨海大桥及接线公路组成。西堠门大桥是连接舟山本岛与宁波的舟山连岛工程五座跨海大桥中技术要求最高的特大型跨海桥梁，主桥为两跨连续钢箱梁悬索桥，主跨 1 650m 建成之时，单跨长在悬索桥中居世界第二、国内第一，也是目前世界上首座双箱分体式钢箱梁悬索桥，设计通航等级 3 万 t。金塘大桥是舟山跨海大桥五座主桥中最长的一座，也是国内继杭州湾跨海大桥、东海大桥之后第三长的跨海大桥，其主通航孔桥是世界上在恶劣外海环境中建造的最大跨度斜拉桥。金塘大桥全长超过 21km，主通航孔为主跨 620m 的五跨钢箱梁斜拉桥，主通航孔设计通航等级 5 万 t。在大桥建设之初，基于交通运输部以及浙江省交通运输厅关于大型桥梁运营期结构安全的信息化监管要求,已设计并构建了基于动态实时监测的桥梁健康监测系统,系统的目标是服务桥梁的日常管养,实时监管并掌握大桥代表性构件的结构使用状态,从而达到科学合理地评估全桥结构安全的目标。

舟山跨海大桥结构监测系统主要包括四大部分:自动化采集传输控制子系统、结构状态与安全评估子系统、用户界面子系统以及中心数据库子系统。自动化采集传输控制子系统的监测项目主要有三个方面:荷载源及环境监测、结构响应监测以及独立监测,具体的监测项目如表6.1所示。该子系统主要由三大模块构成,即传感器模块、数据采集与传输模块以及数据处理与控制模块,监测系统每天产生将近3GB的原始数据。

主要监测项目　　表6.1

<table>
<tr><th>监测项目</th><th>西堠门大桥</th><th>金塘大桥</th></tr>
<tr><td rowspan="4">荷载源及环境</td><td colspan="2">风荷载</td></tr>
<tr><td colspan="2">大气温度、湿度</td></tr>
<tr><td colspan="2">地震动荷载</td></tr>
<tr><td colspan="2">车辆荷载</td></tr>
<tr><td rowspan="6">结构响应</td><td>大桥空间位置及其变化</td><td>主通航孔桥的空间位置变化</td></tr>
<tr><td>钢箱梁行车道系疲劳应力</td><td>主通航孔桥斜拉索索力变化</td></tr>
<tr><td>主缆索力变化</td><td>主通航孔桥钢箱梁行车道系疲劳应力</td></tr>
<tr><td>吊杆倾斜</td><td>主通航孔桥支座反力变化</td></tr>
<tr><td>结构动力响应</td><td>主通航孔桥结构动力响应</td></tr>
<tr><td>锚碇预应力锚固系统代表性预应力束中力的变化</td><td>东、西航道桥梁体竖向变形及混凝土结构温度场</td></tr>
<tr><td>独立</td><td>老虎山预应力锚固系统代表性锚杆的受力及其变化</td><td>混凝土结构耐久性腐蚀进程</td></tr>
</table>

根据监测系统目前的实际应用情况,对于系统所获海量数据能够比较好地做到实时显示和妥善存储,且监测系统也建立了结构安全评估系统模块。但是,从实际操作和最终结果方面来看,监测系统在对海量数据的挖掘与分析方面还不够深入,使得桥梁现场管理人员无法全面及时获知桥梁的荷载、环境、响应等关键信息。因此,结合目前结构监测系统所获海量原始

数据的实际情况和养护管理的具体需求,有必要对实时监测数据进行全面梳理、深入挖掘和精细分析,针对大桥管理养护工作的需求开展研究,建立实用的、与原监测系统能够较好匹配的结构监测数据分析系统。

本章以舟山跨海大桥已有结构监测系统所获海量原始数据为研究对象,针对大桥管理人员日常养护管理工作的实际需求,开发了能与原监测系统无缝对接的大型桥梁结构监测数据分析系统。该数据分析系统针对监测系统海量数据不同数据类型的特点,并且考虑后续结果评估需要用到的数据,进行处理与分析,使得分析后的结果数据能够有效反映结构当前的受力状况;经过处理后的数据与原始数据相比,其容量大幅减少,可基本保证处理后的数据量不超过原始数据量的5%;后续的数据显示和结构评估只需调用经处理后的数据而不再需要调用原始数据,可使数据显示和结构评估等技术工作的效率大幅提高。

6.3 数据挖掘与分析方法

该数据挖掘与分析方法,主要是针对当前桥梁一线技术管理人员面对监测系统海量原始数据束手无策的状况而建立的。主要包括数据实际需求确定、异常数据判断与剔除、数据显示方式确定等内容。其中:①数据实际需求方面,将监测项按照外荷载、整体响应、关键构件响应以及荷载—响应相关性四大部分进行分类,再根据数据初步统计处理和后续结构评估两个层次的实际需求,确定每个监测项需要得到哪些技术信息,最后根据这些技术信息对原始数据进行计算分析。②异常数据判断与剔除方面,分为荷载异常与响应异常,其中荷载异常包括明显超出正常范围、车辆漏计入、在正常范围但数据不准等情况,可通过荷载或响应数据来判断;响应异常主要是明显超出正常范围,也可通过荷载和响应数据来判断。③数据显示方式确定方面,针对不同类型数据所关心内容的不同确定具体的显示方式,以车辆荷载为例,是通过车流量时间图(按车道分)、累加车流量时间图、车流量总重图、车流量时间图(按轴数分)以及超度车辆图五方面来综合反映。监测系统所获原始数据通过该数据挖掘与分析方法处理后,转变成桥梁一线技术管理人员关心的数据初步统计处理信息和后续结构评估所需技术信息,同时经处理后的数据与原始数据相比较,其数据量也大量减少。

该数据挖掘与分析方法可以分为4个步骤,分别为:原始数据分类、确定每个监测项原始数据的实际需求、数据异常值判断与剔除以及确定数据显示方式。

1)原始数据分类

根据原始数据的实际情况和后续数据显示与结构评估的需求,将数据分为四个部分:荷载项、整体响应项、关键构件响应项以及荷载—响应相关项。荷载项包括:风速、温度以及车辆荷载等;整体响应项包括:主梁变形、主塔变形、梁端位移以及加速度等;关键构件响应项包括:主梁应力、拉(吊)索索力、主梁倾斜;荷载响应相关项包括:风速—变形相关项、风速—应力相关项、温度—变形相关项、温度—应力相关项、风速—振动相关项等。其中,第四部分荷载—响应相关项主要是大致反映关键受力点处的荷载与结构响应的相关性,特别是数据累计时间越久,得到的荷载—响应相关性的规律越准确,使专业人员能够初步对结构关键点的受力状态做出判断,为后续深入的结构分析与评估奠定基础。

2)确定每个监测项原始数据的实际需求

每个监测项由于后续显示与结构评估的实际需求不同,对其原始数据的梳理与分析内容也不同,需要针对每个监测项的具体需求确定。这里以荷载中的风荷载与整体响应中的主梁竖向变形为例进行说明。风荷载,监测系统通常采用风速仪测量关键位置处的风速风向,其采集频率比较高,可达到几十赫兹;对于后续的显示和结构评估,仅需要十分钟平均风速。因此,在对风荷载原始数据进行处理时,取十分钟原始数据的平均值,并通过三个方向的风速分量合成计算得到风向。主梁竖向变形,监测系统通常采用GPS或连通管测量主梁关键位置处的竖向变形,采集频率一般为几个赫兹;对于后续显示需要的是十分钟平均、最大、最小变形,而对于后续结构评估,则需要原始数据。因此,在对主梁竖向变形原始数据进行处理时,一方面取十分钟原始数据的平均值、最大值、最小值为后续显示使用,另一方面还要保留原始数据为后续结构评估使用。

3)数据异常值判断与剔除

监测系统所获原始数据中的异常值,区分为荷载异常与响应异常两类。

荷载异常针对车辆荷载,包括四种情况:重复数据、荷载值明显超出正常范围、真实车辆漏计入以及荷载值在正常范围但量值不准。①数据重复情况,通过采集数据的时间点、车道、车重、速度等数据全部相同判断该条数据重复,并且剔除重复数据以保证数据的正确性;②车辆荷载明显超出正常范围,可通过原始数据中的车辆荷载进行判断,车辆荷载值若明显大于正常车辆,则可判断该条数据为异常;③真实车辆漏计入,可通过响应判断,即通过有限元计算得到的各响应值与对应的实测响应值都有较大差异时,则可判断该时间点存在真实车辆漏计入情况;④荷载值在正常范围但量值不准,判断方法与真实车辆漏计入相同,这里不再详述。荷载异常针对风速和温度荷载,包括两种情况:数据未采集或用0值填充、荷载值明显超出正常范围。第一种需要在原始数据的处理中将0值剔除,以保证处理后数据的正确性,异常情况可通过这段时间内是否有数据进行判断;第二种可通过原始数据是否超过限值进行判断。

响应异常包括三种情况,数据未采集或用0值填充、响应值明显超出正常范围、响应值在正常范围内但量值不准。第一种需要在原始数据的处理中将0值剔除,以保证处理后数据的正确性,异常情况可通过这段时间内是否有数据进行判断;第二种可通过原始数据是否超过限值进行判断,并且在最大、最小值的数据处理中进行剔除,保证处理后的最大值、最小值的数据意义;第三种情况通过响应判断,当通过有限元计算得到的响应值与对应的实测响应值大部分偏差比较小,而个别偏差很大时,这些个别的响应值可判断为异常值。

4)确定数据显示方式

每个监测项由于桥梁管理人员所关心内容的不同,其在处理后的数据显示方式也需要区分考虑。这里以首页显示、荷载项中的风荷载、结构整体响应项中的主梁竖向变形以及异常数据为例。

首页显示,重点是介绍桥梁概况和直接显示桥梁所处的当前风速和温度环境情况,因此在显示时考虑两种方式:显示近一个小时关键点的风速和温度值和当天风速、温度变化曲线,实时刷新并可直接链接到对应的数据界面中。

风荷载,关心风速随时间的变化和风速风向的统计信息,因此在显示时考虑两种方式:风速—时间的时程曲线图和风速风向散点图,并且可将多个传感器的风速曲线图、风速散点图进行对比显示。

主梁竖向变形,重点是关键位置处的竖向变形随时间的变化和同一时刻主梁沿纵桥向的变形曲线,因此在显示时同样考虑两种方式:竖向变形—时间的时程曲线和主梁动态变形曲线。

异常数据,重点在于体现数据中各种异常情况,因此异常曲线的显示中,用曲线断开的方式说明此段时间内的原始数据未采集或用0填充、用显示大于0的数据说明此段时间的数据是超出限值、用显示数据为0说明此段时间的数据是在正常范围内。

6.4　数据分析系统

舟山跨海大桥原结构监测系统所产生的原始数据共有12种:UAN(三向风速仪)、ULT(螺旋桨风速仪)、VIB(加速度传感器)、RHS(温湿度仪)、HTP(液压传感器)、TLT(倾斜传感器)、DPM(梁端位移传感器)、CFT(锚索计)、RSG(应力传感器)、TPM(温度场)、GPS(位移)、HSD(车流量)。根据原始数据的特点,数据分析系统总体可分为四大部分:数据读入、数据处理与显示、数据存储以及传感器管理,如图6.1所示。

(1)数据读入。前10种数据类型每个小时自动生成原始数据,GPS和HSD两类数据1个月生成一次原始数据。鉴于监测系统保存原始数据的情况,软件采用对应的读取方式,前10种类型数据每小时自动采集读入,并自动对数据进行处理与显示,而HSD数据和GPS数据采用每个月人工读入的方式。

(2)数据处理与显示。根据各种数据类型的特点,软件的处理与显示分为5大块:首页、荷载、整体响应、关键构件响应、荷载应力组合。针对不同数据类型,采用不同的处理方式和显示形式。比如:风速显示十分钟合成风速曲线图,风速风向散点图,主梁挠度显示整体动态图等。

(3)数据存储。数据处理完成,软件将根据数据显示和后续结构评估数据的需求进行自动保存,每天的数据由监测系统产生3GB左右的原始数据压缩到30MB左右的大小,大大地提高了数据的利用率。

(4)传感器管理。软件会自动通过分析数据的异常率与缺失率反映传感器的状态,提供针对传感器进行增删改查的功能,方便用户在第一时间了解传感器的状态,并且对传感器进行维护。

系统中数据处理与显示部分主要包括:首页、荷载、整体响应、关键构件响应、荷载—响应相关性。

首页除介绍两座大桥的概况外,实时显示桥梁关键截面上近一个小时的风速和温度值,并且将当天24小时的风速和温度以曲线的形式显示,这样用户在软件首页上就可快速了解当前桥梁所处的外界环境,见图6.2。

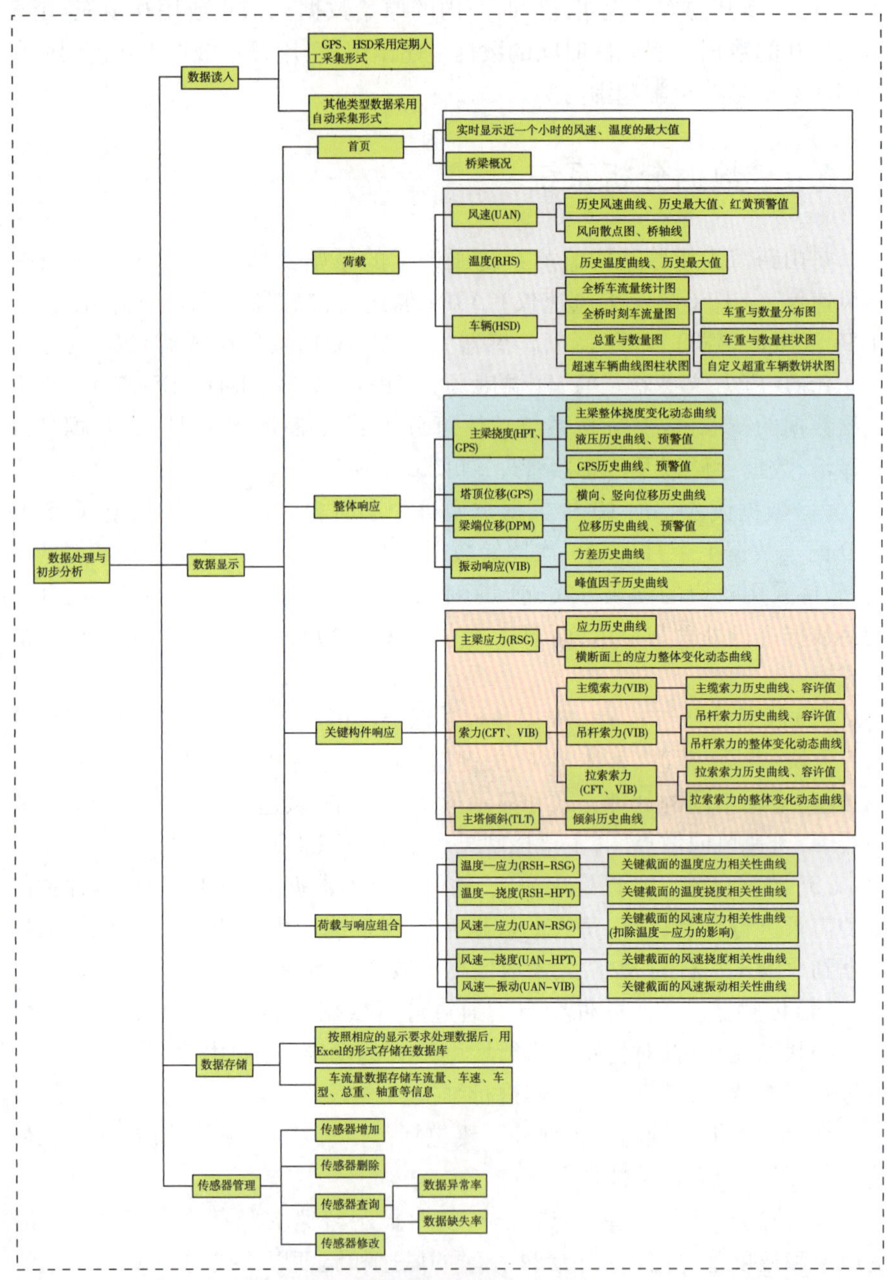

图 6.1 监测数据分析系统架构

图 6.2　数据分析系统首页

6.4.1　荷载

荷载部分主要包含三种：风荷载、温度荷载以及车辆荷载。

1）风速

（1）传感器布置

西堠门大桥所处桥址区风场环境较为恶劣，存在威胁行车及桥梁结构安全的可能，是重点结构监测项之一。全桥在主跨三个断面处左右两侧各布设 2 台三向风速仪，塔顶布设 2 台螺旋桨风速仪监测桥面以及索塔的风场，见图 6.3。

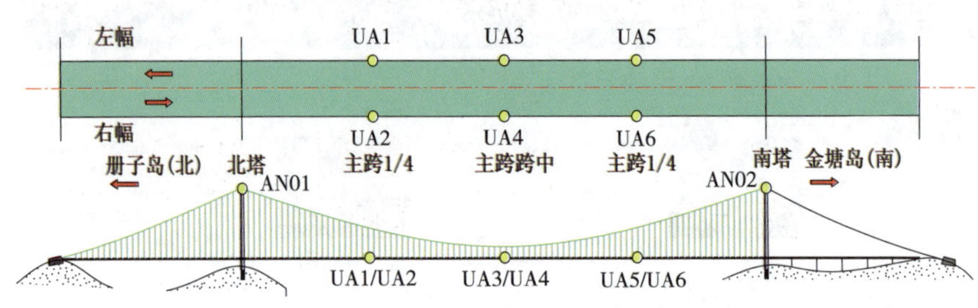

图 6.3　西堠门大桥风速传感器布置图

金塘大桥主通航孔桥在东西索塔顶部各布设螺旋桨式风速仪一个,监测塔顶的风速和风向;在主航道桥主跨跨中钢箱梁上下游两侧各布设一台三向风速仪,监测桥面风速和方向,见图 6.4。

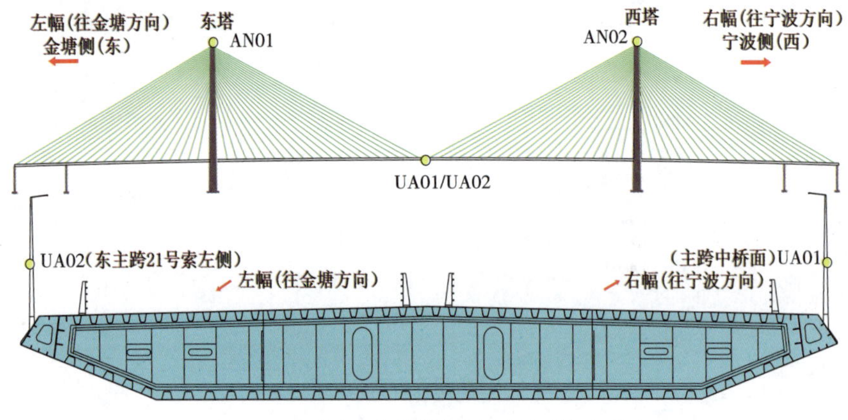

图 6.4　金塘大桥主通航孔桥风速传感器布置图

(2)数据处理与分析

确定风荷载时,瞬时的风速值对于桥梁结构并没有意义,在《公路桥梁抗风设计规范》(JTG/T D60-01—2004)中,需要用到的是十分钟平均风速值,所以针对风速数据采集方式和数据特点,利用三向风速仪中的 x 向风速数据、y 向风速数据、z 向风速数据求取合成风速值,再对合成风速值求取十分钟的平均值,并利用 x 向风速数据、y 向风速数据求取合成风速的角度;并利用螺旋桨风速仪的风速数据和风速角度数据求取十分钟的平均值。

（3）数据应用

①十分钟风速平均值曲线、历史最大值、红黄预警值，可显示某一段时间内的风速值的变化情况。其中传感器号可多选，可以将多个传感器的风速曲线进行比较显示，见图6.5。

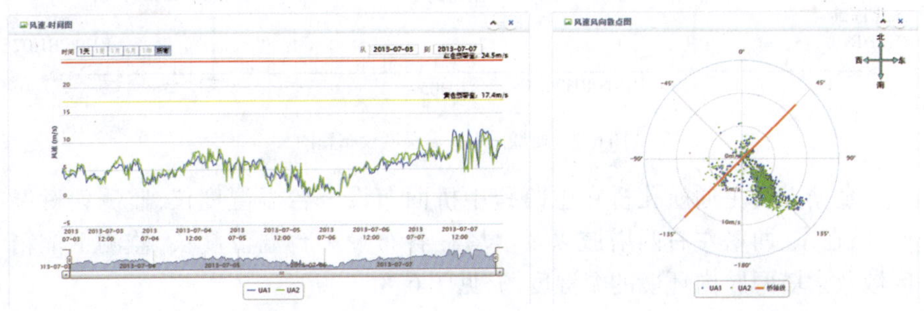

图6.5　风速时间曲线图与风速风向散点图

②风速风向散点图，可显示某一段时间内的风速和风向的范围。

③异常值曲线，图中可清楚显示出数据缺失、数据超过限值的异常数据时间段，以此判断传感器的运行是否正常，见图6.6（图中当数据为0代表数据正常，数据断开代表数据缺少，数据为除0值外的某值，代表此数据超过限值，与本章后面所述的异常值曲线图说明相同）。

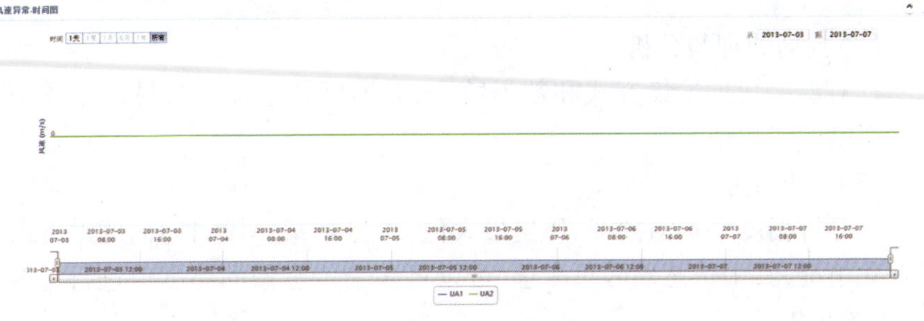

图6.6　风速异常曲线图

2）温度

（1）传感器布置

西堠门大桥在主跨跨中桥面上、钢箱梁内及锚室内安装了温湿度监测仪器，监测所处环境的温度和湿度情况，见图6.7。

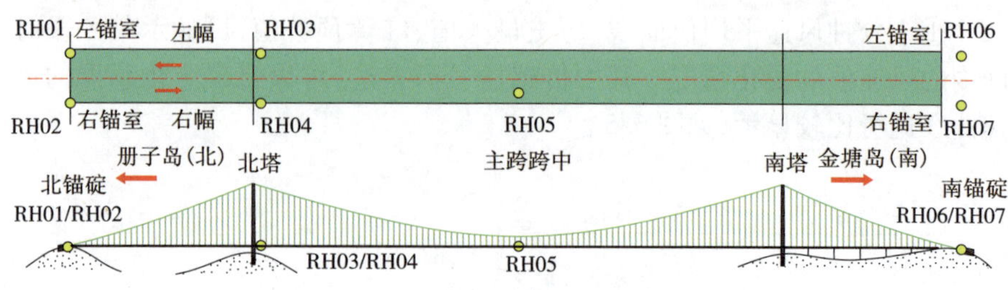

图 6.7　西堠门大桥温湿度仪布置图

金塘大桥主通航孔桥在主跨跨中桥面布设一台温湿度仪，监测大桥温湿度，在东、西塔左右两塔肢以及上塔柱各布设一台温湿度仪，监测钢锚箱区域及索塔两肢内环境的温湿度场，见图 6.8。

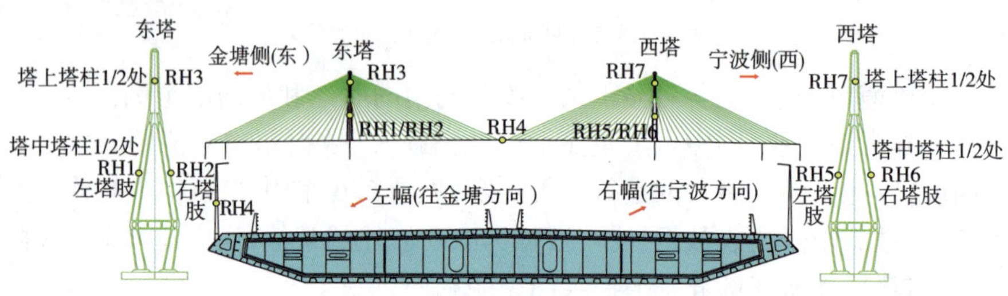

图 6.8　金塘大桥主通航孔桥温湿度仪布置图

(2)数据处理与分析

针对温度数据采集方式和数据特点，对温度值求取十分钟的平均值来表示温度的变化情况。

(3)数据显示

十分钟温度平均值曲线、历史最大值，可显示某一段时间内的温度值以及变化情况，其中传感器号可多选，可以将多个传感器的温度值进行比较显示，见图 6.9。

3)车辆

(1)传感器布置

西堠门大桥在南塔附近混凝土引桥处安装了动态称重系统，金塘大桥主通航孔桥在宁波侧过渡墩附近的混凝土引桥处安装了动态称重系统，对全年的车流量数据进行统计处理。

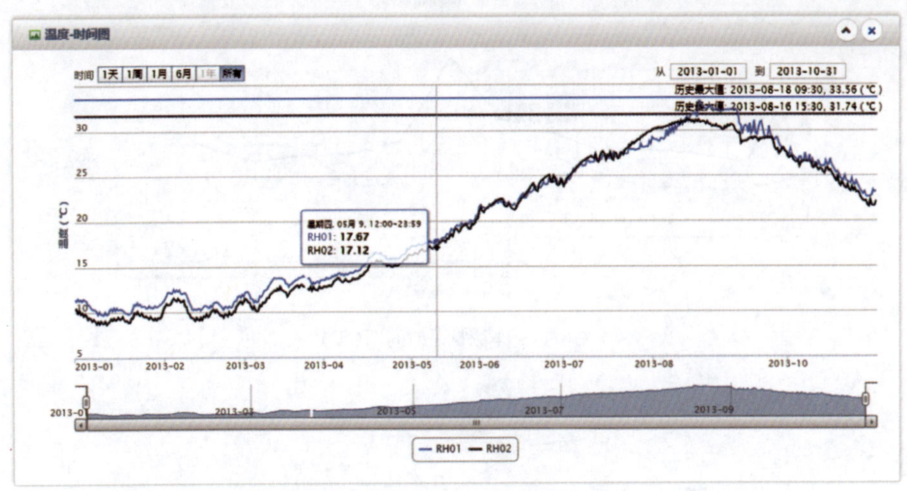

图6.9　温度—时间曲线图

(2)数据处理与分析

车辆作为桥梁的活荷载,应从其车流量、总重、轴数、车道各方面进行统计分析,并且可与大桥收费站处接收的车辆情况互相核对,根据不同的显示要求,提取相应的数据。

(3)数据显示

①车流量—时间曲线图(按车道分),显示各车道、上下行以及总车道的每小时、每天、每月的车流量变化情况,车道可多选,见图6.10~图6.12。

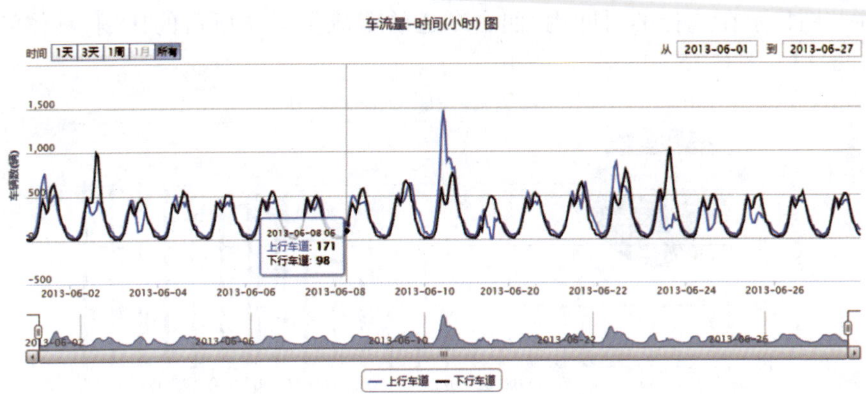

图6.10　车流量—时间图(小时)

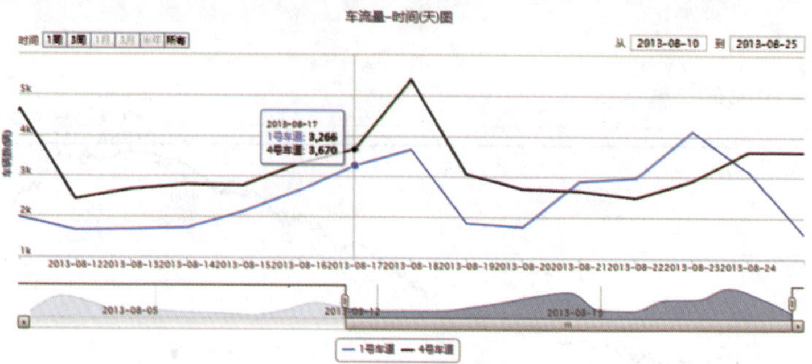

图 6.11　车流量—时间图(天)

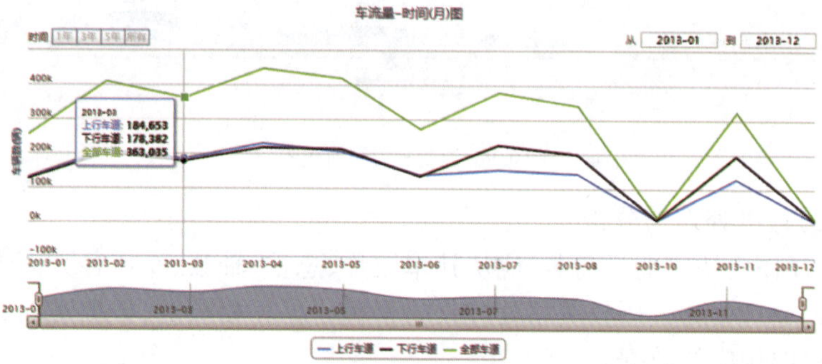

图 6.12　车流量—时间图(月)

②累加车流量—时间柱状图,显示各车道、上下行以及总车道的每小时、每天、每月的累加车流量的变化情况,车道可多选,并且在图中左上方的饼状图显示在选择的时间内,四个车道的车流量以及所占的比例,具体见图 6.13 ~ 图 6.15。

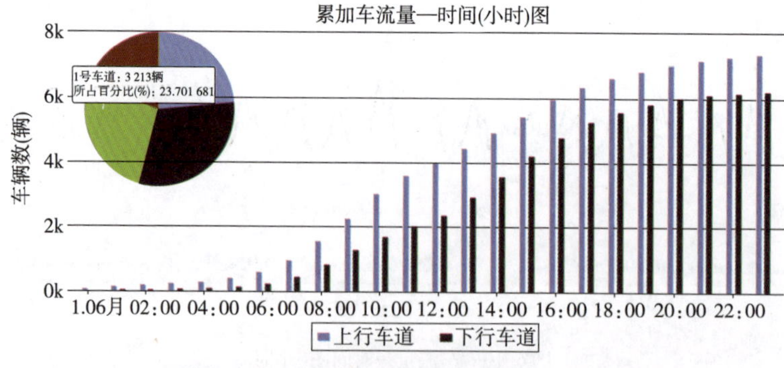

图 6.13　累加车流量—时间柱状图(小时)

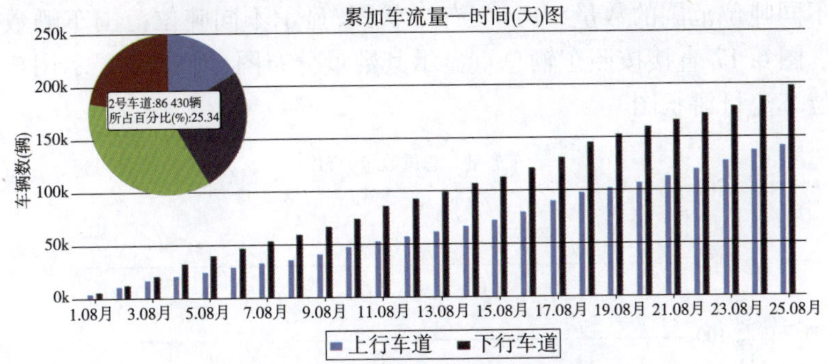

图 6.14　累加车流量—时间柱状图(天)

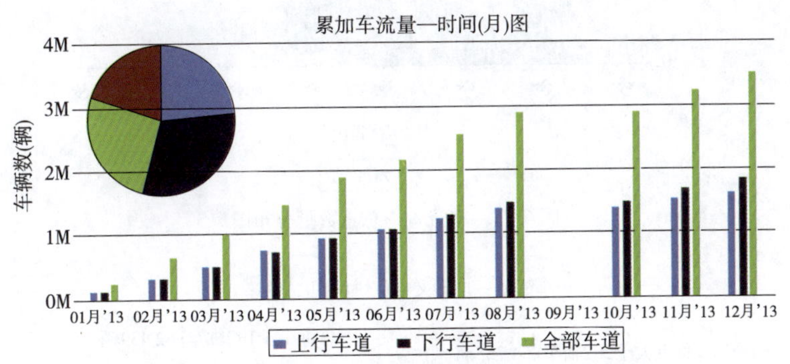

图 6.15　累加车流量—时间柱状图(月)

③车流量总重—数量图，采用 3 种方式表示不同轴数车总重与数量的关系。图 6.16 根据不同轴数车的总重，划分总重的吨位范围，用柱状图的方式

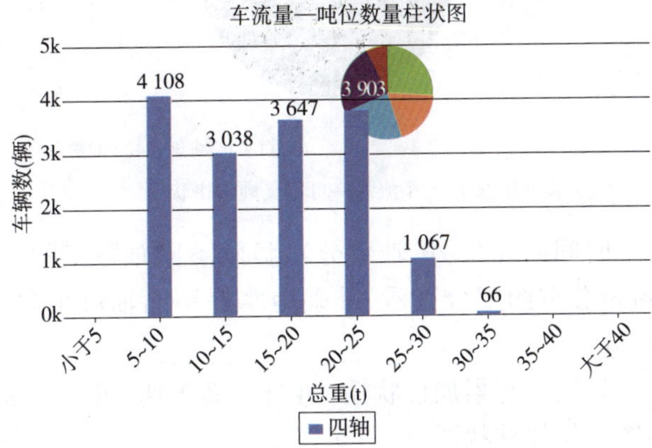

图 6.16　车流量—吨位数量柱状图

显示不同吨位范围的数量，并且配有饼状图，显示不同吨位范围车辆数的百分数。图6.17直接按照车辆总重显示其数量分布图，图6.18显示用户自定义吨位车流量饼状图。

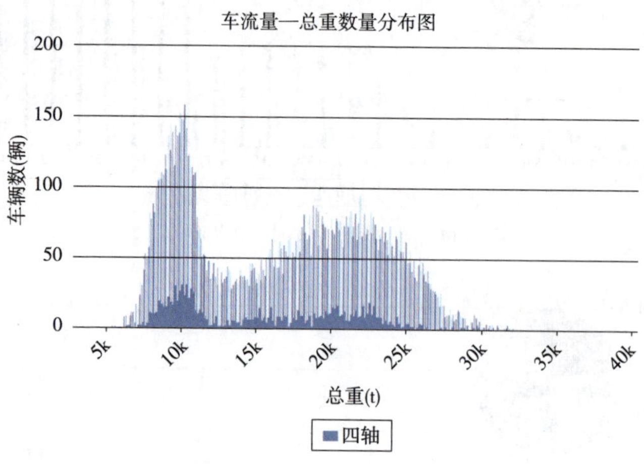

图6.17　车流量—总重数量分布图

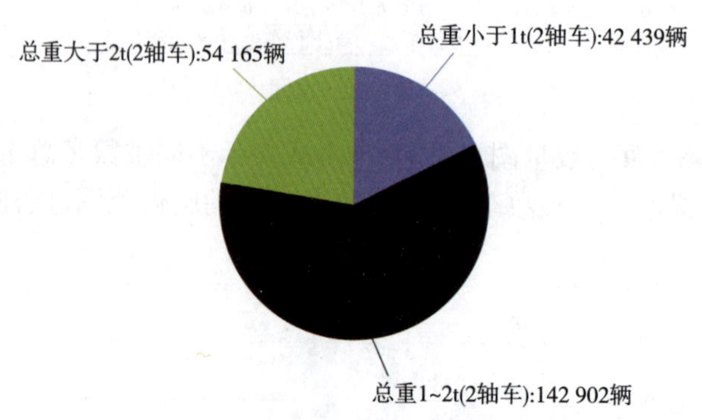

图6.18　车流量—自定义吨位饼状图

④车流量—时间曲线图(按轴数分)，显示不同轴数车的车流量—时间曲线图，与车流量总重图配合查看，准确地掌握不同轴数车的数量信息，见图6.19～图6.21。

⑤超速车流量曲线与累加柱状图，可自定义车速，可在一张图中显示超速车流量曲线图与累加柱状图，见图6.22。

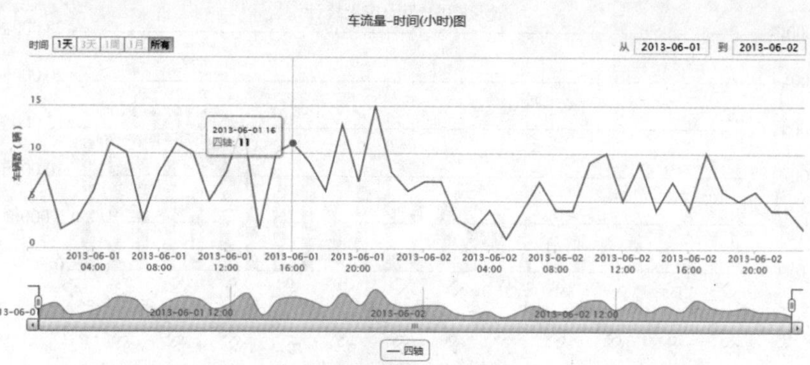

图 6.19　车流量—时间图(小时)

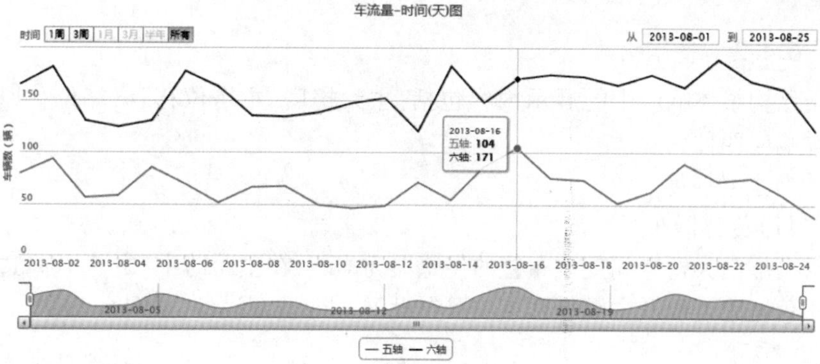

图 6.20　车流量—时间图(天)

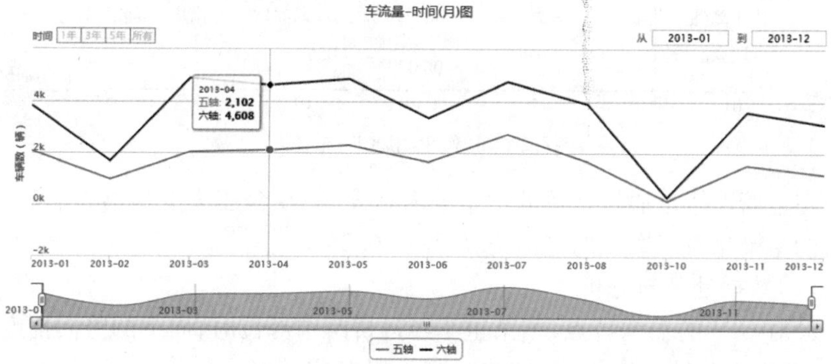

图 6.21　车流量—时间图(月)

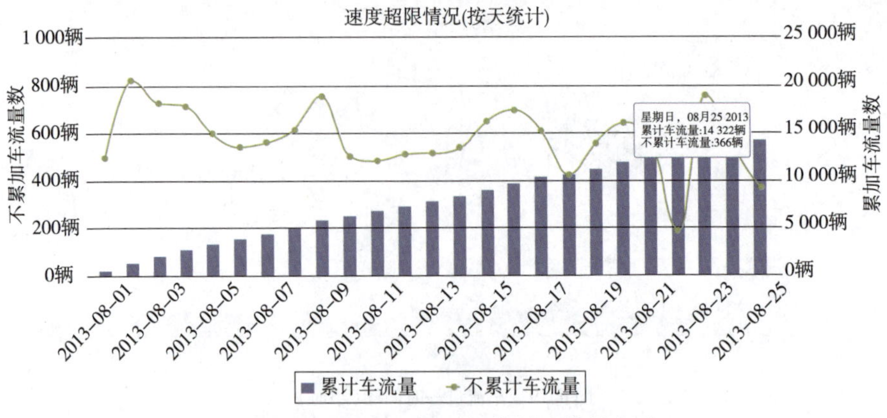

图 6.22　超速车流量—时间曲线与累加柱状图

6.4.2　整体响应

结构整体响应中的展示内容包括:主梁挠度、主塔位移、梁端位移以及振动响应四种。

1)主梁挠度

(1)传感器布置

西堠门大桥空间变位布置的传感器为 GPS,在主跨跨中、主跨 1/4、边跨跨中位置附近以及主缆特征点位置布设了 GPS 监测设备,见图 6.23。

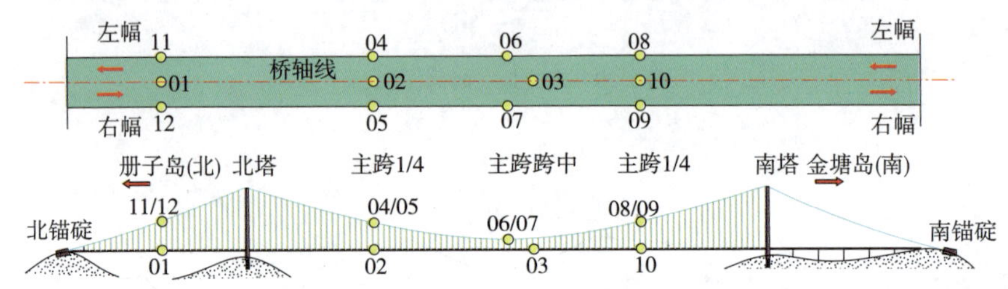

图 6.23　西堠门大桥 GPS 布置图

在金塘大桥主通航孔桥的钢箱梁内布设了 46 台压力变送器,用以监测大桥的主梁相对于墩顶的竖向挠度,见图 6.24。

(2)数据处理与分析

针对 GPS 的数据特点,当某重车经过桥跨中部位时,向下的竖向挠度会较大,若求十分钟的平均值,则此时刻工况造成的竖向挠度不会被显示,而且最大值、最小值与平均值数据最大会相差 8 ~ 9cm,所以应求取十分钟平均值、最大值、最小值表示桥梁挠度的变化。GPS 数据采集过程中，会出现一些毛刺数据现象，当求十分钟平均值时，由于采集频率比较高，对于平均值影响非常小；但是当求十分钟最值时，毛刺数据则会成为最值被求取，这样求得的十分钟最值并无意义，所以在求十分钟最值时，需要对原始数据进行去除毛刺处理。

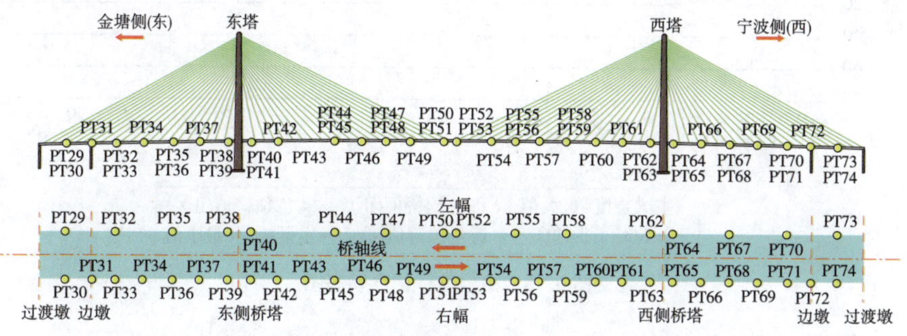

图 6.24　金塘大桥主通航孔桥液压传感器布置图

针对 HPT 数据特点，最大值、最小值与平均值数据相差 5～6cm，应求取十分钟平均值、最大值、最小值表示桥梁挠度的变化，处理方式同 GPS 数据。

(3)数据显示

①十分钟挠度平均值、最大值、最小值曲线，红黄预警值，可显示某一段时间内的挠度值的变化情况，见图 6.25。

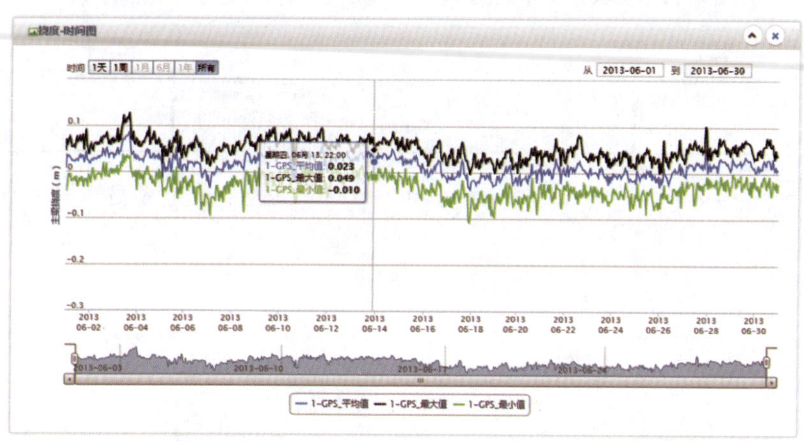

图 6.25　主梁挠度曲线图

②显示纵桥向主梁挠度的整体变化，根据选择的时间单位进行数据跳动，可判断此刻桥梁挠度是否符合正常结构力学变形，见图 6.26。

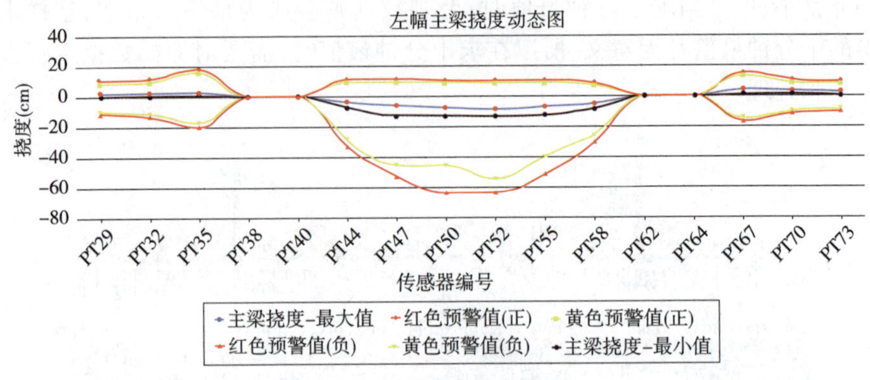

图 6.26　主梁整体挠度动态图

2)振动响应

(1)传感器布置

西堠门大桥南北索塔承台顶面及塔顶索塔两肢设置了伺服式超低频三向加速度传感器和双向加速度传感器，测试索塔在地震荷载、车辆荷载以及风荷载作用下的索塔结构振动；在主梁主跨跨中、1/4、3/4 处，边跨跨中处设置横向、竖向加速度传感器测试主梁频率；在吊索处设置单向加速度传感器测试吊索频率，以求取索力，见图 6.27。

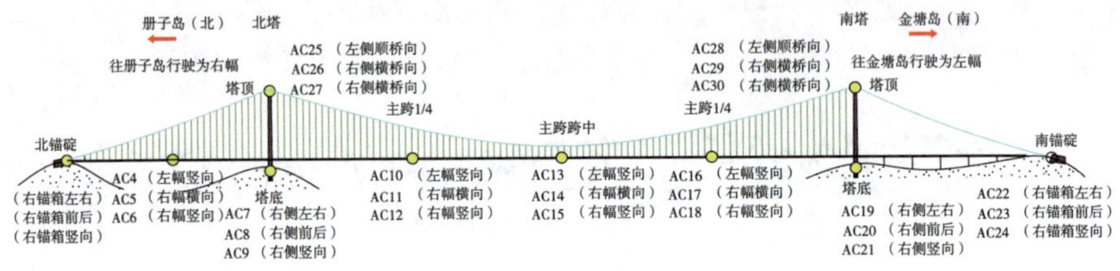

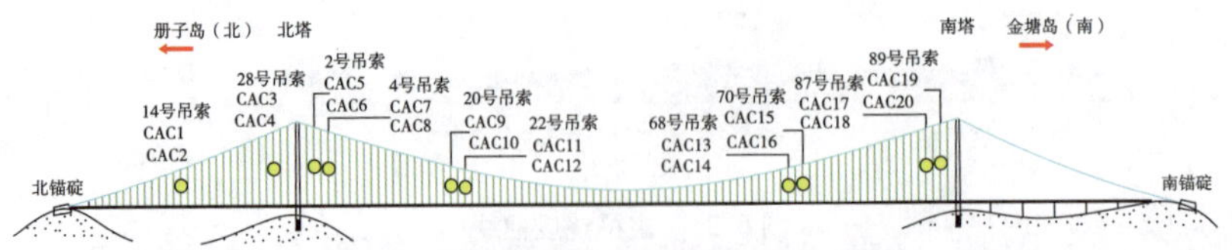

图 6.27　西堠门大桥加速度传感器布置图

金塘大桥主通航孔桥在东西塔承台顶以及两塔肢和塔顶设置了伺服式三向加速度传感器和双向加速度传感器测试索塔在地震荷载、车辆荷载以及风荷载作用下的索塔结构振动；在主梁主跨跨中、1/4、3/4 处，边跨跨中处设置横向、竖向加速度传感器测试主梁频率；在拉索处设置单向加速度传感器测试吊索频率，以求取索力，见图 6.28。

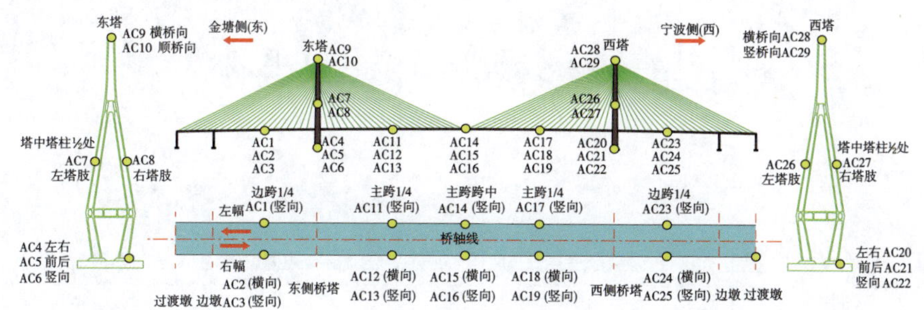

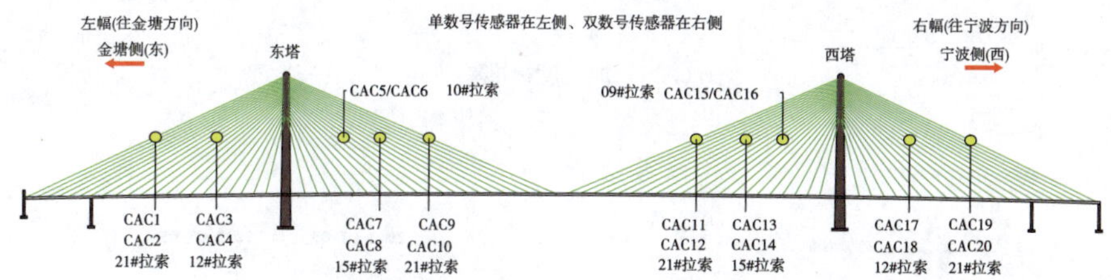

图 6.28　金塘大桥主通航孔桥加速度传感器布置图

（2）数据处理与分析

针对振动数据特点，求取十分钟数据绝对值的最值和数据的标准差。

（3）数据显示

①加速度十分钟绝对值最值曲线，可显示某一段时间内的加速度数据幅值的变化情况，见图 6.29。

②加速度十分钟标准差曲线，可显示某一段时间内的加速度数据波动情况，见图 6.30。

3）梁端位移

（1）传感器布置

①西堠门大桥在钢箱梁梁端布设了拉绳式位移计监测钢箱梁梁端相对于横梁的纵向移动，同时在北塔塔梁交接处安装了磁致伸缩位移计监测纵向、横向的位移情况，见图 6.31。

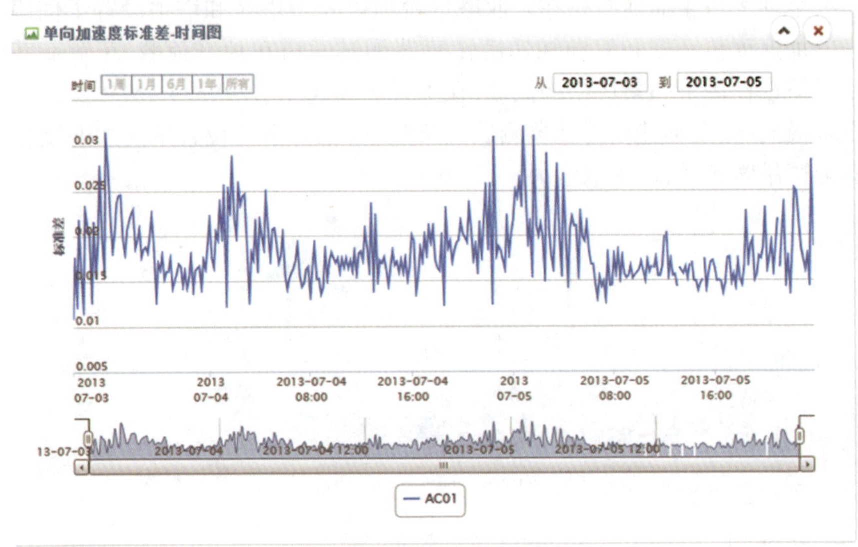

图 6.29　加速度标准差曲线

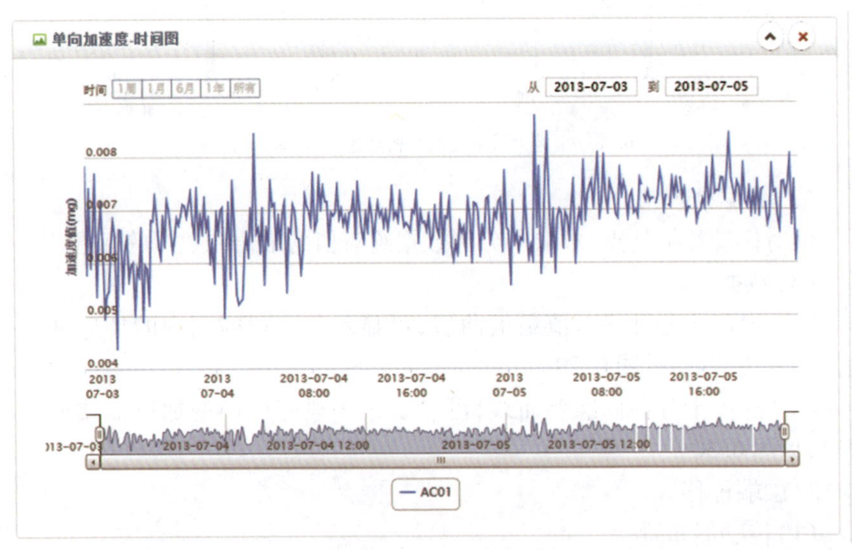

图 6.30　加速度时间曲线

②金塘大桥主通航孔桥主梁梁端布设拉绳式位移计，用以监测钢箱梁相对墩身的纵向和横向位移，见图 6.32。

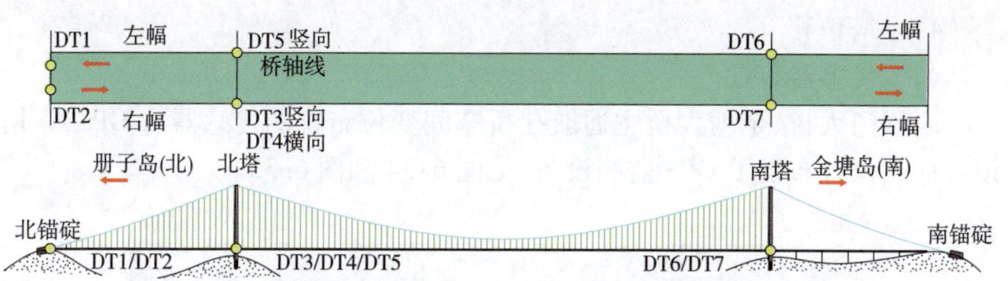

图6.31 西堠门大桥梁端位移传感器布置图

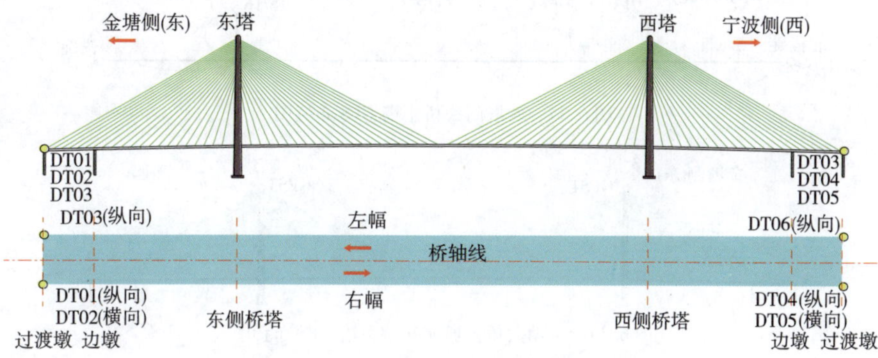

图6.32 金塘大桥主通航孔桥梁端位移传感器布置图

(2)数据处理与分析

针对梁端位移数据特点,十分钟数据的平均值与最值之间差距很小,几乎重合,所以对梁端位移数据计算其十分钟的平均值表示梁端位移的变化情况。

(3)数据显示:

十分钟梁端位移平均值曲线、红黄预警值,可显示某一段时间内的梁端位移值的变化情况,见图6.33。

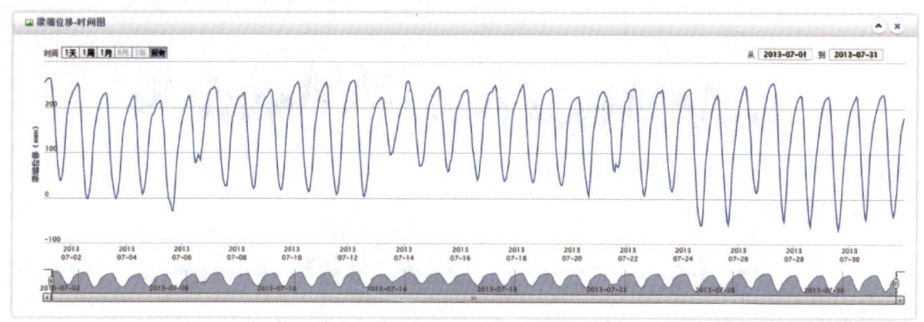

图6.33 梁端位移曲线图

4)主塔位移

(1) 传感器布置

西堠门大桥、金塘大桥主通航孔桥空间变位布置的传感器为 GPS,索塔顶特征点位置布设了 GPS 监测设备,见图 6.34 和图 6.35。

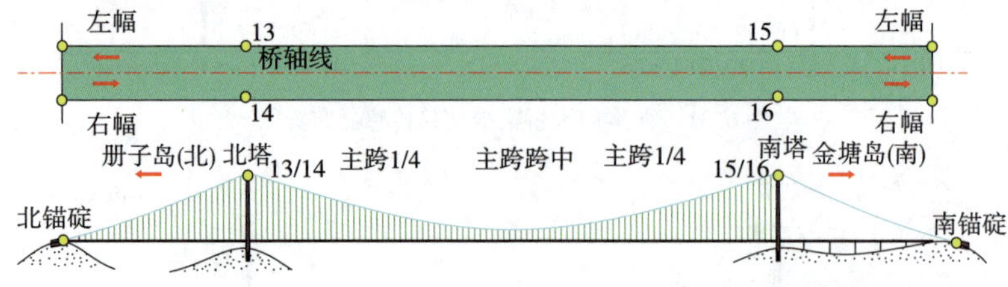

图 6.34 西堠门大桥主塔 GPS 布置图

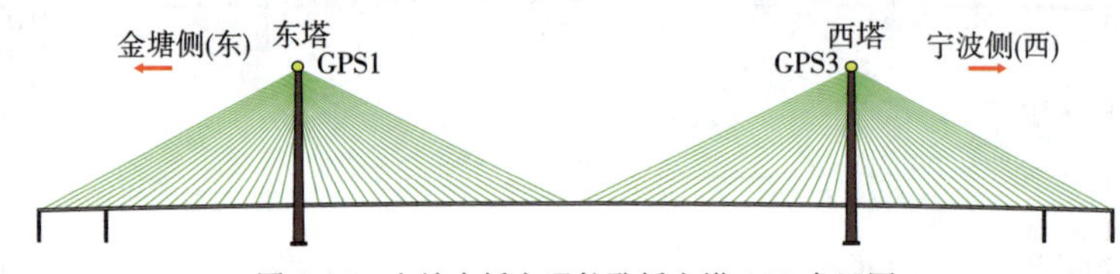

图 6.35 金塘大桥主通航孔桥主塔 GPS 布置图

(2)数据处理与分析

针对 GPS 数据特点,求取十分钟平均值、最大值、最小值体现桥梁主塔位移的变化,处理方式同主梁挠度数据。

(3)数据显示

①十分钟挠度平均值、最大值最小值曲线、红黄预警值,可显示某一段时间内的挠度值的变化情况,见图 6.36。

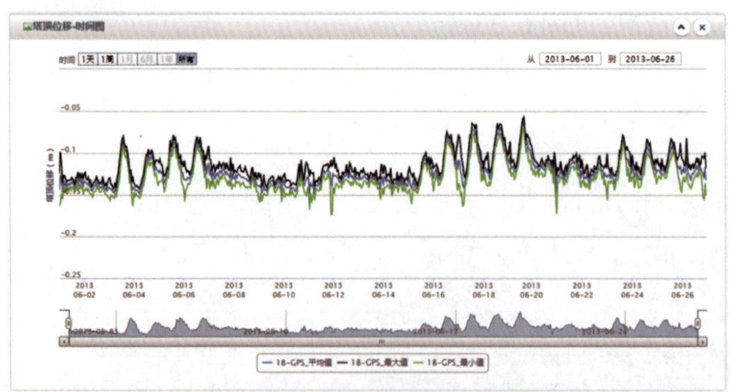

图 6.36 主塔位移曲线图

②异常值曲线，图中可清楚显示出数据缺失、数据超过限值的异常数据时间段，以此判断传感器的运行是否正常。

6.4.3　关键构件响应

关键构件响应中的显示项包括：主缆（拉索）索力、主梁应力。

1）主缆（拉索）索力

（1）传感器布置

西堠门大桥每根主缆中从北锚碇到南锚碇的通长索股有 169 股，北边跨另设 6 根索股（背索），南边跨另设 2 根索股（背索）在主索鞍上锚固，主缆索力采用压力环式锚索计进行监测，传感器布置于前锚面，监测锚碇内 7 根索股锚跨张力，全桥共监测 28 根索股，见图 6.37。

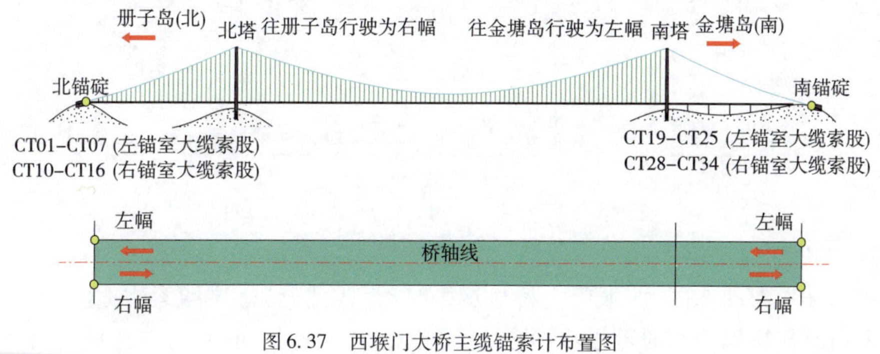

图 6.37　西堠门大桥主缆锚索计布置图

在金塘大桥主通航孔桥东、西两索塔各选取 36 根斜拉索布设安装压力环式锚索计，用以监测斜拉索的索力，见图 6.38。

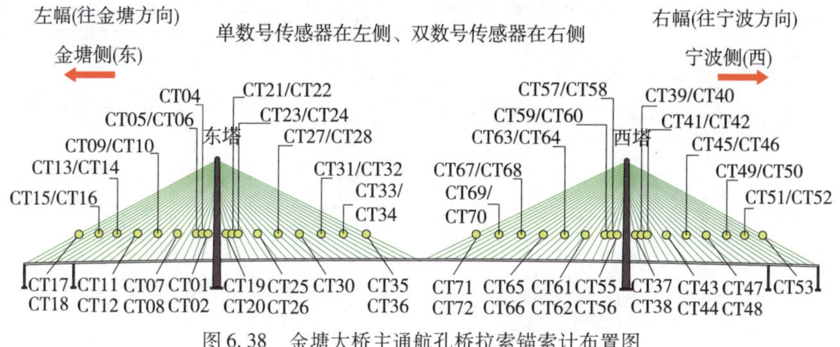

图 6.38　金塘大桥主通航孔桥拉索锚索计布置图

(2)数据处理与分析

针对索力数据特点,索力数据变化比较小,十分钟的平均值与最值的差值也比较小,所以求取索力十分钟的平均值表示索力的变化。

(3)数据显示

①索力十分钟平均值曲线、红黄预警值,可显示某一段时间内索力值的变化情况,见图6.39。

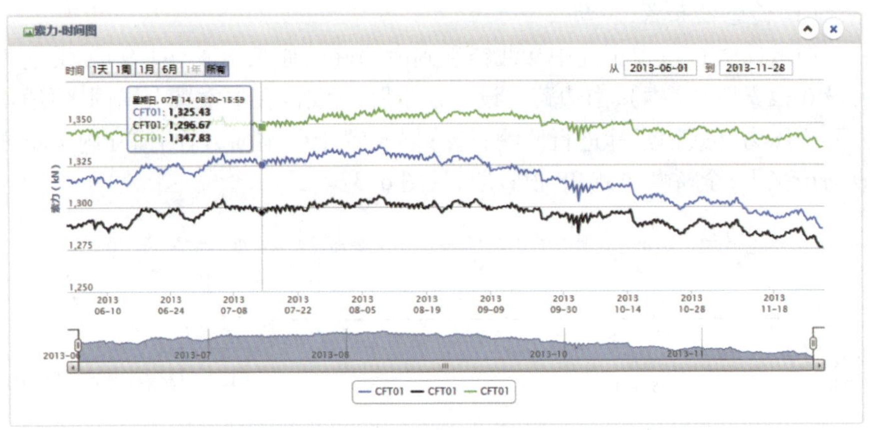

图6.39　拉索索力—时间曲线图

②索力动态图,西堠门大桥显示每时刻南(北)锚碇主缆索力,金塘大桥主通航孔桥显示每时刻沿纵桥向左(右)侧拉索索力,根据用户选择的时间单位跳动,从中可以判断是否符合该结构的力学变化,见图6.40和图6.41。

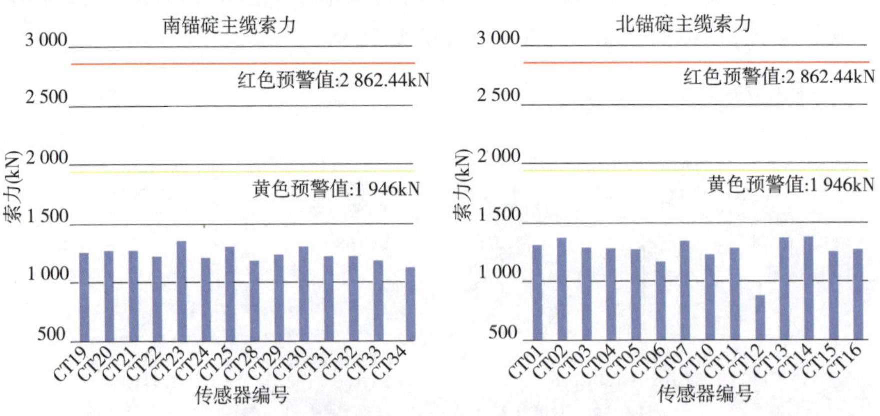

图6.40　主缆索力动态图

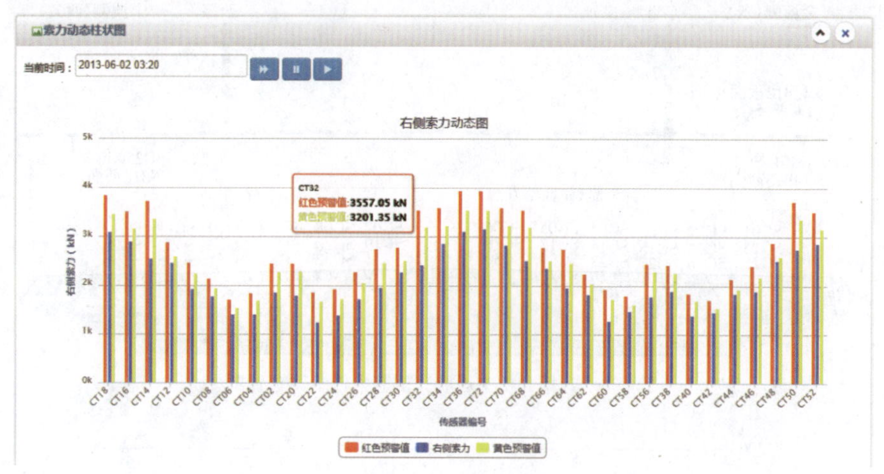

图 6.41　拉索索力动态图

2)主梁应力

(1)传感器布置

西堠门大桥,全桥在主跨靠近北塔附近的两个截面上布置应力传感器,每个横断面上布置 12 个传感器监测截面的应力变化,见图 6.42。

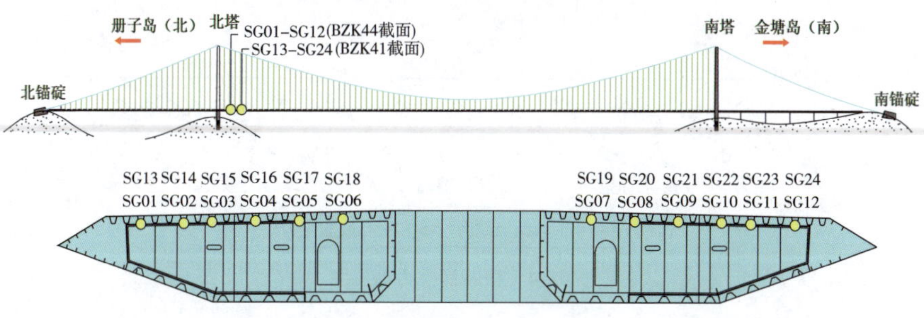

图 6.42　西堠门大桥应力传感器布置图

金塘大桥主通航孔桥,全桥在边跨桥墩附件的两个截面上布置应力传感器,每个横断面同样布置 12 个传感器监测截面的应力变化,见图 6.43。

(2)数据处理与分析

针对应力数据特点,求取十分钟平均值表示应力的变化情况。

(3)数据显示:

①横断面应力动态图,可显示出每个断面的应力变化情况,见图 6.44。

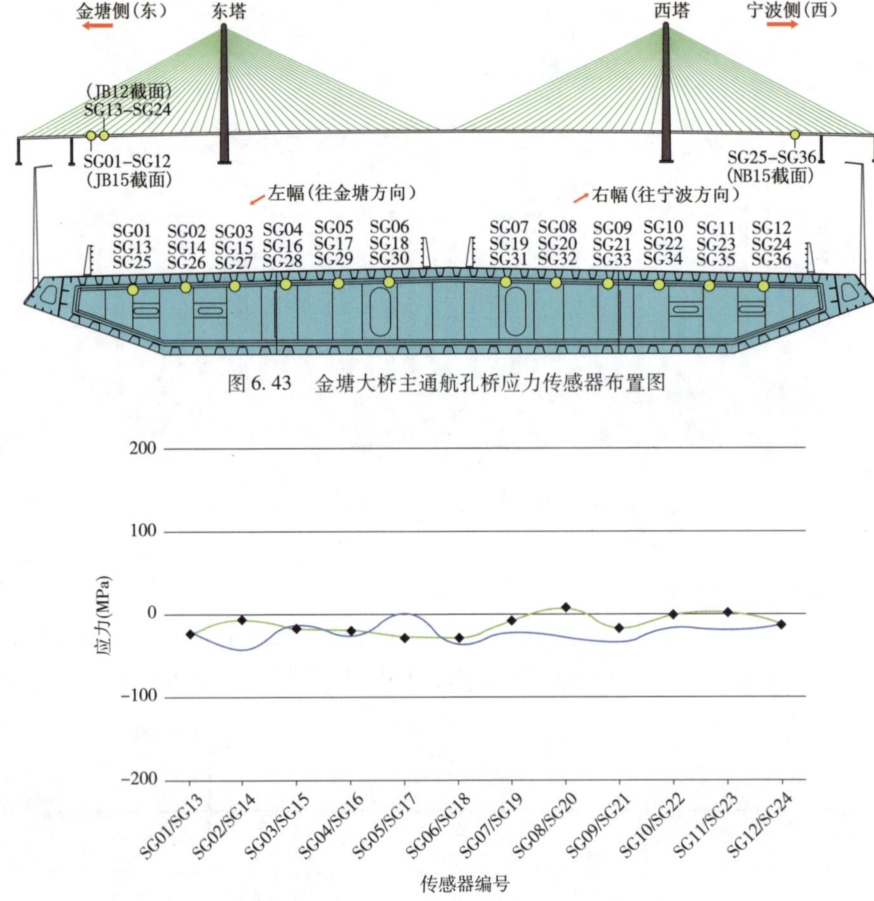

图 6.43　金塘大桥主通航孔桥应力传感器布置图

图 6.44　横断面应力动态图

②应力十分钟平均值曲线，可显示某一段时间内的应力值的变化情况，见图 6.45。

6.4.4　荷载—响应相关性

针对风速和应力、温度和应力、风速和挠度、温度和挠度、风速和振动等荷载和响应相关性比较强的数据，采取显示风速—应力、温度—应力、风速—挠度、温度—挠度、风速—振动的散点图的方式，并拟合其相关性曲线，

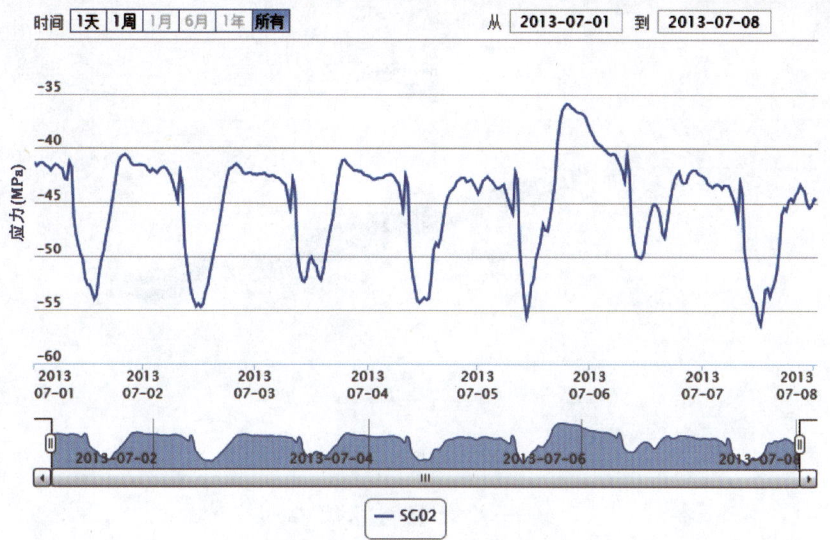

图 6.45　应力时间曲线图

从大量实测数据中拟合出针对两座跨海大桥的荷载响应的真实相关性，为后续的结构分析作进一步深层的数据研究。

1）挠度—温度

采用主梁跨中处 GPS 测得的主梁挠度与主梁跨中处的温度数据（传感器位置见图 6.46），拟合得到 2013 年全年时间段内的数据拟合散点图曲线，显示挠度与温度的相关性（图 6.47）。利用建立的基准有限元模型分析了跨中处温度—挠度的相关性（图 6.48），可以看出，有限元计算结果与实测数据的吻合度较好。

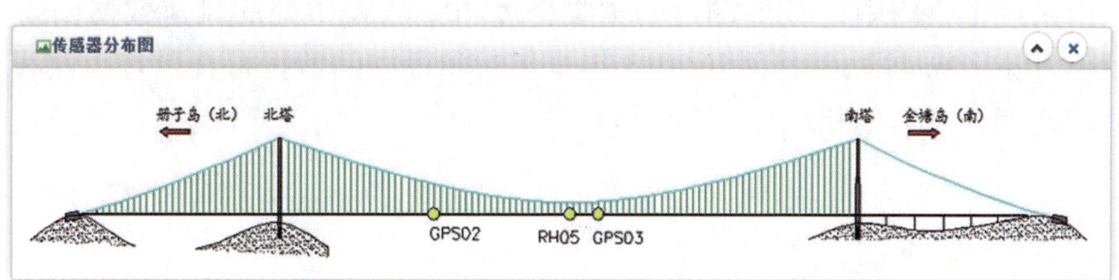

图 6.46　传感器分布图

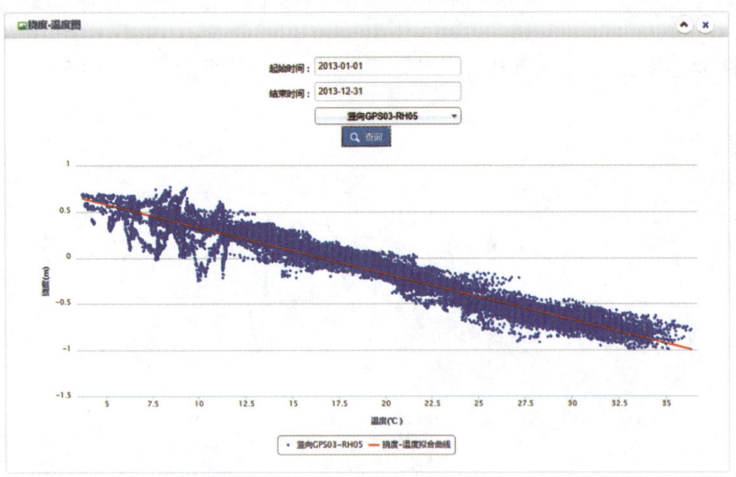

图 6.47　挠度温度散点图

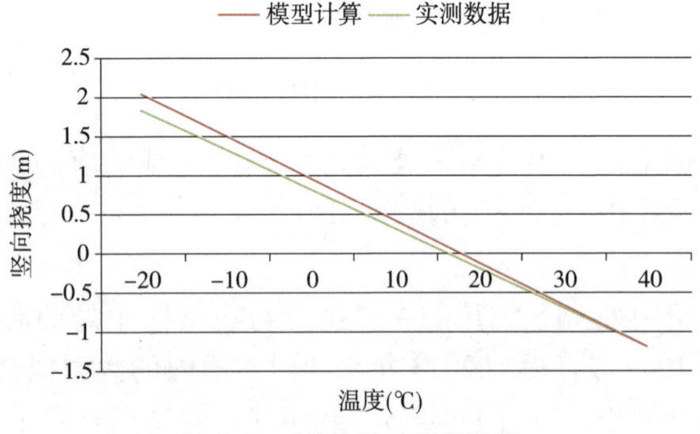

图 6.48　理论值与实测值比较

2）挠度—风速

采用主梁跨中处 GPS 测得的主梁挠度与主梁跨中处的风速数据（传感器位置见图 6.49），拟合得到 2013 年全年时间段内的数据拟合散点图曲线，显示挠度与风速的相关性（图 6.50）。

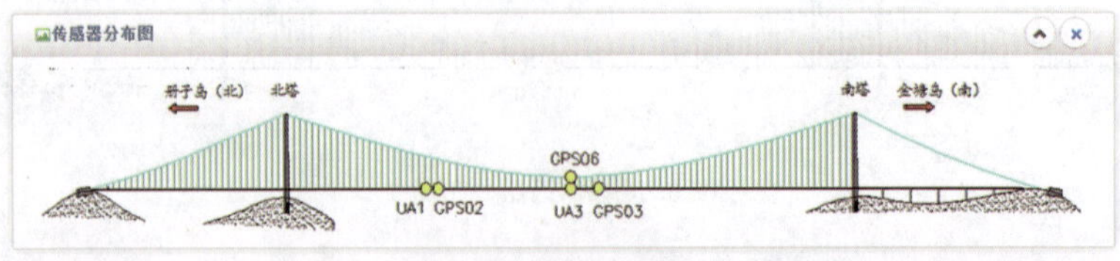

图 6.49　传感器分布图

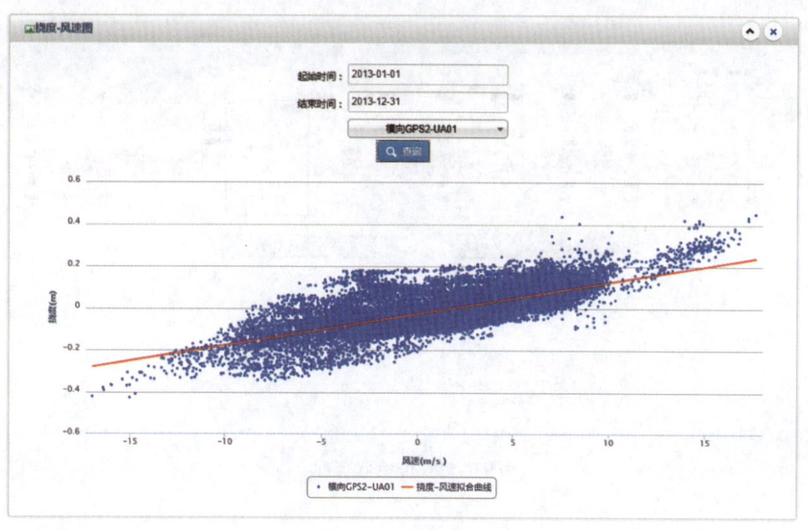

图 6.50　挠度风速散点图

6.4.5　传感器管理

根据桥梁管理人员在日常养护工作中的实际需求，在分析系统中还增加了传感器管理模块。考虑到结构监测系统随着使用期的增加，可能逐渐会有传感器达到寿命，同时可能根据结构受力状态的变化需要在一些关键位置增设传感器，因此传感器管理模块首先是具备传感器的增删改查功能。此外，用户可通过传感器管理功能，利用数据缺失率和数据异常率两个指标快速了解各传感器当前状态是否良好，如图 6.51 和图 6.52 所示。

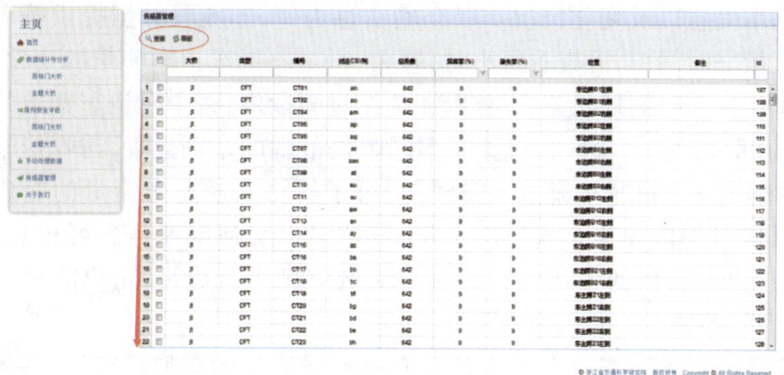

图 6.51　传感器管理-1

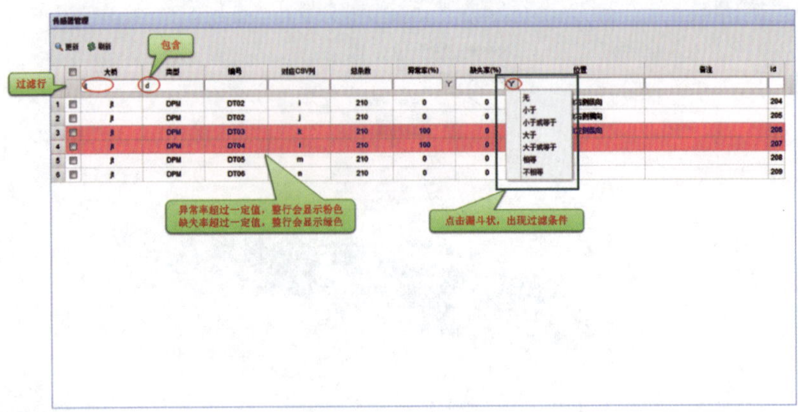

图 6.52　传感器管理-2

6.5　系统使用方法

本系统针对当前大跨桥梁结构监测系统在原始数据和后续显示与结构评估之间缺乏实用有效分析手段的现状，给出了适用于大跨桥梁结构监测系统数据梳理与分析的方法，主要应用成果如下所示：

(1)每种监测项数据的梳理与分析内容根据该数据类型的特点、后续显示、结构评估的实际需求确定，能够反映当前的桥梁状态，使技术人员能够即时快速掌握所需的结构初步技术信息。

①用户可通过查看系统中各类外荷载数据的显示图形，及时掌握外荷载的基本信息以及变化情况。以车辆信息为例，车流量数据提供按车道分的车流量—时间图，可查看每小时、每天、每月不同车道车流量的变化情况；累加车流量—时间柱状图，可查看在选择时间段内，每个车道车辆数的百分比；车流量总重—数量图，可查看不同吨位范围的车辆数量，与收费站的信息可相互核对；超速车流量—时间图，可了解每天超速车流量的变化情况以及某段时间内超速车流量的总量，与桥梁上交通限速信息可相互校核，并提供数据信息；通过从各方面对车流量信息进行分析，用户能对车流量信息了然于胸。

②用户可通过查看系统中各类响应数据的显示图形，及时掌握各类数据的变化趋势，从而判断桥梁运营状态是否在正常范围内以及传感器状态

是否良好。如:主梁挠度数据提供整体动态图,可查看沿纵桥向的主梁挠度图,通过主梁挠度规律可判断数据是否异常,如果出现异常可结合挠度曲线图,查看一段时间的数据,进一步判断是桥梁结构的损伤问题或是传感器状态问题。

③用户可通过查看荷载与响应相关性模块,从大量实测数据中拟合出两座跨海大桥的荷载—响应之间真实的相关性,从而可以更具体地了解该桥所受到的外荷载对桥梁响应的影响,同时也为用户做后续的结构分析提供数据指导。

(2)在数据处理与分析过程中,加入异常数据的判断与剔除功能,确保最终处理得到数据的正确性,减少曲线毛刺使曲线形状更加真实;并且在显示中加入异常数据的显示功能,可以使桥梁一线技术管理人员能够快速了解不同类型监测项异常数据的情况,为后续结构评估奠定基础。

(3)用户可通过传感器管理功能,利用数据缺失率和数据异常率两个指标快速了解各传感器当前状态是否良好。

(4)数据分析部分可以帮助用户快速做出桥梁监测数据分析报告,包括定期分析报告、专题分析报告等。

6.6 结语

通过对监测系统得到的海量数据进行梳理、挖掘与初步分析,自主开发结构监测数据分析系统,根据不同数据类型的特点及后续评估中需要采用的数据,进行处理统计分析。主要内容小结如下:

(1)根据该数据类型的特点、后续显示、结构评估的实际需求确定每种监测项数据的梳理与分析内容,特别是荷载与响应相关性模块,使桥梁一线技术人员能够即时快速掌握所需的结构初步技术信息,也使专业分析评估人员能够及时快速地获取结构评估所需的荷载和结构响应等信息。

(2)经过处理后的数据与原始数据相比,其容量大幅减少,可保证处理后的数据量不超过原始数据量的5%。后续的数据显示和结构评估只需调用经处理后的数据而不再需要调用原始数据,使得后续数据显示和结构评估等技术工作的效率大幅提高。

(3)用户通过数据分析系统,可简单快速做出各类数据分析报告,如监测数据周报、车流量专题月报等。

本章参考文献

[1] 李兆霞,李爱群,陈鸿天,等. 大跨桥梁结构以健康监测和状态评估为目标的有限元模拟[J]. 东南大学学报:自然科学版,2003,33(5):561-572.

[2] Berman A, Nagy E J. Improvement of a large analytical model using test data [J]. AIAA Journal,1983,21(8):1168-1173.

[3] 袁爱民. 基于灵敏度分析的有限元模型修正技术若干关键问题研究[D]. 南京:东南大学. 2006.

[4] 张启伟. 基于环境振动测量值的悬索桥结构动力模型修正[J]. 振动工程学报,2002,15(1):74-78.

[5] Zhang De-wen, Zhang Ling-mi. Martrix Transformation Method for Updating Dvnamic Model [J]. AIAA Journal,1992,30(5):1440-1443.

[6] 钟颖. 基于静力测试数据的桥梁结构有限元模型修正[D]. 成都:西南交通大学. 2006.

田浩　高级工程师

博士，高级工程师。2000～2009年就读于同济大学桥梁与隧道工程系，2009年获得同济大学工学博士学位，2010～2011年于美国里海大学ATLSS国家级工程技术研究中心从事博士后研究，2011年～至今于浙江省交通科学研究院工作，现为浙江省交通科学研究院桥隧工程研究室副主任（主持工作）、桥梁维护与安全技术实验室（筹）主任、浙江省交通科学研究院桥梁维护与安全技术研究中心副主任。

主要研究领域为桥梁全寿命性能演变分析、结构加固和性能优化、大跨桥梁结构健康监测数据分析与安全评估等。攻读博士及在美国做博士后期间，作为主要成员先后参与了国家自然科学基金项目——“混凝土桥梁构件耐久性数值模拟”、“863”计划重大交通基础设施核心技术项目——“基于全寿命周期的混凝土桥梁耐久性能设计方法和过程”、西部交通建设科技项目——“混凝土桥梁耐久性设计方法和设计参数研究”等多项国家级、省部级科研项目。

已发表及录用高水平学术论文30余篇，其中SCI收录1篇、EI收录13篇、ISTP收录5篇。获授权实用新型专利2项、软件著作权4项；申请发明专利2项、实用新型专利1项。参与编写著作2部。

第7章 基于动态图像的车辆识别及其分布特征研究

陈艾荣,潘玥,王达磊,马如进
同济大学桥梁工程系,上海市四平路1239号,200092

7.1 引言

汽车荷载是桥梁结构所受的基本可变荷载之一,也是影响桥梁使用寿命和安全的关键因素。随着桥梁服役时间的增加,汽车荷载反复作用于桥面,特别是在重车作用下,会导致结构疲劳,使其承载能力降低。在我国某些地区,汽车荷载常常存在超载的情况,给道路及桥梁造成极大的危害,导致桥梁使用寿命大大缩短。有研究表明,车辆轴载质量超过标准轴载质量1倍时,其行驶公路1次就相当于标准车辆行驶256次。超载车辆使水泥混凝土路面使用年限缩短40%,使沥青混凝土路面缩短20%~40%。据测算,一条使用年限为15年的公路,如果行驶车辆轴载质量超出标准质量的1倍,其实际使用年限仅为设计使用年限的10%左右(即实际使用年限仅为1.5~2年)。对于桥梁结构,车辆超载危害更为严重。超载不仅会对桥面铺装造成损害,还会对桥梁主体结构造成永久性损害,缩短其正常使用寿命,并显著降低桥梁的使用安全性,造成养护与维修成本大幅增加[1]。这样的事例屡屡见诸报端,如:2012 年哈尔滨阳明滩大桥引桥的垮塌就是由于 4 辆超载货车所引起。另一方面,随着轻质混凝土以及高性能钢材的普及,车辆荷载在多种桥梁荷载作用中的比重逐步增加,真实汽车荷载作用下的结构动力研究受到重视[2]。若 FRP 等纤维增强复合材料在工程应用领域获得突破,车辆荷载与结构自重的比值将急剧增大,精细化描述结构实际的车辆荷载水平将变得非常重要。

实际的车辆荷载水平取决于桥上行驶汽车的类型、车重、车长、轴载、轴距、车速以及车辆间距等诸多因素,具有显著的随机性和不确定性,一般需通过对大量实测数据的统计分析获得[3]。目前对桥梁运营荷载问题的处理方法基本分为 4 种:①采用规范给出的评估荷载模型;②由动态称重系统 WIM(Weight in Motion)监测得到的车辆数据确定;③通过交通调查粗略确定车流量、车型、车距、轴载等;④利用桥梁健康监测数据识别荷载,即桥梁动态称重 BWIM(Bridge Weight in Motion)。在这些方法中,规范考虑通用性,其荷载评估是非常保守的,并不能满足车辆荷载的地域差异性和时变性的;由交通调查确定的荷载模拟虽然更能反映实际情况,但因为一般的调查,周期不会太长且调查方法有限,导致结果不够精确;采用 WIM 动态称重系统进行监测则费用昂贵,受地区经济发展水平、结构特点和场地条件的限制,大多数桥梁无法进行安装,而现有研究多采用收费站数据或公路 WIM 数据对桥梁进行验算,所以缺乏普及性和准确性;采用 BWIM 桥梁动态称重系统反推作用在桥梁上的车重,虽然易于应用、成本低,但对于同一种荷载响应,有时可能是不同车辆行驶组合作用下产生的,所以识别精度有待提高;同时其计算复杂,很难做到在线实时识别。因此,这些既有方法均无法反映桥面上真实的车辆荷载分布情况,使得计算结果很难准确描述车辆荷载的真实分布,从而影响对结构实际损伤位置的识别。

近几年来,随着计算机视觉技术中动态图像处理技术与相关硬件设备的快速发展,关于图像处理方面的研究与应用也越来越多。Ricardo. Zaurin, F. Necati. Catbas 通过对一个 4 跨连续梁桥模型进行车辆加载试验,将视频影像和传感器数据融合,利用图像确定车辆的位置、大小、形状、车速,再通过传感器获得结构响应数据、车重等,确定结构的单位影响线,并通过影响线的差异来确定一些常见的结构病害。这种方法作为结构健康监测系统的一种补充,使得荷载及荷载响应的实时情况可以直接得到反映,可用于桥梁的性能评估[4]。Tarak Gandhi 等通过图像预处理、阴影消除、目标识别和跟踪，结合振动传感器和多感官测试，将视频图像进行融合，用于对交通基础设施的健康监测，实现了高鲁棒性的交通运动物体的识别和分类[5]。罗洪斌等开发了一个基于图像处理的工程结构动态位移实时监测系统。通过 CCD（Charge Coupled Device）摄像机对附着在被监测结构上的人工标志进行视频图像采集，然后利用多线程编程技术对缓存中图像进行异步处理，达到目标自动跟踪识别最后输出结果，成功在桥梁结构工程实时检测中得到应用[6]。田国伟等基于数字图像处理技术，研究了振动台试验中动态位移的非接触式测量方法并开发了相应的程序，使用数码摄像机获取结构上人工标靶的视频图像，利用视频图像处理程序对采集到的图像进行处理，实现测点位置的自动识别与跟踪，从而得到测点位移的动态时程曲线。将该方法应用于某桥梁振动台试验中，较为简便地实现了板式橡胶支座变形和滑动位移参数的测量，且达到了较高的测量精度[7]。可见，图像处理技术因其独有的众多优势，已成为了许多非接触式测量问题的有效解决方案，这为实际车辆荷载识别方面的研究也提供了一种新的思路。

基于动态图像的车辆识别技术作为一种非接触式的识别技术，可对摄像头采集的视频或图片信息提取许多与车辆有关的信息。因此，与传统的感应线圈、红外、雷达以及条形码、射频等车辆检测方法相比，基于图像的车辆识别技术具备很多独特的优点。首先，图像信息含量极其丰富，如果提取的算法足够优化，该方法可捕获的数据是其他方法的若干倍；其次，该方法需求的硬件设备安装方便且维护简单，无需对桥面铺装造成破坏，成本相对较低；最后，可对实际场景进行存档，实现图像回放、历史检索，为相关专业提供决策分析的一手数据。

针对特大型桥梁，为了运营和管理需要，在建造时均已设计安装了由不同用途、不同视野的若干摄像机组成的桥面视频监控系统，用于针对桥面车辆运行情况进行全天后的监控，以服务于桥梁的安全运营和管理，这让应用动态图像处理技术实现大规模、长期的桥面实际交通流观测成为可能。一般地，在大型缆索承重桥梁的桥面视频监控系统中，斜拉桥或悬索桥的桥塔顶部均布设了可缩放的摄像头（图 7.1），该位置摄像头具备视野广阔、主轴与路面夹角大的特点，其数据可作为车辆观测和识别分析的首选数据。

本章基于动态图像的车辆识别技术，采用桥梁监控系统塔顶位置的摄像头俯拍视频数据，建立了一种桥面车辆识别跟踪的方法，并设计了一系列算法对桥面车辆的运动特征进行分析，获得了桥面车辆在时间和空间上的分布特性。本章方法可延伸应用于桥梁寿命评估预测、结构构件疲劳等问题的深入研究。

图7.1　塔顶摄像头位置及视角

7.2　桥面车辆识别

对于监控系统来说，一个重要的问题就是如何在给定的图像中，将感兴趣的前景物体从复杂的背景环境下提取出来，也就是背景与前景的分割。目前，前景检测的算法非常多，常用的包括Kalman滤波算法、光流法、相邻帧差法、背景差分法等。对于桥梁监控系统来说，桥面环境组成简单，特别是越江、跨海的桥梁，俯拍视角下，图像背景一般由水面与桥面构成且不会发生明显的位移，这为前景分割提供了良好的条件。但因为水面、路面的颜色相对均匀且色调单一，所以当识别率要求较高时，针对颜色与之接近的车辆的识别必须加以特殊考虑。

7.2.1　图像预处理

视频文件很多是通过彩色CCD摄像机进行记录采集，在采集、传输和记录过程中，经常会受到各种噪声的干扰，包括外界光照、阴影的影响，也包括摄像头成像误差、光路扰动、系统电路失真等引起的噪声[8]。可以说，现实中的图像一般都是噪声图像,因此在图像处理过程中,在边缘检测、图像分割、特征提取、模式识别等高层次处理之前,选用适当的算法尽量地去除噪声干扰是一个非常重要的预处理步骤。一个良好的图像处理系统,不论是模拟处理还是用计算机进行的数字处理,无不把减少最前一级的噪声作为主攻目标[9]。为了提高图像的精度,提取出背景与前景图像,首先需对每一帧图像进行预处理,包括灰度化、平滑降噪、二值化、数字形态学运算、区域填充等,下面针对每一步识别步骤分别进行阐述。

1)灰度化

在实际应用中,一般得到的图像是彩色的。每帧图像的像素点有三个颜色分量 R、G、B,通过三个分量加权合成得到不同颜色。但在图像识别过程中,一般为了简化运算量、提高识别效率,需要把彩色图像转化为灰度图像,即只保留它的亮度信息。灰度信息在计算机中一般是通过 8bits 来存储,因此,灰度值的量化范围为[0,255],共 256 个级别,其中数字越小亮度越暗,0 为全黑,255 为全白,而在 RGB 色彩空间中,如果 $R=G=B$,则该像素点为灰色。

灰度化的本质是使图像每个像素点 R、G、B 三个分量相等,图像由三维特征空间降到一位灰度空间,所以灰度化的过程必然伴随图像信息的丢失。

设彩色图像为 $f_C=\{R_C,G_C,B_C\}$,灰度图像 f_G,灰度化常用方法有:

(1)最大值法

$$f_G=\max(R_C,G_C,B_C) \tag{7.1}$$

(2)平均值法

$$f_G=\mathrm{avg}(R_C,G_C,B_C) \tag{7.2}$$

(3)加权平均值法

$$f_G=[R_C \quad G_C \quad B_C]\begin{bmatrix}W_R\\W_G\\W_B\end{bmatrix} \tag{7.3}$$

考虑到图像的合理性,本章采用加权平均值法且 $W_R=0.229$,$W_G=0.587$,$W_B=0.144$。利用该公式可以看到效果如图 7.2 所示。

2)平滑去噪

图像噪声[10]是妨碍人们对其信息接收的因素,摄像机在获取视频序列图像时不可避免的产生噪声。其产生原因主要有两类:一类是外部噪声,由系统外部干扰而进入系统内部所产生的噪声,如外部电器设备的相互作用、天体放电现象等引起的噪声;另一类是内部噪声,由光和电的性质、电器的机械运动、元器材料本身和系统内部电路所引起的噪声。噪声的存在严重影响了图像的质量,对后续的图像分析过程造成干扰,甚至导致结果不正确,所以对图像噪声的处理显得很重要。

a)视频彩色截图

b)灰度化图像

图 7.2　图像灰度化

图像去噪的本质就是图像平滑的过程。图像平滑可以基于空间域或基于频率域进行。基于空间域的平滑也称为邻域运算,一般利用 $M \times N$ 大小的窗口模板,按一定方向在图像上滑动,通过卷积运算代替窗口中心元素的像素值。常用的空域滤波的方法主要如下。

(1)均值滤波

$$f_{\mathrm{G}}(x,y)=\frac{1}{m\times n}\sum_{i=-\frac{m}{2}}^{\frac{m}{2}}\sum_{j=-\frac{n}{2}}^{\frac{n}{2}}f_{\mathrm{G}}(x+i,y+i)\times T\left(i+\frac{m}{2},j+\frac{m}{2}\right) \tag{7.4}$$

其中,$T(x,y)$ 为卷积核,满足下面关系式:

$$\frac{1}{m\times n}T\left(i+\frac{m}{2},j+\frac{m}{2}\right)\equiv 1$$

(2)中值滤波

$$f_{\mathrm{G}}(x,y)=\mathrm{med}[f_{\mathrm{G}}(x-m,y-n),\cdots,f_{\mathrm{G}}(x+m,y+n)] \tag{7.5}$$

(3)极大值滤波

$$f_{\mathrm{G}}(x,y)=\max[f_{\mathrm{G}}(x-m,y-n),\cdots,f_{\mathrm{G}}(x+m,y+n)] \tag{7.6}$$

(4)极小值滤波

$$f_{\mathrm{G}}(x,y)=\min[f_{\mathrm{G}}(x-m,y-n),\cdots,f_{\mathrm{G}}(x+m,y+n)] \tag{7.7}$$

鉴于图像平滑处理，会造成图像模糊，而车辆识别中需要保留车辆的边缘信息，所以本章采用具有对椒盐噪声敏感、能降低边缘模糊影响的中值滤波。滤波效果如图 7.3 所示。

a)加5%椒盐噪声亮度图

b) 经中值过滤后图像(m=3,n=3)

图 7.3　图像中值过滤

3）二值化

图像分割是数字图像处理中基本而关键的技术之一，其最重要的目的是将目标与背景分离，为后续的识别、分类和检索提供依据。图像分割的最终目的是将“有意义”的图像信息从图像中割取出来，因此，需要增加前景图像与背景图像的差异性。

二值化的本质是阈值分割。它利用背景图像与前景图像在灰度上的差异，把图像分成不同灰度级的两类。通过设定一个合理的阈值，来判断帧图像上每个像素点应该属于前景还是背景，从而产生二值化图像，实现前景目标的图像分割。通过二值化不仅可以压缩数据量，还可大大提高后期分析处理的效率。

设阈值为 T，二值化图像为 f_B，则：

$$f_B(x,y)=\begin{cases}1, f_G(x,y)\geqslant T\\0, f_G(x,y)<T\end{cases}\tag{7.8}$$

或

$$f_B(x,y)=\begin{cases}1, f_G(x,y)\leqslant T\\0, f_G(x,y)>T\end{cases}\tag{7.9}$$

利用上述公式，将帧图像二值化后可以看到效果如图 7.4 所示。

a)原始灰度

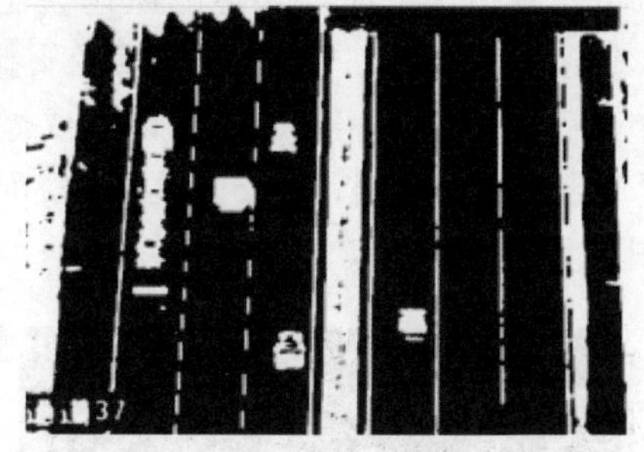

b)二值化图像

图 7.4　图像二值化

4)数字形态学滤波

数字形态学滤波是针对有一定形态的结构元素去度量和提取图像中的对应性状以达到对图像分析和识别的目的而提出的图像处理理论。其由一组形态学代数算子组成,通过组合应用这些算子,实现对图像形状、结构的分析和处理。

形态学代数算子是一个规定了不同权重的窗口模板,通过滑动窗口对中心像素及其领域做一种类似于卷积计算的逻辑运算,而实现图像形态的改变。常用的有:

(1)膨胀。把二值图像中,由值为 1 的像素连接区域的边界扩大一层的处理。

$$f'_{\mathrm{B}}(x,y)=\begin{cases}1,\text{像元}f_{\mathrm{B}}(x,y)\text{或其 4\_/8\_领域的一个像素为 1}\\0,\text{其他}\end{cases}\tag{7.10}$$

(2)腐蚀。把二值图像中,由值 1 像素连接区域的边界去掉而缩小一层的处理。

$$f'_{\mathrm{B}}(x,y)=\begin{cases}0,\text{像元}f_{\mathrm{B}}(x,y)\text{或其 4\_/8\_领域的一个像素为 1}\\1,\text{其他}\end{cases}\tag{7.11}$$

(3)开运算。对二值图像,先做腐蚀,再做膨胀。通过开运算,可将目标图像中孤立的噪点去除,同时保留图像的符合几何部分的结构性质。

(4)闭运算。对二值图像,先做膨胀,再做腐蚀。通过闭运算,可将目标图像分开的区域进行连接及对图像中细小缝隙进行填补,使图像的填补结果具有一定的几何特征。

对于桥面监控系统来说,摄像机理论上应该是静止的,但一般地,桥塔顶部位置摄像头所处环境的风速会比较大，而桥面位置的摄像头则会受到车辆运动的影响，这些导致的摄像头抖动会使背景发生偏移，从而在与背景差分后，会产生很多白点，所以需要做开运算使得这些白点消失，再通过闭运算将离散的目标区域连接起来，而获得大块的车辆图块。运算效果如图7.5所示。

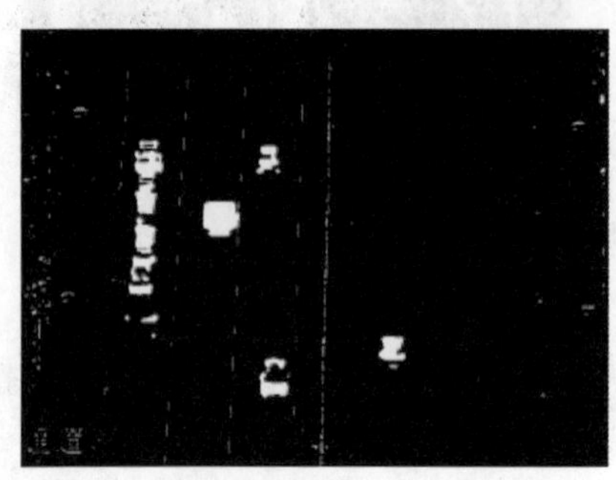

a)背景差分后的二值化图像

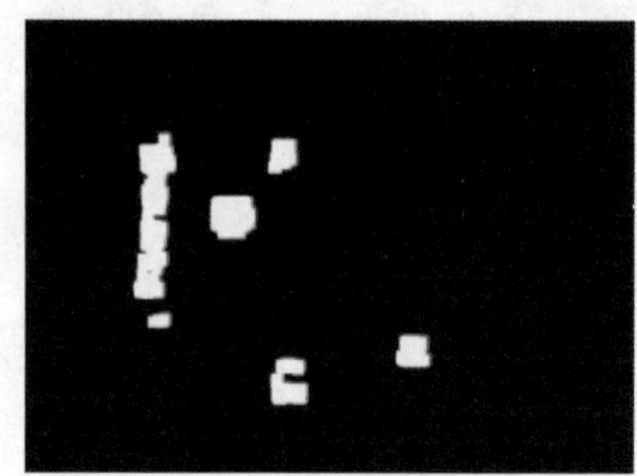

b)先开运算后闭运算后的结果

图7.5　数字形态学运算

7.2.2　基于背景差分法的车辆识别

背景差分法的思想是利用图像减去背景，从而获得前景运动目标。背景相对前景运动目标来说，是相对静止的。一般情况下，在桥面监控系统中，桥梁及河流的背景不会发生明显位移，所以背景差分法是适用的。

1)初始背景图

在理想情况下，可将一张不含有前景车辆的图片作为该视角的背景图片，在以后帧的处理下，对其做差分运算，提取前景运动车辆。但获得的数据一般是按一定时间区间进行存储的，因此在开始帧图像上，不一定是空场景，即可能有车辆存在，故需要通过一定的算法来获得初始的背景图，常用的方法如下。

(1)平均值法。通过对一定数量的帧中的每一个像素的灰度值求均值，获得平均后的图像。

$$\mathrm{BGImge}(x,y)=\mathrm{avg}\,f_i(x,y)\quad(i=1,2,\cdots,50)\tag{7.12}$$

(2)最大概率法。通过对一定数量的帧中的每一个像素的灰度值进行排序，将出现概率最高的灰度值作为该位置像素的灰度值。遍历整个图像像素位，将选取的灰度值组装成背景图。

当 $P_i(x,y)=P_{\max}(x,y)$ 时，有：

$$\mathrm{BGImge}(x,y)=f_i(x,y)\quad(i=1,2,\cdots,50)\tag{7.13}$$

根据以上公式可得到初始背景图，如图 7.6 所示。

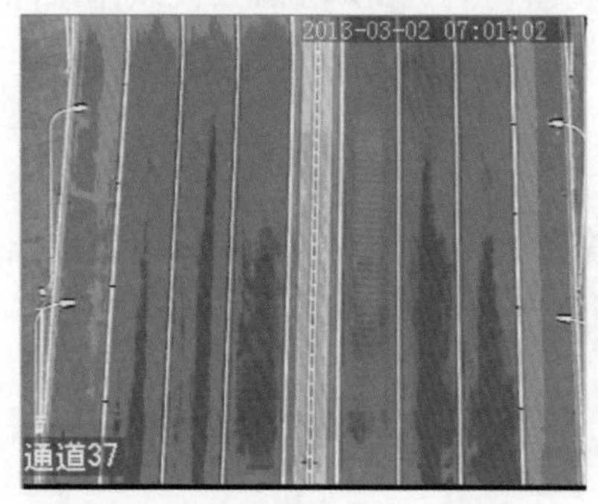

a)平均值法　　b)最大概率法（50帧）

图 7.6　初始背景图

2）动态阈值取值

当图像与当前背景图片进行差分操作后，合成的差分图像必须进行二值化，以实现前景与背景的分割。由于背景的亮度会随着光照等因素发生变化，故静态的阈值分割不能满足实际需求。因此，需要寻求一种能自适应调整阈值大小，以实现前景图像的最大化分割。

在桥梁监控视频中，大部分区域为背景，所以在差分操作后，图像很大部分将由低亮度值构成，只有车辆所在区域的亮度值为高亮度。因此，在直方图中，可以发现有两个波峰，而最佳的阈值就可以选择在波谷，以实现两个类别的分割。其具体的算法如下：

（1）设阈值初值 $T^0=\dfrac{B_{\min}+B_{\max}}{2}$，$B_{\min}$ 为差分图像中亮度最小值，$B_{\max}$ 为差分图像中亮度最大值。

（2）根据 T^k 进行图分割，求 B_1、B_2，即两部分灰度均值。

$$B_1=\mathrm{avg}[f_\mathrm{d}(x,y)]\quad[f_\mathrm{d}(x,y)<T^k]$$

$$B_2=\mathrm{avg}[f_\mathrm{d}(x,y)]\quad[f_\mathrm{d}(x,y)\geqslant T^k]$$

（3）求出新的阈值 $T^{k+1}=\dfrac{B_1+B_2}{2}$，若 $T^{k+1}\neq T^k$，则返回第二步循环，直到 $T^{k+1}=T^k$，结束。

7.3 桥面车辆跟踪

对于桥面视频监控系统来说，一般过桥车道均为实线车道，上桥后禁止车辆换道超车，所以车辆运动成一定的规律性。为此，可以大大简化跟踪匹配的算法，提高运算效率。

7.3.1 背景自适应更新

背景图像的亮度是否与当前图片的亮度最接近，将直接影响差分图像的效果，甚至会因为背景灰度差异太大而造成识别率降低或识别失败。由于气候，光照及环境等因素变化，桥面监控视频的背景会发生缓慢变化。为此，需要随时对背景图像信息进行更新。一般地，可采用加权与分割的方式来实现背景自适应更新。

通过差分运算及二值化，可以获得当前图像的前景掩模，所以在更新的时候，只需要选择属于背景的像素进行加权运算即可，从而避免了车辆高亮区域对背景图像的污染。

自适应加权计算的公式为：

$$f_{BG}(x,y)=f_{BG}(x,y)\times(1-\alpha)+f_{YM}(x,y)\times\alpha \qquad (7.14)$$

式中，α 为遗忘速度，其算法示意图如图 7.7 所示。

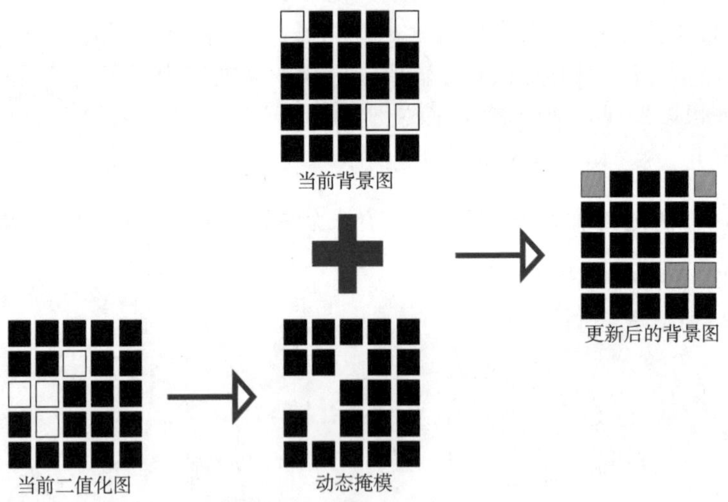

图 7.7 背景自适应更新示意图

7.3.2　车辆跟踪算法

车辆跟踪是指用一定的算法将每帧图像上出现的车辆进行匹配，以获得该车辆在特定时间、特定位置内在桥面运动的准确信息。本文所用算法流程如图7.8所示。

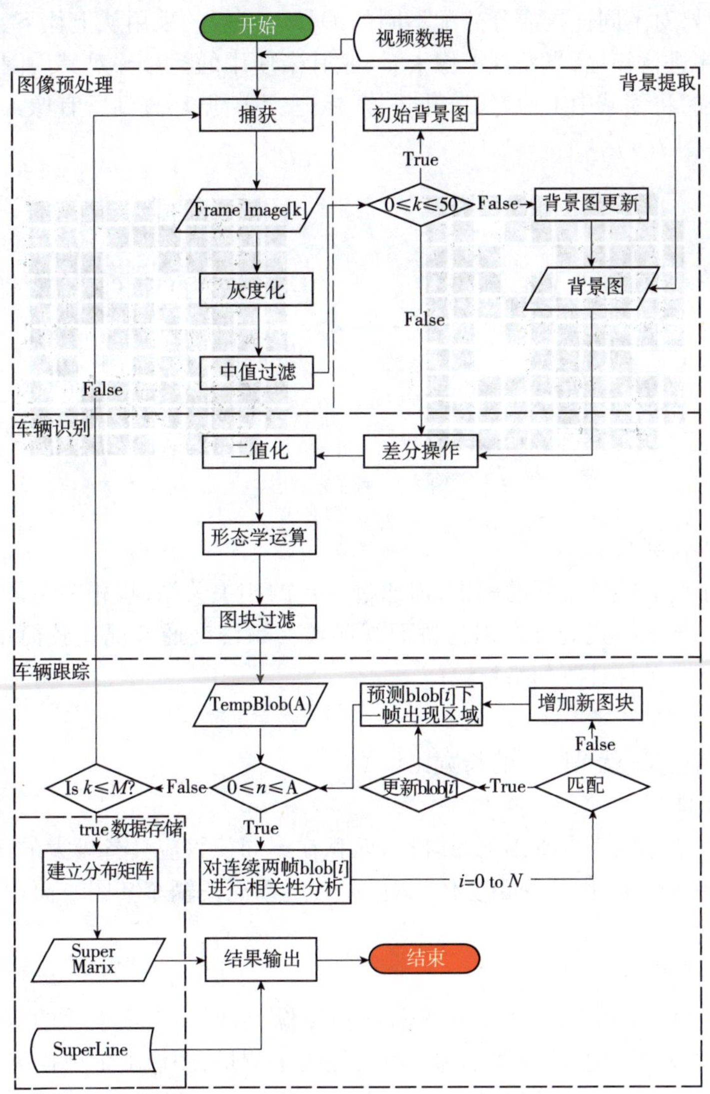

图7.8　算法流程图

1)标记

对于二值化图像,连通的白色区域既是识别出来的车辆,为了方便区分不同的车和在不同帧里的同一辆车,标记是不可缺少的。通过标记对每辆车赋予了身份编码信息,方便后期的数据统计和处理。

连接成分的标记是指对属于同一个1像素连接成分的所有像素分配相同的编号,对不同连接成分分配不同的编号。一般的采用从上往下、从左往右的顺序进行扫描,当发现1像素时,赋其未使用的标号并对其周围8领域进行扫描,将邻域中1像素赋予同一个标记,不断循环直到所有像素点被扫描完毕(图7.9)。

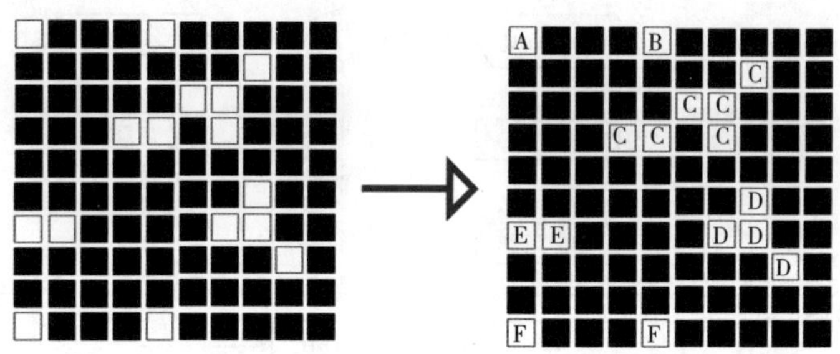

图7.9 标记示意图

2)匹配条件

对于前后帧标记好的图像,需通过一定的相关关系,将相关性最大的图块进行标记统一化处理。因为桥面视频监控系统交通情况比较简单,所以采用以下相关性计算的指标。

(1)纵横比

顾名思义,就是图块的长宽比。

(2)面积

同一辆车在垂直投影下,其投影面积在不同位置应具备极大的相关性。在高俯拍条件下,图像视角变化相对较小,所以同一辆车其图块面积可认为是不变的。

(3)重叠率

重叠区域是指同一辆车在先后两帧图像上,两帧图块重叠的区域。以本文所用视频为例:其采样率为25fps,经人工测量,图像上1个像素点的长度对应真实空间中的范围约0.1m,若以当前最小的机动车长度计算,取值

2.45m，那么要在先后两帧同名图块没有重叠，则需汽车行驶时速达到270km/h，这显然这是不可能的，所以视频中的车辆在先后两帧上的投影，必然有重叠区域。

(4)卡尔曼滤波

卡尔曼滤波是针对时变随机信号的一种滤波方法[11]。该方法不要求保留历史观测数据，当获得新的观测数据时，可通过相应的一系列递归公式确定新的估量值，该估计值一般可给出与当前系统状态相一致的最小均方差估计。

7.3.3　车型设置

由于视频精度及架设条件件的有限，本章采用最大估计的方法对监控系统视野范围内的车辆分布规律进行研究，并假定所有车辆均为设计荷载，且识别到的连续图块标记为一辆车。

根据《中华人民共和国国家标准机动车运行安全技术条件》的规定，假设每辆车辆均为最大载荷。通过人工比照，将视频识别出的车辆分为以下三类，见表 7.1。

车 辆 分 类　　表 7.1

标记	车型	类别	轴数	图块大小(Pixel^2)	荷载
蓝色	小型车	s2	2	≤750	≤3t
		s3	3		≤15t
绿色	中型车	m2	2	≤800	≤5.5t
		m3	3		≤20t
		m4	4	≤1 200	≤45t
红色	大型车	l2	2	≥1 200	≤10.5t
		l3	3		≤25t
		l4	4		≤50t
		l5	5		≤55t
		l6	6		≤72t
		ls	≥6		≤50t

在识别了视频中车辆后，对每辆车的运动情况进行分析，可获得其车速、大小、运动轨迹等车辆信息。对于分布矩阵 $\boldsymbol{A}[i,j]$，其中 $i \leq$

Image. Width;$j \leqslant$Image. Height,每一个 $a_{ij} \in \boldsymbol{A}$,下设 n_1、n_2、n_3 三个分量,分别表示小型车、中型车、大型车的车辆数。将每辆车的运动情况进行标记,若对于车辆 $C \in$ 类别 i,存在车辆轨迹 $f(x,y)$,则记为 $\boldsymbol{A}[x,y].n[i]+1$,如图 7.10所示。

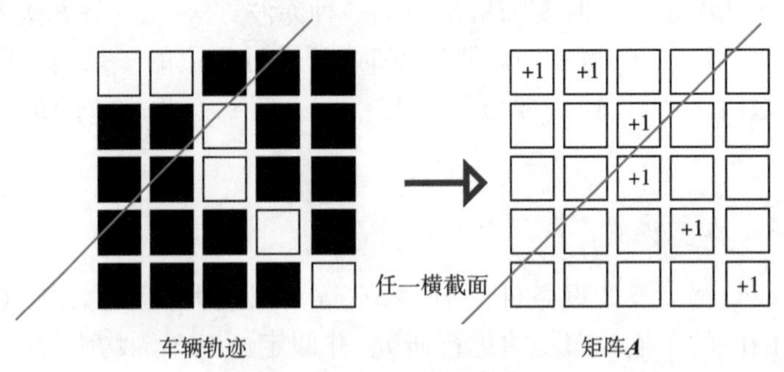

图 7.10 荷载分布标记示意

因为矩阵 $\boldsymbol{A}$ 与视频图像在空间上是对应的,即 $\boldsymbol{A}[i,j] \rightarrow$Image$(x,y)$,可以通过对矩阵 $\boldsymbol{A}$ 上任意元素的选取组成横截面,从而获得不同横截面的荷载分布。

7.4 数据识别与分析

通过对某一摄像头摄制的视频进行识别,可以得到该摄像头视野范围内,某一时间区间内车辆行驶的分布,包括不同时间序列的时间分布和空间分布情况。针对这一结果,还可以选择任一横截面,获得该截面上车辆荷载的时空分布。

本章以苏通大桥 37 号摄像头 2013 年 3 月 2 日的数据为例,开展桥面视频监控中车辆的行驶特征识别。采样数据时间范围为上午 6:30 至下午 6:30,数据长度为 12h;同时设置图像坐标 $y=147$ 横截面(以下记 C 截面,见图 7.11),进行横向车辆分布研究。

通过视频识别共获得了该时间区间内,通过 C 截面(六车道)所有车辆的分布信息和该摄像头视野内的车辆分布频谱,并以车辆图块形心作为统计坐标。

从图像像素坐标系上测量,C 截面上南、北向车道横向范围与图像像素区间的对应关系为:(58,147) ~ (95,147)为向北车道 1,(95,147) ~ (132,

147)为向北车道2,(132,147)~(169,147)为向北车道3,(202,147)~(239,147)为向南车道3,(239,147)~(275,147)为向南车道2,(275,147)~(312,147)为向南车道1。

图7.11 (0,147)~(352,147)横截面

7.4.1 车流量的时域特征

对分布矩阵 $\boldsymbol{A}[i,j]$ 上各类车辆总数进行合计,可获得视频摄制时间段视野范围内通过的汽车总数 N。

1)不同行驶方向的车流特征

统计视频中向南和向北各三条行车道,车辆数可得到不同时间段双向行车数量的堆柱图关系,如图7.12所示。

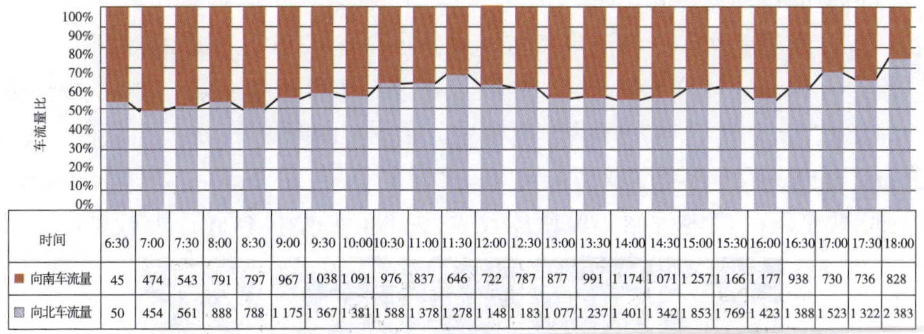

时间	6:30	7:00	7:30	8:00	8:30	9:00	9:30	10:00	10:30	11:00	11:30	12:00	12:30	13:00	13:30	14:00	14:30	15:00	15:30	16:00	16:30	17:00	17:30	18:00
向南车流量	45	474	543	791	797	967	1 038	1 091	976	837	646	722	787	877	991	1 174	1 071	1 257	1 166	1 177	938	730	736	828
向北车流量	50	454	561	888	788	1 175	1 367	1 381	1 588	1 378	1 278	1 148	1 183	1 077	1 237	1 401	1 342	1 853	1 769	1 423	1 388	1 523	1 322	2 383

图7.12 南北双向通行车流量堆柱图

由图7.12可知,当日桥面向北车流较向南车流大。时频域上车流量全白天波动增长,上午车流量明显低于下午车流量。当日通过桥梁的车辆在上午9:00~11:30为一高峰期,正午12:00至12:30车流量相对较少,下午18:00以后车流量开始剧增,进入晚高峰时段。

2)不同车道车流量趋势

将不同车道的车流总量 N_i 按时间排序就获得车流量随时间的分布,通过多项式拟合获得其车流量趋势线,结果如图7.13所示。

由图7.13可知,所有6条行车道上,无论向南或向北车流,靠外侧车道的车流量最小,中间其次,内侧车道车流量最高。向北车流15:00后开始进入高峰期,稳步增长。

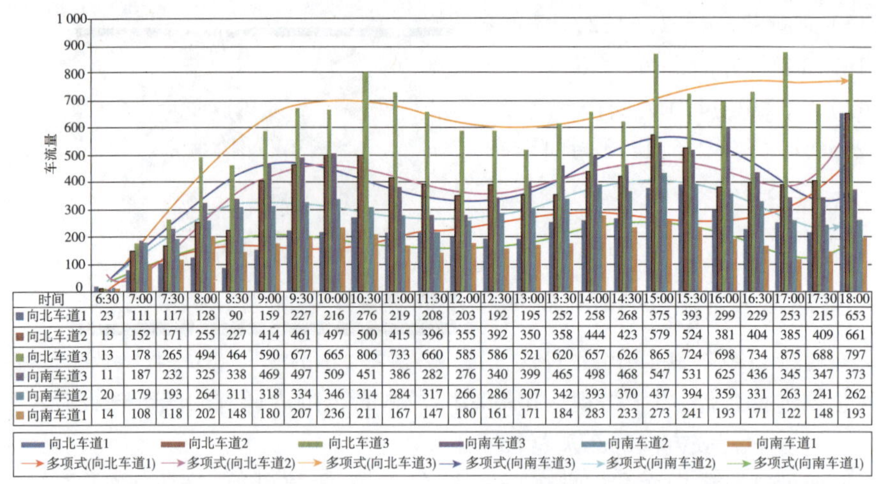

时间	6:30	7:00	7:30	8:00	8:30	9:00	9:30	10:00	10:30	11:00	11:30	12:00	12:30	13:00	13:30	14:00	14:30	15:00	15:30	16:00	16:30	17:00	17:30	18:00
向北车道1	23	111	117	128	90	159	227	216	276	219	208	203	192	195	252	258	268	375	393	299	229	253	215	653
向北车道2	13	152	171	255	227	414	461	497	500	415	396	355	392	350	358	444	423	579	524	381	404	385	409	661
向北车道3	13	178	265	494	464	590	677	665	806	733	660	585	586	521	620	657	626	865	724	698	734	875	688	797
向南车道3	11	187	232	325	338	469	497	509	451	386	282	276	340	399	465	498	468	547	531	625	436	345	347	373
向南车道2	20	179	193	264	311	318	334	346	314	284	317	266	286	307	342	393	370	437	394	359	331	263	241	262
向南车道1	14	108	118	202	148	180	207	236	211	167	147	180	161	171	184	283	233	273	241	193	171	122	148	193

图 7.13　车流量的时空分布(例:18:00 ~ 18:30 的车流数据对应于坐标 18:00)

3)空间车流量密度

若将分布矩阵 A 中车流量值转换成分布在 0 ~ 255 区间内的对应值,并将该值作为 Image(x,y)上的 R、G、B 值,还可绘制车流密度在某一时间序列上的空间分布情况。图 7.14 所示为车流密度分布图。由图可知,空间上灰色标记点分布越密集表示车流密度越高。从图像序列上看,当天 11:30 ~ 12:00与 13:00 ~ 13:30 两个时间段内桥面车流密度较大,说明车辆整体行驶速度较低。

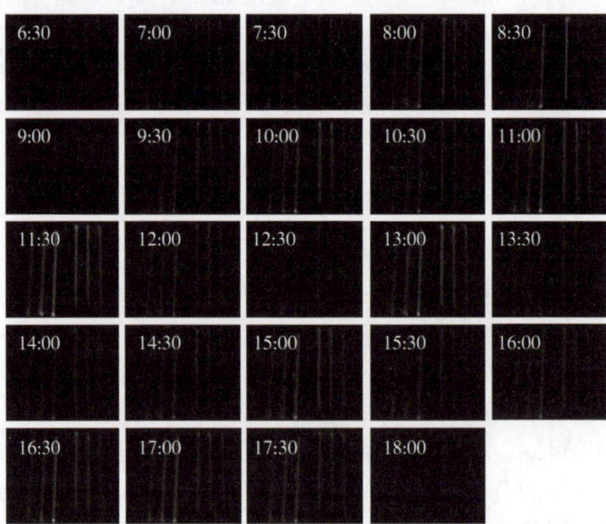

图 7.14　车流密度分布

7.4.2　车流在空间上的分布特征

1)空间彩色频谱

若对分布矩阵 **A** 中每个元素的三个分量值(各类车数量 n_1、n_2、n_3)转换成 R、G、B 三原色的分量值,可绘制获得车辆空间分布的彩色频谱。其中蓝色表示小型车、绿色表示中型车、红色表示大型车。

图7.15所示为桥面空间分布彩色频谱。由图可知,从颜色深浅上看,内侧车道蓝色较多,绿色主要分布在中侧、外侧车道,即小型车多靠内行驶,中型、大型车靠外侧行驶,且大型车颜色密度分布均匀,说明大型车行驶速度明显较低。从空间曲面图上看,各横截面车辆横向分布情况变化不大,可知车辆在桥面行驶期间很少变道,这与路面实线车道线的规则约束是一致的。

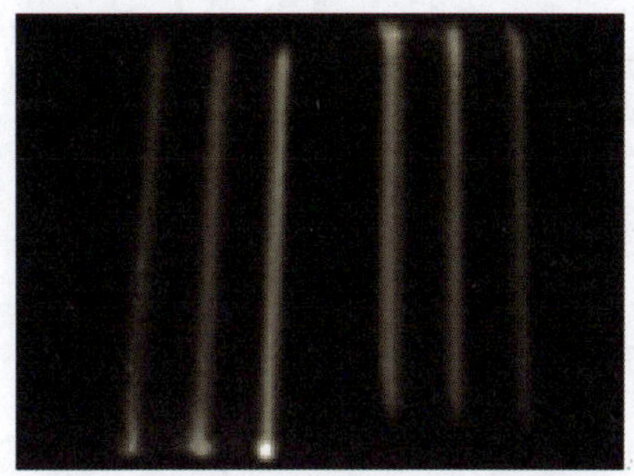

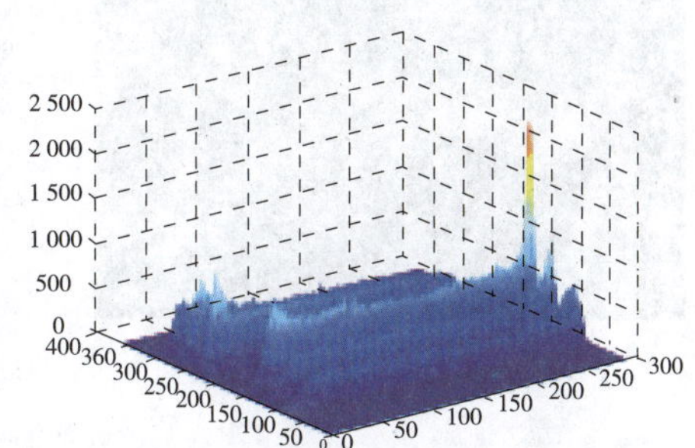

a)总车流

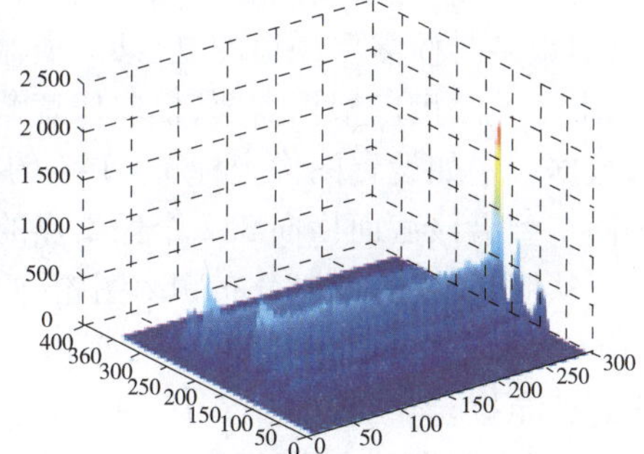

b)小型车

图　7.15

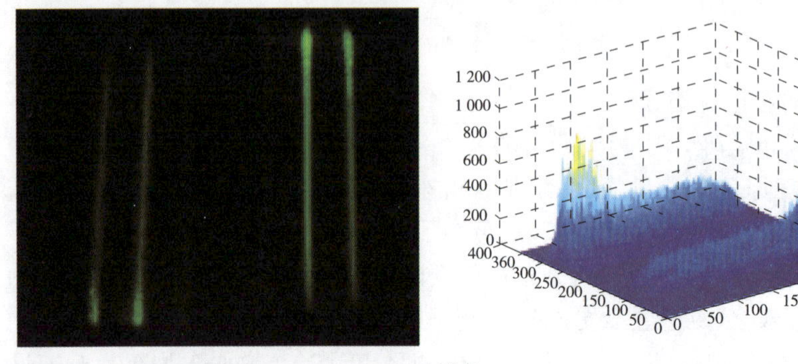

c)中型车

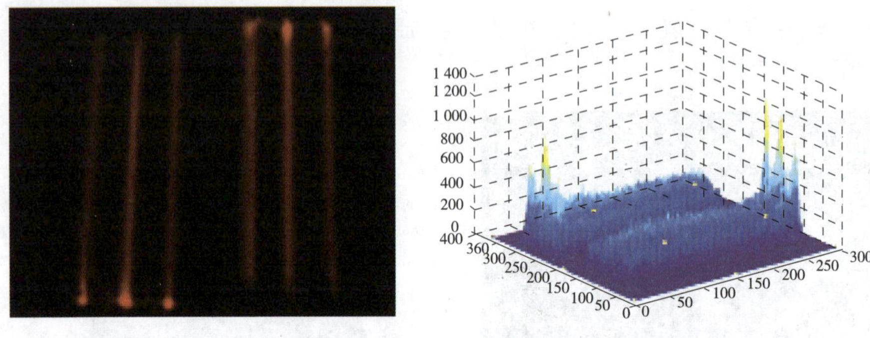

d)大型车

图 7.15　桥面空间分布彩色频谱

2)车辆横向分布

获得该彩色频谱图后,虽然可以直接看出空间上,各类车分布的整体情况;但很多时候需要知道的是,某一横截面上车辆分布的具体数据及统计信息,本章方法可以根据需要,提取任意截面(一般垂直于行车道)上的车辆分布数据。例如设置图像坐标 $Y=147$ 的横截面(即 C 截面),图 7.16 给出了不同车型沿该截面横向 352 个像素点的分布情况。

从图 7.16 的车辆分布频率图轮廓上看,可知小型车主要靠内侧行驶,中型车、大型车主要靠中间和外侧车道行驶。将三种车型在六车道数据进行正态分布拟合,结果如图 7.17 所示。

大、中型车的车道波形更加陡峭,这表明大、中型车上桥后很少换道,同时因车辆自身宽度较大,在车道内多沿车道中线行驶。而小型车 6 条车道内分布的方差均较大,说明小车在车道内行驶时左右偏移更多。

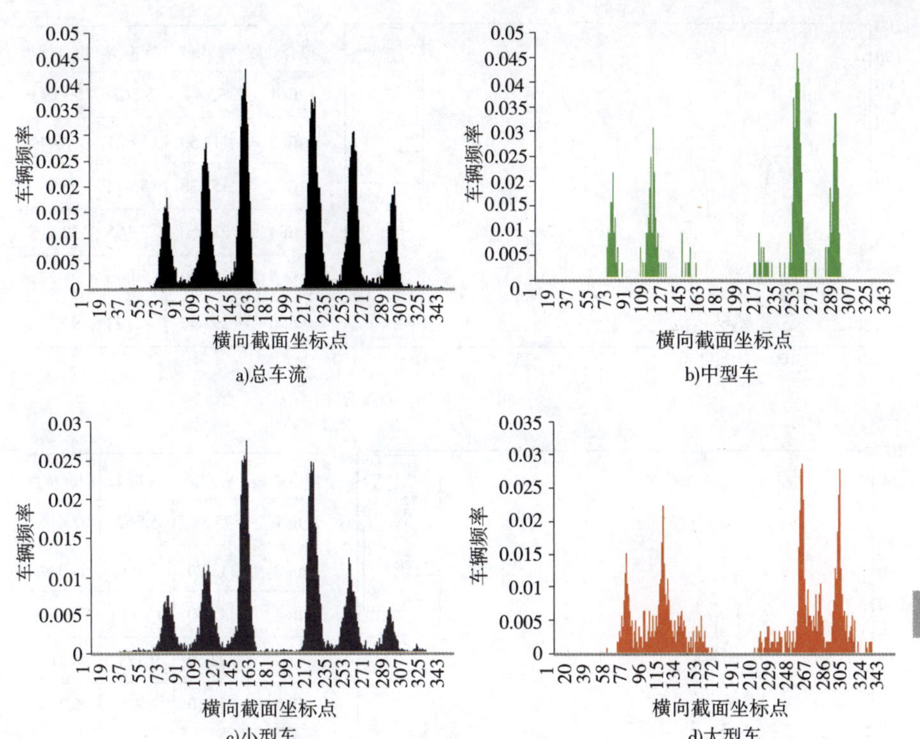

图 7.16　车辆横向分布

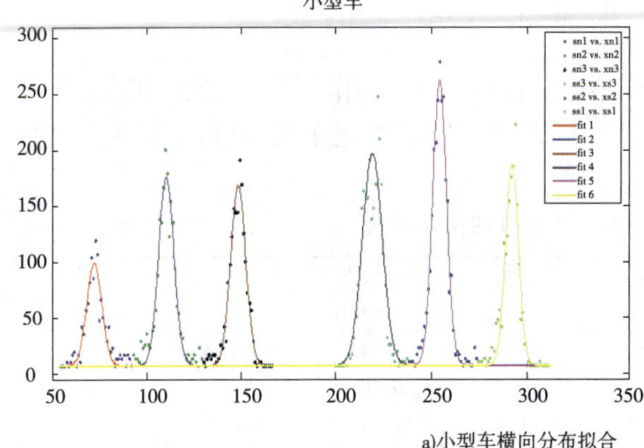

拟合曲线	平均值	标准差	拟合优度
fit 1	75.45	7.795	95.20%
fit 2	114.10	7.657	96.26%
fit 3	151.50	5.872	98.22%
fit 4	217.30	5.751	97.83
fit 5	253.30	6.910	96.30%
fit 6	291.20	6.479	94.84%

a)小型车横向分布拟合

图　7.17

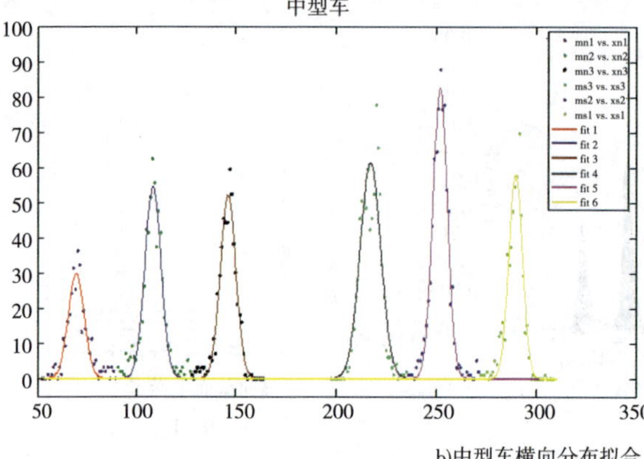

拟合曲线	平均值	标准差	拟合优度
fit 1	75.44	5.562	90.19%
fit 2	113.50	5.601	94.97%
fit 3	151.30	5.472	96.96%
fit 4	221.50	7.165	89.41%
fit 5	256.00	5.066	98.27%
fit 6	293.40	4.792	93.27%

b)中型车横向分布拟合

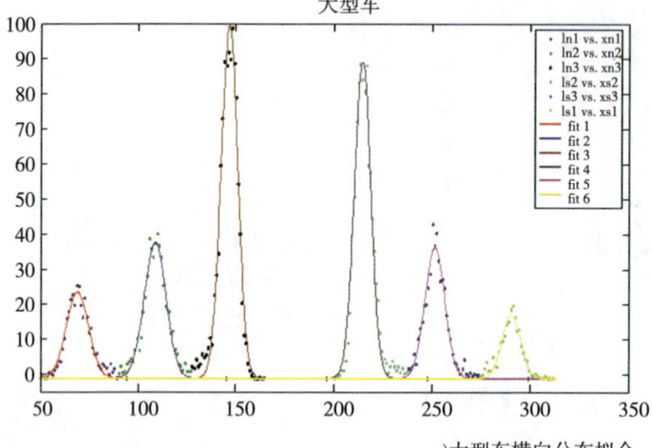

拟合曲线	平均值	标准差	拟合优度
fit 1	75.59	5.062	87.41%
fit 2	113.20	4.460	89.08%
fit 3	147.30	15.740	25.56%
fit 4	222.60	9.121	66.81%
fit 5	256.10	3.916	90.98%
fit 6	294.20	4.706	90.63%

c)大型车横向分布拟合

图 7.17　三种车型在六车道数据正态分布拟合

将总车流数据按照 6 条车道分别进行统计并用高斯曲线进行拟合，可发现各车道内车辆横向分布服从正态分布，且靠内侧车道行驶的车辆总数更多，如图 7.18 和表 7.2 所示。

总车流正态分布拟合参数　　表 7.2

拟合曲线	数据集	平均值	标准差	均方根误差	拟合优度	拟合曲线
fit 1	A vs. p1	76.5	11.11	9.649 0	95.93%	Gaussian
fit 2	B vs. p2	114	10.82	14.443 5	96.46%	Gaussian
fit 3	C vs. p3	151	10.82	16.361 4	98.39%	Gaussian
fit 4	D vs. p4	220.5	11.11	21.245 0	96.63%	Gaussian
fit 5	E vs. p5	257.5	10.54	15.962 5	96.70%	Gaussian
fit 6	F vs. p6	294	10.82	12.059 2	95.20%	Gaussian

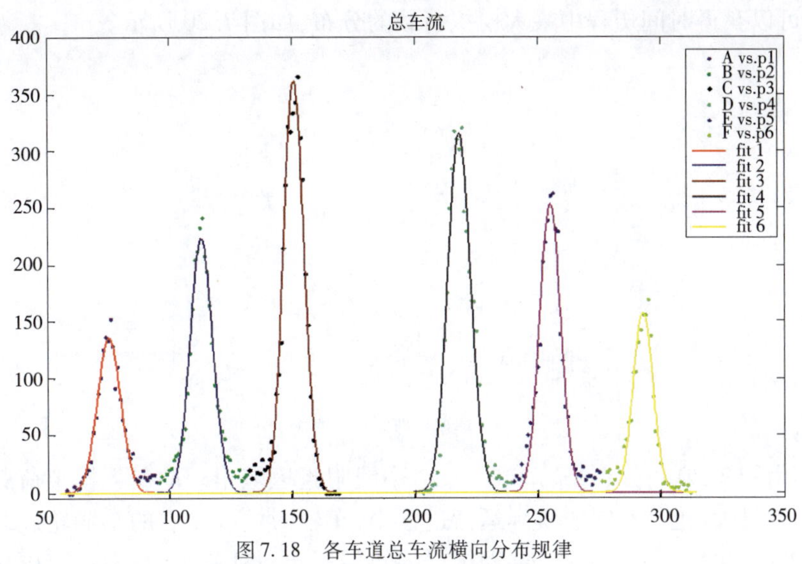

图 7.18　各车道总车流横向分布规律

对总车流中的三类车数量进行比较,如图7.19所示。由图可知,小型车的分布规律与总车流分布规律比较类似,且影响总车流分布的主要是小型车,桥面行驶的车辆类型中,轿车、小货车是最多的。

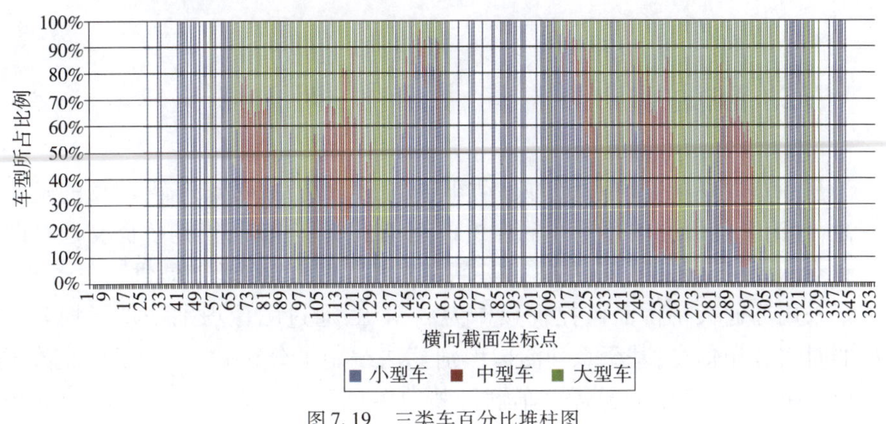

图 7.19　三类车百分比堆柱图

7.4.3　车辆标定荷载的空间分布特征

若将分布矩阵的车辆轨迹乘上对应车辆的荷载(模拟值),就可得到车辆对桥面结构的荷载分布情况。针对某一特定的横向截面,根据其横向分布,可以获得时间历程中最大模拟荷载的分布,如图 7.20 所示。

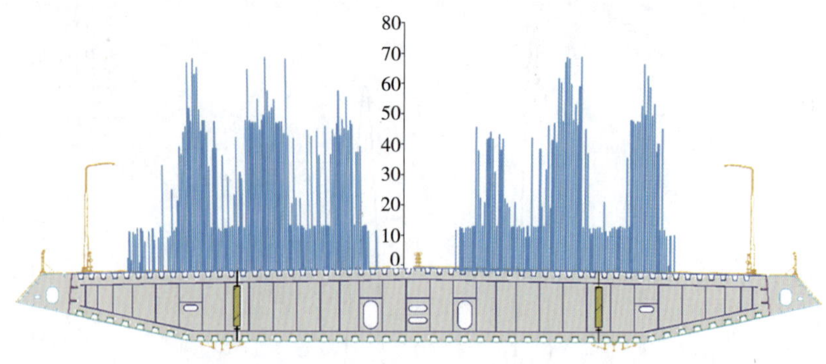

图 7.20　横截面所受最大荷载分布

由图 7.20 可知,每条车道内车道中线附近区域出现的最大模拟荷载值的频率最大,也就意味着实际运营过程中,车辆对中线左右的车辆轮迹线区域作用频次更高,从而对下部钢箱梁的作用影响也就越大,桥面铺装更易损坏。同时,虽然车流在内侧车道数量最高,但较大荷载的重车主要在外侧车道运行,且荷载较大。将基于动态图像的车辆识别结果与钢箱梁 U 肋的空间分布位置相结合,可以较好地为钢箱梁的疲劳性能评估的荷载输入提供依据。

7.5　结语

基于桥面视频监控系统的运动车辆图像识别,可考虑车辆运动的随机特性,理论上能无损的还原车辆在桥面运动的真实情况,得到桥面交通在时间和空间上的分布规律,为桥梁车辆荷载横向分布的研究提供科学数据。本章采用苏通大桥桥面监控视频作为数据源,通过图像识别获得了划分车型的时空分布信息;基于系列图像识别算法编制了分析软件,基于车流数据提取结果,进一步分析了各类车辆行驶的车道分布及车道内各点的荷载规律,并得到了在特定横截面上的车辆横向荷载分布。主要识别结果如下:

(1)苏通大桥车流量在上午 9:00 ~ 10:00 有小高峰,但总体平稳,主要在每分钟 60 辆左右,正午车流量较小,晚高峰时期,车流量剧增至每分钟 100 辆左右。

(2)从车辆空间分布的彩色频谱上可以看出,内侧车道多为小型车行驶,大、中型车主要行驶行车道和慢车道;从横向截面的数据来看,各车道内车辆横向分布基本服从正态分布,且靠内侧车道行驶的车辆总数远比外侧车道多;这主要是小型车数量较多且多行驶于内侧车道。

综上所述,图像识别技术可以对无 WIM 系统的桥梁车辆荷载特征进行分析研究,若将此技术与更加精准的车辆荷载数据进行匹配,可对普遍采用的钢箱梁正交异性钢桥面板劳寿命评估提供有效支持;同时,本章方法可以为类似桥梁的疲劳车辆荷载模型的建立提供参考。

本章参考文献

[1] 王硕. 桥梁运营荷载状况研究[D]. 上海:同济大学,2007.

[2] O'Brien E J, P Rattigan, A Gonzalez, et al. Characteristic dynamic traffic load effects in bridges [J]. Engineering Structures, 2009, 31 (7): 1607-1612.

[3] O'Connor A, E J O'Brien. Traffic load modelling and factors influencing the accuracy of predicted extremes[J]. Canadian Journal of Civil Engineering, 2005,32(1):270-278.

[4] Zaurin R, F N Catbas. Structural health monitoring using video stream, influence lines, and statistical analysis[J]. Structural Health Monitoring, 2010, 10(3):309-332.

[5] Gandhi T, R Chang, M M Trivedi. Video and seismic sensor-based structural health monitoring[J]. IEEE Transactions on Intelligent Transportation Systems, 2007, 8(2):169-180.

[6] 罗洪斌,赵文光,文银平,等. CCD 图像监测系统应用于桥梁结构检测[J]. 华中科技大学学报(城市科学版),2006,23(z1):91-96.

[7] 田国伟,韩晓健,徐秀丽,等. 基于视频图像处理技术的振动台试验动态位移测量方法[J]. 世界地震工程,2011,27(3):174-179.

[8] 李弼程,彭天强,彭波,等. 智能图像处理技术[M]. 北京:电子工业出版社,2004.

[9] 詹群峰. 基于 OpenCV 的视频道路车辆检测与跟踪[D]. 福建:厦门大学,2009.

[10] Y Li, M Zhang, B Yang. Noise analysis in camera calibration[C]//International Conferences on Info-tech and Info-net, 2001:536-542.

[11] 许伦辉,傅惠. 交通信息智能预测理论与方法[M]. 北京:科学出版社,2009.

[12] 贾永红. 数字图像处理[M]. 武汉:武汉大学出版社,2005.

[13] 张磊. 动态图像目标识别与跟踪技术研究[D]. 西安:西安科技大学,2011.

[14] 中华人民共和国国家标准. GB 1589—2004 道路车辆外廓尺寸、轴荷及质量限值[S]. 北京:中国标准出版社,2004.

[15] 陈艾荣. 基于给定结构寿命的桥梁设计过程[M]. 北京:人民交通出版社,2009:

[16] 梅刚,秦权,林道锦. 公路桥梁车辆荷载的双峰分布概率模型[J]. 清华大学学报(自然科学版),2003,43(10):1394-1404.

[17] 黄立葵,贾璐,万剑平,等. 高速公路车辆横向分布特征[J]. 中南公路工程,2005,30(1):73-76.

[18] 赵发科,施毅. 车辆跟踪中的背景初始化与更新方法研究[J]. 交通信息与安全,2009,27(4):16-21.

陈艾荣　教授

博士，博士生导师。1983年毕业于同济大学桥梁与隧道工程专业，1983～1989年在西安公路学院桥梁工程系任助教、讲师；1996～1997年在德国斯图加特大学访问学者，1997年获得同济大学工学博士学位，1998～2006年任同济大学桥梁工程系副教授、教授、系副主任（主持工作）、系主任；2006～2010年任同济大学土木工程学院副院长。

陈艾荣教授的主要研究领域主要为桥梁结构设计理论，桥梁空气动力学、桥梁造型设计理论与方法、桥梁管理与养护方法与技术、桥梁结构耐久性、桥梁工程中的数值方法与应用、桥梁工程风险与保险等。他主持了国内40余座大跨径桥梁的抗风设计、审查及风洞试验工作，参与并主持了我国桥梁抗风设计规范的编写；他将美学原理与桥梁设计方法结合起来，提出"桥梁造型设计"的概念，出版专著《桥梁造型》，并主持编写了国内第一部桥梁景观与造型设计指南（已经入报批阶段）；他首先将全寿命设计理论（Life-Cycle Design）系统引入国内桥梁工程领域，并于2008年出版了国内这一领域第一部专著《基于给定结构寿命的桥梁设计过程》，提出了全寿命设计方法与工程实践结合的具体方法。

多年来陈艾荣教授培养硕士、博士研究生近百人，发表论文200余篇，出版专著十余部，承担了国家自然科学基金、国家高技术研究发展计划（863计划）、国家科技支撑计划、交通部西部科技项目、交通部规范项目等国家和省部级项目近二十余项；参与苏通长江大桥、泰州长江大学等重大桥梁工程的科研和咨询服务近百项，担任苏通长江大桥设计副总负责人、矮寨大桥、九江长江二桥等大桥工程的特聘专家。

目前陈艾荣教授担任中国公路学会桥梁与结构工程分会副理事长、上海市公路学会桥梁与结构工程专业委员会主任委员、担任《中国公路学报》等期刊编委及审稿人。

陈艾荣教授在国际桥梁工程界拥有一定知名度，目前为国际桥梁安全与维护协会（IABMAS）执行委员会委员、国际桥梁安全与维护协会中国团组（IABMAS-China Group）的发起人和召集人、国际桥梁与结构工程协会（IABSE）理事（fellow）、结构设计工作委员会（WC5）委员。多次在重大国际会议中进行大会发言，及担任学术委员会、咨询委员会委员等职务，任第七届国际桥梁安全与维护会议主席（IABMAS2014）。曾应邀在美国、意大利等知名高校访问，担任意大利威尼斯建筑大学（IUAV）特邀教授。担任Journal of Bridge Engineering（ASCE）等十余种知名学术期刊的特邀审稿人。

第8章 悬索桥钢箱梁疲劳裂纹分布特征与检测技术

吉伯海

河海大学桥梁工程研究所,江苏省南京市西康路1号,210098

8.1 引言

随着经济的快速发展,为了适应交通增长的需求,我国修建了一批大跨径悬索桥,如江阴长江公路大桥、舟山西堠门大桥、南京长江四桥、泰州大桥等。大跨度悬索桥要求更小的结构自重和更高的结构强度,而钢箱梁具有自重轻、抗扭强度高、抗风性能好、制作施工便捷等优点[1],因此大跨度悬索桥均采用钢箱梁作为主梁的截面形式。

尽管我国在大跨径桥梁建设上已经取得了举世瞩目的成就,但相对于日本和欧美,我国的建设起步较晚。目前,日本和欧美已经过了桥梁建设的高峰期,工作重点为桥梁的后期运营和养护。我国钢箱梁桥服役年限不长,但部分桥梁服役也超过十年,钢箱梁病害也逐步呈现。根据目前的相关研究结论,钢箱梁病害主要有涂装劣化、腐蚀和疲劳等三种类型[2-6]。其中,涂装劣化和腐蚀在维护过程中比较容易被发现,也可以及时做出相应的维护措施。而疲劳病害在开裂初期,由于裂纹较小,不易发现。一旦发生疲劳裂纹,对结构的受力均有很大的影响,直接威胁结构的受力安全,严重的可能会导致桥梁倒塌事故。如美国跨越俄亥俄河的 Silver Bridge 以及韩国的汉江大桥都是由于局部构造疲劳断裂造成整个大桥的突然倒塌。所以,相对其他病害,疲劳是目前钢箱梁研究的重点。

由于疲劳裂纹的产生与受力有直接关系,所以通常发生在结构关键受力部位。同时疲劳产生的原因复杂,受结构内部构造和外部荷载等综合作用。疲劳裂纹产生初期不易被发现,且位置可能比较隐蔽,维护比较困难。疲劳裂纹一旦发生,扩展速度快,危害严重[7,8]。对于疲劳裂纹的检测,较大的裂纹可以通过肉眼来识别,而细微的裂纹肉眼无法识别。如果需要精确判断较大裂纹的宽度和深度以及发现细微裂纹,则需要借助仪器检测[9-24],及时发现钢箱梁的疲劳裂纹及其发展特征,从而进一步分析产生原因。同时,检测方法的选择则需要初步进行产生原因判断作为参考。通过疲劳原因判断和检测结果,可以科学制订有效的维护方法,这也是当前桥梁维护工作难点。

相比较于斜拉桥,悬索桥柔性更大。由于主梁没有轴向力的作用,桥面板通常也相对较薄,故悬索桥更容易出现疲劳裂纹。最早报道出现疲劳裂纹的就是英国的 Seven 桥(悬索桥)。目前,相对斜拉桥而言,悬索桥钢箱梁疲劳裂纹问题尤为突出。

8.2 疲劳裂纹主要分布特征

8.2.1 裂纹分布位置

悬索桥由于其较大的柔性及跨度,导致其局部及整体位移普遍较大。通过对国内外悬索桥的调研,发现悬索桥疲劳问题最为严重的位置为大桥在车辆荷载作用下的最大竖向位移处。因此,针对常见的悬索桥桥型,选择三塔双跨悬索桥和双塔三跨悬索桥进行了对比分析。

针对三塔双跨悬索桥,建立了有限元模型,并在桥上施加最不利的车辆荷载,分析了在最不利车辆荷载下主梁的位移响应情况。从分析结果中得到,三塔双跨悬索桥跨中(1/2)的位置是位移响应最大的部位,说明在此部位极有可能产生较多的疲劳裂纹，需在桥梁维护与检查中重点关注。

通过对双塔三跨悬索桥在车流作用下的位移响应分析，得到双塔三跨悬索桥主梁最大的位移响应不是发生在跨中，而是发生在1/4跨的位置，从而导致在1/4跨位置产生较多的疲劳裂纹，这与实际检测结果相吻合。同时，依据实际疲劳裂纹检测资料分析，在1/8跨位置也存在相对较多的疲劳裂纹，而1/2跨，即跨中位置存在极少量的疲劳裂纹，如图8.1所示。

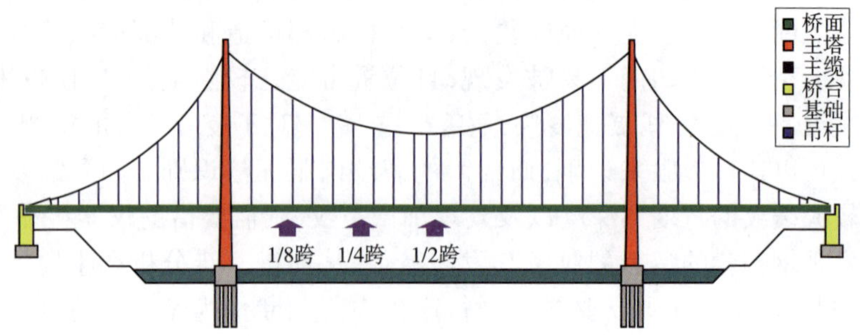

图8.1　悬索桥疲劳裂纹分布位置

大跨径悬索桥通常位于交通要道，其道路设计等级为一级公路或高速公路，因此，为了满足交通量的需求，往往设置了较多的车道。按照我国的交通行业规范基本要求，在一级和高速公路上靠近中央隔离带的往往是快速车道，即轻车道；而靠近路边护栏侧的往往是慢车道，即重车道。因此，正常情况下，重车道的荷载要较大，导致对应的钢箱梁部位承受较大的荷载，相比于轻车道更加容易产生疲劳问题，如图8.2所示。

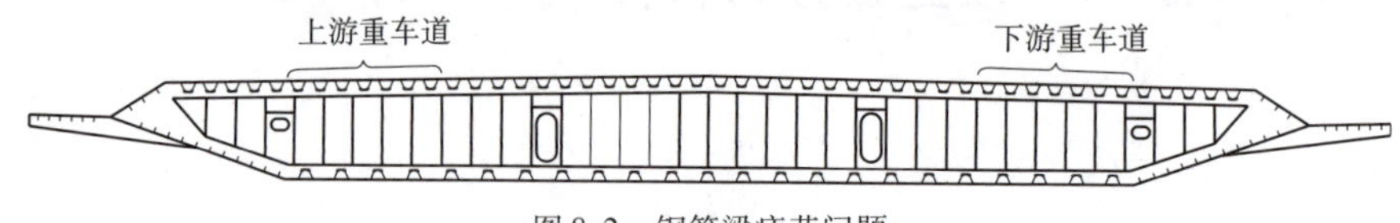

图8.2　钢箱梁疲劳问题

按照疲劳裂纹产生的位置进行分类，通常可以分为以下三类[3]：一是U肋对接焊缝处，二是U肋与面板连接焊缝处（过焊孔部位），三是U肋底部的横隔板开孔处，如图8.3所示。依据目前实桥钢箱梁疲劳裂纹统计结果分析，U肋与面板连接焊缝处的疲劳裂纹占了总疲劳裂纹数量的80%～90%。该部位[图8.3b)]构造复杂，焊缝数量多，相比于其他部位裂纹更容易在此处萌生。

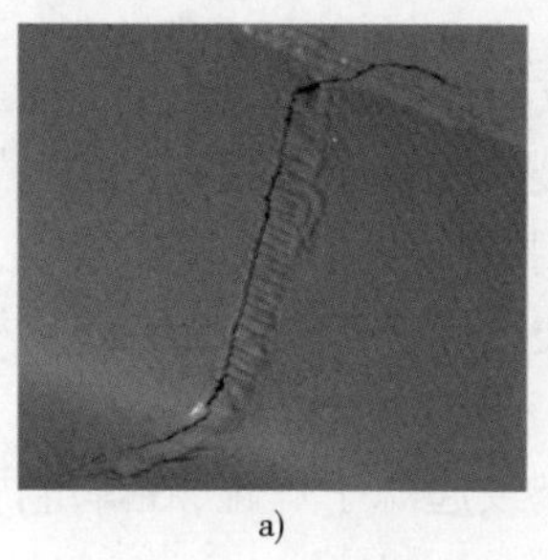

a)

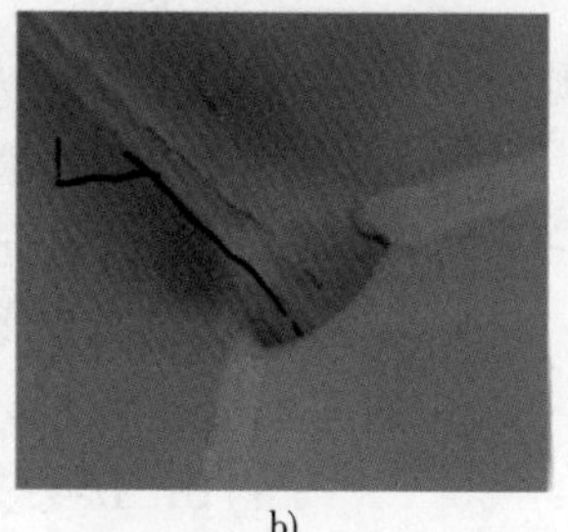

b)

c)

图 8.3　钢箱梁疲劳裂纹产生的主要部位

8.2.2　裂纹分布特征

1）U 肋对接焊缝

U 肋对接焊缝（U-Rib Butt Weld）处的疲劳裂纹有三种主要的分布特征，如图 8.4 所示。

（1）UR-BW-1，裂纹起源于 U 肋下翼缘板与钢衬垫板定位焊缝处，大致沿着焊缝方向向外扩展；

（2）UR-BW-2，裂纹起源于 U 肋下翼缘板与对接焊缝焊根处，大致沿着焊缝方向向外扩展；

（3）UR-BW-3，裂纹起源于 U 肋下翼缘板与对接焊缝焊趾处，大致沿着焊缝方向向内扩展。

这三种裂纹的共同特点在于当纵肋下翼缘板裂透后，裂纹就会沿着纵肋腹板对接焊缝向上扩展，直到纵肋全部断裂。

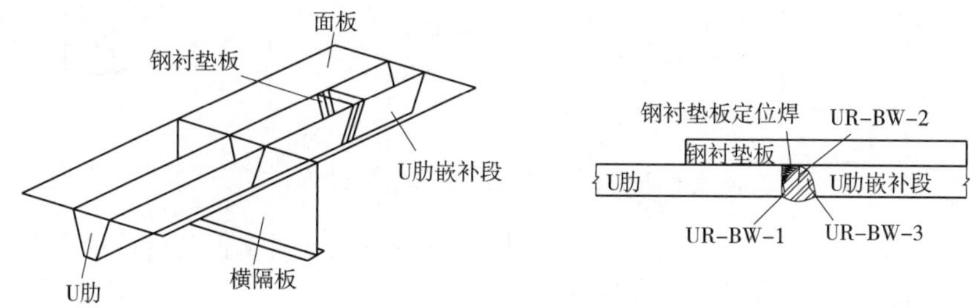

图 8.4　U 肋对接焊缝处裂纹分布特征

2）U 肋与面板连接焊缝

U 肋与面板焊缝处（U-Rib to Deck）的疲劳裂纹主要有六种形式，如

图 8.5所示。

(1)UR-D-1,裂纹起源于焊根,大致沿着焊喉方向扩展;

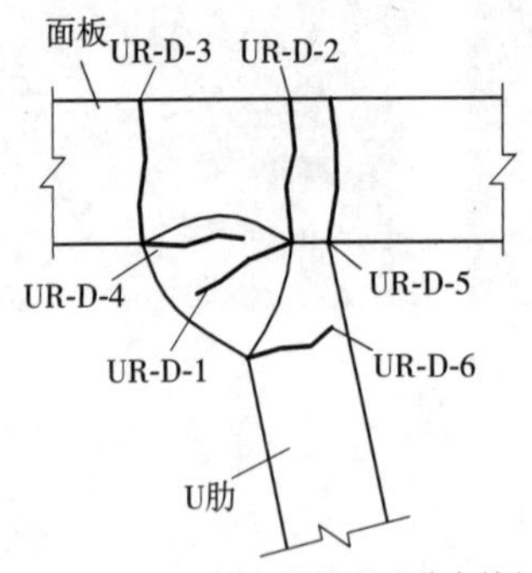

图 8.5 U 肋与面板焊缝裂纹分布特征

(2)UR-D-2,裂纹起源于焊根,在面板内向面板上表面方向扩展;

(3)UR-D-3,裂纹起源于焊趾,在面板内向面板上表面方向扩展;

(4)UR-D-4,裂纹起源于焊趾,在焊缝内向焊根方向发展;

(5)UR-D-5,裂纹起源于 U 肋内侧与面板顶紧部位(通常为未溶透部位),在面板内向面板上表面方向扩展;

(6)UR-D-6,裂纹起源于焊趾,在 U 肋内向 U 肋内表面方向扩展。

UR-D-1 和 UR-D-2 裂纹的起始点位于焊根,容易形成内部裂纹;UR-D-5 裂纹起点位于 U 肋内侧尖端处,形成表面或近表面隐蔽裂纹。这三种裂纹都是难以检测的,其潜在危害性大。UR-D-3、UR-D-4、UR-D-6 裂纹都起源于焊趾,较易形成表面可见裂纹,便于发现和修复,危害较小。

3)U 肋底部与横隔板开孔处

U 肋底部的横隔板开孔处(U-Rib Bottom)的疲劳裂纹主要有三种形式(图 8.6),即:

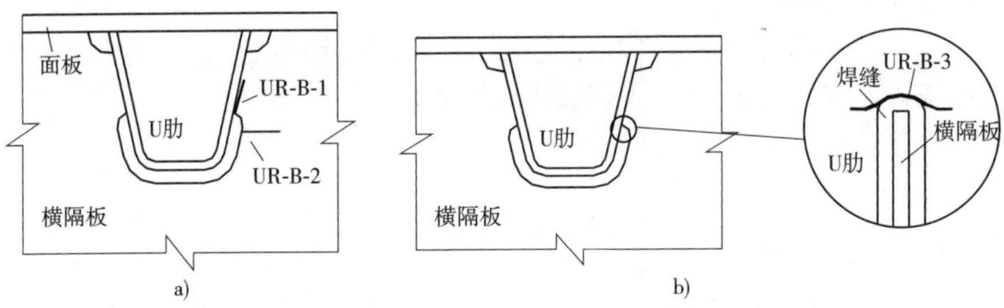

图 8.6 U 肋底部的横隔板开孔处裂纹分布特征

(1)UR-B-1,裂纹起源于 U 肋与横隔板连接焊缝下端,之后或沿着焊缝方向扩展,或斜向沿着横隔板扩展;

(2)UR-B-2,裂纹起源于 U 肋下端的横隔板弧形缺口(过焊孔)处,大致沿着横隔板横向或斜向扩展;

(3)UR-B-3,裂纹起源于 U 肋与横隔板连接焊缝拐角处,沿着水平方向发展。

上述三种裂纹都比较容易形成表面裂纹,用磁粉或超声波探伤就可找到裂纹位置。修复方便,危害相对于内部裂纹和隐蔽裂纹较小。

8.3 疲劳裂纹的检测技术

8.3.1 钢箱梁渗透检测技术

1)基本原理及常用方法

(1)基本原理

渗透检测[10]是一种以毛细作用原理为基础的检测技术,主要用于检测非疏孔性的金属或非金属部件的表面开口缺陷。检测时,先将溶有荧光染料或着色染料的渗透液施加到零部件表面,由于毛细作用,渗透液渗入到细小的表面开口缺陷中,清除附着在工件表面多余渗透液,经干燥后再施加显像剂,缺陷中的渗透液在毛细现象的作用下被重新吸附到零件表面上,就形成放大了的缺陷显示,即可检测出缺陷的形貌和分布状态。

(2)渗透检测常用方法

①根据渗透液的种类分类

根据渗透液中所含染料的成分,渗透检测可分为着色法、荧光法和荧光着色法三大类。着色法是渗透液中含有红色染料,在白光或日光下对缺陷进行观察的检测方法;荧光法是渗透液中含有荧光染料,在紫外线的照射下观察缺陷处有黄绿色荧光显示的检测方法;荧光着色法兼备荧光和着色两种方法的特点,即缺陷的显示图像在白光下显色,而在紫外线的照射下又能激发出荧光。

②根据表面多余渗透液的去除方法分类

根据表面多余渗透液的去除方法,可将渗透检测分为水洗型、后乳化型和溶剂清洗型三大类。渗透液中含有一定量的乳化剂,工件表面多余的渗透液可直接用水清洗掉,这种渗透检测方法成为水洗型渗透检测法;后乳化型渗透检测法的渗透液中不含乳化剂,不能直接用水从工件表面清洗掉,必须有一道专门的乳化工序,使工件表面多余的渗透液“乳化”,之后才能用水清洗掉。溶剂去除型渗透检测中的渗透液也不含乳化剂,工件表面多余的渗透液用有机溶剂擦洗去掉。

③根据渗透液的种类和去除方法分类

根据渗透液的种类和表面多余渗透液的去除方法，可分为水洗型荧光渗透检测、亲油性后乳化型荧光渗透检测、溶剂去除型荧光渗透检测、亲水性后乳化型荧光渗透检测、水洗型着色渗透检测、后乳化型着色渗透检测以及溶剂去除型着色渗透检测等。

④根据显像方法分类

可分为干式显像法、水基湿显像法、非水基湿显像法、特殊显像法以及自显像法等。其中最常用的是干粉显像法和非水基湿显像法。

2)实桥检测方法

由于钢箱梁疲劳裂纹产生位置都在箱梁的上部，受到重力的作用，喷涂上去的渗透液如果流淌性较大，很容易沿着钢板面向下流淌，导致降低被检部位的局部检测效果，腐蚀其他部位的钢板，产生不利的影响。因此，在选择渗透液时，应尽可能采用流淌性相对较小的渗透液。通常，在钢箱梁内渗透检测的基本步骤如图 8.7 所示。

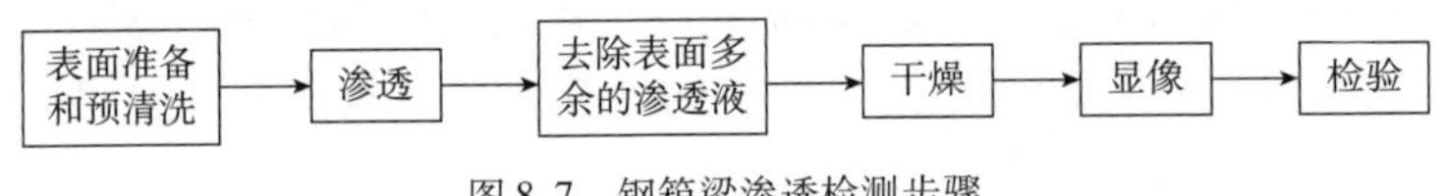

图 8.7　钢箱梁渗透检测步骤

钢箱梁渗透检测表面准备和预清洗可以采用砂轮机机械清理的方法对被检部位进行打磨处理，并通过溶剂清洗去除表面杂物。渗透温度一般控制在 10～50℃的范围内。若温度过高，渗透液容易干在工件表面上，给清洗带来困难；同时，渗透液受热后，某些成分蒸发，会使其性能下降。若温度太低，会使渗透液变稠。在晴朗天气下，箱梁内部顶板温度较高，按《渗透检验》(GJB 2367A—2005)规定，其渗透时间不得少于 10min。为防止钢箱梁渗透检测时的温度过高，建议在阴天进行检测。当施加完渗透液后，须对表面多余的渗透液进行去除，为了避免对钢材产生腐蚀，可采用溶剂去除型渗透液。

8.3.2　钢箱梁磁粉检测技术

1)基本原理及常用方法

(1)磁粉检测原理

磁粉检测法是一种通过磁粉在缺陷附近漏磁场中的堆积，以检测铁磁性材料表面或近表面处缺陷的一种无损检测方法[10]。将待测物体置于强磁场中或通以大电流使之磁化，若物体表面或表面附近有缺陷（裂纹、折叠、夹杂物等）存在，由于它们是非铁磁性的，对磁力线通过的阻力很大，磁力线在这些缺陷附近会产生漏磁。当将导磁性良好的磁粉（通常为磁性氧化铁粉）施加在物体上时，缺陷附近的漏磁场就会吸住磁粉，堆集形成可见的磁粉痕迹，从而把缺陷显示出来。

产生原因：由于铁磁性材料的导磁率远大于非铁磁材料的导磁率，根据工件被磁化后的磁通密度 $B=\mu H$ 来分析，在工件的单位面积上穿过 B 根磁线，而在缺陷区域的单位面积上不能容许 B 根磁力线通过，就迫使一部分磁力线挤到缺陷下面的材料里，其他磁力线不得不逸出工件表面以外出形成漏磁，磁粉将被这样所引起的漏磁所吸引，如图8.8所示。

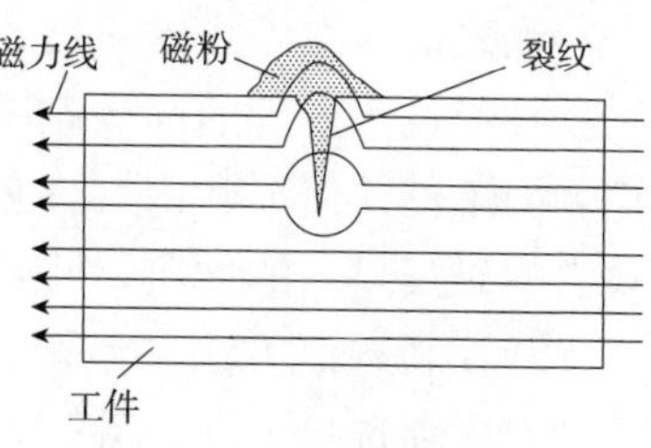

图8.8　磁粉检测原理

（2）磁粉检测常用方法

根据施加磁粉介质的种类及施加磁粉的时间，检验方法可分为湿法和干法、连续法和剩磁法、橡胶铸型法（MT-RC法）、磁橡胶法（MRI法）磁粉检测[23,24]。 213

①湿法磁粉检测

湿法又叫磁悬液法。它是在工件探伤过程中，将磁悬液（一种磁粉和分散剂均匀混合液体）浇到工件表面上，利用分散剂的流动和漏磁场对磁粉的吸引，显示出缺陷的形状和大小。对于湿法用的黑磁粉和红磁粉，采用粒度范围为1～10μm效果较好，灵敏度随着粒度的减小而提高。由于施加磁粉的时间不同，湿法又有连续法和剩磁法之分。

②干法磁粉检测

干法又叫干粉法，在不能用湿法进行探伤的特殊场合下使用。这里采用特制的干磁粉在空气中直接施加在磁化的工件上，工件的缺陷处即显示出磁痕。对于干法用的干式磁粉，一般采用粒度范围为10～60μm效果较好；干粉法对于铸钢、锻钢或焊等表面粗糙的工件上的大裂纹，由于能产生较大的漏磁场，因而能吸附较粗的磁粉并形成较大的磁痕显示。如果采用直流磁场磁化，结合使用干磁粉，有利于发现工件表明下较深的缺陷，但它发现工件表明微小缺陷的灵敏度低。使用干粉法时零件不但要洁净，还必须干燥，磁粉的粒度均匀，也要求磁粉干燥，因此，磁粉在使用前应加以烘焙。

③连续法磁粉检测

连续法是在工件磁化的同时施加磁粉或磁悬液，当磁痕形成后，立即观察和判定。连续法适用任何铁磁性材料的探伤，能进行复合磁化，并具有最高的检测灵敏度；但是连续法的检测效率相对较低，磁痕容易出现杂乱现象，影响缺陷的观察和判定。

④剩磁法磁粉检测

剩磁法是在停止磁化后，再将磁悬液施加到工件上进行磁粉检测的方法。凡经过热处理的高碳钢和合金结构钢，都可进行剩磁法检验。可用来检测因工件几何形状限制而使连续法难以检验的部位，以及评价连续法检验出的磁痕显示的性质，判断其属于表面还是近表面缺陷显示。

2）实桥检测方法

在磁粉选择上，由于钢箱梁疲劳裂纹产生的部位，导致磁粉难以有效的附着在表面，因此只能够采用湿法磁粉检测。磁粉可选用水性、油性磁悬液，其中水性磁悬液使用后需进行表面干燥处理，防止产生锈蚀，因此建议采用油性磁悬液。为了适应桥梁现场检测的需求，降低磁悬液购买成本，可以对磁悬液进行现场人工配置。若浓度太低，影响漏磁场对磁粉的吸附量，磁痕不清晰，会使缺陷漏检；若浓度太高，会在工件表面滞留过多磁粉，形成过度背景，甚至会掩盖相关显示。表8.1给出了现场检测时磁悬液配置的浓度参量，其中钢箱梁磁粉检测宜选择较大值。

磁悬液浓度 表8.1

磁粉类型	配置浓度（g/L）	沉淀浓度（固体含量：mL/100mL）
非荧光磁粉	10～25	1.0～2.5
荧光磁粉	0.5～2.0	0.1～0.4

为了避免磁悬液向下流淌对检测效果的影响，建议选择连续法磁粉检测方法。该方法的最大特点是检测速度快，显像明显。连续法磁粉检测的操作步骤如图8.9所示。

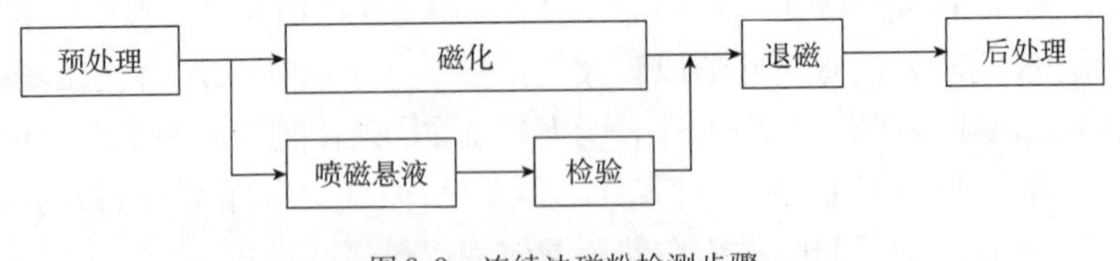

图8.9 连续法磁粉检测步骤

连续湿法磁粉检测时(图 8.10),先用磁悬液润湿钢材表面,在通电磁化的同时喷磁悬液,停止喷磁悬液后再通电数次,待磁痕形成并滞留下来时停止通电,然后进行检验。由于钢箱梁顶板和 U 肋焊缝连接处裂纹种类复杂,开裂方向不定,在使用磁粉检测时,磁化方法宜用交叉磁轭法(图 8.11)。该方法可以检测出非常小的缺陷,而且,由于在磁化循环的每一时刻都使磁场方向与缺陷延伸方向相垂直,所以一次磁化就可检测出焊缝连接处附近钢板表面上所有方向的缺陷,检测效率较高。

图 8.10　连续湿法磁粉检测

8.3.3　钢箱梁超声波检测技术

1)基本原理及常用方法

(1)检测原理

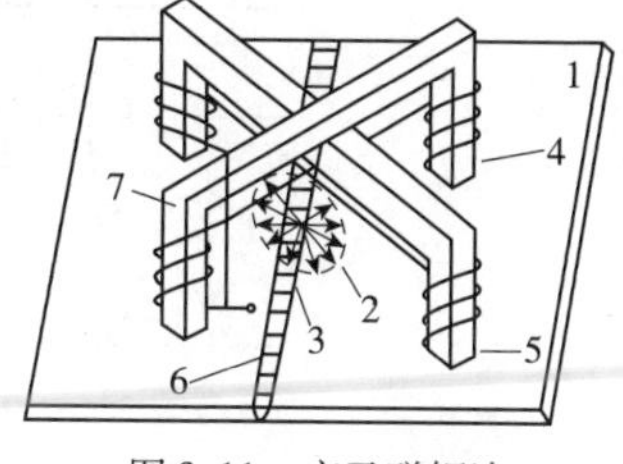

图 8.11　交叉磁轭法

1-试件;2-旋转磁场;3-缺陷;4、5-两相电流;6-焊缝;7-交叉磁轭

超声波探伤[10-15]是利用超声能透入金属材料的深处,并由一截面进入另一截面时,在界面边缘发生反射的特点来检查零件缺陷的一种方法。当超声波束自零件表面由探头通至金属内部,遇到缺陷与零件底面时就分别发生反射波来,在荧光屏上形成脉冲波形,根据这些脉冲波形即可判断缺陷位置和大小。

(2)常用方法

对于超声波检测,目前常用的方法有脉冲反射法和穿透法。

①脉冲反射法

利用超声波探头发射脉冲波到被检测工件内,根据反射波情况来检测工件缺陷。脉冲反射法又包括缺陷回波法、底波高度法和多次底波法。缺陷回波法是根据仪器示波屏上显示的缺陷波形进行判断的检测方法。当构件完好时，只存在始波T和底面回波B两个信号[图8.12a)]；当存在缺陷时，在T波和B波之间会有表示缺陷的回波F[图8.12b)]。

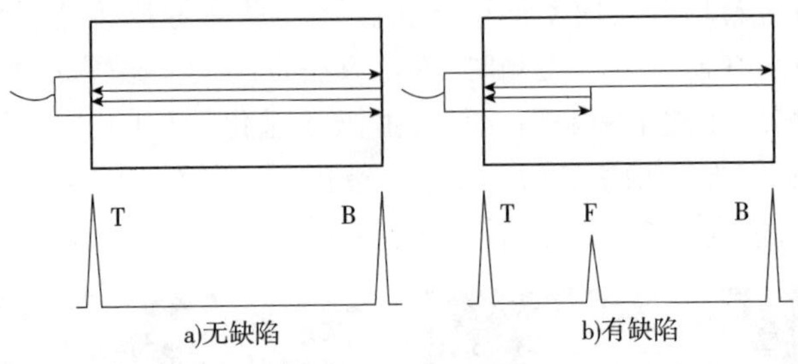

图8.12　脉冲反射法

底波高度法(图8.13)是根据底波回波高度的变化判断工件内部的缺陷情况。当工件材质和厚度不变时，底面回波高度应基本不变；但如果内存存在缺陷，则底面回波高度会下降甚至消失。

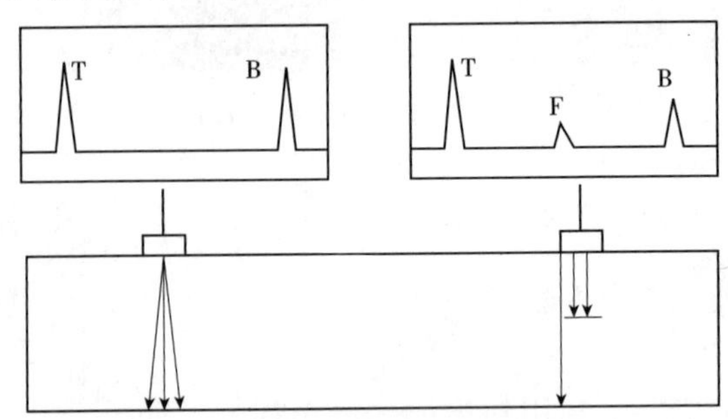

图8.13　底波高度法

多次底波法(图8.14)是根据底面回波次数判断工件有无缺陷。当超声波能量较大，声波可在探测面与底面之间往复传播多次，示波屏上会出现多次底波B_1、B_2、B_3……如果存在缺陷，会增加声能的耗散，底面回波次数会减少，同时也打乱了各自底面回波高度依次衰减的规律，并显示出缺陷回波。

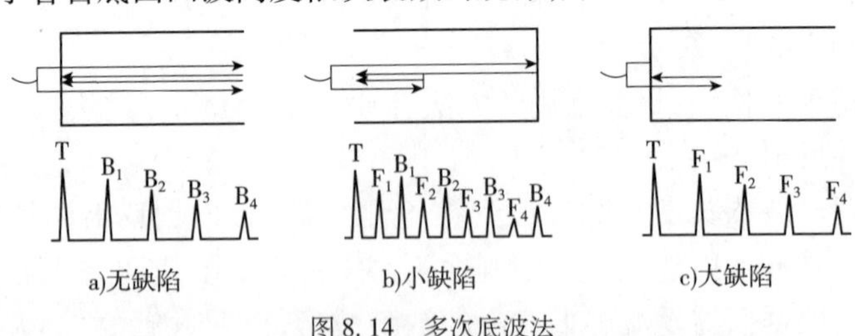

图8.14　多次底波法

②穿透法

依据脉冲波或连续波穿透工件之后的能量变化来判断缺陷情况的一种方法。穿透法常采用两个探头，一个用于发射，另一个用于接收，分置在工件两侧进行探测。存在缺陷时，接收探头收到的能量会降低甚至消失，如图8.15所示。

2）实桥检测方法

考虑钢箱梁疲劳裂纹的具体产生位置及分布特征[3]，结构钢箱梁的局部构造，宜采用发射与接收一体的斜探头作为实桥超声波检测的主要探头[16-22]。耦合剂可以选择声耦合性能好、流淌性低的化学浆糊，如图8.16所示。

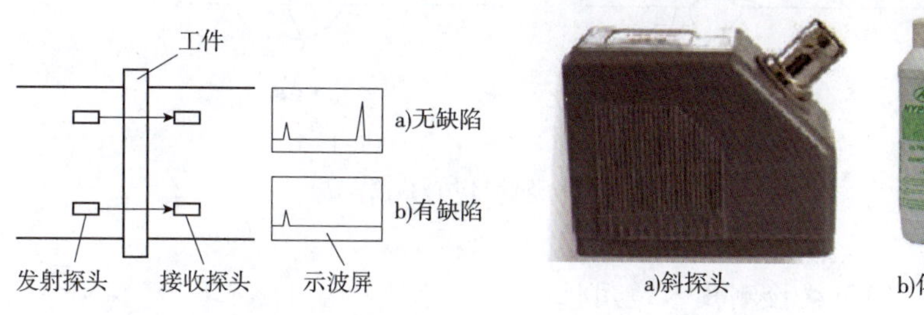

图8.15　穿透法

图8.16　探头及耦合剂

由于钢桥面板与U肋连接焊缝部位的疲劳裂纹分布特征复杂，并且探头无法进入U肋内部进行探伤，因此这里主要针对该部位给出了可行的超声波外部检测方法，如图8.17所示。

（1）CR-D-1只能采用一次反射法，分别探测裂纹的尖端和末端，位置如探头1。

（2）CR-D-2根据探头K值的大小，可采用直射法或一次反射法。K值小的探头采用一次反射法；K值大的探头采用直射法或一次反射法，位置如探头1、2。

（3）CR-D-3采用直射法或一次反射法，跟K值无关，位置如探头1、2。

（4）CR-D-4采用一次反射法，探测裂纹尖端，位置如探头1。

（5）CR-D-5根据探头K值的大小，可采用直射法或一次反射法。K值小的探头采用一次反射法；K值大的探头采用直射法或一次反射法，位置如探头1、2。

（6）CR-D-6可采用一次反射法，位置如探头1；或直射法，位置如探头2。

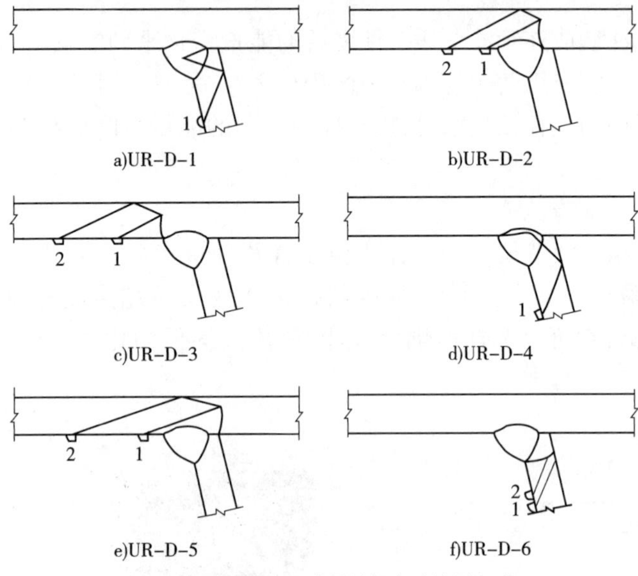

图 8.17　面板与 U 肋焊缝超声波检测方法

8.3.4　钢箱梁检测技术适用性

综合上述对钢箱梁疲劳裂纹检测技术的介绍，并结合相关检测技术的使用及实桥检测试验，针对各个检测技术的特点、适用性、检测效果及对裂纹特征的检测作了对比分析和评价，具体见表 8.2。

各个检测技术适用性　　表 8.2

检测技术	特　点	适用性	检测效果	裂纹特征
渗透检测	利用毛细现象检测疲劳裂纹，采用喷涂法施加渗透剂，检测范围大	适合对钢箱梁 U 肋对接焊缝及面板与 U 肋焊缝的裂纹检测	检测速度慢，由于钢箱梁涂层存在，检测前需进行打磨，否则会影响检测效果	可以检测裂纹的位置及长度，无法检测裂纹的深度及倾斜角度
磁粉检测	利用裂纹处产生漏磁场的原理，采用磁粉进行检测。检测范围大	适合对钢箱梁 U 肋对接焊缝及面板与 U 肋焊缝的裂纹检测。宜采用连续湿法磁粉检测	检测速度快，使用反差增强剂可增加其显示效果。涂层对检测效果的影响不大	可以检测裂纹的位置及长度，无法检测裂纹的深度及倾斜角度

续上表

检测技术	特 点	适用性	检测效果	裂纹特征
超声波检测	利用超声波回波原理,判断是否存在裂纹,检测范围小,精度高	适合面板与U肋过焊孔处裂纹检测,可适应复杂的检测部位。需使用斜探头和耦合剂	检测速度快,缺陷判断准确度高。钢箱梁涂层会降低回波高度,需进行适当表面补偿	可对疲劳裂纹的长度、深度、倾斜角度及位置进行判定,并可检测隐蔽裂纹

8.4 疲劳裂纹几何特征超声波检测技术

8.4.1 试验设计

试件材料为Q345q,采用CO_2保护焊进行焊接,焊脚尺寸$h_f=8.0$mm,针对钢箱梁U肋与面板焊接构造细节,制作了人工裂纹标准试件,对该部位焊缝的6种不同疲劳裂纹开裂形式进行模拟[图8.18a)]。裂纹采用电火花线切割加工,综合考虑了裂纹的长度、深度、宽度、倾斜角度及位置等特征如图8.18b)所示。表8.3给出了试验设计的主要裂纹参数,包括裂纹宽度W(0.1mm、0.15mm、0.2mm)、裂纹深度D(4mm、6mm、8mm、12mm)、裂纹长度L(15mm、30mm、40mm)、裂纹角度α(0°、30°、45°)、板厚T(6mm、12mm)。

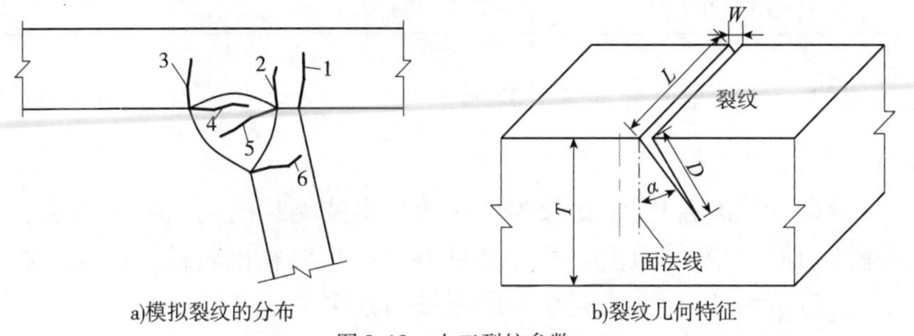

a)模拟裂纹的分布　　b)裂纹几何特征

图8.18 人工裂纹参数

采用SH610数字超声波探伤仪,研究钢箱梁疲劳裂纹特征的超声波检测方法。试验中使用的探头为4P 8×12 K2.5斜探头,耦合剂为CG-98型超声波耦合剂。在探头使用前,先在标准试块上对探头性能进行测定和校准[21],得到探头前沿为9.0mm,斜探头K值为2.5,声束偏斜角为1°,灵敏度余量64dB。

人工裂纹设计参数　　表 8.3

面板切割裂纹	裂纹编号	宽度 W（mm）	深度 D（mm）	长度 L（mm）	角度 α（°）	板厚 T（mm）	焊缝切割裂纹	裂纹编号	深度 D（mm）
裂纹特征参数	CP-111-11	0.1	12	15	0	12	U 肋与面板裂纹类型	CW-112-1	8
	CP-112-11	0.1	12	30	0	12		CW-212-1	8
	CP-113-11	0.1	12	40	0	12		CW-111-2	12
	CP-122-11	0.1	8	30	0	12		CW-112-2	8
	CP-222-11	0.15	8	30	0	12		CW-122-2	8
	CP-322-11	0.2	8	30	0	12		CW-212-2	8
	CP-132-11	0.1	6	30	0	12		CW-111-3	12
	CP-142-11	0.1	4	30	0	12		CW-112-3	8
	CP-132-12	0.1	6	30	0	6		CW-122-3	8
	CP-142-12	0.1	4	30	0	6		CW-212-3	8
	CP-122-21	0.1	8	30	30	12		CW-112-4	8
	CP-142-21	0.1	4	30	30	12		CW-212-4	8
	CP-142-22	0.1	4	30	30	6		CW-112-5	8
	CP-122-31	0.1	8	30	45	12		CW-113-6	4

8.4.2　裂纹几何特征参数检测方法

1)裂纹长度

针对裂纹长度,目前采用较为广泛的是半波测长法及 6dB 测长法,但由于钢箱梁板厚较薄,导致上述两种测量方法的检测精度较低。因此,本章针对钢箱梁疲劳裂纹,研究了裂纹长度测量的方法。

对 CP-111-11、CP-112-11 和 CP-113-11 裂纹进行超声波测长试验,寻找到缺陷最高回波,调节灵敏度,使最高回波高度稳定在 70% 左右,记录边缘回波高度,得到如图 8.19 所示裂纹不同位置回波高度值。从图 8.19 中看出,探头位于裂纹中间时的回波高度最高,向两边移动时回波高度迅速下降,直到裂纹边缘回波高度达到最低,越过裂纹边缘后,回波消失。最高回波和最低回波的高度相差约 1/3[25,26]。

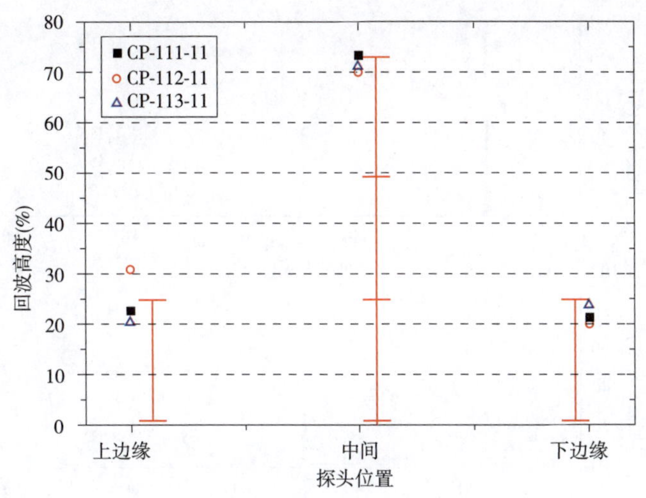

图 8.19　裂纹不同位置回波高度对比

对裂纹 CW-111-2、CW-111-3 进行测长试验，结果见表 8.4。从表 8.4 中可见，通过 1/3 测长法判断裂纹边缘位置，并测量裂纹有效长度方法可行，测量误差小于 5%，具有较高准确度，对表面裂纹和隐蔽裂纹都具有较好的适用性。

焊缝处裂纹测长结果　　　　表 8.4

裂纹编号	加工长度(mm)	实测长度(mm)	误差(%)
CW-111-2	40.0	38.0	5
CW-111-3	40.0	38.8	3

2）裂纹深度

根据缺陷回波的声程 S、指示深度 Y 和指示水平距离 X（S、Y、X 值由仪器给出），可以对裂纹深度和水平位置进行检测。如图 8.20 给出了针对同一裂纹分别采用直射法和一次反射法进行检测的缺陷回波。从图 8.20 中可以看出，直射法产生的缺陷回波距离较一次反射法近，并且回波高度较高，具有缺陷判别能力，因此，宜优先采用直射法进行疲劳裂纹检测。

从人工标准试件中选择不同深度的裂纹进行试验，分别采用直射法和一次反射法进行检测，其结果如表 8.5 所示。

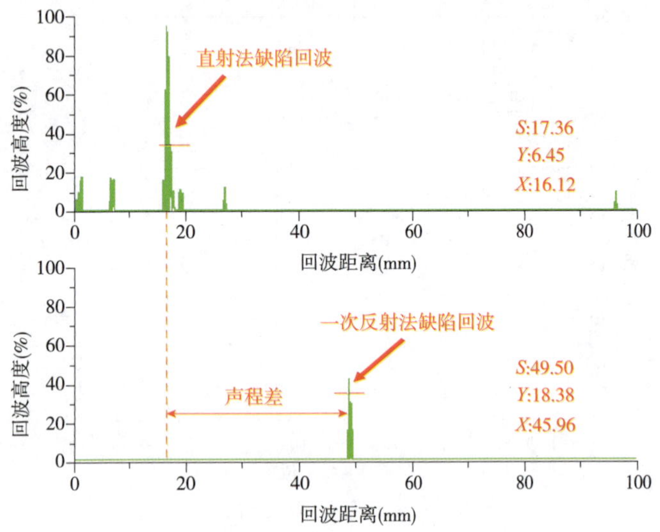

图 8.20　直射法和一次反射法波形图

直射法和一次反射法检测结果　　表 8.5

裂纹编号及检测方法	指示深度 *Y*（mm）	裂纹深度 *D*（mm）	深度均值（mm）	加工深度（mm）	误差（%）
CP-122-11 直射	8.67	8.67	8.09	8.0	1.1
CP-122-11 一次反射	16.5	7.50			
CP-132-11 直射	6.45	6.45	6.03	6.0	0.5
CP-132-11 一次反射	18.38	5.62			
CP-142-11 直射	4.33	4.33	4.02	4.0	0.5
CP-142-11 一次反射	20.29	3.71			

由表 8.5 可以看出，直射法测量得到的裂纹深度比实际深度偏大，一次反射法偏小。这是由于超声波声束有一定的扩散角，裂纹的最高回波未必是裂纹尖端，并且超声波探头存在一定的近场区，直射法的检测精度相对比一次反射法低。将直射法和一次反射法检测结果取平均值，其误差接近 0，检测结果与实际吻合良好。因此，在探伤条件允许（可分别进行直射和一次反射法）的前提下，宜取两者结果的平均值作为裂纹的实际深度；在探索条件不允许（无法进行直射法）时，宜采取一次反射法，其检测结果偏小。

3）裂纹角度

实际疲劳裂纹开裂时沿板厚方向呈一定角度扩展，并非完全垂直于表面，因此对疲劳裂纹角度的测量十分重要。本章通过试验研究，给出了图 8.21所示的疲劳裂纹角度测量的几何方法。图中，N 为探头前端距裂纹开口距离，Q 为探头前沿，S 为裂纹水平投影长度，X_1、Y_1 和 X_2、Y_2 分别表示探头在裂纹尖端和裂纹开口时的指示水平距离和指示深度。

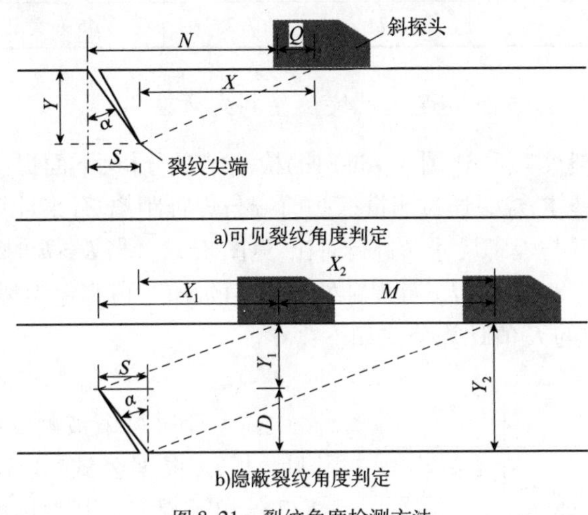

a)可见裂纹角度判定

b)隐蔽裂纹角度判定

图 8.21 裂纹角度检测方法

可见裂纹，计算公式如下：

$$\alpha = \arctan\left(\frac{N + Q - X}{Y}\right) \tag{8.1}$$

隐蔽裂纹，计算公式如下：

$$\alpha = \arctan\left(\frac{X_1 + M - X_2}{Y_2 - Y_1}\right) \tag{8.2}$$

选取人工裂纹标准试件中不同倾斜角度的裂纹进行超声波角度检测试验，结果见表 8.6。

从表8.6 中可以看到，CP-122-11、CP-122-21、CP-142-21 和 CP-142-22 裂纹角度计算结果与实际值接近，两者相差在 10°以内，具有较好的精度；而 CP-122-31 由于裂纹倾斜角度较大，声束难以在裂纹尖端形成良好的反射，缺陷最高回波未必在裂纹尖端，并且 CP-122-31 裂纹垂直深度较小，处在探头近场区内，检测精度较低，导致测量误差较大。

裂纹角度超声判定结果　　表 8.6

裂纹编号	Y(mm)	X(mm)	N(mm)	加工角度(°)	计算角度 α(°)
CP-122-11	8.67	21.67	12.7	0	0
CP-122-21	7.44	18.61	12.7	30	23
CP-142-21	3.86	9.66	11.1	30	20
CP-142-22	3.70	9.25	10.7	30	21
CP-122-31	5.49	13.74	7.2	45	24

8.4.3　4U 肋与面板焊缝裂纹位置判定方法

针对上述裂纹 1、2、3[图 8.18a)]的检测结果分析，下面提出了三种裂纹开裂位置判别具体方法：通过测量探头前端与焊趾距离 Z，来计算裂纹与焊趾距离 K 的大小并与焊脚尺寸 h_f 进行对比，见图 8.22。当 $K>h_f$ 时，为裂纹 3；当 $K\approx h_f$ 时，为裂纹 2；当 $K<h_f$，且焊趾处有明显的缺口，可判定为裂纹 1。

图 8.22 中的 K 值计算公式如下：

$$K=X-Z-Q \tag{8.3}$$

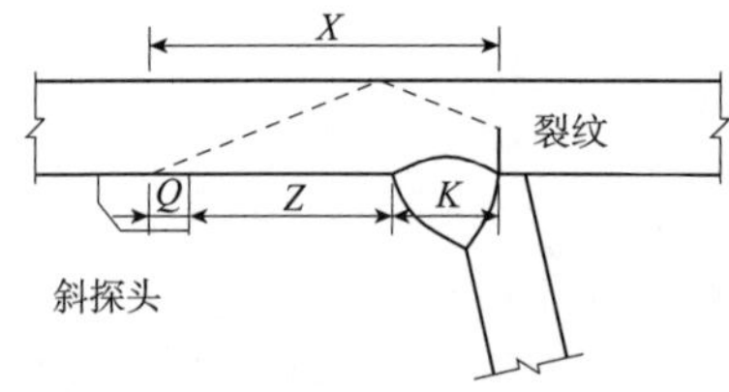

图 8.22　裂纹位置判定方法(K 值法)

试验中针对每个被测焊缝，分别测量焊脚尺寸 h_f，根据公式(8.3)计算 K 值。表 8.7 给出了焊缝处开裂标准试件裂纹 1(未溶透部位)、裂纹 2(焊跟处)、裂纹 3(焊趾处)的超声波检测结果及焊脚尺寸 h_f 的大小。

面板内部裂纹位置判定实验结果　　表 8.7

部位	裂纹编号	$Z+Q$(mm)	X(mm)	K(mm)	h_f(mm)
焊趾	CW-111-3	27.5	31.59	4.09	7.9
	CW-112-3	20.0	21.43	1.43	7.9
	CW-122-3	21.3	20.36	-0.94	8.1
	CW-212-3	20.5	21.74	1.24	7.9
焊跟	CW-111-2	22.5	31.40	8.90	8.1
	CW-112-2	12.1	21.35	9.25	8.0
	CW-122-2	14.0	21.46	7.46	7.9
	CW-212-2	10.2	21.83	11.63	8.3

续上表

部位	裂纹编号	$Z+Q$(mm)	X(mm)	K(mm)	h_f(mm)
未溶透	CW-112-1	10.0	21.64	11.64	7.9
	CW-212-1	25.6	40.68	15.08	8.3

注:试验中探头前沿 $Q=9$mm。

由表 8.7 可知,焊趾处计算的 K 值都比实际焊脚尺寸 h_f小,焊跟处 K 值普遍与 h_f接近,而未溶透部位的 K 值都大于 h_f。其中 CW-212-2 测量得到的 K 值不满足上述规律,可能由于超声波检测中对缺陷波主观判断错误造成的。

8.5　疲劳裂纹几何特征检测技术应用

8.5.1　疲劳试验

试验加载装置采用机械型振动疲劳试验机,对悬臂试件进行弯曲疲劳加载。将试件一端与机架固定,在悬臂端固定机械型振动疲劳试验机,通过电机偏心转动带动试件上下振动,实现对试件的弯曲疲劳加载,试验加载装置示意图见图 8.23。试件安装完成如图 8.23b)所示。机械型振动疲劳试验机,通过调节机械性疲劳试验机的内部偏心块的转动频率,改变疲劳试验机常幅荷载输出大小,可以输出正弦波形,最大输出荷载为 3kN。输出荷载粗调:通过调节偏心块的夹角,粗调输出荷载大小。根据离心力公式 $F=m\omega^2R$,调节频率可以调节偏心块转速,从而调整输出疲劳荷载。

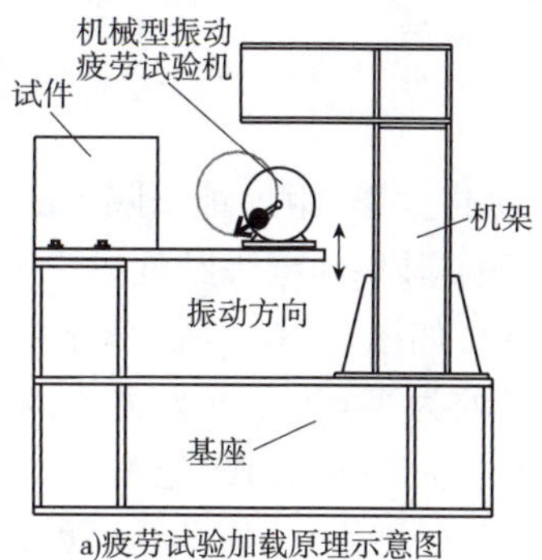

a)疲劳试验加载原理示意图

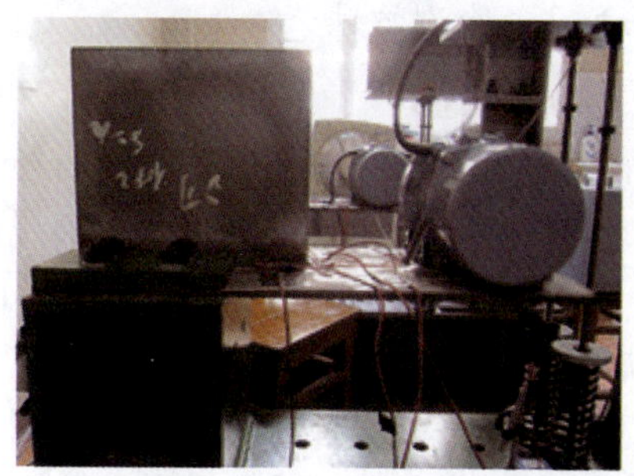

b)试件仪器组装完成照片

图 8.23　疲劳试验机

本试验采用的试件为模拟竖向加劲肋与顶板连接角焊缝端部的疲劳裂纹如图8.24a)所示；通过机械型疲劳试验机进行加载，得到试件疲劳裂纹如图8.24b)所示(已经过磁粉检测处理)。试件疲劳裂纹开裂特征如下：均从角焊缝包角处焊趾起裂，沿焊趾开展一段后越过焊趾边缘，沿垂直于焊趾方向沿板横向向两侧开展，整个裂纹开展过程疲劳裂纹两侧开展速率基本一致，裂纹呈对称开展，最终裂纹开口呈"Ω"形开展。

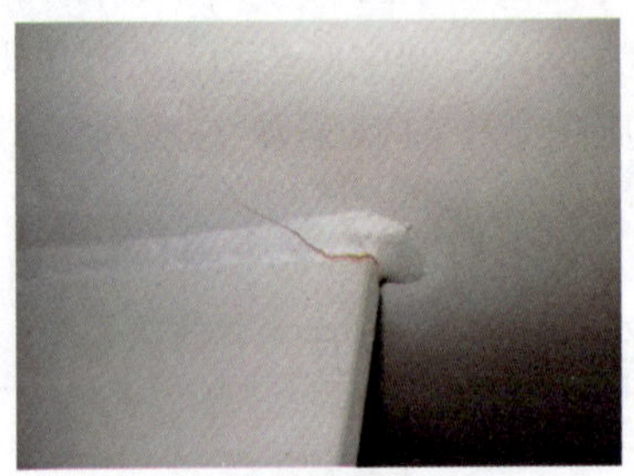

a)实桥疲劳裂纹

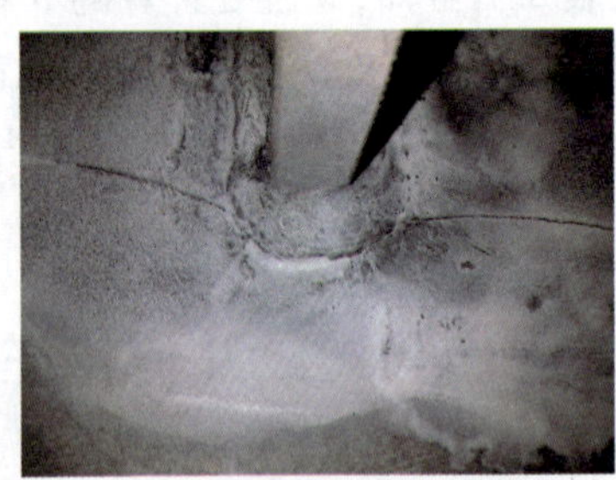

b)同一部位的试件疲劳裂纹

图8.24　疲劳裂纹

图8.25　裂纹断面

将上述疲劳裂纹试件沿裂纹扩展方向切开后，得到断面如图8.25所示。发现疲劳裂纹的深度从角焊缝包角处向裂纹边缘逐渐变小，疲劳裂纹断面倾斜角度从中间向两边逐渐变化，裂纹中间的倾斜角度最大，裂纹边缘的倾斜角度接近零。整个裂纹断面呈椭圆形，部分试件已裂透，部分未裂透。

8.5.2　检测方法

1)测点布置

布置测点时，采用投影长度，平行于加劲肋投影，距焊趾每隔5mm设一个测点，左右各6个测点，加劲肋中轴线端部弧形角焊缝焊趾处再设一个测点，共13个测点，从左至右依次编号为1～13，如图8.26a)所示。测点位置为至加劲肋中轴线的距离，以加劲肋中轴线处为零点，左方为负值，右方为正值。检测裂纹长度时也采用与布置测点相同的投影方式，记测点1～6间为左方裂纹，8～13间为右方裂纹，两者再加上焊脚尺寸、加劲肋厚度即为裂纹总长。

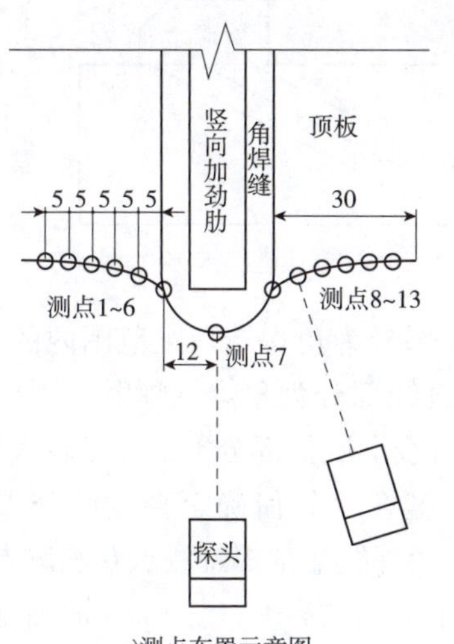

a)测点布置示意图

b)实际疲劳裂纹检测照片

图 8.26　测点布置方案(尺寸单位:mm)

2)检测方法修正

(1)裂纹长度检测修正

实际疲劳裂纹与人工裂纹特征存在较大差异,导致检测时遇到以下问题:

①人工裂纹检测时深度是已知量,为一定值,且均已贯穿;实际疲劳裂纹深浅不一,均为未知,也没有裂透,不存在对应裂纹高度一致的回波顶点,难以统一标准比较计算。

②人工裂纹长度方向上为直线;实际疲劳裂纹长度方向上为曲线,随裂纹走向各点形状特征差异较大,如果直接选取测点 7 最高回波作为中部回波高度,势必会造成较大误差。针对以上情况,对上述提出的 1/3 测长法进行的相应修正。

人工裂纹采用直射法寻找回波顶点,实际疲劳裂纹采用一次反射法,固定指示深度为母材板厚的两倍,即 $Y=2T$。此时声束轴线反射点恰好位于裂纹开口与顶面交角处,一方面保证整条裂纹长度方向上都能找到缺陷回波;另一方面裂纹开口与顶面形成端角角镜,发生角反射效应(图 8.27),一定程度上起到会聚作用。声束边缘在小范围内经过多次反射同样能被探头接收,即使增益较小,也能得到较高回波,提高了检测灵敏度,便于检测到裂纹。

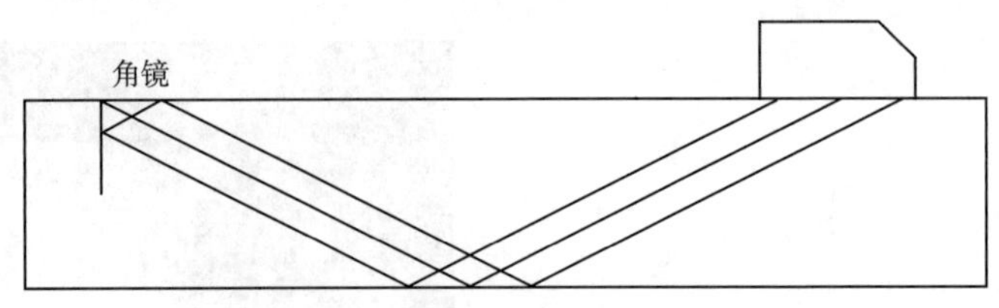

图 8.27　角反射效应示意图

将裂纹长度方向上分为两部分:圆弧部分为角焊缝焊趾范围内的裂纹,即测点 6 到测点 8 之间,近似为半圆弧;直线部分为角焊缝焊趾范围外的裂纹,即测点 6 左方及测点 8 右方,近似为直线。圆弧部分裂纹宽度较大,清晰可见,易于肉眼识别,检测裂纹长度的关键在于如何确定直线部分末端位置。把圆弧部分与直线部分的过渡点,即角焊缝端部焊趾测点 6 和测点 8 的回波高度分别作为左右直线部分裂纹的中部回波高度,运用 1/3 波高度法即可测得实际疲劳裂纹长度。

(2)裂纹角度检测修正

实际疲劳裂纹形状特征复杂多变,探头位于裂纹某侧采用直射法检测时可能始终很难接收到回波,因此,根据实际情况可采用一次反射法进行检查。相同检测灵敏度下,采用直射法或一次反射法在裂纹两侧距开口前端距离相同处分别检测判断裂纹是否倾斜,具体的方法如图 8.28 所示。

①采用直射法判断:若回波高度近似相等,则裂纹可认为是垂直的;若回波高度明显不等,则裂纹存在一定的倾斜角度,并且裂纹尖端向回波高度较高的一侧倾斜。

②采用一次反射法判断:若回波高度近似相等,裂纹可认为是垂直的;若回波高度明显不相等,或一侧回波消失,则裂纹向回波较低的一侧倾斜。其判断方法正好与一次反射法相反。

产生这种不同回波高度的原因是:采用直射法在探头 1 检测时,超声波的声束与倾斜裂纹的夹角 α 比探头 2 检测时的夹角 β 更接近 90°[图 8.28a)];采用一次反射法在探头 1 检测时,超声波的声束与倾斜裂纹的夹角 γ 比探头 2 检测时的夹角 δ 大,但 δ 更加接近 90°[图 8.28b)]。而超声波回波高度又跟入射面的角度有关,当垂直入射时,其回波高度比非垂直入射的高。因此,采用直射法时,探头 1 检测的回波高度比探头 2 的高;采用一次反射法时,探头 2 检测的回波高度比探头 1 高,由此判断该裂纹是否倾斜。

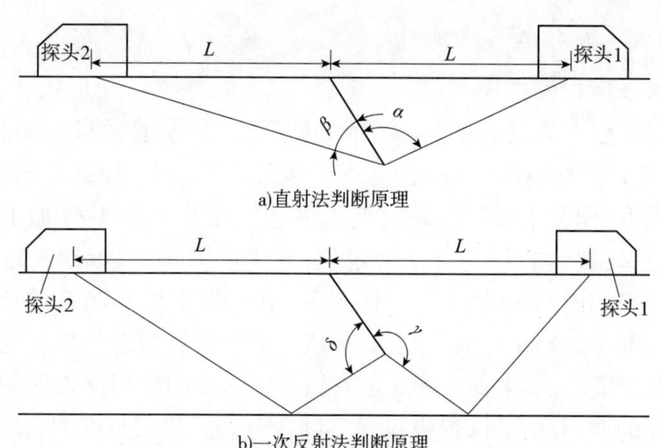

图 8.28　裂纹是否倾斜判断示意图

由于在实际疲劳裂纹检测中，采用直射法检测时，声束中心轴线与开裂面夹角过小，难以接收到回波，因此，改为一次反射法对裂纹的倾斜角度进行检测；并且，一次发射法的声程较长，可以避免检测时裂纹尖端处在近场区，提高定量准确性。试验中发现探头位于加劲肋处的回波高度比位于加劲肋外侧明显降低，以此判断疲劳裂纹尖端向加劲肋一侧倾斜，符合实际疲劳裂纹断面的特征。将探头置于加劲肋外侧，对实际疲劳裂纹进行角度测量。一次反射法进行疲劳裂纹角度测量原理如图 8.29 所示，计算公式如下：

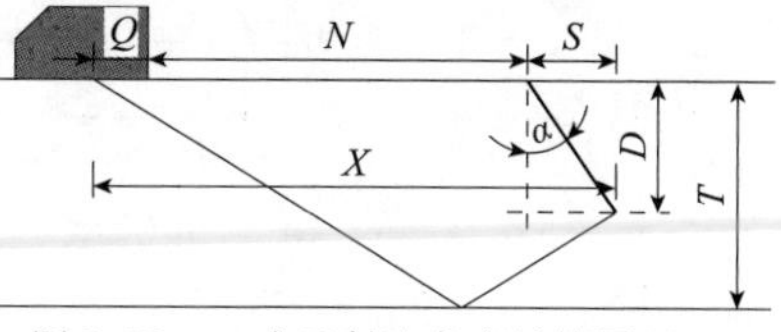

图 8.29　一次反射法角度计算原理

$$\alpha = \tan^{-1}\frac{S}{D} = \tan^{-1}\frac{X-N-Q}{2T-Y} \tag{8.4}$$

式中：T——钢板厚度；

Y——指示深度；

D——裂纹垂直深度；

X——指示水平距离；

Q——探头前沿；

N——探头前端距裂纹开口距离；

S——裂纹水平投影长度。

8.5.3　试验结果对比分析

1)裂纹长度检测结果

根据实际疲劳裂纹的特征,采用修正后的1/3测长法进行测长,将疲劳裂纹分为三部分,焊缝左方裂纹L_1、焊缝包角处裂纹L_2、焊缝右侧裂纹L_3,测量其有效长度,即两个裂纹边缘的直线距离。由于试件焊接、加工方式都一致,焊缝包角处裂纹的长度可认为定值,这里取$L_2=25.0$mm。超声波疲劳裂纹测长结果如图8.30所示。从图8.30中可以看出,L_1和L_3的长度检测结果相近,在(30±5)mm范围内波动,而疲劳裂纹测量的总长与理论控制的长度84mm也很接近,基本在84mm左右波动。这说明采用修正后的1/3测长法具有较好的检测准确性,能够满足实际疲劳裂纹检测长度的要求。

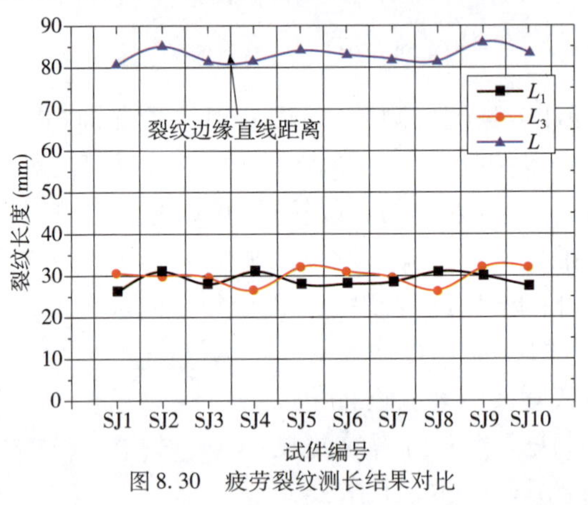

图8.30　疲劳裂纹测长结果对比

选取其中的部分试件(SJ6~SJ10)的实测结果(试件切开后采用尺子直接测量)与超声波测长结果绘制成如图8.31所示。从图8.31可以看出,采用1/3测长法得到的裂纹总长与试件切开后测量得到的裂纹总长的平均值近似相等。综合前面的理论分析、试验,可以认为1/3测长法能够很好地应用于实际的疲劳裂纹长度测量,其精度和准确度都较高。

2)裂纹深度检测结果

采用一次反射法和直射法依次测量每个测点的疲劳裂纹深度,并将两者检测结果取平均值得到的裂纹角度,如图8.32所示。从图8.32中可以看出,实际疲劳裂纹深度检测值波动较大,说明检测过程中存在较大的随机误差。但从整体趋势上看,7号测点的裂纹深度普遍比其他测点大,向两边逐渐减小，这符合该疲劳裂纹实际的开裂特征，即从 7 号测点附近开始起裂，然后逐渐向两边扩展延伸。

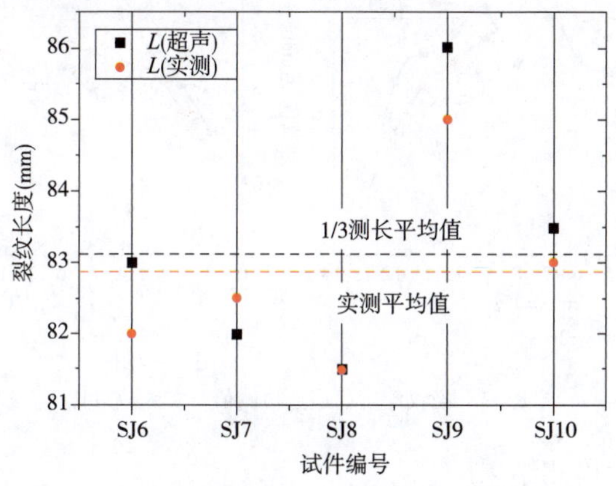

图 8.31　裂纹长度超声波检测值与实测值对比

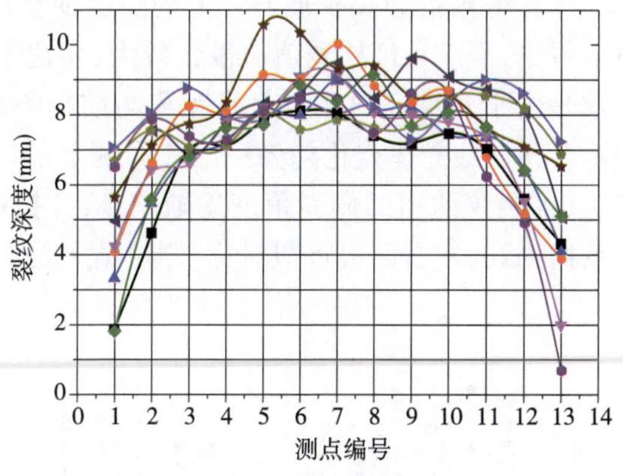

图 8.32　裂纹深度曲线

将裂纹深度超声波检测结果与实际深度测量结果进行对比，得出了部分的检测结果对比，如图 8.33 所示。从图中可以发现，裂纹断面深度实际测量结果曲线普遍呈现明显的单峰，从测点 1 到测点 13，裂纹深度逐渐增大然后又逐渐减小，到测点 7 达到最大值，曲线大致沿着测点 7 左右对称。超声波检测结果的裂纹深度变化曲线呈现出一定的离散性和波动性，但总体变化趋势同实际检测结果比较接近，其绝对误差在 1mm 以内，说明超声波裂纹深度检测结果能够较好的符合实际疲劳裂纹特征。

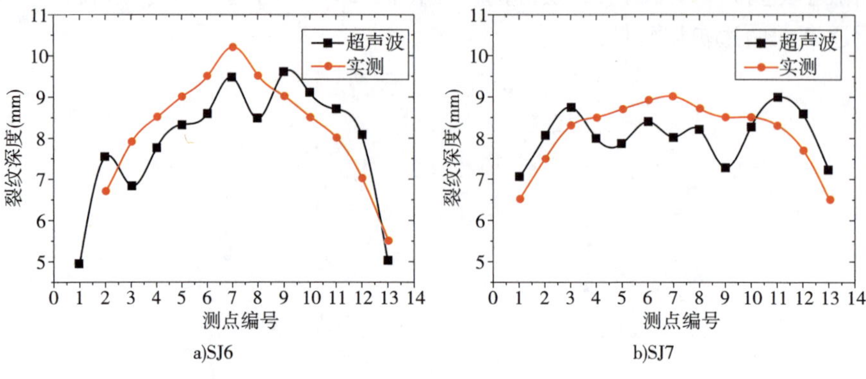

a)SJ6　　b)SJ7

图 8.33　裂纹深度超声波检测值与实测值对比

3)裂纹角度检测结果

采用一次反射法一次测量了每个测点,得到裂纹角度测度的特征回波,并利用公式(8.4)计算得到沿裂纹扩展路径上的角度变化规律,如图 8.34 所示。从图中可以看出,裂纹角度检测值离散性较大,相比于裂纹深度仅需测量指示深度。这是由于角度还要测量水平距离与前端距离,多参量导致其更大随机误差。各条曲线总体变化趋势一致,7 号测点的倾斜角度测量结果相比其他测点更大,裂纹两边的倾斜角度逐渐减小,并接近垂直,整个曲线近似开口向上的抛物线,左右两边近似对称,测量结果符合实际疲劳裂纹断面的特征。

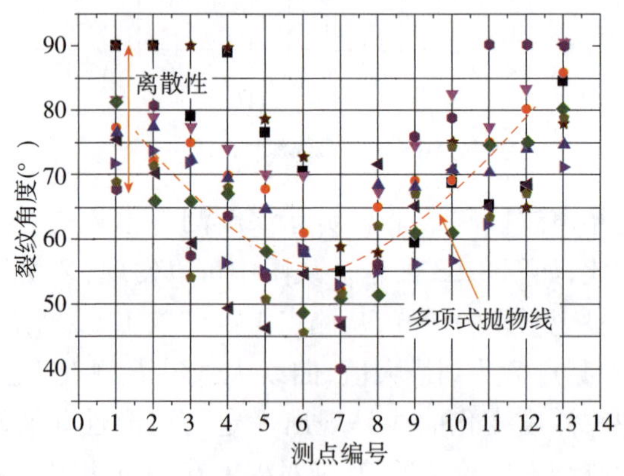

图 8.34　裂纹角度测量结果曲线

将裂纹角度超声波检测结果与实际角度测量结果进行对比,得出了部分的检测结果对比,如图 8.35 所示。从图中可以看出,裂纹角度超声波检测值与实测值的变化规律基本一致,测点 7 的角度最大,越过测点 7 后向两边逐渐减小。这说明采用修正后的一次反射法对裂纹角度进行测量,其结果与实际裂纹角度值吻合较好,具有较高的检测准确度和可靠性。

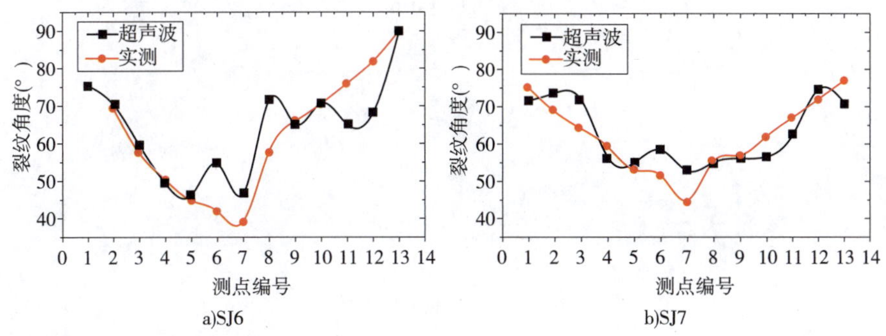

图 8.35 裂纹角度超声波检测值与实测值对比

8.5.4 疲劳裂纹几何特征图

根据前面的超声波检测结果,选取了其中两个试件(SJ8 和 SJ10),采用 AutoCAD 绘制裂纹断面特征 3D 模型,如图 8.36 和图 8.37 所示。从图 8.36 中可以看出,试件 SJ8 和 SJ10 裂纹模型的轮廓特征相似;真实裂纹的轮廓近似为椭圆或某多项式的抛物线,但模型轮廓与真实裂纹轮廓特征还存在略微的偏离。实测的裂纹轮廓特征在中间部位(焊趾包脚处)都存在反弯段,这是由于该部位裂纹倾斜度最大,可能导致超声波难以在裂纹尖端形成良好的反射,导致测量误差增大。

图 8.37 给出了裂纹断面特性三维模型的轴视图,依据超声波疲劳裂纹长度、深度、倾斜角度的检测结果建立的。SJ8 和 SJ10 的断面模型特征与实际疲劳裂纹的断面特征相似,从裂纹中心即焊趾包脚处向两边,裂纹的深度、倾斜角度都逐渐减小,总体符合实际断面特征。说明采用上述提出的超声波疲劳裂纹特征检测方法可行,具有较好的准确性,能够对疲劳裂纹断面特征进行良好的识别。

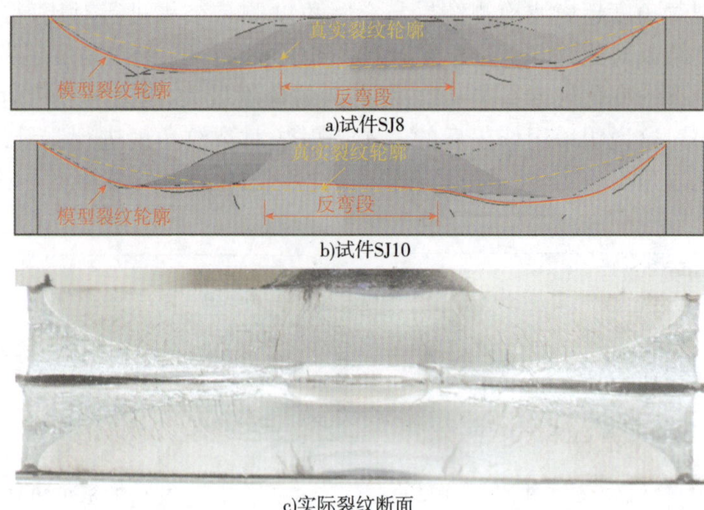

a)试件SJ8

b)试件SJ10

c)实际裂纹断面

图 8.36　裂纹轮廓特征对比

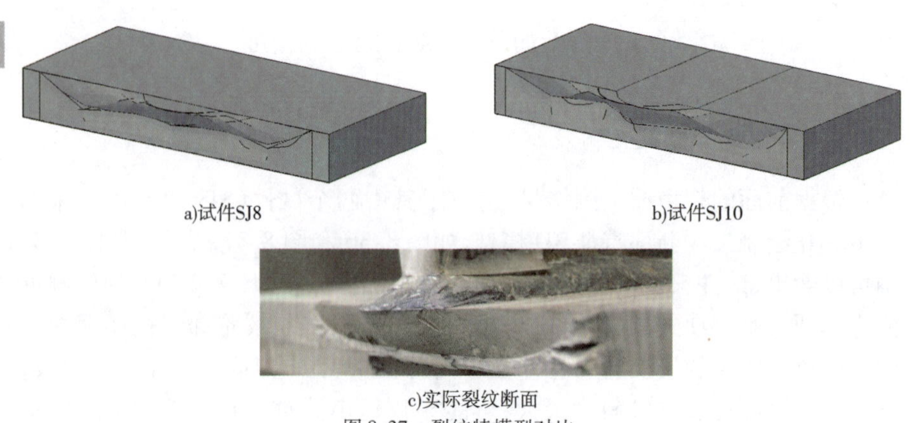

a)试件SJ8

b)试件SJ10

c)实际裂纹断面

图 8.37　裂纹特模型对比

8.6　结语

通过以上一系列的调研与试验研究，可以得到以下主要结论：

（1）钢箱梁疲劳裂纹产生部位主要有三个部位：一是 U 肋对接焊缝处，二是 U 肋与面板连接焊缝处（过焊孔部位），三是 U 肋底部的横隔板开孔处。其中，U 肋与面板连接焊缝处的疲劳裂纹最多，分布特征也最为复杂。

(2)超声波检测、磁粉检测和渗透检测能够较好地适用于实桥钢箱梁疲劳裂纹的检测。其中,渗透检测和磁粉检测的范围大,超声波检测技术更加适合局部细致检测。每种检测方法都存在一定的局限性。

(3)针对裂纹长度,提出了适用于钢箱梁疲劳裂纹长度测量的 1/3 测长法;针对裂纹深度,建议采用直射法和一次反射法检测结果取平均值的方法作为裂纹的实际深度;针对裂纹角度,依据声波路径与裂纹之间的几何关系,建立了裂纹角度检测方法及计算公式,并针对 U 肋与面板焊缝部位的裂纹,提出了 K 值法对裂纹位置进行判断的方法。同时得到了相关试验的验证。

(4)结合实际疲劳裂纹几何特征,对检测方法进行了一定的修正,并对实际疲劳裂纹进行了检测,结果表明修正后的检测方法能够较好的对裂纹的长度、深度、角度进行检测,并且具有一定的准确度和精度。

本章参考文献

[1] 吴冲. 现代钢桥[M]. 北京:人民交通出版社,2006.

[2] 王春生,冯亚成. 正交异性钢桥面板的疲劳研究综述[J]. 钢结构,2009,9(24):9-13.

[3] 曾志斌. 正交异性钢桥面板典型疲劳裂纹分类及其原因分析[J]. 钢结构,2011,2(26):9-15.

[4] 冯亚成,王春生. 正交异性钢桥面板纵肋与桥面板连接细节的疲劳评估及修复措施[J]. 钢结构,2011,26(2):27-30.

[5] Fisher J W, Roy S. Fatigue of steel bridge infrastructure[J]. Structure and Infrastructure Engineering,2011,7(8):457-475

[6] 余波,邱洪兴,王浩,等. 江阴长江大桥钢箱梁疲劳应力监测及寿命分析[J]. 公路交通科技,2009,26(6):69-73.

[7] 周怡斌. 公路大桥正交异性钢桥面板裂缝成因研究及局部疲劳分析[D]. 北京:清华大学,2010.

[8] 李小珍,任伟平,卫星,等. 现代钢桥新型结构形式及其疲劳问题分析[J]. 钢结构,2006,21(5):50-55.

[9] 于凤坤,赵晓顺,王希望,等. 无损检测技术在焊接裂纹检测中的应用[J]. 无损检测,2007,29(6):353-355.

[10] 刘贵民,马丽丽. 无损检测技术[M]. 第 2 版. 北京:国防工业出版

社,2010.

[11] 姜竹生,瞿涛,吕磊,等. 钢箱梁典型病害分析及其检测与维护技术研究[J]. 防灾减灾工程学报,2011,31(5):572-577.

[12] Ushakov V M, Davydov D M, Domozhirov L I. Detection and measurement of surface cracks by the ultrasonic method for evaluating fatigue failure of metals[J]. Russian Journal of Nondestructive Testing, 2011, 47(9): 631-641.

[13] Mukhopadhyay C K, Jayakumar T, Haneef T K, et al. Use of acoustic emission and ultrasonic techniques for monitoring crack initiation/growth during ratcheting studies on 304LN stainless steel straight pipe[J]. International Journal of Pressure Vessels and Piping, 2014(116):27-36.

[14] Masserey B, Kostson E, Fromme P. Monitoring of fatigue crack growth using guided ultrasonic waves[C]//SPIE Smart Structures and Materials + Nondestructive Evaluation and Health Monitoring. International Society for Optics and Photonics, 2010:76470D-76470D-9.

[15] Sohn H, Lim H J, DeSimio M P, et al. Nonlinear ultrasonic wave modulation for online fatigue crack detection[J]. Journal of Sound and Vibration, 2014, 333(5):1473-1484.

[16] 丁兵,陈家明,王芹. T形结构局部熔透角焊缝超声波检测方法探讨[J]. 无损探伤,2011,35(2):5-8.

[17] 张文科. 超声波探伤中缺陷波和伪缺陷波的判别[J]. 无损检测,1995,27(1):47-50.

[18] 项东,罗辉,许斌. 钢结构T形角焊缝超声波探伤[J]. 建筑技术开发,2002,29(6):14-14.

[19] 三木千壽,西川和廣,白旗弘実,等. 鋼橋溶接部の非破壊検査のための超音波自動探傷システムの性能確認[J]. 土木学会論文集,2003,731(I-63):103-117.

[20] 日本規格協会. JIS Z 3060 鋼溶接部の超音波探傷試験方法[S]. 2002.

[21] 中华人民共和国行业标准. JG/T 203—2007 钢结构超声波探伤及质量分级法[S]. 北京:中国标准出版社,2007.

[22] 倪振新. 钢箱梁桥焊缝的超声波探伤[J]. 无损检测,2008,30(7):454-457.

[23] 中华人民共和国国家标准. GB/T 26952—2011　焊缝无损检测焊缝磁粉检测验收等级[S]. 北京:中国标准出版社,2011.

[24] 陆宝春,李建文,陈吉朋,等. 荧光磁粉探伤自动缺陷识别方法研究[J]. 南京理工大学学报:自然科学版,2010,34(6):803-808.

[25] Fa-Xiang Xie, Bo-Hai Ji, Zhi-Yuan, et al. Ultrasonic Detecting Method and Repair Technology based on Fatigue Crack Features in Steel Box Girder[J]. Journal of Performance of Constructed Facilities (Accepted).

[26] 吉伯海,袁周致远,傅中秋,等. 钢箱梁疲劳裂纹特征超声波检测方法研究[J]. 中南大学学报:自然科学版(Accepted).

吉伯海　教授

吉伯海，男，工学博士，教授，博士生导师，河海大学科技处处长、桥梁工程研究所所长。主要研究方向：钢桥抗震、钢桥疲劳、维护及钢与混凝土组合桥梁。1991～2002年在日本留学、工作，获桥梁工程专业硕士、博士学位（日本爱知工业大学）。其中1994年4月至1999年3月，在株式会社日本综合技术及千代田咨询公司等从事钢桥设计和研究工作。

2002年回国至今，已主持国家自然科学基金面上项目2项、高校博士点基金（博导类）1项、其他省部级交通科技计划项目17项。共发表论文100多篇，以第一或通讯作者发表的全国核心期刊及其以上论文60多篇，其中SCI检索论文10篇、EI检索21篇。获国家授权发明专利16项、新型实用专利22项。完成译著1部（署名第1），主编地方标准1部，参编国家标准1部、地方标准2部。获省部级科技成果奖4项。

现任国际桥梁维护与安全协（IABMAS）中国团组理事会理事，中国公路学会结构与桥梁分会理事，江苏省公路学会第六届理事会常务理事，江苏省地震协会理事，致公党江苏省委委员、中央教育委员会委员、河海大学支部主委。

第9章　混凝土梁桥疲劳安全监测与维护管理

王春生[1,2]，翟慕赛[1,2]，张培杰[1,2]，郭允飞[1,2]

1. 长安大学公路学院桥梁工程研究所，陕西省西安市南二环中段，710064

2. 长安大学公路大型结构安全教育部工程研究中心，陕西省西安市南二环中段，710064

9.1　引言

在我国交通基础设施建设中，混凝土桥梁使用广泛。伴随着交通运输行业的快速发展，交通量、轴载及车速都在不断提高，超载现象也频繁发生，由此造成的混凝土构件疲劳损伤不容忽视。加上环境因素、材料性能的影响，混凝土桥梁在运营过程中梁体开裂、钢筋锈蚀问题日益突出，如图9.1a)所示。在车辆荷载及外部环境耦合作用下，混凝土桥梁的承载能力不断降低，而实际交通的运营需求却不断增加，尤其在超载车辆的反复作用下容易造成混凝土桥梁严重损伤甚至垮塌[图9.1b)和c)]。为了使混凝土桥梁在运营期内能够安全、可靠的使用，并为后期维护管理提供相应技术依据，解决混凝土桥梁的疲劳寿命评估问题刻不容缓。

a)混凝土矮箱梁桥钢筋锈蚀与梁体混凝土析白、开裂、剥落

b)武夷山公馆大桥垮塌

c)新疆孔雀河大桥吊杆疲劳失效

图 9.1 混凝土桥梁疲劳破坏实例

20 世纪 70 年代以前,混凝土结构均是按照容许应力法进行设计的,因结构的容许应力较低,运营期间因疲劳而破坏的工程实例较少[1]。因此,在以往混凝土结构设计中对疲劳损伤问题没有给予足够的重视,我国现行公路混凝土桥梁设计规范中尚无抗疲劳设计规定。近年来,混凝土结构逐步采用高强混凝土及高强钢筋,并且采用极限状态设计理论以充分利用材料的强度,导致结构中很多部位都处于高应力状态。同时随着高强材料的广泛应用使得结构的恒载不断降低,导致动载所占的比例相对增大,动载引起的疲劳损伤问题日益突出。疲劳损伤正在逐渐成为工程结构和构件失效的主要原因,这使得研究人员与工程界认识到混凝土结构的疲劳损伤问题是一个值得深入研究的重要课题[2-5]。

崾岘大桥(图 9.2)是陕西省省道 S305 线上连接铜川城区和焦坪县的一座重要桥梁,结构为 4×30m+4×30m 的两联混凝土连续矮箱梁桥。焦坪县境内有丰富的煤矿资源,每天有货车从焦坪运煤至铜川,因此该桥承受着重载车流。本文依托该混凝土桥梁,深入探讨混凝土梁桥疲劳荷载模型、疲劳寿命评估方法和疲劳安全维护管理策略等核心技术问题,以期推动混凝土桥梁疲劳安全评估与维护的技术进步。

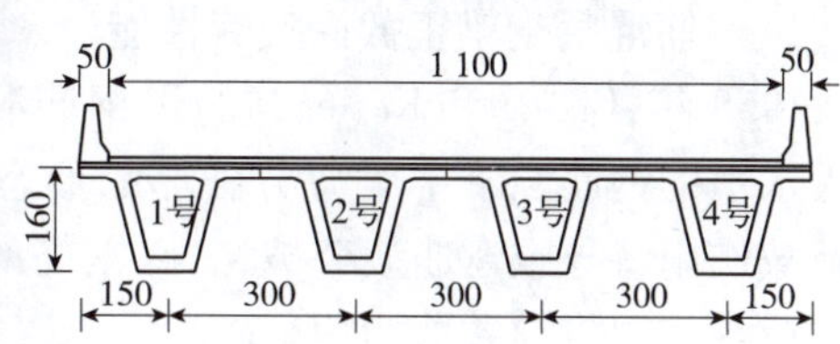

图 9.2　崾岘大桥(尺寸单位:cm)

9.2　混凝土结构的疲劳研究综述

就混凝土桥梁而言,普通钢筋混凝土梁和预应力混凝土梁是两种最为基本的构件类型,国内外许多学者对其疲劳性能已经做出了大量的研究。一般的研究思路是:研究混凝土结构各组成材料的疲劳性能,以及在循环荷载下的疲劳变形、疲劳裂纹发展和疲劳损伤演化规律;以此为基础研究混凝土结构的疲劳强度、抗疲劳设计方法与疲劳使用安全评估和维护技术。

从国内外进行的大量钢筋混凝土和预应力混凝土梁试验结果来看,发生受压区混凝土疲劳破坏的例子是极少的,只有当配筋率很高或截面形状特殊的梁(如倒 T 形),才有可能因混凝土疲劳压碎而发生突然破坏。由于混凝土结构对开裂的敏感性,混凝土在反复拉伸应力作用下的疲劳特性十分重要。宋玉普、Cornelissen 等多位学者和相关研究单位先后进行了疲劳试验,各自得出了 S-N 曲线方程或更为一般性的公式[6-11]。同样,循环拉压应力下的混凝土疲劳性能、混凝土的弯曲抗拉疲劳性能、混凝土疲劳裂缝特性等作为联系更密切的研究方向,也得到了许多学者的关注与探索,对应的材料变化规律及相应的回归公式也有所给出。钢筋以及预应力钢束(筋)作为主要受力部件,更是混凝土桥梁疲劳安全研究中的重点。其疲劳特性得到了较为深入的研究,其抗疲劳设计在多国规范和标准中已有规定。

由于篇幅限制,混凝土和钢筋两种材料的疲劳性能不予赘述,下面重点对普通钢筋混凝土梁和预应力混凝土梁两种典型结构构件的疲劳性能以及研究现状予以评述。

9.2.1 钢筋混凝土梁的疲劳性能

1)钢筋混凝土梁正截面疲劳性能

1958 年,Chang 和 Kesler 进行了钢筋混凝土梁的疲劳试验,得到了不同应力水平下钢筋混凝土梁疲劳破坏的形态,试验结果表明低应力水平的重复荷载作用将导致弯曲疲劳破坏,以钢筋的疲劳断裂为标志;高应力水平的重复荷载作用将导致剪切疲劳破坏[10]。

1997 年,清华大学的李秀芬等通过对 11 片混凝土简支梁的静载和等幅疲劳荷载试验,分析研究了受弯构件的疲劳特性,给出了受压区混凝土应力、纵向受拉钢筋应力的计算方法以及钢筋的疲劳强度设计取值,得到了作为控制梁的疲劳承载能力极限状态的 S-N 曲线,并提出高强混凝土受弯构件在等幅疲劳荷载作用下正截面疲劳设计方法[11]。由试验结果得出:按静载设计的适筋梁,正截面抗弯疲劳破坏均为纵向受拉钢筋的疲劳断裂。钢筋混凝土梁在疲劳荷载作用下,正截面平均应变仍然符合平截面假定,受压区混凝土的应力分布可采用三角形应力分布;需要对受压区混凝土的弯曲变形模量进行折减。

通过对 11 片梁中首先疲劳断裂的钢筋应力及对应的疲劳次数取对数,进行线性回归统计,得出梁内受拉钢筋的 S-N 关系方程为:

$$\lg N = 21.710 - 6.451\lg\sigma_{\max} - 2.880\lg(1-\rho) \tag{9.1}$$

式中:N——疲劳循环次数;

$\sigma_{\max}$——钢筋的最大应力值;

ρ——应力比。

由试验结果可知,随疲劳荷载作用次数的增加,梁的挠度和混凝土应变增大,疲劳变形模量降低。由统计计算可得,高强混凝土的弯曲变形模量 E_b 为受压弹性模量 E_c 的 0.875 倍,即:

$$E_b = 0.875E_c \tag{9.2}$$

疲劳变形模量降低系数的回归方程为:

$$\gamma^f = 0.982 - 0.027\lg N \tag{9.3}$$

根据以上两式得到疲劳变形模量为:

$$E_b = (0.86 - 0.024\lg N)\cdot E_c \tag{9.4}$$

从钢筋混凝土梁疲劳破坏形态研究结果可以看到,钢筋混凝土梁的配筋率是影响破坏形态的关键因素,对于在实际工程中使用的适筋梁,钢筋的疲劳断裂起控制作用，破坏形态是正截面抗弯疲劳破坏。当梁的配筋率增大时，梁的疲劳破坏形态将转变为斜截面混凝土疲劳破坏或受压区混凝土压碎疲劳破坏。国外的部分学者认为疲劳荷载的应力水平对钢筋混凝土梁的疲劳破坏形态有一定影响，这方面还有待进一步研究。

2）钢筋混凝土梁斜截面疲劳性能

许多承受重复荷载的梁，往往同时配有箍筋和弯起钢筋，所以对于同时配有箍筋和弯起钢筋的钢筋混凝土梁，其斜截面疲劳性能是其疲劳性能研究的一个重要方面。

李惠民和顾传霖通过对 30 片 T 形梁（其中 21 片梁腹筋只配箍筋，另外 9 片梁同时配有箍筋和弯起筋）在重复荷载作用下的试验研究和分析，提出了考虑混凝土抗剪作用的斜截面疲劳强度的计算方法，及腹筋疲劳破坏的判别条件[12]。试验结果表明：随着剪跨比 λ 的变化，梁斜截面呈现不同疲劳破坏形态。在疲劳荷载作用下，腹筋应力不断提高，腹筋所分担的剪力不断增大，相应混凝土所分担的剪力不断减小。因此，在疲劳荷载作用下，斜截面发生疲劳破坏，通常都是因腹筋先疲劳破坏而引起的。同时试验结果表明：与斜裂缝相交的各腹筋的应力很不均匀，总是最不利的腹筋首先疲劳断裂。

通过总结国内外学者的研究可以得出：斜截面发生疲劳破坏通常都是由箍筋的疲劳断裂引起的，所以配箍率将显著影响钢筋混凝土梁的斜截面疲劳性能，而且不同配箍形式的钢筋混凝土梁疲劳性能也有明显差别。

9.2.2　预应力钢筋混凝土梁疲劳性能

1）部分预应力混凝土受弯构件

近四十余年来国外对混合配筋部分预应力梁的疲劳性能进行了较多的试验研究。但是 20 世纪 90 年代以后国外关于部分预应力混凝土梁的疲劳试验研究资料较少。

1986 年，Shahawi 等对 8 根后张黏结预应力 T 梁进行了疲劳试验研究[13]。所有梁均为简支，截面尺寸、设计弯曲强度相同。研究的主要参数是预应力度（变化范围为 0.2 ~ 1.0）。试验梁中 5 根为等幅疲劳（加载范围为 $0.05P_u \sim 0.40P_u$），3 根为渐增疲劳荷载上限加载。试验结果表明：①裂缝、挠度和非预应力筋的应力在加载初期变化显著，随后保持稳定发展直至疲劳破坏；②渐增疲劳荷载上限的加载方式使构件寿命降低；③疲劳破坏始于非预应力筋的逐根断裂，预应力钢筋没有发生疲劳断裂；④裂缝间距与箍筋间距基本一致,表明箍筋间距对裂缝间距可能存在影响。使用 CEB-FIP 规范推荐的简化的裂缝计算公式来计算最大裂缝宽度,精度令人满意,使用其他复杂的裂缝计算公式精度并未改进。对于控制裂缝和疲劳性能来说,预应力度在 0.4 ~0.6 范围内最优。

1991 年,Naaman 等首次进行了部分预应力混凝土梁的随机变幅疲劳试验研究[14]。疲劳试验中用峰值荷载来模拟桥梁上的汽车荷载的频率分布。试验结果表明,随机变幅疲劳加载比等幅疲劳加载对试件造成的损伤更为严重。

国内近二十年来,针对混合配筋部分预应力混凝土构件的疲劳性能也开展了不少试验研究,取得了一些宝贵的研究资料。

1989 年,姜昭恒对 18 根不同预应力度的先张法混合配筋部分预应力混凝土 I 形梁,进行了静载和疲劳试验研究[15]。试验中 11 根承受疲劳荷载作用的试件经受 200 万次重复荷载作用后,均未发生疲劳破坏,随后对这 11 根试验梁分别增大疲劳荷载上限值继续疲劳加载至破坏或进行静载破坏。

1993 年,钟明全进行了 12 根混合配筋部分预应力 T 形梁的试验研究,其中 8 根进行疲劳试验[16]。根据试验结果,重点分析了部分预应力梁的裂缝开展过程以及疲劳加载对梁的非预应力钢筋应力和梁体裂缝宽度的影响。

1994 年,杨梦蛟和张澎曾根据 4 根部分预应力梁的疲劳试验结果和国内外已有的研究成果,对预应力混凝土梁正截面抗裂性能进行了研究,提出了预应力混凝土梁在等幅重复荷载下正截面疲劳抗裂的 *S-N* 曲线[17]。目前,针对预应力混凝土构件正截面疲劳抗裂性能方面的研究文献国内外仍不多见。

由上述部分预应力混凝土梁的疲劳试验研究,得出如下主要结论:

(1)梁的疲劳破坏均是非预应力钢筋首先发生,而钢绞线未发生疲劳断裂现象;

(2)在同一荷载水准下实测的钢筋和钢绞线应变及残余应变随荷载重复次数的增大而增大,但在荷载重复作用达到一定次数之后,增加的趋势变缓,实测值基本稳定。可取模量比 $\alpha_E = 10$ 来考虑荷载重复作用 200 万次后的影响;

(3)重复荷载对裂缝和挠度的影响也是初始阶段较大,荷载重复50 万 ~100 万次后趋于稳定;经历 200 万 ~300 万次后,在相同荷载水平时的挠度约

增大10%~20%,裂缝增大系数为1.50~2.34;

(4)在疲劳加载下裂缝截面受拉区混凝土的进一步疲劳开裂是导致钢筋应力和裂缝宽度增加的主要原因之一;

(5)重复荷载作用对其静载抗弯强度的影响不大。

2)全预应力混凝土受弯构件

1970年以前,国外预应力混凝土构件的疲劳试验基本上都是针对仅配置预应力筋的全预应力混凝土构件,不同的是有些试件只张拉其中部分预应力筋。早期的疲劳试验离散性大,加之试验样本较少,所以定性的结论较多,定量的结论较少,且研究主要侧重于构件的疲劳寿命。

国内开展预应力混凝土梁疲劳性能的试验研究相对较晚。1981年,中国建筑科学研究院等对19根仅配置预应力钢筋的模型梁及3根实物吊车梁进行了静力和疲劳试验[18,19],讨论了预应力度对梁正截面疲劳强度的影响,受拉预应力钢筋、受压区混凝土的疲劳性能和裂缝宽度、挠度等问题,并提出了这类构件疲劳验算方法。得出"具有一定静力抗裂安全系数的允许出现裂缝的预应力混凝土梁,在多次重复荷载作用下具有良好的使用性能"的结论。并建议下一步应对混合配筋带裂缝梁的疲劳性能,以及不稳定重复荷载作用下梁的疲劳性能进行研究。

根据全预应力混凝土构件的疲劳试验结果,主要得出了以下结论:

(1)疲劳试验加载方案一般采用等幅正弦波或不断增加疲劳荷载上限值加载;

(2)截面未开裂的全预应力混凝土构件有足够的疲劳强度,不会发生疲劳破坏;

(3)疲劳破坏均是始于预应力筋的疲劳断裂,疲劳断裂位置一般位于梁的弯曲裂缝处,受压区混凝土几乎不会发生破坏;

(4)经历疲劳荷载作用后而未发生疲劳破坏的构件,其静载强度与未经历疲劳的对照试验梁相比,静载强度没有降低,有时其静载强度还略有提高;

(5)预应力筋的弯起并不降低梁的疲劳寿命;

(6)荷载挠度关系在初始3万次循环稍有变化,随后趋于稳定,但在临近破坏前挠度急速增大;

(7)残余挠度初期较小,但在破坏前明显增大;

(8)构件截面开裂以后,随着加载次数的增加,裂缝的数目和尺寸不断增大；

(9)发现由于疲劳荷载的作用加速了徐变和松弛的产生,导致预应力损失增长迅速。

9.2.3 混凝土结构抗疲劳设计

美国混凝土协会(ACI)215委员会[2]于1947年发表了“承受疲劳荷载的混凝土结构设计要点”,其中一些内容被美国AASHTO规范[20]所采用。国际预应力混凝土协会(FIP)和欧洲混凝土协会(CEB)于1990年提出的CEB-FIP Model Code1990[21]也专门列出了承受疲劳荷载的混凝土结构设计的有关条款。1992年颁布的全欧标准及其他相关规范[22]也均列出了关于混凝土结构疲劳方面的条款。

中国建筑科学研究院主持的“混凝土结构设计规范”,其中科研课题均将混凝土、钢筋、钢筋混凝土梁、预应力混凝土梁的疲劳性能作为重要的研究内容之一。其科研成果也分别被《混凝土结构设计规范》(GBJ 10—1989)[23]以及《铁路桥涵钢筋混凝土和预应力混凝土结构设计规范》(TB 10002.3—1999)[24]采纳(两部规范已分别被GB 50010—2010和TB 10002.3—2005代替),形成了相应的抗疲劳设计规定,为混凝土结构和铁路混凝土桥梁抗疲劳设计提供了基本依据。

随着我国经济的高速发展,公路桥梁的交通量日益增加,车辆的载重量不断提高,使得桥梁结构的疲劳问题日益突出。但是,目前我国公路桥梁抗疲劳设计规范编制明显滞后于国际疲劳设计规范发展步伐,很难适应安全交通对公路混凝土桥梁疲劳使用安全的基本要求。

9.2.4 混凝土桥梁疲劳安全评估

二次世界大战后,西方发达国家已逐步开展混凝土桥梁疲劳断裂性能的相关研究,并逐渐形成相应的设计规范体系[2,20-24]。但混凝土桥梁疲劳寿命评估方面的研究较少:英国学者Tilly研究了钢筋不同腐蚀水平下疲劳强度的折减系数,用于混凝土桥梁耐久性与剩余寿命评估[25];瑞士洛桑联邦理工学院Schlafli和Bruhwiler[26]提出了既有混凝土桥梁的疲劳寿命评估方法,对瑞士既有铁路和公路混凝土桥桥面板进行了疲劳安全检测与评估。

近年来,国内学者也开始涉足混凝土桥梁疲劳安全评估问题。王春生等提出基于钢筋 *S-N* 曲线和断裂力学模型的既有混凝土桥梁剩余寿命评估方法，并应用于七狼窝大桥桥面板T形梁受拉主筋的疲劳寿命评估，并考虑腐蚀对钢筋疲劳寿命的影响，为既有混凝土桥梁科学维护决策提供了技术支撑[27]。之后进一步开展了混凝土桥面板疲劳寿命评估研究工作，基于国外混凝土桥面板移动轮载疲劳试验结果，建立了混凝土桥面板疲劳寿命评估模型[28]。朱劲松等根据混凝土及钢筋疲劳刚度退化、疲劳强度退化与疲劳残余变形演变规律，建立了混凝土及钢筋经历任意次数疲劳加载后的剩余强度包络线方程，建立了混凝土及钢筋疲劳本构模型，提出了混凝土简支梁和混凝土桥面板疲劳损伤累积失效全过程数值分析法，并采用 *S-N* 曲线对既有混凝土连续梁桥进行剩余疲劳寿命评估[29-31]。阮欣等采用动态称重技术和数值模拟技术对已开裂的大跨混凝土连续梁桥的疲劳性能进行了分析，获得了混凝土梁开裂后受力主筋的应力变化特征，估算了开裂的大跨混凝土连续梁桥的疲劳寿命[32]。缪文辉综合考虑了钢筋混凝土桥面板合理耐用设计及疲劳寿命评估两个问题，基于有限元模型对不同参数下的混凝土桥面板进行了耐久性与疲劳寿命分析[33]。董小红、李干及王玉娇等对陕西省多条高速公路、省道上的桥梁进行了交通荷载调查和运营状态下动应变长期监测，进而基于 *S-N* 曲线和 Miner 理论对既有混凝土桥梁开展疲劳寿命与使用安全评估，为桥梁维护管理提供了依据[34-36]。王春生等提出联合动态称重技术、动应变监测技术以及声发射技术应用于桥梁结构损伤研究，并已成功应用于既有混凝土桥梁疲劳安全评估[37-41]。

9.2.5 疲劳安全监测技术

目前对公路混凝土桥梁还没有可供使用的规范来评估其剩余寿命和使用安全，但是在理论研究和工程实践中逐渐形成了两种评估方法：一是按照传统的 *S-N* 曲线和 Miner 线性累积损伤准则估算疲劳寿命；二是基于线弹性断裂力学的评估方法，两种方法均需要获取既有桥梁关键部位的应力谱值。

动态称重技术（WIM）能够在不中断交通的情况下实时、准确获取通过桥梁结构断面的车辆信息，结合混凝土桥梁结构特点确定与实际情况相符的疲劳荷载，从而实现对桥梁结构的疲劳寿命评估。如图 9.3 所示，TDC 动态称重系统在每一车道安装 2 条压电传感器和 1 个感应线圈，控制器安装在路边机箱内并与路面下埋置的传感器连接。当车辆通过压电传感器时，控制器会接收到传感器所产生的信号，通过信号处理可以获得总重、轴重、轴距及车速等通行车辆信息。

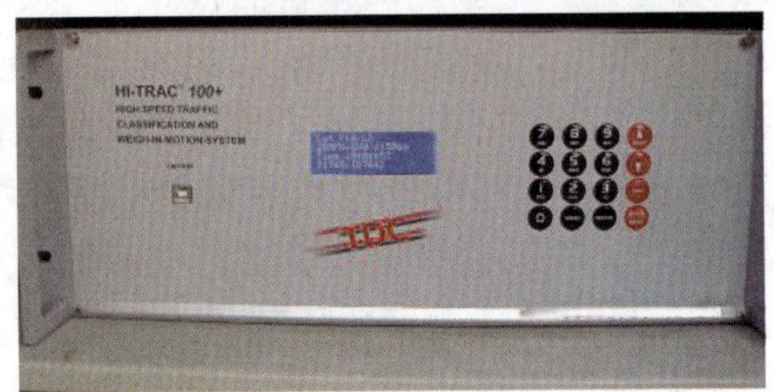

图 9.3　TDC 动态称重系统

动应变监测技术通过将应变片粘贴于混凝土表面，通过动态应变采集仪实时获取混凝土桥梁运营状况下的混凝土应变。动态应变测试仪利用 1394 接口或 PCI 接口与计算机通信，可以实现桥梁正常运营中同时监测箱梁不同部位多个测点的动态应变。图 9.4 为江苏东华 DH5922 动态应变采集仪，可以同时进行 16 通道的动态应变采集。

随着学科交叉和信号处理技术的进步，声发射技术能够对桥梁结构进行全面的实时监测，并可反映材料内部的损伤变化，与其他无损检测技术相比具有明显优势。随着信号处理技术和声发射测试技术的发展，声发射技术已越来越多地被应用于桥梁的安全监测[42]。声发射是材料内部局部能量快速释放产生的瞬态弹性应力波。其基本原理是，固体材料在内部或外部应力作用下，材料内部结构将发生变化，以瞬时弹性波的形式向外释放能量[43]。图 9.5 为美国物理声公司(PAC)生产的声发射采集仪 Micro-II，可以同时采集应力波的波形、上升时间、幅值大小、撞击数等。

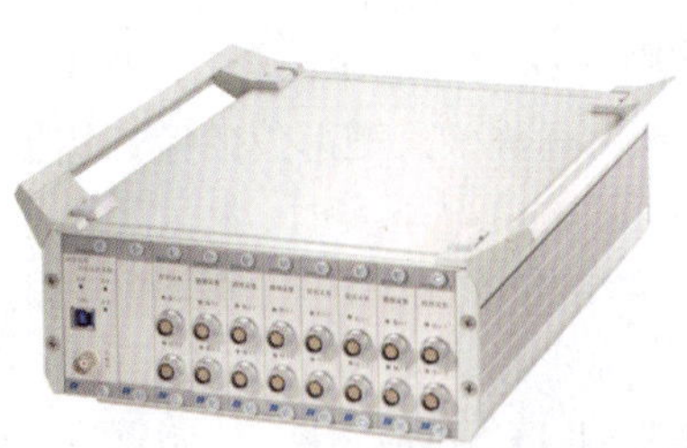

图 9.4　DH5922 动态应变采集仪
（江苏东华）

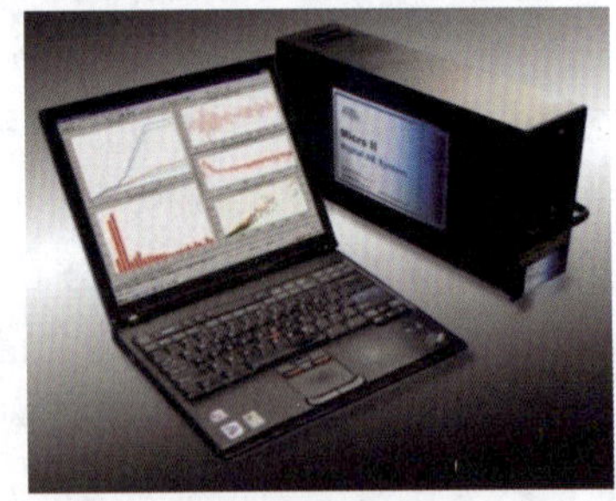

图 9.5　Micro-II 声发射采集仪
（PAC 公司）

9.3　疲劳荷载模型

为准确监测记录嵝岘大桥的实际通行车辆信息，在桥端安装了英国生产的 TDC 动态称重系统，并进行了长期连续监测。动态称重系统可以同时记录通过车辆的多种信息，如车型、总重、轴数、轴距、轴重和车速等。

一个月时间内焦坪方向车辆共计为 24 380 辆，铜川方向车辆为 23 671 辆，图 9.6 是总体车辆不同车型比例的统计结果。陕西省 S305 线以小轿车、二轴货车和四轴货车为主，其余车型所占比例均较小。为了比较各车道的荷载分布特征，将铜川方向与焦坪方向的车辆均进行了统计。图 9.7 和图 9.8表明，焦坪方向车辆质量主要集中于 10 ~ 20t，多为二轴货车；铜川方向车辆质量主要集中于 30 ~ 40t，多为四轴货车。焦坪方向车重超过 55t 的车辆极少，一个月内仅有 6 辆；铜川方向车重超过 55t 的车辆，一个月内为 171 辆，占总交通量 0.7%。根据对荷载谱的分析，可知实测车辆荷载最大值均基本在设计荷载范围内。

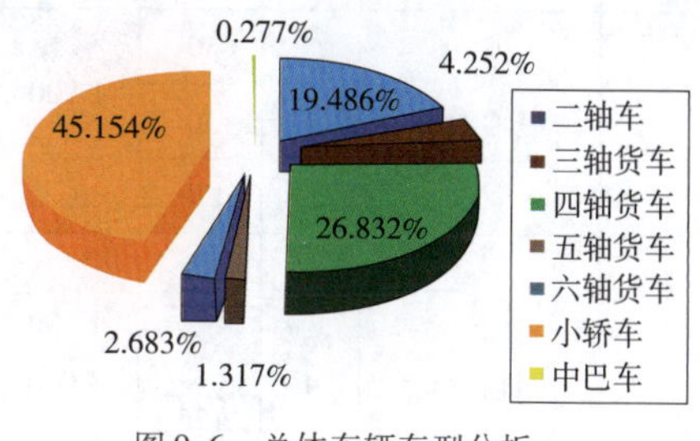

图 9.6　总体车辆车型分析

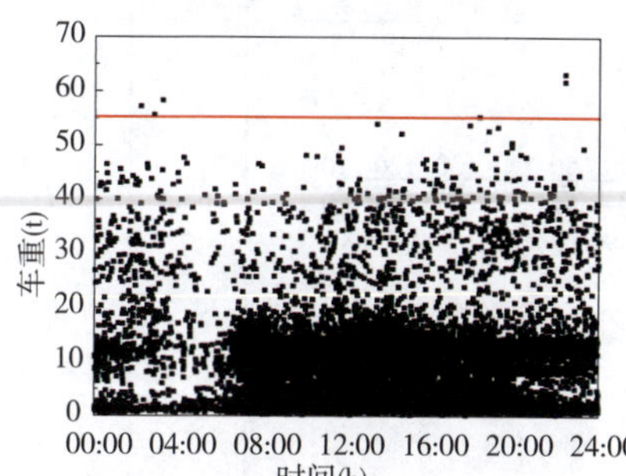

图 9.7　焦坪方向车重随时间分布

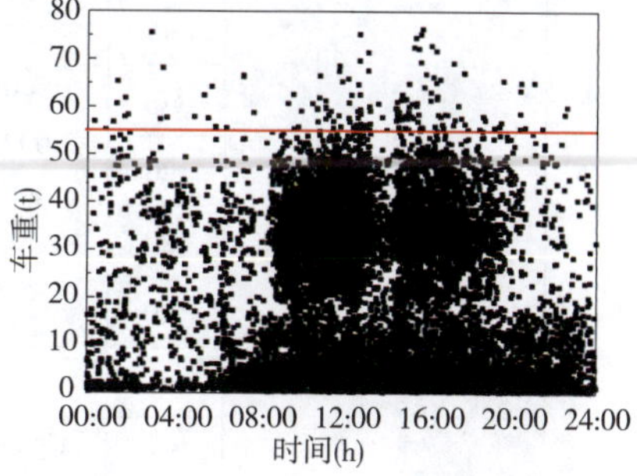

图 9.8　铜川方向车重随时间分布

表 9.1 给出了陕西省 S305 线典型车辆信息，其中小轿车与重量较轻的货车（≤30kN）归为一类（V1），将重量大于 30kN 的二轴货车归为 V2，V3 ~ V6 分别为三轴、四轴、五轴和六轴货车，轴重均为满载情况下的实际重量。典型车辆中，满载与空载车辆分布相对平均，其中二轴货车（V2）空载率为

49.8%，三轴货车(V3)空载率为55.4%，四轴、五轴、六轴货车的空载率分别为47.5%、43.5%、39.4%。

陕西省S305线典型车辆信息 表9.1

车型	车辆种类	轴数	轴重(kN)	轴距(mm)	荷载图示(轴重单位:kN;轴距单位:mm)	月交通量(辆)	所占比例(%)
V1	二轴客货车(≤30kN)	2	—	—	—	24 983	51.99
V2	二轴货车(>30kN)	2	35 125	3 500	35 125 3 500	6 211	12.93
V3	三轴货车	3	50 50 170	1 900 3 200	50 50 170 1 900 3 200	2 043	4.25
V4	四轴货车	4	70 60 125 125	1 900 3 000 1 300	70 60 125 125 1 900 3 000 1 300	12 893	26.83
V5	五轴货车	5	50 50 120 120 120	1 900 3 000 1 300 1 300	50 50 120 120 120 1 900 3 000 1 300 1 300	632	1.32
V6	六轴货车	6	40 50 130 110 110 110	3 500 1 500 4 500 1 300 1 300	40 50 130 110 110 110 3 500 1 500 4 500 1 300 1 300	1 289	2.68
总计						48 051	100

根据陕西省 S305 线崾岘大桥交通监测结果，得出以下结论：

(1)在车辆组成中，小轿车所占比例最大；在货车组成中，四轴货车所占的比例最大；

(2)虽然小轿车所占比例较大，但是相对于货车车重，小轿车重量要轻很多，对结构造成的疲劳损伤较小，可以忽略其影响；

(3)二轴货车满载时后轴重达 125kN，但总重偏低，对混凝土梁体造成的疲劳损伤较小，在计算标准疲劳车模型时可以忽略其影响。

将能够造成疲劳损伤的车型，按照车轴数分类；各型疲劳车的轴重按照公式(9.5)计算：

$$W_{ej} = \left[\sum (f_i W_{ij}^3) \right]^{\frac{1}{3}} \tag{9.5}$$

式中：f_i——归在同一类车辆中的第 i 辆车的相对频率；

W_{ij}——第 i 辆车的第 j 个轴的轴重；

W_{ej}——该类模型车辆第 j 轴的等效轴重。

统计结果显示，四轴车在能造成疲劳损伤的车型中比例最高，将其作为标准疲劳车的基本型式。通过公式(9.6)将四轴疲劳车的基本型式与标准型式的轴重联系起来。

$$\alpha = W_S / W_B \tag{9.6}$$

式中：α——轴重修正系数；

W_B——疲劳车基本型式下的轴重；

W_S——疲劳车标准型式下的轴重。

通过等效疲劳损伤原理得到公式(9.7)，计算出轴重修正系数后即可求得标准疲劳车的轴重。

$$\alpha = \frac{\left(\dfrac{n_T \Delta\sigma_T^m}{N_T n'_B} \right)^{\frac{1}{m}}}{\Delta\sigma_B} \tag{9.7}$$

式中：n_T，n'_B——各型典型疲劳车作用后产生的总循环次数和基本疲劳车作用一次所产生的应力循环次数；

N_T——造成疲劳损伤总的车辆数；

m——S-N 曲线斜率，一般取 3 或 5；

$\Delta\sigma_T$，$\Delta\sigma_B$——各型典型疲劳车分别作用后所产生的总的等效应力幅和基本疲劳车作用后所产生的等效应力幅。

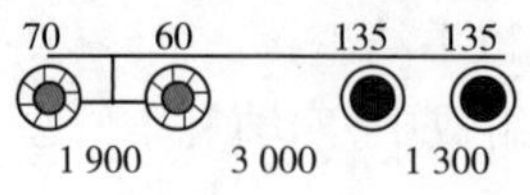

图9.9 陕西省S305线标准疲劳车(轴重单位:kN;轴距单位:mm)

通过计算分析并将轴重、轴距取整,最终确定的标准疲劳车为总重40t的四轴货车,车辆荷载模型如图9.9所示:

采用等效应力幅法对标准疲劳车的加载效果进行检验,即将疲劳车加载至结构上并计算其等效应力幅,并与实际车流在结构上作用产生的等效应力幅进行比较。其中等效应力幅的计算表达式为:

$$\Delta\sigma_e = \left[\sum_{i=1}^{n} \frac{n_i \left(\Delta\sigma_i\right)^m}{\sum_{i=1}^{n} n_i} \right]^{\frac{1}{m}} \tag{9.8}$$

式中:$\Delta\sigma_e$——等效应力幅;

$\Delta\sigma_i$——第i级应力幅水平下的应力幅值;

n_i——对应的循环次数。

将提出的标准疲劳车与动态称重系统测得的车辆荷载数据加载至桥梁上,计算边跨0.4L截面处箱梁底板最下层主筋的等效应力幅,结果如表9.2所示。建议的陕西省S305线标准疲劳车与实际交通荷载效应比较接近(误差小于1%),故提出的标准疲劳车模型可以代表实际交通荷载进行混凝土桥梁疲劳寿命评估。

等效应力幅比较 表9.2

荷载类型	标准疲劳车	实际车流
等效应力幅(MPa)	6.32	6.28

9.4 疲劳安全评估

9.4.1 基于S-N曲线的疲劳寿命评估

1)评估方法

Miner线性疲劳累积损伤理论认为,在应力幅$\Delta\sigma_i$作用下,在n_i个循环的变幅应力幅S_i作用下,造成的疲劳损伤为:

$$D = \sum_i D_i = \sum_i \frac{n_i}{N_i} \tag{9.9}$$

式中:N_i——对应于应力幅水平$\Delta\sigma_i$作用下疲劳破坏的循环次数。

已知实际应力幅水平 $\Delta\sigma_i$ 和时间段 T 内的循环次数 n_i，则该周期内结构的疲劳累积损伤 D_T 等于各级应力幅水平作用下产生的疲劳损伤的累加，其计算表达式为：

$$D_T = \sum_T \frac{n_i}{N_i} \tag{9.10}$$

因此，结构的疲劳寿命 Y 可用下式计算得到：

$$Y = \frac{D_{cr}}{D_T} \times T \tag{9.11}$$

式中：D_{cr}——临界疲劳损伤。

试验结果表明：随机荷载下，试件破坏的临界损伤值在1附近波动，工程上常将其值取为1。

2）评估实例

嵝岘大桥矮箱梁桥应变测点布置如图9.10所示，混凝土梁底板主筋是直径为 $\phi16$ 的Ⅱ级钢筋，负弯矩区顶板为 $\phi16$ 和 $\phi20$ 的Ⅱ级钢筋，被测部位预应力钢束为 $4\phi^J15.2$ 国产1860预应力钢绞线。普通钢筋、预应力钢束布置如图9.11和图9.12所示。

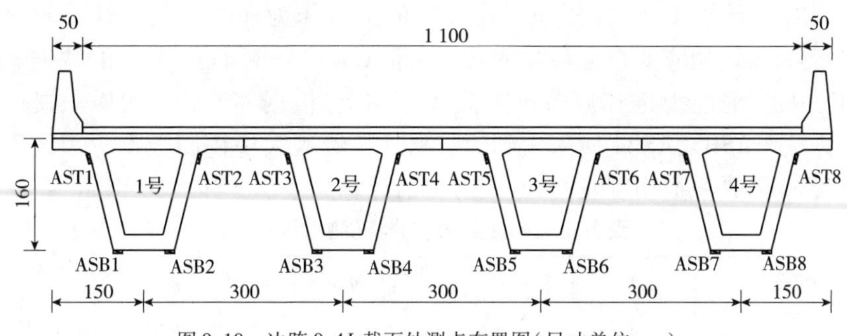

图9.10　边跨0.4L截面处测点布置图（尺寸单位：cm）

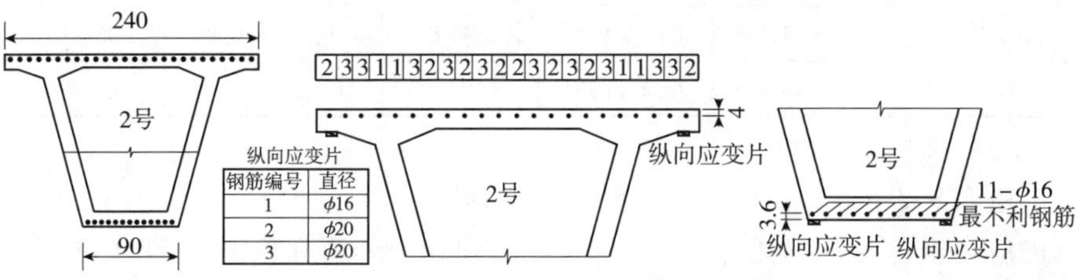

纵向应变片

钢筋编号	直径
1	$\phi16$
2	$\phi20$
3	$\phi20$

图9.11　测试截面普通钢筋布置图（尺寸单位：cm）

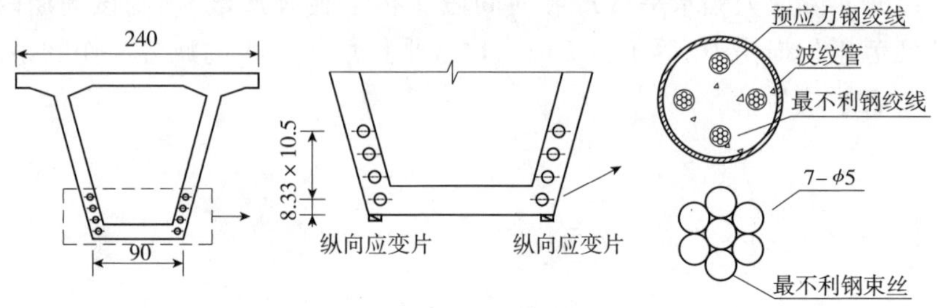

图 9.12　测试截面预应力钢束布置图(尺寸单位:cm)

现场监测中选取内力最大断面位置箱梁底板布置纵向应变片。测得的应变为混凝土表面应变,通过平截面假定推算出箱梁底板最下面一排钢筋的应变值,通过雨流计数法获取钢筋的应力谱。再综合比较各国研究文献和规范中给出的各种疲劳细节的 *S-N* 曲线,偏于安全的采用欧洲钢结构协会(ECCS)疲劳设计规范中受力主筋的 *S-N* 曲线来评估钢筋疲劳寿命。此规范中变形钢筋 200 万次循环对应的疲劳强度为 80MPa,常幅疲劳极限为 59.0MPa,疲劳极限门槛值为 32.4MPa,对应于钢筋对接焊所规定的疲劳细节等级;大于 500 万次循环的区段曲线斜率值由 −3 变到 −5[22]。

在实测测点中,选择累积损伤较大的部位作为评估对象。计算时选取最不利截面处动应变数据最大的测点,即 ASB3、ASB4 两个测点的数据。在确定受拉主筋应力谱和疲劳抗力曲线基础上,根据 Miner 线性累积损伤原理,以测点 ASB3、ASB4 所采集到的数据计算崾岘大桥桥面板负弯矩区受拉主筋的疲劳累积损伤度及寿命,疲劳寿命计算见表 9.3 和表 9.4。

受力主筋的疲劳损伤分析(测点 ASB3)　　表 9.3

$\Delta\sigma$ (MPa)	n	N	D	$\Delta\sigma$(MPa)	n	N	D
33	10	8 740 379	1.14×10^{-6}	41	2.5	3 644 587	6.85×10^{-7}
35	3	6 512 680	4.60×10^{-7}	43	2.5	3 159 327	7.91×10^{-7}
37	2	4 959 008	4.03×10^{-7}	47	0.5	2 419 393	2.06×10^{-7}
39	1.5	4 234 539	3.54×10^{-7}				

注:略去疲劳门槛值以下的应力幅统计数据。

由表 9.3 可知,根据测点 ASB3 应变计算可得,忽略疲劳极限门槛值以下的应力幅,受力主筋实测时段内的疲劳损伤为 4.256×10^{-6},现场共实测 21 天数据,则疲劳寿命为:

$$Y = \frac{21}{365 \times 4.256 \times 10^{-6}} = 13\ 518(年) \tag{9.12}$$

因此,可认为受力主筋在目前疲劳荷载水平作用下运营具有无限寿命。

受力主筋的疲劳损伤分析(测点 ASB4)　　表9.4

$\Delta\sigma$(MPa)	n	N	D	$\Delta\sigma$(MPa)	n	N	D
33	9	91 018 631	9.89×10^{-8}	65	3	3 731 298	8.04×10^{-7}
35	8	67 820 311	1.18×10^{-7}	67	2	3 407 027	5.87×10^{-7}
37	4	51 367 849	6.81×10^{-8}	69	5	3 119 268	1.60×10^{-6}
39	4	39 479 984	1.01×10^{-7}	71	7	2 863 024	2.44×10^{-6}
41	2	30 745 440	6.51×10^{-8}	73	2	2 634 095	7.59×10^{-7}
43	6	24 230 240	2.27×10^{-7}	75	3	2 428 937	1.24×10^{-6}
45	4	19 303 561	1.81×10^{-7}	77	4	2 244 542	1.56×10^{-6}
47	3	15 531 404	1.61×10^{-7}	79	6	2 078 350	2.89×10^{-6}
49	4	12 610 131	3.17×10^{-7}	81	8	1 928 168	3.89×10^{-6}
51	5	10 324 027	4.36×10^{-7}	83	11	1 792 114	6.14×10^{-6}
53	4	8 517 667	4.70×10^{-7}	85	9	1 668 565	5.39×10^{-6}
55	1	7 077 609	1.41×10^{-7}	87	4	1 556 117	2.57×10^{-6}
59	1	4 989 350	2.00×10^{-7}	89	6	1 453 550	3.78×10^{-6}
61	3	4 514 509	6.65×10^{-7}	91	2	1 359 802	1.47×10^{-6}
63	6	4 098 060	1.46×10^{-6}	97	0.5	1 122 754	4.45×10^{-7}

注:略去疲劳门槛值以下的应力幅统计数据。

由表9.4可知,根据测点ASB4应变计算可得,忽略疲劳极限门槛值以下的应力幅,受力主筋实测时段内的疲劳损伤为4.027×10^{-5},现场共实测21天数据,则疲劳寿命为:

$$Y = \frac{21}{365 \times 4.027 \times 10^{-5}} = 1\ 428(年) \tag{9.13}$$

因此,可认为受力主筋在目前疲劳荷载水平作用下,在100年设计年限内不会发生疲劳破坏。

预应力钢绞线采用的是符合ASTM A416-97a标准的270级低松弛钢绞线(1×7标准型),抗拉强度标准值$f_{pk} = 1\ 860$MPa,松弛率为2.5%。

参考有关文献，建议中国 1860 级低松弛预应力钢绞线 S-N 曲线的表达式为：

$$\lg N = 13.84 - 3.5\lg\Delta\sigma \tag{9.14}$$

经计算，2 号梁跨中底板处（测点 ASB3）的钢绞线实测时段内的疲劳累积损伤较其他梁大，为 3.243×10^{-7}其疲劳寿命为 177 425 年；2 号梁跨中底板处（测点 ASB4）的钢绞线实测时段内的疲劳累积损伤为 4.45×10^{-6}，其疲劳寿命为 12 942 年。因此，可认为岘大桥在目前疲劳荷载水平作用下，在 100 年设计年限内预应力筋不会发生疲劳破坏。

9.4.2 基于断裂力学的疲劳剩余寿命评估

1）评估方法

（1）钢筋初始缺陷深度 a_0 的确定

为了模拟钢筋的裂纹从萌生、扩展到破坏的整个过程，需对初始裂纹进行合理简化。钢筋在经热轧成型并自然冷却过程中，其表面可能会形成点坑状的初始缺陷，此外钢筋的焊接、冷弯、锈蚀等也会引入类裂纹的初始缺陷。忽略裂纹萌生和快速扩展阶段，偏安全认为裂纹一旦萌生就进入稳定扩展阶段。本文假设钢筋表面出现初始裂纹的形状是半圆形裂纹，初始裂纹深度为 a_0，如图 9.13 所示。其方向垂直于钢筋轴线，裂纹稳定扩展可通过 Paris 公式计算。

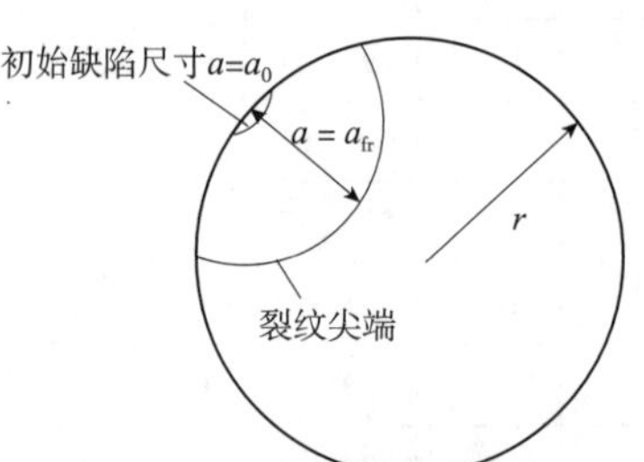

图 9.13 钢筋的初始缺陷和断裂发生时的裂纹尺寸

（2）临界裂纹深度 a_{fr}的确定

按线弹性断裂力学的 K 准则法，若 $K_I \geq K_{IC}$，钢筋截面有发生脆断的可能，此时临界裂纹深度为 a_{cr}，若随着裂纹的扩展钢筋剩余截面发生屈服破坏，则裂纹深度 $a = a_y$[4]。

钢筋疲劳失效时的临界裂纹深度 a_{fr}取两者之中较小值：

$$a_{fr} = \min(a_{cr}, a_y) \tag{9.15}$$

（3）裂纹扩展计算

简化计算假设由初始缺陷直接引起裂纹的稳定扩展，忽略点坑形成及点坑形成初始裂纹的过程。

裂纹扩展速率和应力强度因子变化幅值 ΔK 的对应关系可表述为 Paris 准则:

$$\frac{\mathrm{d}a}{\mathrm{d}N}=C\cdot\Delta K^{m} \tag{9.16}$$

$$\Delta K=Y\cdot\Delta\sigma\cdot\sqrt{\pi\cdot a}$$

式中:C、m——材料常数;

$\Delta\sigma$——应力变幅。

当裂纹深度从 a_i 扩展到 a_j,应力循环次数为:

$$N_{ij}=\int_{a_i}^{a_j}\mathrm{d}N=\int_{a_i}^{a_j}\frac{1}{C\cdot\Delta K^{m}}\mathrm{d}a=\int_{a_i}^{a_j}\frac{1}{C\cdot Y^{m}\cdot\Delta\sigma^{m}\cdot\pi^{m/2}\cdot a^{m/2}}\mathrm{d}a \tag{9.17}$$

式中:N_{ij}——裂纹深度从 a_i 扩展到 a_j 的循环次数,且 $a_i<a_j$。

如果在积分 Paris 方程中只考虑 $\Delta\sigma_i$,会得到一个偏于安全的结果。实际上存在一个与应力比 $R(R=\sigma_{\min}/\sigma_{\max})$ 相关的门槛值 ΔK_{th},小于它裂纹不会扩展,仅当应力强度因子幅值 ΔK_i 大于其门槛值 ΔK_{th}时,裂纹才会扩展:

$$\Delta K_i>\Delta K_{\mathrm{th}} \tag{9.18}$$

裂纹扩展按照公式(9.17),因几何修正因子 Y 是不断变化的裂纹深度 a 的函数,这给数值积分带来了一定的困难。采用循环计算方法,对于每一级应力幅 $\Delta\sigma_i$,计算其应力强度因子幅值 ΔK_i,再依据公式(9.16)对应的裂纹增量 Δa。裂纹深度 a_0 从扩展累积达到临界裂纹深度 a_{fr},疲劳断裂发生时的循环次数即疲劳剩余寿命,计算流程如图 9.14 所示。

2)评估实例

根据外观检查发现,嵝岘大桥箱梁混凝土表面未发现裂缝,本文按假设初始裂纹的方式进行计算。嵝岘大桥的底板受力主筋为 $\phi16$ Ⅱ级钢筋,负弯矩区顶板受力主筋为 $\phi16$ 和 $\phi20$ Ⅱ级钢筋,偏于安全考虑分别对箱梁顶、底板 $\phi16$ 受力主筋进行疲劳寿命评估。受力主筋半径 $r=8$mm,屈服强度 $f_y=335$MPa,取断裂韧性 $K_{\mathrm{IC}}=50\mathrm{MPa}\times\sqrt{m}$,参考已有的研究成果,取钢筋的断裂常数为 $C=2\times10^{-13}$ 和 $m=4$[1],钢筋裂纹扩展门槛值取 $\Delta K_{th}=2.0\mathrm{MPa}\times\sqrt{m}$,钢筋初始裂纹假设为 0.1mm。由表 9.5 可知,在目前的运营荷载作用下,嵝岘大桥在设计年限内不会发生疲劳失效。

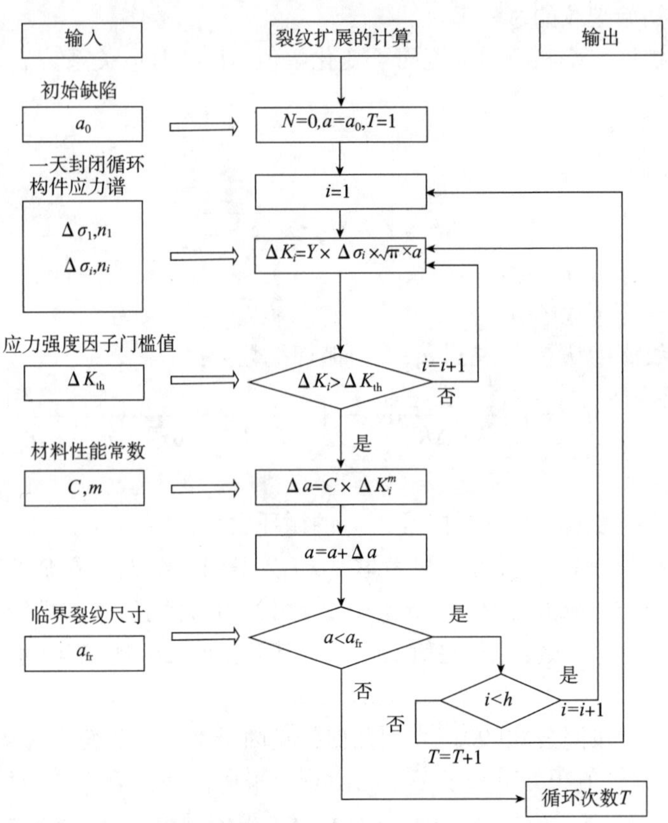

图 9.14　利用 LEFM 估算主筋剩余疲劳寿命流程

嵊岘大桥的疲劳寿命是在目前车辆荷载水平下计算所得，随着今后车辆荷载的提高，以及考虑疲劳荷载与耐久性的耦合作用，该桥的疲劳寿命将会显著缩短。

基于断裂力学估算的疲劳寿命　　表 9.5

测点号	评估点位置	初始裂纹宽度 a_0(mm)	钢筋应力最大值 σ_{max}(MPa)	临界脆断长度 a_{cr}(mm)	临界韧断长度 a_y(mm)	临界裂纹长度 a_{fr}(mm)	剩余寿命（年）
BST1	距中支点 1m 截面顶板主筋	0.1	185	8.11	7.57	7.57	245
BST2		0.1	67	11.37	10.12	10.12	1 198

续上表

测点号	评估点位置	初始裂纹宽度 a_0(mm)	钢筋应力最大值 σ_{max}(MPa)	临界脆断长度 a_{cr}(mm)	临界韧断长度 a_y(mm)	临界裂纹长度 a_{fr}(mm)	剩余寿命(年)
ASB3	0.4L 截面底板主筋	0.1	47	12.22	10.49	10.49	5 124
ASB4		0.1	97	10.32	9.54	9.54	578

9.4.3　基于声发射信号的疲劳损伤评估

1)评估方法

国外学者从20世纪70年代开始尝试将声发射技术应用于桥梁监测。2003年英国爱丁堡大学的Colombo教授采用地震学中常用的 b 值分析方法对钢筋混凝土梁静力试验的声发射信号进行了分析,成功地对混凝土损伤程度进行了评估[44,45]。评估结果表明,较大的 b 值代表梁中微裂缝的开展过程,而较小的 b 值则代表了宏观裂缝的出现及其变化趋势,与钢筋混凝土梁的开裂过程具有良好的对应关系。

b 值分析方法最早被应用于地震学中来确定地震强度,Gutenberg 和 Richter 提出的经验公式为:

$$\lg N = a - bM_L \qquad (9.19)$$

式中:M_L——事件的 Rither 强度;

N——积累频率(即强度在 $M_L \pm \Delta M/2$ 范围内事件的数量);

a、b——经验常数。

岩石断裂中的 b 值随着断裂阶段的发展而变化,在混凝土和其他材料中也有着相似的变化,正是根据这种相似的变化使得声发射技术可以用来检测评估混凝土桥梁的工作性能及损伤程度。根据声发射技术的特点,公式(9.19)可以修正为:

$$\lg N = a - b' A_{dB} \qquad (9.20)$$

式中:A_{dB}——幅值;

b'——累积频数对幅值线性对数的斜率绝对值。

采用Colombo教授提出的经验公式对混凝土桥梁进行评估,分析的数据为现场采集到的16天声发射监测数据,并且假定:

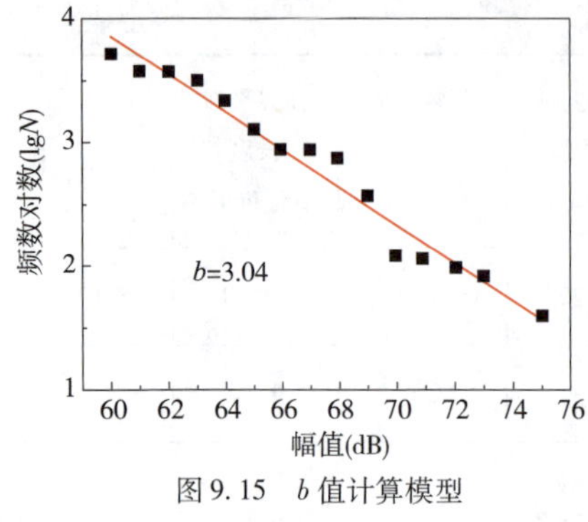

图 9.15　b 值计算模型

$$b = b' \times 20 \tag{9.21}$$

将 b 值的变化趋势与混凝土梁破坏全过程的变化趋势相比较，可以得出混凝土桥梁的工作性能。图 9.15 是累计频数对幅值的对数关系图。图中做出不同幅值下累计频数的对数坐标，利用最小二乘法则拟合出线性关系。拟合直线的斜率为 −0.152，依转化关系得 b 值为 3.04。

2）评估实例

声发射监测从 2011 年 8 月 23 日起至 9 月 7 日，共 16 天，荷载为正常通行的车辆荷载。监测区域主要位于边跨的 2 号和 3 号箱梁，其中 7 号和 11 号传感器位于桥面板上，2 号、5 号、9 号和 13 号传感器位于箱梁底板上，其余传感器布置在箱梁腹板上，测点布置具体尺寸如图 9.16 所示。嵊岘大桥的声发射监测中采用了美国物理声学公司的高性能声发射采集系统 MicroII。传感器分为两种，12 号、13 号和 14 号传感器采用共振频率为 150kHz 的 R15I 型传感器，其余测点均采用共振频率为 30kHz 的 R3I 型传感器，初始门槛值设为 50dB。

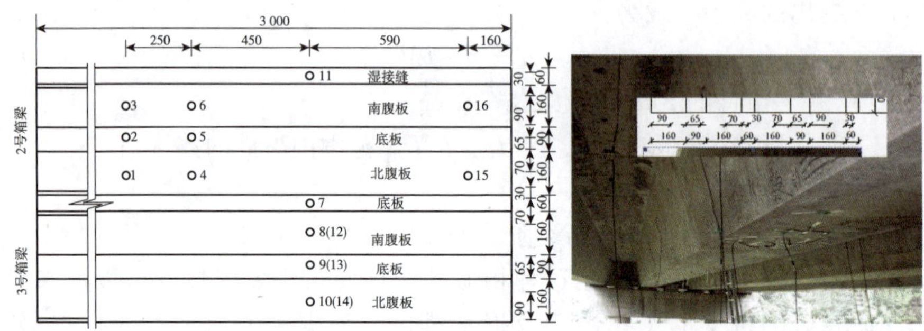

图 9.16　声发射测点布置图（尺寸单位：cm）

在箱梁底板、腹板和顶板 3 种位置中，选取信号最多的 3 个通道数据代表箱梁的不同部位进行疲劳评估。由 3 个测点的幅值统计可知，在混凝土箱梁底板、腹板和顶板采集到的信号幅值中，出现次数最多的幅值在 53dB 左右，可以判定现场噪声水平在 53dB 左右。为了剔除掉噪声信号，选取幅值 55dB 以上的撞击信号进行 b 值计算分析，如图 9.17 所示。根据 Colombo 教授的研究发现,较大的 b 值代表梁中微裂缝的萌生过程,而较小的 b 值则代表了宏观裂缝的扩展;当 b 值大于1.7时,结构处于微裂缝萌生阶段[22]。计算所得 b 值全部高于临界值1.7,现场检测并没有发现肉眼可以观察到的宏观裂缝,因此可以判断嵝岘大桥主梁处于微裂缝萌生阶段,桥梁处于良好工作状态。

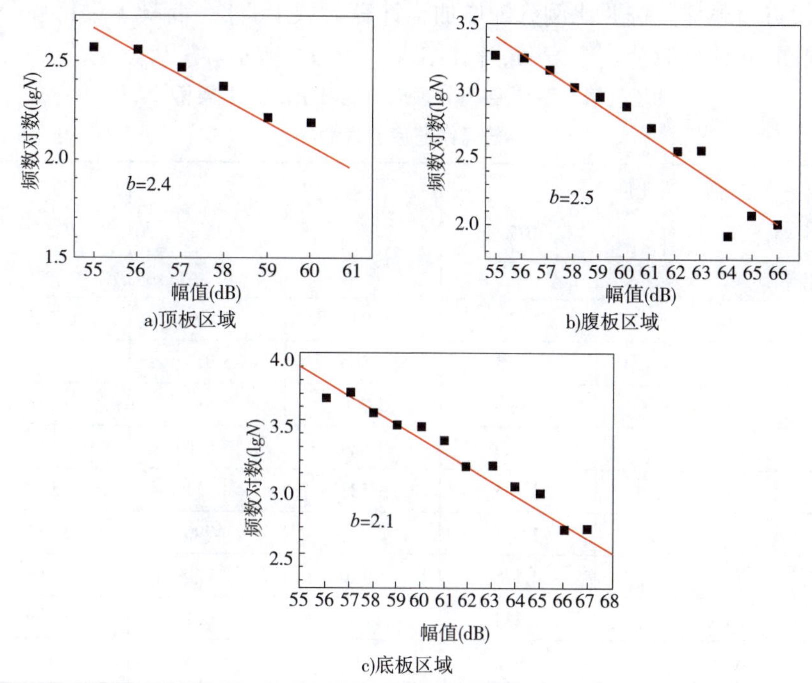

图9.17 声发射信号 b 值计算

9.4.4 交通荷载增长下的疲劳安全评估方法

交通荷载增长分为3种情况:①交通量增加,即通行车辆数量的增大;②车辆载重量的增加,包含车辆正常载重量的增加及车辆超载现象;③交通量与车重同步增长。对交通量的增加,可对采集到的应力循环次数进行放大处理,其放大量应参考桥梁所在地区交通量增长趋势调查数据。对载重量增加及超载现象下的疲劳评估,采用放大应力幅的方法,其放大比例应参考对应车重及超载超限调查数据。

以跨径20m预应力混凝土简支T梁桥为研究对象,采用嵝岘大桥动态称重所测得的数据，选取其中车流量最大的一天为代表，进行应力谱分析。在对疲劳寿命进行计算时，根据陕西省境内超载现象的实际情况，将超载车比例依照严重超载情况、部分超载情况、轻度超载情况以及超载治理后超载情况等情况分类，并分别用10%、5%、1%和0.3%来代表超载车辆所占比例，选取超载率为5%、10%、15%、20%、30%、40%、50%、60%、70%以及80%，将超载部分按照比例分配增加至计算荷载上，计算混凝土梁桥疲劳累积损伤，并估算疲劳剩余寿命，计算结果如表9.6所示。

超载情况下跨径20m预应力混凝土简支T梁桥普通钢筋疲劳寿命 表9.6

超载车所占比例 / 寿命(年) / 超载率	10%	5%	1%	0.3%
0	3 925	3 925	3 925	3 925
5%	3 808	3 866	3 913	3 921
10%	3 626	3 770	3 893	3 915
15%	3 480	3 689	3 876	3 910
20%	3 295	3 583	3 851	3 903
30%	2 927	3 353	3 796	3 885
40%	2 575	3 110	3 730	3 864
50%	2 244	2 855	3 651	3 839
60%	1 952	2 607	3 565	3 810
70%	1 701	2 374	3 471	3 777
80%	1 497	2 167	3 377	3 743

可以看出，20m跨径典型预应力混凝土T梁桥在交通荷载增长的情况下疲劳寿命大于100年的设计年限。虽然处于安全范围，但可以根据寿命减少趋势得到相应规律，如图9.18所示：①疲劳寿命在超载率的增加下呈现先缓慢下降，后加速下降，再缓慢下降的规律；②疲劳寿命的下降速度随着超载车比例的增大而加剧，当超载车所占比例较低时，超载率上升，疲劳寿命基本呈线性下降，当超载车比例增大时规律①才变得显著；③超载会使桥梁疲劳寿命显著降低，在超载车比例仅为1%、超载率达到80%时疲劳寿命降幅就达到14%，而在超载车比例达到10%时，疲劳寿命下降幅度可达61%。

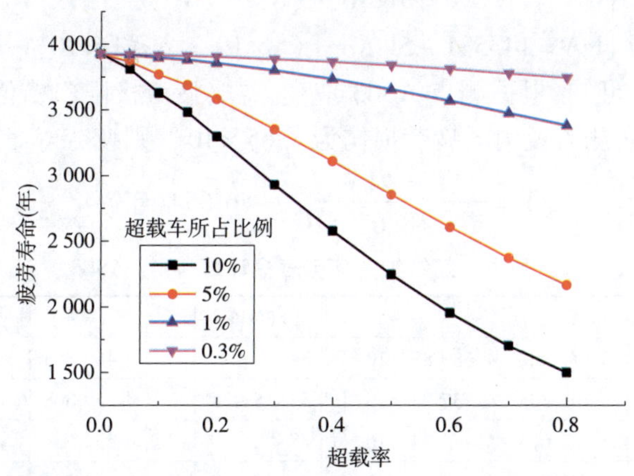

图9.18 超载情况下跨径20m跨简支T梁桥普通钢筋疲劳寿命估算

9.4.5 钢筋腐蚀下的疲劳安全评估

无论是航空航天、船舶、汽车或是建筑、桥梁，一个备受关注的问题就是腐蚀状况下的材料疲劳安全。自20世纪30年代起，腐蚀就成为影响工程系统失效的最主要因素[41]。桥梁结构具有运营期长、工作环境恶劣等特点，钢筋、预应力钢束(筋)出现腐蚀与疲劳相互作用的现象并不鲜见，因此在混凝土桥梁使用安全评估时应适度考虑腐蚀疲劳对结构使用寿命的影响。

以 *S-N* 曲线及 Miner 准则为理论基础的疲劳安全评估方法，在处理钢筋腐蚀疲劳时可采用降低疲劳细节等级的方法。

对于以断裂力学作为理论基础的腐蚀疲劳安全评估，一般情况下涉及蚀坑尺寸评价、蚀坑应力集中影响分析、结构原始疲劳质量或初始缺陷分析等多个步骤，最终通过衡量初始缺陷尺寸、结构细节等因素来达到评价腐蚀条件下结构疲劳安全的目的。

由9.4.1评估实例中的嵊岘大桥疲劳寿命计算结果可知，测点 ASB3 及 ASB4 对应疲劳寿命计算结果分别为13 518年和1 428年。考虑混凝土开裂、受力主筋锈蚀对其疲劳性能的影响时，建议将变形钢筋疲劳等级下降65%[46]，本文偏于安全考虑，取规范中50细节类型为主筋的疲劳等级，即常幅疲劳极限37MPa，疲劳极限门槛值20MPa，*S-N* 曲线的表达式为：

$$\begin{cases}\lg N = 11.398 - 3\lg\Delta\sigma & (N \leqslant 5\times10^6)\\ \lg N = 14.531 - 5\lg\Delta\sigma & (5\times10^6 \leqslant N \leqslant 1\times10^8)\end{cases} \tag{9.22}$$

由表9.7可知，根据测点ASB3应变，忽略疲劳极限门槛值以下的应力幅，受力主筋实测阶段内的疲劳损伤为8.65×10^{-6}，则疲劳寿命为：

$$Y = \frac{21}{365\times8.65\times10^{-6}} \approx 6\,654(\text{年}) \tag{9.23}$$

考虑受力主筋锈蚀的疲劳寿命计算(测点ASB3)　　表9.7

$\Delta\sigma$(MPa)	n	N	D	$\Delta\sigma$(MPa)	n	N	D
$20<S\leqslant22$	39	83 157 902	$4.689\,87\times10^{-7}$	$34<S\leqslant36$	3	6 466 358	$4.639\,4\times10^{-7}$
$22<S\leqslant24$	25	52 766 808	$4.737\,83\times10^{-7}$	$36<S\leqslant38$	2	4 959 008	$4.033\,06\times10^{-7}$
$24<S\leqslant26$	18	34 777 628	$5.175\,74\times10^{-7}$	$38<S\leqslant40$	2	4 234 539	$4.723\,06\times10^{-7}$
$26<S\leqslant28$	12	23 669 069	$5.069\,91\times10^{-7}$	$40<S\leqslant42$	3	3 644 588	$8.231\,38\times10^{-7}$
$28<S\leqslant30$	15	16 558 081	$9.059\,02\times10^{-7}$	$42<S\leqslant44$	3	3 159 327	$9.495\,69\times10^{-7}$
$30<S\leqslant32$	13	11 862 918	$1.095\,85\times10^{-6}$	$46<S\leqslant48$	1	2 419 393	$4.133\,27\times10^{-7}$
$32<S\leqslant34$	10	8 678 213	$1.152\,31\times10^{-6}$				

注：略去疲劳门槛值以下的应力幅统计数据。

因此，考虑混凝土开裂钢筋锈蚀的影响，嵝岘大桥2号箱梁疲劳寿命为6 654年，可认为受力主筋在目前的疲劳荷载水平作用下，在100年设计年限内不会发生疲劳破坏。

由表9.8可知，测点ASB4忽略疲劳极限门槛值以下的应力幅，受力主筋实测阶段内的疲劳损伤为1.41×10^{-4}，则疲劳寿命为：

$$Y = \frac{21}{365\times1.41\times10^{-4}} \approx 408(\text{年}) \tag{9.24}$$

考虑受力主筋锈蚀的疲劳寿命计算(测点ASB4)　　表9.8

$\Delta\sigma$(MPa)	n	N	D	$\Delta\sigma$(MPa)	n	N	D
$20<S\leqslant22$	27	83 157 902	3.19×10^{-7}	$36<S\leqslant38$	4	4 959 008	8.07×10^{-7}
$22<S\leqslant24$	29	52 766 808	5.5×10^{-7}	$38<S\leqslant40$	3	4 234 539	5.90×10^{-7}
$24<S\leqslant26$	17	34 777 628	4.89×10^{-7}	$40<S\leqslant42$	7	3 644 588	1.78×10^{-6}
$26<S\leqslant28$	16	23 669 069	6.76×10^{-7}	$42<S\leqslant44$	4	3 159 327	1.11×10^{-6}
$28<S\leqslant30$	10	16 558 081	6.04×10^{-7}	$46<S\leqslant48$	0	2 756 528	5.44×10^{-7}
$30<S\leqslant32$	8	11 862 918	6.74×10^{-7}	$48<S\leqslant50$	7	2 419 393	2.69×10^{-6}
$32<S\leqslant34$	10	8 678 213	1.09×10^{-6}	$50<S\leqslant52$	4	2 135 068	1.64×10^{-6}
$34<S\leqslant36$	2	6 466 358	3.09×10^{-7}	$54<S\leqslant56$	2	1 893 605	1.06×10^{-6}

续上表

$\Delta\sigma$(MPa)	n	N	D	$\Delta\sigma$(MPa)	n	N	D
$56<S\leqslant58$	1	1 509 774	6.62×10^{-7}	$74<S\leqslant76$	4	645 701	6.19×10^{-6}
$58<S\leqslant60$	3	1 356 361	2.21×10^{-6}	$76<S\leqslant78$	7	595 410	1.09×10^{-5}
$60<S\leqslant62$	6	1 223 049	4.91×10^{-6}	$78<S\leqslant80$	13	550 209	2.36×10^{-5}
$62<S\leqslant64$	3	1 106 651	2.71×10^{-6}	$80<S\leqslant82$	11	509 470	2.16×10^{-5}
$64<S\leqslant66$	2	1 004 566	1.99×10^{-6}	$82<S\leqslant84$	4	472 656	8.46×10^{-6}
$66<S\leqslant68$	7	914 661	7.65×10^{-6}	$84<S\leqslant86$	6	439 305	1.25×10^{-5}
$68<S\leqslant70$	6	835 171	7.18×10^{-6}	$86<S\leqslant88$	2	409 019	4.89×10^{-6}
$70<S\leqslant72$	1	764 632	1.31×10^{-6}	$88<S\leqslant90$	0.5	381 454	1.31×10^{-6}
$72<S\leqslant74$	6	701 819	7.84×10^{-6}				

注:略去疲劳门槛值以下的应力幅统计数据。

因此,考虑混凝土开裂钢筋锈蚀的影响,嵝岘大桥边梁2号箱梁疲劳寿命为408年,可认为受力主筋在目前的疲劳荷载水平作用下,在100年设计年限内不会发生疲劳破坏。

综上所述,可知嵝岘大桥考虑了钢筋锈蚀影响后,其在100年设计年限内也不会发生疲劳失效。但由表9.9对比分析可以发现,钢筋腐蚀导致混凝土梁疲劳寿命的降低十分显著,降幅可达71%。由此可知混凝土桥梁应高度重视钢筋锈蚀和腐蚀疲劳问题。

考虑受力主筋锈蚀的疲劳寿命计算对比　　表9.9

测点号	评估点位置	疲劳寿命(是否考虑钢筋锈蚀)		降幅
		否	是	
ASB3	0.4L截面底板主筋	13 518	6 654	51%
ASB4		1 428	408	71%

9.5　疲劳安全维护管理策略

9.5.1　疲劳安全维护管理流程

由前文中混凝土桥梁疲劳寿命的评估流程,可知疲劳使用安全的评估需要经过实桥静动载试验、应力监测、应力谱分析、建立评估模型、寿命与安全评估等步骤；再根据桥梁实际运营条件下的疲劳使用安全评估结果，决定是否需要采取针对疲劳损伤的维护措施，具体流程如图 9.19 所示。

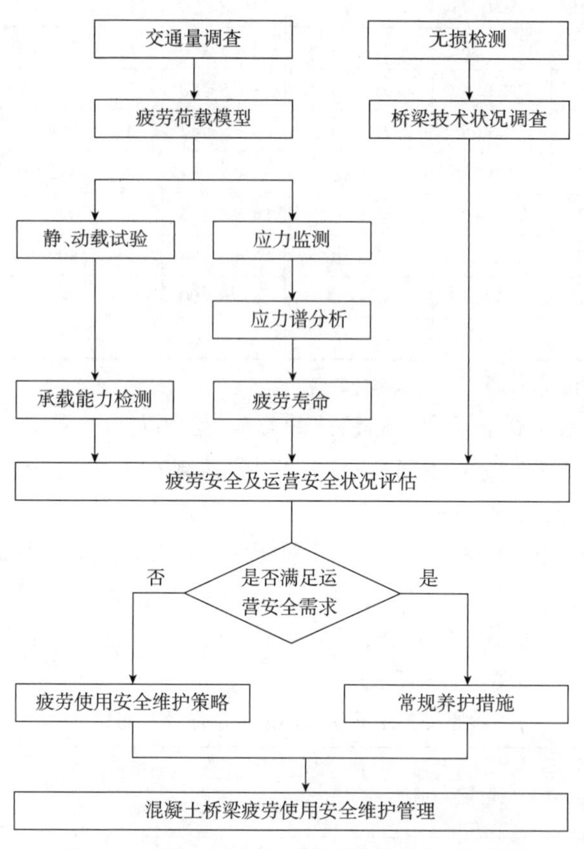

图 9.19　混凝土桥梁疲劳使用安全维护管理流程图

混凝土桥梁疲劳安全维护管理的目的是掌握混凝土桥梁疲劳技术状况，评估其疲劳使用安全性，提出相应的维护技术措施。通过建立桥梁管理系统，收集结构病害数据与关键指标数据，为进一步评价桥梁疲劳安全性能、验证加固措施效果等提供基础数据。维护管理的主要内容包含常规病害处理、影响结构疲劳安全性能的关键构件处理、日常及加固后养护管理等，最后以相关指标和检测标准为依据，以完好的设备和成熟的检测技术为手段，以达到实时掌握公路混凝土桥梁疲劳安全性能的总目标。混凝土桥梁疲劳使用安全维护管理系统是在对混凝土桥梁疲劳安全关键因素、疲劳维护措施开展广泛研究基础上的科学总结，其将以相应技术标准的形式服务于整个行业，以实现其技术经济价值。

9.5.2 基于疲劳安全的维护策略

影响混凝土桥梁疲劳安全问题的主要因素就是关键构件的应力幅水平(如普通钢筋和预应力钢筋)。对具有横向联结系的混凝土梁桥，应保证其横向联结系具有足够的刚度，避免出现单梁受力；同时考虑实际车流的随机性，边梁和中梁出现疲劳失效也具有一定的随机性，具体分析不同构件的疲劳安全性能。为保证混凝土桥梁的疲劳安全，需要制订科学合理的维护策略，建议重点考虑如下问题：

(1)因疲劳失效模式为脆性破坏，一旦发生后果严重，因此日常养护、监测变得尤为重要。在日常养护监测时，应采取经常性检查、定期检查及特殊检查相结合的检查制度，做到对疲劳隐患早发现、早处理。

(2)超载对混凝土桥梁疲劳安全威胁极大，应保证桥梁结构按照设计荷载运营，严禁超载车辆通过。

(3)制定定期巡检制度，对混凝土桥梁疲劳关键部位建立安全档案，完善桥梁养护监测机制，建立安全监测系统，实时掌握桥梁安全信息。

9.6 结语

本章对混凝土梁桥疲劳安全评估及维护管理等问题进行了分析讨论，采用荷载监测、疲劳应力监测、声发射监测与疲劳寿命评估技术等对典型混凝土梁桥进行了疲劳安全监测与评估，结论如下：

(1)基于动态称重数据，经计算分析提出了陕西省 S305 线混凝土梁桥的四轴标准疲劳车模型；

(2)通过动应变监测和声发射监测的技术融合，提出了基于 *S-N* 曲线和断裂力学的混凝土桥梁疲劳使用安全评估模型，并对一座典型混凝土矮箱梁桥进行了疲劳使用安全评估；

(3)本章同时研究了交通荷载增长和钢筋腐蚀条件下混凝土桥梁疲劳寿命的变化趋势，得到影响混凝土桥梁疲劳安全的关键因素；

(4)针对混凝土桥梁使用过程中的不同病害及损伤，本章建议了基于疲劳安全的维护管理策略，为混凝土桥梁的疲劳安全维护管理指明了方向；

(5)本章的疲劳安全监测与评估实践表明,多种监测手段和评估技术的融合,可实现混凝土梁桥疲劳使用安全的深度监测与评估,结合混凝土梁桥疲劳损伤特性制定相应的维护管理规程将是未来技术发展的必然趋势。

致谢:感谢交通运输部西部交通建设科技项目(2013318223040,20113185191410)、陕西省交通科技项目(07-04K)、中国交通建设股份有限公司科技研发项目(2012-ZJKJ-3)、宁夏回族自治区交通科技项目的资助。

本章参考文献

[1] Wang Chun-sheng, Li Gan, Dong Xiao-hong. Fatigue life evaluation of existing highway reinforced concrete bridges [C]//The 5th International Conference on Bridge Maintenance, Safety and Management, 2010, Pennsylvania, USA. CRC Press, Taylor & Francis Group, London, UK:3617-3622.

[2] ACI Committee 215. Consideration for design of concrete structure subjected to fatigue loading [J]. ACI Journal, 1974, 71(3):97-121.

[3] Rliem Committee 36-RDL. Long term random dynamic loading of concrete structures [J]. Materials and Structures, 1984, 17(9):1-28.

[4] Herwig A. Reinforced concrete bridges under increased railway traffic loads — fatigue behavior and safety measures [D]. Lausanne: Swiss Federal Institute of Technology Lausanne (EPFL), 2008.

[5] 查全播,肖建庄. 钢筋混凝土梁疲劳性能国内外研究综述[J]. 世界桥梁,2004 (3):30-34.

[6] 宋玉普. 混凝土结构的疲劳性能及设计原理 [M]. 北京:机械工业出版社,2006.

[7] 吕培印,宋玉普,李庆斌. 混凝土轴拉疲劳试验及损伤模型 [J]. 水利学报,2002(12):79-84.

[8] Cornelissen H A W, Reinhardt H W, Uniaxial tensile fatigue of concrete under constant amplitude and programme loading [J]. Magazine of Concrete Research, 1984, 36(129):216-227.

[9] 曾志斌,李之榕. 普通混凝土梁用钢筋的疲劳 *S-N* 曲线研究 [J]. 土木工程学报,1999,32(5):10-14.

[10] Tien S Chang, Clyde E Kesler. Fatigue behavior of reinforced concrete

beams [J]. ACI Journal Proceedings,1958,55(8):245-254.

[11] 李秀芬,吴佩刚,赵光仪. 高强混凝土梁抗弯疲劳性能的试验研究[J]. 土木工程学报,1997,30(5):37-42.

[12] 李惠民,顾传霖. 钢筋混凝土梁斜截而疲劳强度及裂缝控制[J]. 建筑结构学报,1989,10(6):2-9.

[13] EI Shahawi M, Batchelor B D. Fatigue of partially prestressed concrete [J]. Journal of Structural Engineering,1986,112(3):524-537.

[14] Naaman A E, Founas M. Partiallyprestressed beams under random-amplitude fatigue loading [J]. Journal of Structural Engineering, 1991, 117(12):3742-3761.

[15] 姜昭恒. 部分预应力混凝土先张梁动载疲劳试验研究[J]. 长沙铁道学院学报,1989:75-86.

[16] 钟明全,车惠民,邵小康. 部分预应力混凝土梁的非预应力钢筋应力状态研究[J]. 重庆交通学院学报,1993. 12(1):1-6.

[17] 杨梦蛟,张澎曾. 预应力混凝土梁正截面疲劳抗裂性[J]. 铁道建筑,1994,(4):18-21.

[18] 沈在康,孙慧中,马坤贞,等. 允许出现裂缝的部分预应力混凝土梁的疲劳性能[R]. 钢筋混凝土结构研究报告选集,No. 2. 北京:1981.

[19] 沈在康,孙慧中,马坤贞,等. 部分预应力混凝土梁正截面疲劳性能及计算方法[J]. 建筑结构学报,1981,2(1):1-13.

[20] America Association of State Highway and Transportation Official. AASHTO Load Resistance and Factor Design, Bridge Design Specifications (5th Edition) [S]. Washington, D. C. ,2010.

[21] CEB Bulletin D. Information No. 196: CEB-FIP Model Code 1990 (First Draft) [S]. 1990.

[22] ECCS. Recommendations for the Fatigue Design of Steel Structures [S]. Brussels: European Convention for Constructional Steelwork, 1985.

[23] 中华人民共和国国家标准. GBJ 10—1989　混凝土结构设计规范[S]. 北京:中国建筑工业出版社,1989.

[24] 中华人民共和国行业标准. TB 10002. 3—1999　铁路桥涵钢筋混凝土和预应力混凝土结构设计规范[S]. 北京:中国铁道出版社,1999.

[25] Tilly G P. Durability of concrete bridges [J]. Journal of Institute of High-

ways and Transportation,1988,35(2):10-19.
[26] Schlafli M, Brühwiler E. Fatigue of existing reinforced concrete bridge deck slabs [J]. Engineering Structures,1998,20(11):991-998.
[27] 王春生,周江,吴全友. 既有混凝土桥梁疲劳寿命与使用安全评估[J]. 中国公路学报,2012,25(6):101-107.
[28] 王春生,吴全友,缪文辉. 钢筋混凝土桥面板疲劳寿命评估[J]. 长安大学学报,2013,33(2):50-55.
[29] 朱劲松,朱先存. 钢筋混凝土桥梁疲劳累积损伤失效过程简化分析方法 [J]. 工程力学,2012,29(5):107-121.
[30] 朱劲松,闫广鹏. 钢筋混凝土桥面板疲劳数值分析方法[J]. 中国公路学报,2012,25(1):59-66.
[31] Zhu Jin-song, Huang Fa-min, Guo Tong, Song Yun-he. Residual life evaluation of prestressed reinforced concrete highway bridges under coupled corrosion-fatigue actions [J]. International Journal of Advanced Steel Construction,2015.

[32] Ruan Xin, Ma Hai-ying, Shi Xue-fei. Fatigue life evaluation for cracked long-span continuous PC bridges [J]. International Journal of Advanced Steel Construction,2015.
[33] 缪文辉. 钢筋混凝土桥面板合理耐用设计及疲劳寿命评估 [D]. 西安:长安大学,2009.
[34] 董小红. 既有混凝土桥梁的疲劳寿命和使用安全评估研究 [D]. 西安:长安大学,2009.
[35] 李干. 既有公路混凝土桥梁疲劳寿命与使用安全评估研究 [D]. 西安:长安大学,2011.
[36] 王玉娇. 既有混凝土梁桥疲劳使用安全评估 [D]. 西安:长安大学,2013.
[37] 王春生,翟慕赛,付炳宁,等. 混凝土梁桥疲劳安全监测与评估 [J]. 重庆交通大学学报,2013,32(6):27-31.
[38] Wang Chun-sheng, Zhai Mu-sai, Fu Bing-ning. Healthy monitoring of concrete bridges and vehicle loads correlation analysis based on acoustic emission [J]. International Journal of Pavement Research and Technology, 2013,6(6):730-736.

[39] Wang Chun-sheng, Zhang Pei-jie, Brühwiler E. Performance-based fatigue evaluation of concrete girder bridges [C]//Proceedings of the 7th International Conference of Bridge Maintenance, Safety and Management. 2014. Shanghai, China. CRC Press, Taylor & Francis Group, London, UK:341.

[40] Wang Chun-sheng, Zhai Mu-sai, Wang Yu-jiao. Fatigue safety monitoring and fatigue life evaluation for existing concrete bridges [C]//Proceedings of the 13th International Conference on Fracture. 2013, 6:4889-4897.

[41] Wang Chun-sheng, Zhai Mu-sai, DuanLan. Fatigue service life evaluation of existing steel and concrete bridges [J]. International Journal of Advanced Steel Construction, 2015.

[42] 丁幼亮,邓扬,李爱群. 声发射技术在桥梁结构健康监测中的应用研究进展 [J]. 防灾减灾工程学报, 2010, 30(3):341-351.

[43] Nair A, Cai C S. Acoustic emission monitoring of bridges: review and case studies [J]. Engineering Structures, 2010, 32 (6):1704-1714.

[44] Colombo S, Main G, Forde M C. Assessing damage of reinforced concrete beam using "b-value" analysis of acoustic emission signals [J]. Journal of Materials in Civil Engneering, 2003, 15(3):280-286.

[45] Shiotani T, Fujii K, Aoki T, Amou K. Evaluation of progressive failure using AE sources and improved b-value on slope model tests [J]. Progress in Acoustic Emission VII, JSNDI, 1994, 7:529-534.

[46] Walker E F, Harrison I M, Morley J. Fatigue and Corrosion Fatigue of Reinforcement Bars [C]//Proc. Conf. Underwater Construction Technology, Department of Civil and Structural Engineering Report, University College, Cardiff, 1975.

王春生　教授

王春生教授，2003年于同济大学桥梁与隧道工程专业博士毕业，清华大学博士后经历，美国普渡大学、里海大学访问学者，香港理工大学助理研究员。现任长安大学公路学院教授、博士生导师，桥梁工程研究所所长，桥梁结构安全技术国家工程实验室技术委员会委员、教育部高等学校道路运输与工程教学指导分委员会委员、中国钢结构协会桥梁钢结构分会及结构稳定与疲劳分会理事、中国公路学会桥梁和结构工程分会理事、茅以升科技教育基金会桥梁委员会委员、国际桥梁与结构工程协会和国际桥梁安全与维护协会会员，全国百篇优秀博士论文奖获得者，入选2014年国家创新人才推进计划中青年科技创新领军人才。

王春生教授主要研究领域为桥梁损伤机理、损伤安全监测与评估、损伤维护理论与方法、长寿命高性能桥梁结构理论研究与应用等。先后主持承担了5项国家自然科学基金、2项973项目子题，以及教育部新世纪优秀人才基金、霍英东青年教师基金、高等学校全国优秀博士学位论文作者专项基金、交通运输部科技项目等省部级科研课题近20项，参与编制交通运输部《公路钢结构桥梁设计规范》（JTG D64）、《公路工程结构可靠度设计统一标准》（GB/T 50283）以及待出版的《钢－混凝土桥梁设计与施工细则》（JTG/T D64-01）等3部国家和行业技术标准，主持编写陕西省地方标准《钢板－混凝土组合加固混凝土桥梁设计与施工技术规程》（DB61/T 550—2012）、《公路钢桥正交异性钢桥面板设计施工技术规范》（DB61/T 937—2014）。在Journal of Bridge Engineering（ASCE）、土木工程学报、中国公路学报等国内外重要学术期刊发表论文100余篇，其中70余篇论文被SCI、EI、ISTP收录，出版专著1部，获准国家发明专利3项、实用新型7项。

王春生教授重视基础研究与国家重大工程需求相结合，将桥梁损伤机理与安全维护领域取得的创新成果成功应用于国家级文物桥梁——兰州黄河铁桥、陇海铁路渭河桥等老龄钢桥，以及杭州湾跨海大桥等重大工程，将长寿命高性能钢与组合结构桥梁设计理论应用于国内首座免涂装管翼缘组合梁桥和首座采用Q500qD钢材建造的系杆拱桥，并在厦漳跨海大桥等重大工程中进行了示范应用，为确保桥梁的安全、耐久和科学化的建设与维护管理提供了先进理论与系列技术支撑,并多次获得国家和省部级科技奖励。在同济大学完成的博士学位论文“铆接钢桥剩余寿命与使用安全评估”获2007年全国百篇优秀博士论文奖,参与完成的“长大跨桥梁结构状态评估关键技术与应用”获2013年国家科技进步二等奖,2007年入选教育部新世纪优秀人才支持计划,并获陕西省科技进步二等奖1项,甘肃省科技进步三等奖1项,中国公路学会科学技术一等奖1项、二等奖2项,华夏建设科技一等奖1项,以及2009年交通运输部交通青年科技英才、2008年第七届陕西省青年科技奖、2010年陕西省师德先进个人、2011年第十届陕西青年五四奖章等荣誉。王春生教授先后十余次在重要国际、国内学术会议做特邀报告,担任会议主席、学术委员会委员等职务。

第10章 桥梁结构滚石冲击效应分析方法

马如进,周晓宇,陈艾荣

同济大学桥梁工程系,上海市四平路1239号,200092

10.1 引言

滚石灾害是世界范围内高山峡谷地形高发地质灾害之一,落石粒径从几厘米到十几米,质量可以高达几百吨,瞬时速度可以超过十几米每秒,具有很强的破坏力。国外学者在20世纪50~60年代开始滚石发生机理、滚石风险评价、滚石防护技术的研究,取得了一定的成果[1-8]。在欧洲,意大利、瑞士以及德国学者针对阿尔卑斯山地区滚石风险进行了相关研究,并基于地理信息系统(GIS)在数值地形图中绘制了阿尔卑斯山地区滚石风险分布图;在北美,1995~2011年,学者们对美国约塞米蒂谷(Yosemite Valley)地区滚石灾害进行了长达16年的跟踪研究,统计了滚石事故发生规律、发生机理以及区域风险程度规律,俄勒冈州公路局在1990年提出了滚石风险评价RHRS系统;在亚洲,日本道路协会针对日本境内多山的地形特征和地震多发的地质特征,开展了滚石防护结构承载能力的相关研究。

国内学者对滚石灾害的关注始于落石致火车脱轨事故和隧道出入口滚

石击中车辆事故，早期处置手段集中在边坡主动防护方面。2008 年“5 · 12”汶川地震中，地震诱发的滚石灾害（图 10.1）对大量的桥梁结构、建筑物、水利工程等基础设施造成了严重破坏，灾后重建中结构物滚石防护设计开始得到关注。2009 年国道 213 线彻底关大桥被滚石撞击倒塌之后，针对桥梁滚石冲击倒塌规律、滚石柔性防护网拦截能力、墩柱被动防护策略的数值模拟研究在国内大量涌现。其中，中国科学院山地灾害与地表过程重点实验室与水利部成都山地灾害与环境研究所开展了墩柱抗滚石冲击垫层的研发，并应用于重建后的彻底关大桥。到 2012 年，我国首座落石冲击试验平台投入了使用并开展了自主研发滚石被动防护网 1 000kJ 落石冲击试验，目前，在我国西南地区滚石防护中大量应用该系统。

图 10.1　桥梁滚石撞击事故

虽然近年来滚石灾害逐渐被关注，但已有的研究成果仍相对薄弱，距离在结构物、防护结构设计中应用仍然很远。目前尚没有可供参考的滚石防护结构设计方面的技术规范和技术指南，在《公路隧道设计规范》（JTG D70—2004）和《铁路隧道设计规范》（TB 10003—2005）中提及山区结构物设计需要关注滚石灾害，但没有给出任何定性和定量的设计要求。现有研究中通过对结构物滚石冲击极限状态判断以确定性的等效静力方法为主，忽略了冲击过程中材料的率相关特征和惯性效应，有效性仍有待进一步验证。同时，对滚石冲击荷载的确定以回归分析的经验公式为主，不同公式间结果相差很大，缺少公认准确的荷载确定方法。

在桥梁结构滚石冲击问题分析中需要关注的三个关键问题是桥梁结构中滚石撞击高风险区域的位置，滚石对桥梁结构冲击效应规律以及桥梁结构在滚石冲击作用下的性能水平。本章针对这三个关键问题，通过数值手段分别对滚石运动轨迹、携带能量规律，局部、总体冲击效应以及桥梁结构滚石冲击性能评价方面展开研究。

10.2 滚石运动特性分析

滚石滚落过程受块石几何特征、物理特征、边坡几何特征以及覆盖层特征等诸多因素影响。数值方法在处理重复试验时具有显著优势,通过重复滚石滚落数值试验,获得滚石撞击桥梁不同区域的概率以及撞击桥梁结构瞬间的运动学特征。

10.2.1 滚落模拟方法

滚石的运动特征研究包括滚石的运动形态、运动轨迹、运动能量、飞落距离、飞行高度、速度等。目前,国内外普遍认同的滚石运动形态包括滚石自由下落、滚动、滑动、斜抛和碰撞。Azzoni 等[9]通过滚石运动试验,将滚石运动横向偏移比确定为 0.1。Chau 等[10]通过现场、室内试验研究了滚石运动有关恢复系数的变化规律。Piteau 等[11]首次使用计算机对滚石运动进行了分析。在此基础上,Stevens 等[12]推出的 RocFall 程序,把滚石运动与防护设计联系了起来,在工程实践中取得了良好的效果。

对滚石运动过程的研究,试验方法受其结果推广性不强限制,理论方法受其可求解范围窄的限制。基于离散单元理论,通过选择合理的颗粒之间以及颗粒与 wall 单元之间的接触本构关系,可以实现滚石滚落过程中的弹跳、破碎和崩裂等运动特征,选择合适的材料模型此方法可以精确的模拟滚石滚落特征以及运动过程中滚石的破坏。

由于颗粒流技术的复杂性和计算分析中耗费机时过长,在工程实践中无法广泛使用,相比于精确的模拟方法,在保证一定精度的条件下对一些非关键参数进行适当简化是可行的,对滚石运动特征的研究目的在于确定其可能威胁的范围或确定防护结构的安装位置和设计荷载,而不是用来确定滚石的破碎程度,由此而来的基于恢复系数理论的滚石简化数值分析方法得到了更为广泛的使用。

本章中采用基于恢复系数的滚石滚落模拟方法,滚落模拟过程中采用如下假设:在二维方向上模拟滚石滚落,对滚石的横向运动通过横向偏移系数的取值修正;滚石简化为球形刚体,忽略其运动过程中的碰撞破碎;边坡匀质连续。

10.2.2　算例

1)模型条件

以简化二维边坡进行滚石滚落模拟试验,边坡坡形上陡下缓,总高度 35.99m,平均坡度接近 45°,边坡剖面图以及坡表覆盖层特征如图 10.2 所示。覆盖层 *AB*、*BC* 段选取基岩出露的坡表,*CD* 段选取植被覆盖的软土地表,*DE*、*EF* 段选取干净的坚硬岩石。

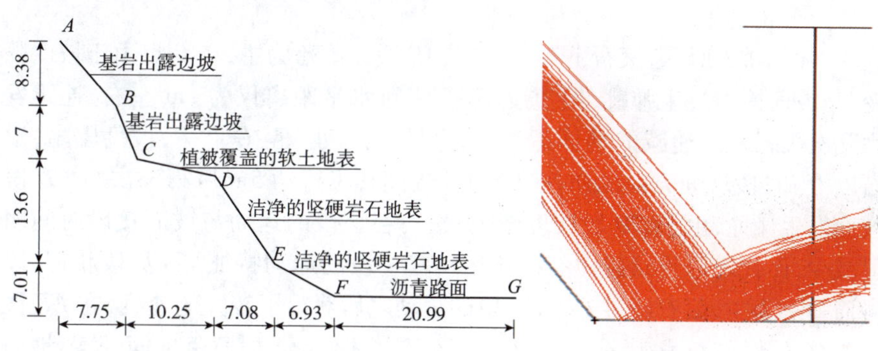

图 10.2　边坡几何特征与覆盖层特征(尺寸单位:m)

碰撞恢复系数的形式多样,包括以速度角度定义的单恢复系数,即反弹速度与入射速度的比值,从能量角度定义的动能恢复系数,即反弹动能与入射动能的比值和目前较多采用的两恢复系数,将滚石的分解速度定义为垂直于坡面的法向恢复系数和平行于坡面的切向恢复系数。本章研究中采用两参数恢复系数。

若碰撞为完全弹性碰撞,则碰撞过程没有能量损失,入射速度与反弹速度相同,碰撞恢复系数为 1;若发生完全非弹性碰撞,石块与坡面碰撞后嵌入坡面并静止,则恢复系数为 0,实际的碰撞过程介于完全弹性与完全非弹性之间。坡面覆盖层越松散,碰撞越接近完全非弹性碰撞,相应的碰撞恢复系数越小,边坡坡面出露基岩越坚硬,碰撞越接近完全弹性碰撞,相应的碰撞恢复系数越大。

覆盖层特征对滚石滚落恢复系数影响显著,美国联邦 CSRP 计算程序中给出了不同场地条件的法向恢复系数和切向恢复系数推荐值。考虑到坡表特征的随机分布,假设覆盖层恢复系数服从正态分布,不同覆盖层的恢复系数取值如表 10.1 所示。进行 200 次滚石滚落模拟,同时在桥位处设置数据

收集器,收集滚石经过桥梁下部结构位置瞬间的平动动能、转动动能等信息。

覆盖层恢复系数概率分布 表10.1

覆盖层描述	法向恢复系数	切向恢复系数
地表基岩出露	N(0.35,0.04)	N(0.85,0.04)
植被覆盖的软土地表	N(0.30,0.04)	N(0.80,0.04)
洁净的坚硬岩石地表	N(0.53,0.04)	N(0.95,0.04)

2)分析结果

如图10.3所示,滚石下落过程中,*AB*段以滚落为主,在*B*点由于坡度骤变,与坡面撞击发生弹跳,但速度不大,飞行水平距离仅为1m左右,连续发生几次飞行距离递减的抛体运动后,沿坡面滚动。至*C*点后,坡度骤增,滚石以沿*BC*段坡面方向的初速度做抛体运动,飞行约5m后第一次与*CD*段坡面发生碰撞,由于*CD*段坡度较大,滚石在该段的运动与坡面接触时间明显减少,而代之以连续碰撞的抛体运动,*DE*段的运动特征与*CD*段相似,以碰撞弹跳为主,滚石经过*CD*、*DE*段的运动之后获得了较大的速度,在*EF*段坡度继续骤增时,发生飞落,大多数滚石直接飞跃*EF*段坠落地面,坠落地面后滚石发生若干次弹跳,最后静止于平缓地带。滚石的位置基本符合正态分布,均值约为45m。

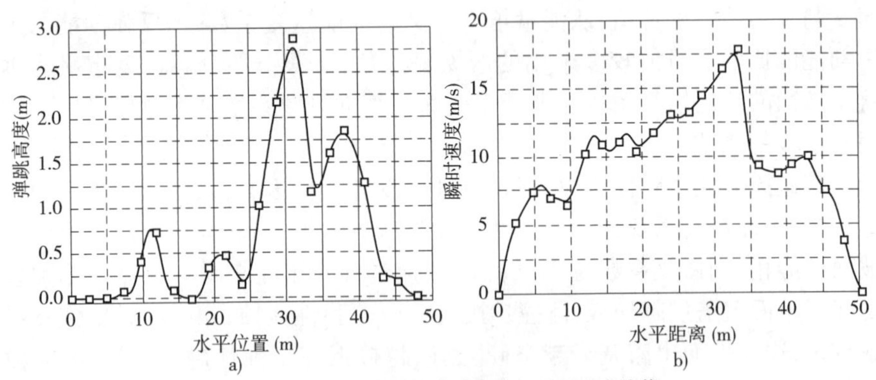

图10.3 运动过程弹跳高度均值与瞬时速度均值

滚石在坡度变化处易发生撞击弹跳,*AB*段向*BC*段过渡阶段由于滚石尚没有获得较大速度,因而弹跳高度不大。弹跳高度在*CD*段、*DE*段明显增大,经过*CD*、*DE*两段陡坡的加速,在*EF*段弹跳高度达到最大,与地面发生撞击后,由于能量损失,而没有重力势能继续转化,弹跳高度逐渐降低直至停止。

如图 10.4 所示,200 次滚石滚落试验撞击位置近似服从正态分布,均值为 0.73m,同时对 200 次滚石滚落撞击数据收集器瞬时的统计资料表明滚石运动特征数据均近似服从正态分布。通过对边坡滚石滚落案例分析,基于恢复系数的滚石滚落模拟可以获得滚石运动轨迹特征以及冲击能量分布特征。

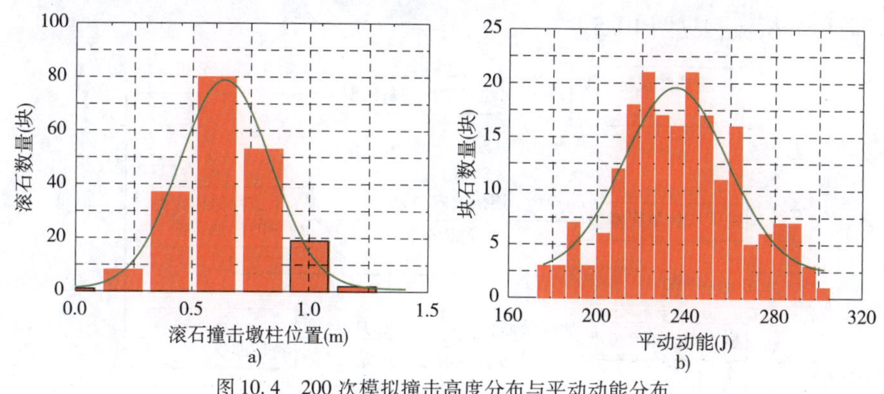

图 10.4　200 次模拟撞击高度分布与平动动能分布

10.3　桥梁滚石冲击效应分析

滚石撞击桥梁结构的过程属于典型的碰撞问题范畴,但与常见的撞击问题有不小区别。滚石撞击桥梁时,滚石撞击速度一般为十几米每秒,属于低速碰撞问题。结构响应既有类似高速冲击的侵彻、层裂等局部响应特征,又有全局响应且不可忽略。由于桥梁碰撞问题的特殊性,实桥撞击试验开展难度大,且代价高昂。相反,计算机模拟技术在分析这类问题上有明显优势,是目前桥梁撞击问题的主要研究手段。尤其近年来以 LS-DYNA、MSC. MARC 为代表的碰撞有限元分析软件得到了非常广泛的应用,并取得了一定的成果。

10.3.1　下部结构撞击分析

1)分析方法

桥梁撞击过程实质为冲击体与桥梁结构的动力接触过程,虚拟试验模拟可按两阶段进行。第一阶段为冲击体与结构物接触阶段,关键算法是以罚函数法为代表的接触界面算法,基本原理是通过试探—校核方法判断每一时步主面与从节点的接触状态,对发生穿透的主面与从节点引入与穿透深度、主面刚度相关的接触界面力。接触分析中还需考虑材料的率相关特征，计算出相应的撞击接触界面力时程和撞击局部损伤特性。若冲击未造成结构严重损伤，则需进行第二阶段分析，结构响应阶段分析过程接触界面力作为外荷载，作用于冲击损伤修正的全桥模型，计算获得冲击后桥梁整体的瞬态响应特征。两阶段分析流程见图 10.5。

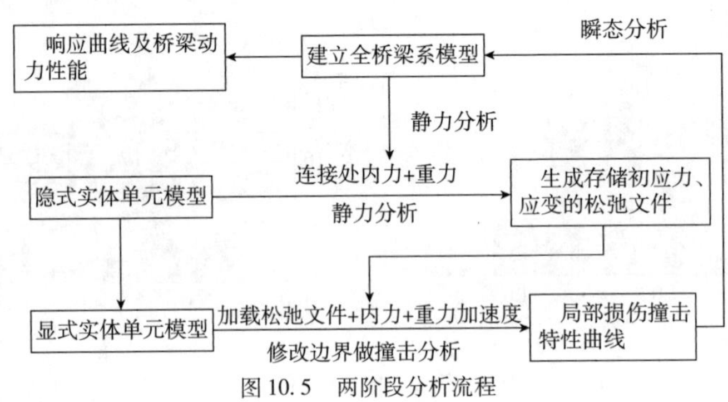

图 10.5　两阶段分析流程

2)算例

(1)桥梁概况

桥跨布置为 120m + 3 × 175m + 96m 预应力混凝土刚构 + 连续组合体系桥，桥长 741m。预应力混凝土主梁，桥墩采用钢筋混凝土空心墩，墩高依次为 59m、143m、148m 和 80m，钻孔灌注桩基础，桥型布置如图 10.6 所示。本桥2 号和 3 号墩，墩高分别为 143m 和 148m，高度较大，同时综合考虑桥址区地质特征，1 号墩与 2 号墩之间自然岸坡陡峻，岩性以砂岩夹砂质泥岩为主，岩层倾角较小，壁立性较好，但受砂岩、泥岩差异性风化影响，常形成危岩，经常发生小规模崩塌。

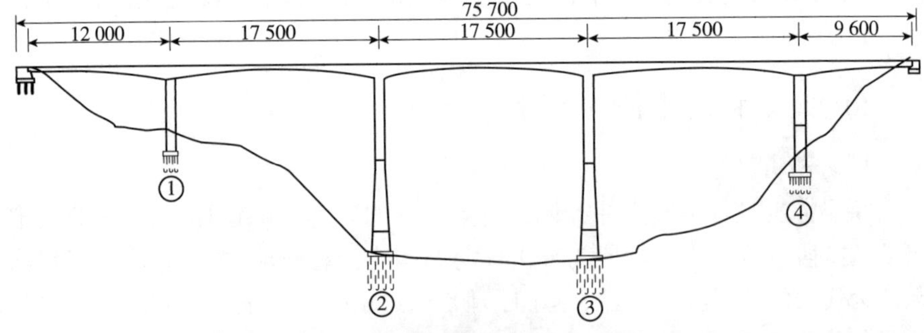

图 10.6　桥梁立面图(尺寸单位:cm)

(2)模型参数

在显式接触非线性分析过程中,考虑隐式的静力求解,本章使用隐式—显式序列求解技术分析求解。本桥 2 号高墩滚石撞击风险较为显著,选取 2 号墩开展数值模拟分析,建立全桥梁系模型如图 10.7 所示。此处提取 2 号墩墩顶单元的内力、变形数据,建立 2 号墩柱隐式实体单元模型,并加载上述内力变形数据,进行静力分析,获得 2 号墩隐式实体模型变形图如图 10.7 所示。通过 LS-DYNA 单元转化技术,将 2 号墩隐式实体单元 SOLID185 转化为显示实体单元 SOLID164,施加显示分析边界条件并建立滚石模型施加速度,此时主墩单元中包含了静力分析初内力,忽略撞击过程中滚石的破碎和变形,以刚体模型模拟滚石,密度取为 2 600kg/m^3,弹性模量为 5.0 × 10^{4}MPa,泊松比取为 0.24。

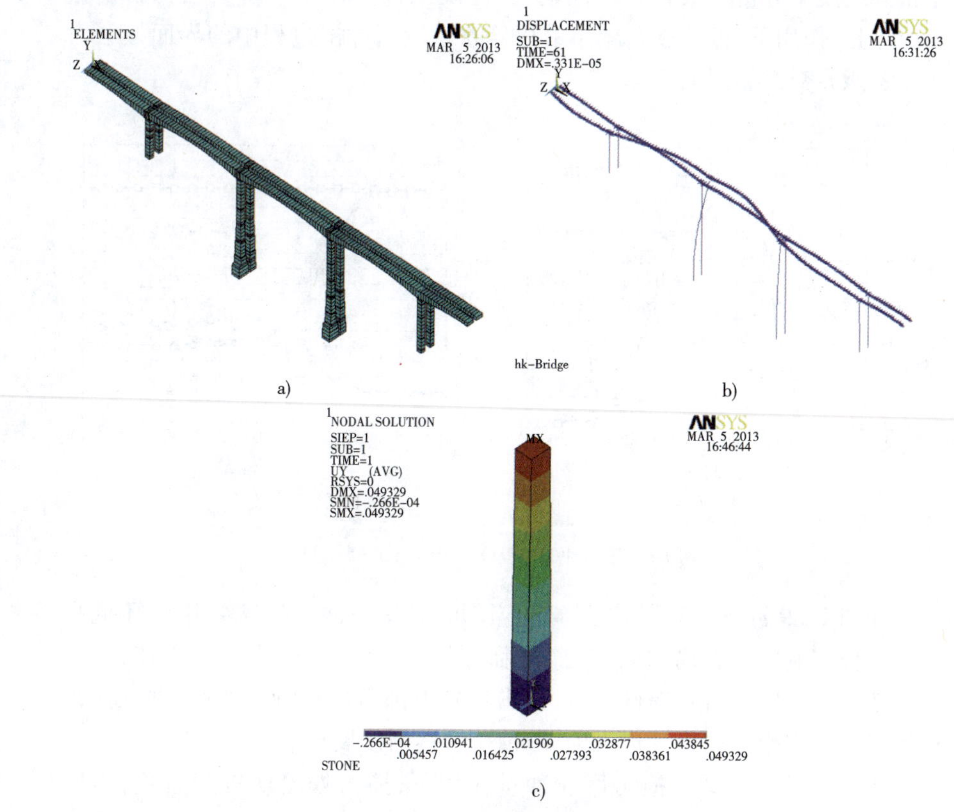

图 10.7　全桥梁系模型及墩柱实体模型变形图

(3)结果分析

通过隐式—显式序列求解方法考虑墩柱初始应力,在此基础上进行滚石冲击第一阶段分析。分析结果表明,在墩柱冲击位置塑性铰出现之前,滚石冲击荷载波形为持续时间短暂的近似半波正弦脉冲,滚石冲击动能在短暂的冲压时间内转化为系统的变形能。

近似球形、质量为10.89t的滚石以速度5m/s正撞墩柱底部,冲击荷载峰值为4.25MN,接触时间为20ms。结构响应具有两阶段特征,冲击应力波在墩柱厚度方向传播、反射,除接触局部高压应力区外在冲击位置背侧出现局部受拉高应力区。由于冲击能量不高,墩柱局部没有发生严重损伤,撞击结束后应力波继续在墩柱长度方向传递表现为全局的墩柱位移与应力。第二阶段分析关注结构全局响应,将局部冲击分析的接触界面力荷载加载于全桥梁系模型分析。滚石短时间内反弹,瞬间冲量作用下桥梁结构自由振荡,在阻尼作用下,振幅逐渐减小最后停止。滚石冲击过程中的界面接触力及系统能界交换见图10.8。

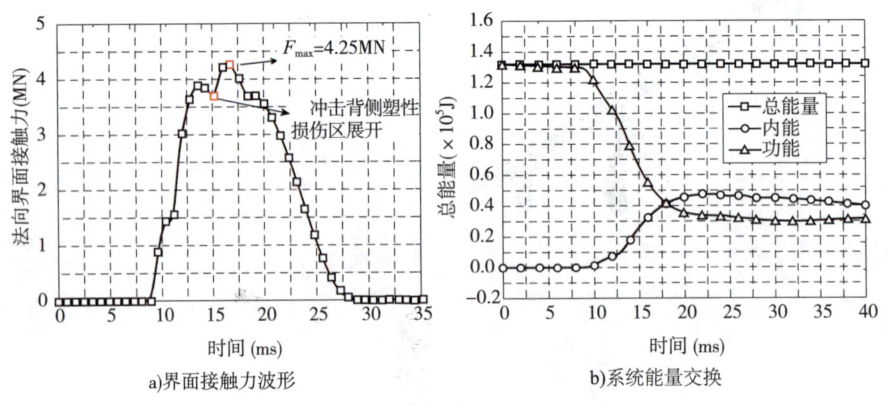

图10.8　滚石冲击过程($m=10.89$t,$v=5$m/s)

如图10.9冲击过程墩柱位移响应图可知,滚石冲击荷载作用下,不同高度主墩位移响应具有局部效应,撞击临近位置处,位移响应最为迅速,由于恒载效应以及墩柱自身惯性效应,撞击位置上部墩位移响应滞后,并在撞击位置以上一定距离内出现最大值,峰值位置逐渐发展至墩顶。

墩柱的破坏过程为撞击巨大冲量作用下,撞击处出现贯穿裂缝,塑性铰出现在撞击位置靠近柱底位置,这与墩柱车辆撞击试验结果吻合。同时撞击处混凝土压碎，局部受力截面面积急剧减少，在恒载作用下墩柱压溃、倒塌。墩柱在质量为 40t、冲击速度为 20m/s 的滚石冲击下的倒塌过程见图 10.10。2009 年，都汶公路彻底关大桥滚石撞断墩柱事故即为此类破坏。

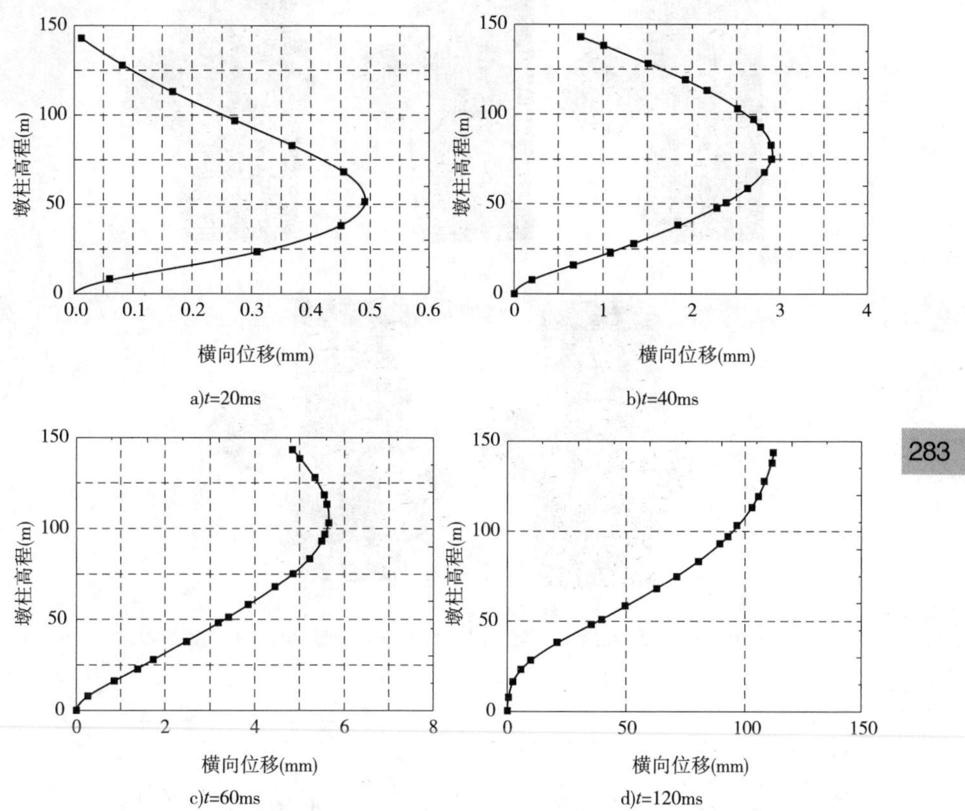

图 10.9　冲击过程墩柱位移响应

滚石动能对冲击特征的影响，设计数值模拟对比试验如下：球形滚石半径分别为 0.2m、0.4m、0.6m、0.8m、1.0m、1.2m，撞击速度分别为 8m/s、12m/s、16m/s、20m/s、24m/s 共 30 组对比试验。获得撞击力峰值与滚石半径和速度的关系如图 10.11 所示。

法向界面接触力峰值与撞击速度和滚石半径正相关，半径为 1.2m 的球形滚石以 24m/s 速度正撞墩柱，瞬时撞击力峰值达到 33.9MN，相当于 5 000t 级进江海轮按正常航行速度撞击桥梁下部结构的撞击力标准值，而此情况

下滚石的质量仅为18.8t，此时通过扩大截面面积与提高配筋方式来提高截面抗力已经不现实。

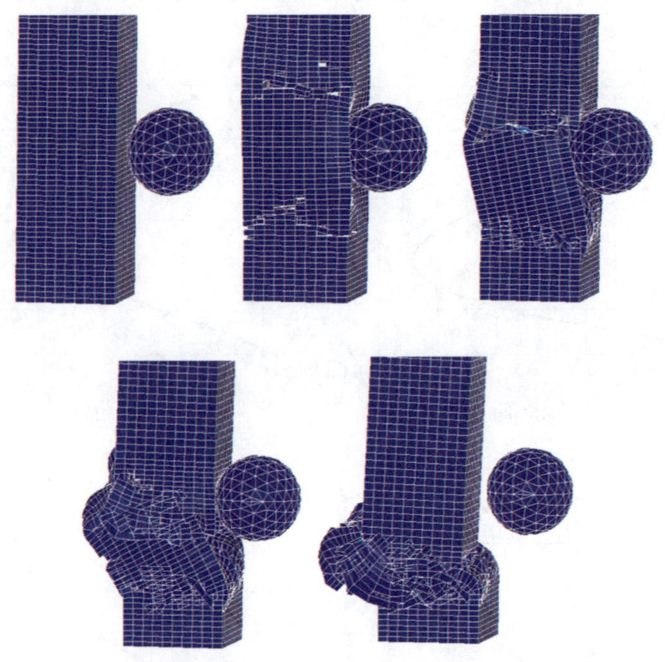

图10.10　极端冲击条件下墩柱倒塌过程（滚石质量40t，冲击速度20m/s）

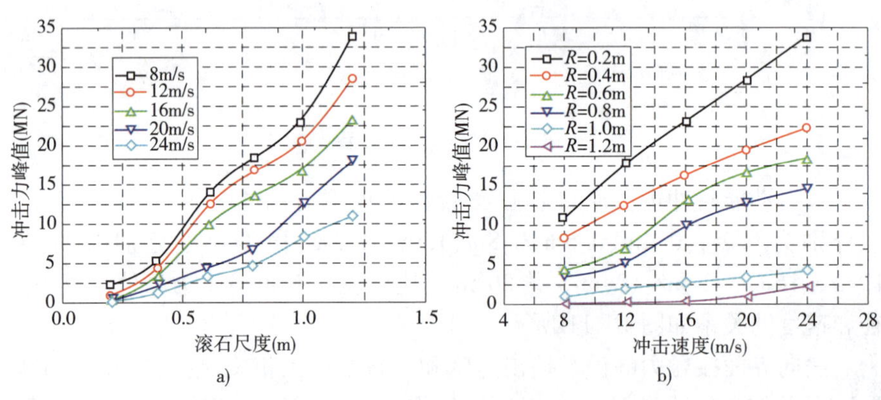

图10.11　冲击荷载峰值与滚石粒径、冲击速度关系

10.3.2 混凝土箱梁冲击分析

1)分析方法

相比于滚石撞击造成下部结构失效,使结构垮塌而发生损毁事故,滚石坠落桥面造成桥梁结构损毁严重的事故概率很低,但该事态的发生频率更高、从桥梁结构风险评估角度分析,综合考虑概率和损失,滚石坠落桥面风险事态等级更高。图10.12为西汉高速某桥梁滚石撞击混凝土护栏以及汶川地震中滚石砸穿桥面板图。

a)落石击中混凝土护栏

b)落石贯穿桥面板

图10.12 桥梁上部结构滚石冲击事故

冲击分析中钢筋与混凝土相互作用一般采用分离模型或整体模型。分离模型以钢筋单元与混凝土单元共用节点或耦合临近节点速度与加速度方式实现,整体模型则通过修正素混凝土材料模型参数近似模拟钢筋混凝土材料特性。冲击问题持续时间短和应变速率高使得两种方法的局部冲击响应计算值差别不大。

2)算例

(1)模型参数

如图箱梁为单箱单室截面,采用C50混凝土浇筑,计算弹性模量为3.45×10^4MPa,顶板宽16.25m,底板宽8.25m,两侧翼缘宽均为4m,顶板厚度由20~75cm渐变,底板厚30cm,腹板厚50cm。建立模型段主梁长度为10m,使用显式实体单元SOLID164划分网格,撞击位置在2m×2m范围内,网格尺度为5cm。滚石使用六面体SOLID164单元划分网格。本算例中混凝土箱梁几何尺寸及有限元模型见图10.13。

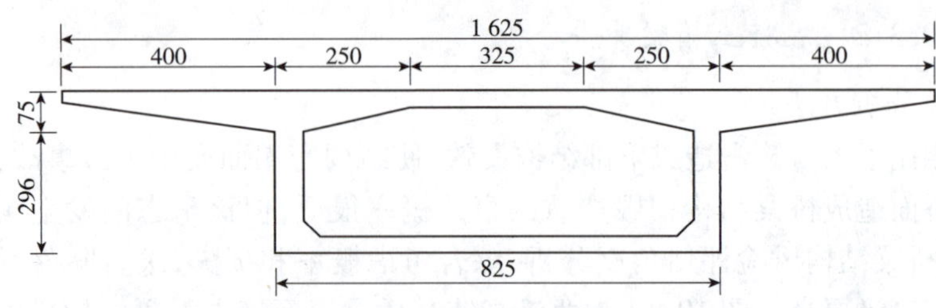

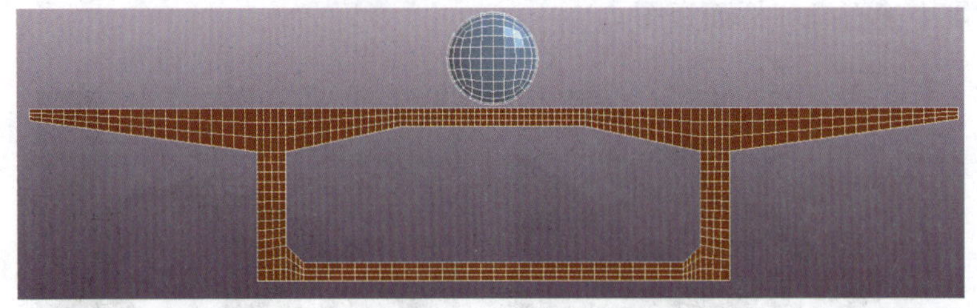

图 10.13　混凝土箱梁几何尺寸及有限元模型(尺寸单位:cm)

分析中,首先以损伤模型试算,当在小动能冲击下梁体变形在弹性范围内时,选用线弹性模型模拟混凝土,在大动能冲击下梁体破坏严重时,选择考虑应变率强化和包括破坏损伤的 96 号模型,滚石与箱梁的接触算法在小动能冲击时,选择自动面接触(ASTS),而当大动能滚石撞击时滚石表层单元失效,此时,使用考虑滚石与下层单元继续建立接触模型的侵彻接触(ESTS),对梁体不同位置处的滚石撞击(图 10.14)响应特征进行数值模拟分析。

a)翼缘板撞击

b)腹板位置撞击

c)顶板中心撞击

图 10.14　撞击位置示意图

(2)结果分析

由不同撞击位置关键截面的位移响应规律可以看出,考虑塑性和混凝土应变率强化效应后,节点位移响应峰值最大的撞击位置是撞击顶板中心。此时,不同截面的位移响应存在明显的滞后特征,这是应力波传递时间的原因，顶板中心节点位移显著高于其他位置撞击位移，撞击腹板位置时，局部响应特征并不明显，各关键截面的位移响应值差异不大。

使用考虑损伤和应变率的 BRITTLE_DAMAGE 模型模拟钢筋混凝土，并通过 * MAT_ADD_EROSION 卡片控制混凝土失效。通过有限元模拟大动能滚石撞击顶板中心的薄弱区域，混凝土箱梁破坏形式以撞击局部的侵彻破坏为主，整体响应不显著，如图 10.15 所示。

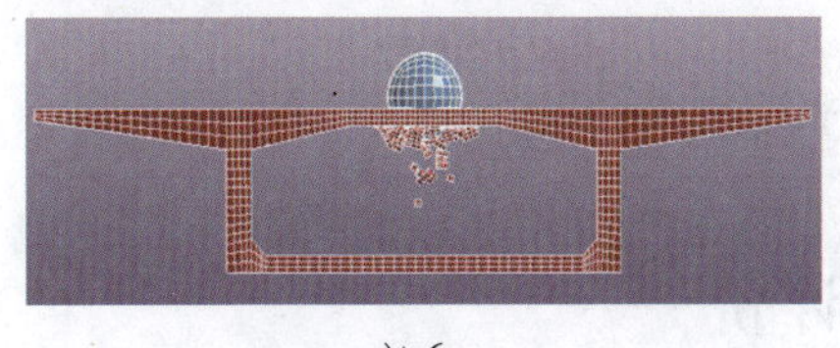

a) t=6ms

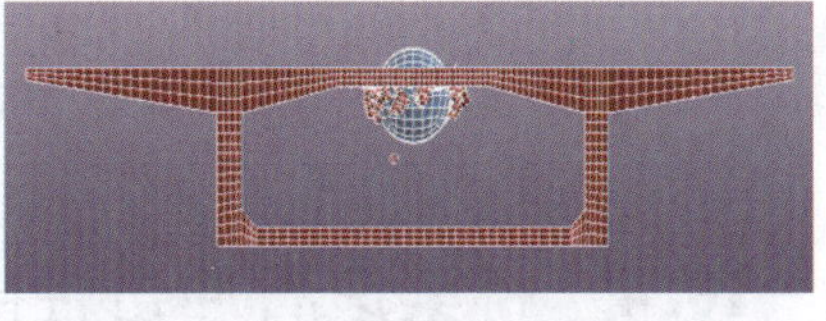

b) t=12ms

图 10.15　中心撞击失效模式

如图 10.16 所示，冲击位置靠近腹板时，箱梁整体响应更为显著，不会出现显著侵彻破坏，顶板裂缝除边界条件处破坏外，撞击处以横向裂缝为主，同时腹板竖向裂缝迅速开展，并逐渐与地板裂缝交汇，地板裂缝由撞击位置下侧逐渐向横桥向方向开展，同时翼缘裂缝沿横桥向方向开展，若继续增加撞击能量，裂缝继续开展并汇合，箱梁将以横向断裂为破坏模式。

a) t=6ms

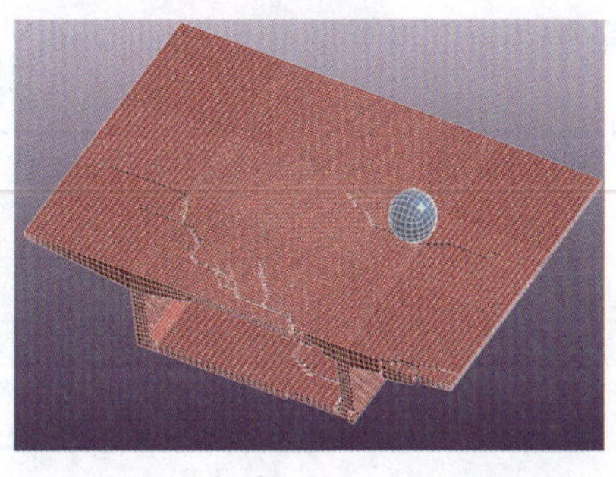

b) t=12ms

图 10.16　腹板位置撞击失效模式

如图 10.17 所示，翼缘板位置撞击，破坏模式为翼缘板切削破坏。主裂缝沿顺桥向发展，箱梁响应以撞击侧翼缘板局部响应主导，大面积翼缘板混凝土撞击破坏脱落。

a)t=6ms

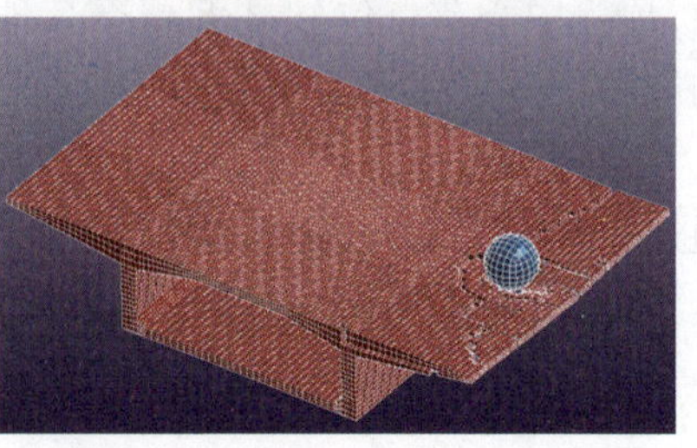
b)t=12ms

图 10.17 翼缘撞击失效模式

10.4 桥梁滚石冲击性能评价

10.4.1 滚石冲击效应的确定性评价方法

1)滚石简化冲击荷载

我国规范中对于桥梁下部结构船舶撞击、汽车撞击验算采用等效静力方法进行,我国《公路桥涵设计通用规范》(JTG D60—2004)建议当缺乏实际的调查资料时,内河航道上船舶撞击作用标准值按表 10.2 取用。ASSHTO LRFD 规范中给出了船舶撞击墩柱和汽车撞击墩柱的等效静力荷载标准值,建议在没有防护装置的桥梁墩柱上,以 1 800kN 的等效静力验算墩柱抗剪能力。

内河船舶撞击作用标准值　　表 10.2

内河航道级别	船舶吨位 DWT(t)	横桥向撞击作用(kN)	顺桥向撞击作用(kN)
一	3 000	1 400	1 100
二	2 000	1 100	900
三	1 000	800	650
四	500	550	450
五	300	400	350
六	100	250	200
七	50	150	125

滚石对墩柱的冲击作用与船撞、车撞问题有一定的相似性。船舶冲击荷载持续时间一般在 0.6 ~ 1.2s,汽车撞击速度更快,冲击荷载持续时间在 0.1 ~ 0.2s。滚石刚度相对较大,与桥梁下部结构接触过程中变形微小,其冲

击荷载持续时间在0.04s以内。滚石冲击荷载波形表现为持续时间极短而荷载峰值极高的脉冲波，部分学者的研究中建议以半波正弦曲线形荷载来近似模拟滚石冲击荷载。

（1）经验公式法

现有研究中对滚石等效冲击静力值的确定以基于回归分析的等效静力法为主。具有代表性的包括，路基规范中有关落石冲击力的计算方法、隧道手册方法、杨其新等人基于模型试验建立的落石冲击力计算经验公式、日本道路协会基于Hertz接触理论和模型试验总结的经验公式以及Labiouse等通过落石冲击试验建立落石冲击力计算的经验公式。上述公式中，日本道路协会计算的冲击力值最大，而隧道手册计算的冲击力值最小，并且两者在某些计算工况下相差近百倍。滚石对桥梁的冲击作用与自由落体滚石对地面的冲击荷载有一定的相似性，但也存在着明显的差异，滚石与桥梁结构撞击中，界面接触刚度远大于撞击地面，表现在接触时间更短，而冲击峰值更大。

（2）数值分析法

部分学者的研究中，利用非线性有限元方法求解冲击碰撞问题时，通过对大量的数值计算结果分析回归冲击荷载的表达式。通过选择合理的材料模型、合理的单元积分方法以及足够精细的网格划分尺度，可以保证足够的求解精度，能够准确地考虑混凝土和钢筋材料的率相关特征和损伤软化特征。通过选择适当的接触算法，用数值方法可以模拟冲击过程的桩土联合作用（图10.18和图10.19）。这在冲击试验中很难进行，同时数值法在进行关键参数的敏感性分析中具有显著的优势。

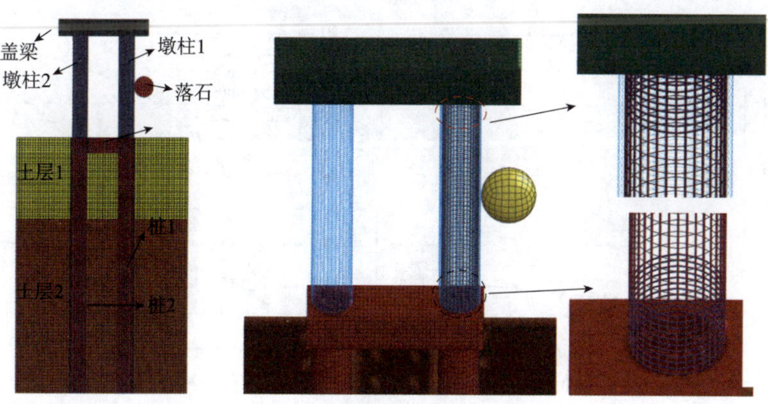

图10.18　滚石冲击荷载确定的有限元方法

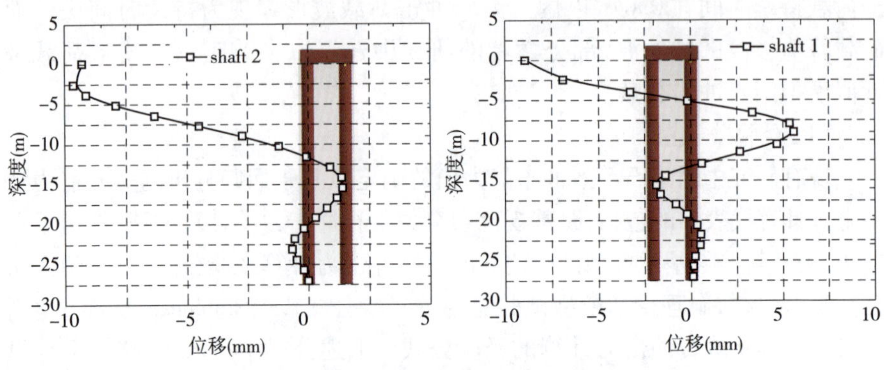

图 10.19　滚石撞击过程桩基变位

滚石冲击力峰值关键影响参数为滚石质量与冲击速度，参照冲击荷载典型表达式形式建立滚石冲击力峰值与滚石质量、冲击速度关系如式(10.1)所示。

$$F_{\max} = km^a v^b \tag{10.1}$$

式中：$F_{\max}$——滚石冲击力峰值；

m——冲击滚石质量；

v——瞬时冲击速度；

a、b——待定常数。

由冲击力峰值与滚石质量、冲击速度关系（图 10.20）有限元分析结果，取式(10.1)中速度项为一次，则式(10.1)简化为：

$$F_{\max} = km^a v \tag{10.2}$$

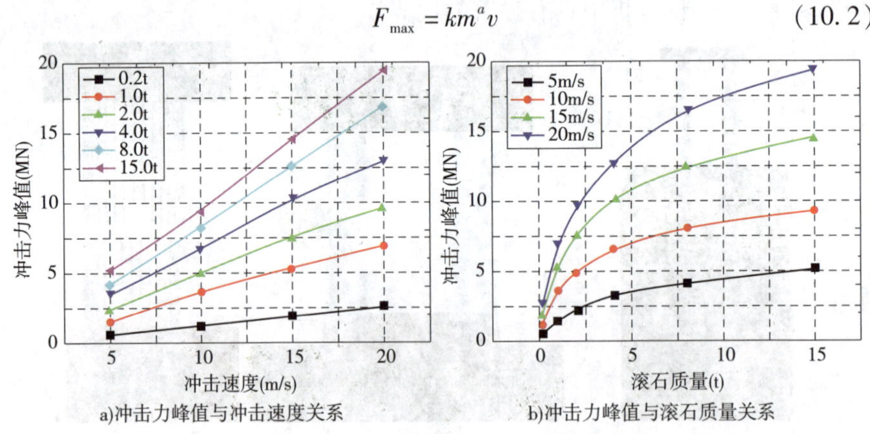

图 10.20　冲击力峰值与冲击速度、滚石质量关系

取拟合参数均值,获得滚石冲击力近似计算公式为:

$$F_{max} = 0.379m^{0.345}v \tag{10.3}$$

2)截面抗力计算方法

(1)Priestley 等人的研究

Priestley 等人根据实验结果,认为轴向压力对截面抗力的强度影响是一个单独的因素,其提出的公式中钢筋混凝土柱的抗剪能力包括三项。

$$V_d = V_s + V_c + V_p \tag{10.4}$$

混凝土贡献为:

$$V_c = k\sqrt{f'_c}A_e \tag{10.5}$$

式中:k——随塑性区曲率延性增加而下降的系数。

箍筋贡献为:

$$V_s = \frac{A_y f_{yh} D'}{S}\cot\theta \tag{10.6}$$

式中:θ——弯剪裂缝和墩轴线夹角,取为 30°。

轴压力贡献为:

$$V_p = P\tan\alpha \tag{10.7}$$

$$\alpha = \frac{D-c}{2a} \tag{10.8}$$

式中:α——墩轴线与荷载作用点危险截面的弯曲受压中心点连线的夹角;

D——全截面深度或直径;

c——弯曲受压区高度;

a——危险截面到反弯点距离,悬臂墩柱取墩柱高度,墩柱顶端固结时取为墩柱高度的一半。

(2)美国应用技术委员会 ATC-32 公式

ATC-32 公式提出的名义剪切强度由两部分组成,一部分剪切强度由混凝土提供;另一部分剪切强度则由箍筋提供。

$$V_n = V_c + V_s \tag{10.9}$$

混凝土贡献按下式计算:

$$V_c = 0.17 \times \left[1 + \frac{P_e}{13.8 \times A_g}\right]\sqrt{f'_c}A_e \tag{10.10}$$

式中:P_e——墩柱轴压力;

A_g——桥墩全截面面积；

A_e——有限剪切面积 $A_e=0.8A_g$。

箍筋影响按下式计算：

矩形截面

$$V_s=\frac{A_y f_{yh} d}{S} \tag{10.11}$$

圆形截面

$$V_s=\frac{\pi}{2}-\frac{A_b f_{yh} D'}{S} \tag{10.12}$$

式中：A_y——平行于剪切方向的箍筋面积；

A_b——单肢箍筋面积；

f_{yh}——箍筋屈服强度；

d——计算方向箍筋间距；

D'——圆形箍筋环直径；

S——箍筋间距。

(3)美国加州运输局 Caltrans 公式

Caltrans 公式是在 ATC-32 基础上的改进，使得计算参数更为具体。混凝土贡献计算如下：

$$V_c=\text{factor1}\times\text{factor2}\times\sqrt{f'_c}<0.33\sqrt{f'_c} \tag{10.13}$$

其中

$$\text{factor1}=\frac{\beta_s f_{yh}}{12.5}+0.305-0.083\mu_d \tag{10.14}$$

$$(0.025<\text{factor1}<0.25) \tag{10.15}$$

$$\text{factor2}=1+\frac{P_c}{13.8\times A_e}<1.5 \tag{10.16}$$

(4)日本规范公式

日本规范公式提供的桥墩抗剪能力由两部分组成。

$$P_s=S_c+S_s \tag{10.17}$$

$$S_c=10C_c C_e C_{pt}\tau_c bd \tag{10.18}$$

$$S_s=\frac{A_w\sigma_{sy}d(\sin\theta+\cos\theta)}{10\times1.15a} \tag{10.19}$$

式中：S_c——混凝土抗剪强度；

τ_c——混凝土抗剪应力；

C_c——作用效应参数；

C_e——有效截面高度修正系数；

C_{pt}——纵筋率系数；

b——墩柱截面宽；

d——截面有效高度；

S_s——箍筋抗剪强度。

对上述公式进行简化：

$$P_s = \frac{1}{100} \times \frac{C_c C_g C_{pt} \tau}{\sqrt{f'_c}} + \frac{\sin\theta + \cos\theta}{1.15} \times \frac{A_w \sigma_{sy} d}{a} \tag{10.20}$$

(5)《公路桥涵抗震设计细则》公式

我国《公路桥涵抗震设计细则》中，墩柱塑性铰区域沿顺桥向和横桥向的斜截面抗剪能力按下列公式验算。

$$V_{CO} < \phi(0.0023\sqrt{f'_c}A_e + V_s) \tag{10.21}$$

$$V_s = 0.1\frac{A_k b}{S_k}f_{yh} < 0.067\sqrt{f'_c}A_e \tag{10.22}$$

式中：V_{CO}——抗剪能力设计值；

f'_c——混凝土抗压强度标准值；

V_s——箍筋提供的抗剪能力；

A_e——核心混凝土面积；

A_k——同一截面箍筋的总面积；

S_k——箍筋间距；

f_{yh}——箍筋抗拉强度设计值；

b——沿计算方向墩柱宽度；

ϕ——抗剪能力折减系数，取为0.85。

10.4.2 滚石冲击效应的概率评价方法

滚石与下部结构的冲击过程受诸多不确定性因素影响。需求方面，冲击荷载受滚石冲击速度和滚石质量不确定性影响显著，同时撞击墩柱位置的差别也一定程度影响冲击需求分布。能力方面，截面几何特征、混凝土材料、钢筋材料的物理、力学特征不确定性对截面能力影响显著。其中混凝土强度、钢筋强度、混凝土面积、截面高度分布规律参考表 10.3。

抗力随机变量统计参数　　表 10.3

随机变量	分布类型	标准值	变异系数
C30 混凝土抗压强度	正态	1.42	0.17
二级钢筋屈服强度	正态	1.22	0.0743
截面宽度、高度	正态	1.0	0.02
截面有效高度	正态	1.0	0.03
圆形截面面积	正态	1.0	0.01
纵筋截面面积	正态	1.0	0.03
混凝土保护层厚度	正态	0.85	0.3
箍筋平均间距	正态	0.99	0.07

1)分析流程

结构可靠度理论是考虑到工程结构设计中存在着诸多不确定性而产生和发展的一种理论,不确定性是指出现和发生的结果是不确定的,需要使用不确定的理论和方法进行分析和推断。桥梁结构滚石冲击作用下的概率评价首先需要确定结构冲击作用下的失效模式,在此基础上构建荷载需求表达式以及结构能力表达式,以此建立结构极限状态方程。在此基础上,考虑极限状态方程中各参数的不确定性计算结构在规定时间内规定条件下完成预定功能的概率。结构完成预定功能的概率与预期设定目标的关系用于结构状态评价,进一步指导对当前状态结构需要采取的策略做出决策。滚石冲击概率评价流程见图 10.21。

2)算例

(1)极限状态方程

以墩柱滚石冲击为例进行分析,考虑墩柱冲剪失效模式建立极限状态方程。以滚石冲击力峰值作为作用效应 S,墩柱抗剪能力作为结构抗力 R。建立墩柱撞击极限状态方程如下:

$$Z = R - S = \phi\left(0.002\,3\sqrt{f'_{c}}A_{e} + 0.1\frac{A_{k}b}{S_{k}}f_{yh}\right) - 0.379m^{0.345}v \tag{10.23}$$

对于方程中各个变量的数字特征汇总如表 10.4 所示。

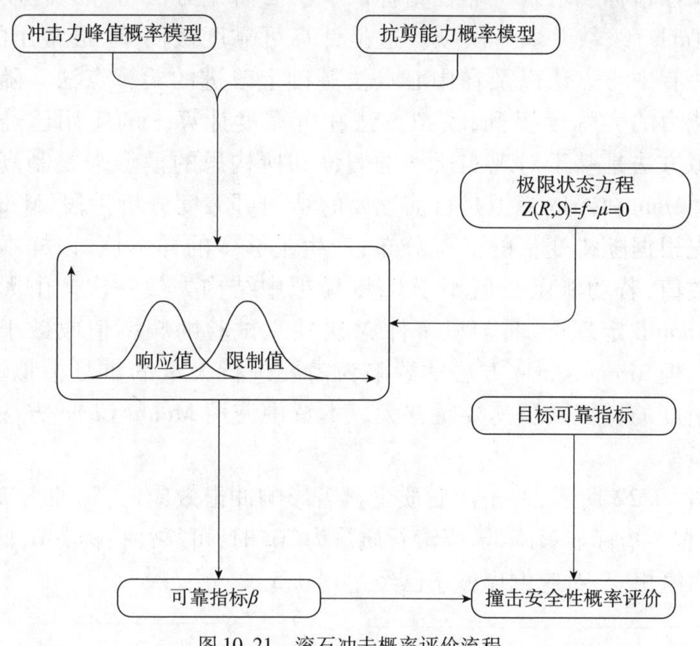

图 10.21　滚石冲击概率评价流程

极限状态方程参数概率分布　　表 10.4

类　别	随机变量	分布类型	标准值	变异系数
作用效应	v	正态	15m/s	0.3
	m	正态	40t	0.3
结构抗力	f_c	正态	14.3MPa	0.17
	f_{yh}	正态	210MPa	0.07
	b	正态	50cm	0.02
	A_c	正态	2 400cm^2	0.03
	A_k	正态	0.05cm^2	0.03
	S_k	正态	20cm	0.07

(2)极限状态方程求解

结构可靠性指标比较直观而且便于实际应用。它是在功能函数服从正态分布的条件下定义的,在此条件下与失效概率有精确的对应关系。而对于任意分布的基本随机变量且任意形式的功能函数,则无法直接计算结构的可靠性指标。求解可靠性指标的一次二阶矩方法将非线性功能函数展开成Taylor级数并取一次项。这是计算可靠度最简单、最常用的方法，基本方法有中心点法以及在中心点法基础上改进的验算点法。随着计算机运算能力的大幅度提升，模拟方法在可靠度计算中的应用已经非常普遍。模拟方法是基于对现实所做的假设和所构思的模型来复制真实世界的过程。Monte Carlo模拟是目前重要的结构可靠度分析手段，Monte Carlo模拟首先根据随机变量的概率分布，产生足够多的样本值，以样本值计算功能函数值，若功能函数值小于0，则模拟中结构失效一次。由大数定律中的Bernoulli定理可知，随机事件N次独立试验的频率值收敛于该事件的概率。但Monte Carlo方法的缺陷为需要进行大量的重复模拟试验，保证计算精度的模拟次数需要足够大。本章中使用Monte Carlo方法计算结构失效概率。

如图10.22所示，冲击滚石质量显著影响冲击效应值，随冲击滚石质量增加，可靠性指标显著降低，当滚石质量为70t时，可靠性指标为0，此时抗力与效应均值相等，对应倒塌概率已经达到0.5。

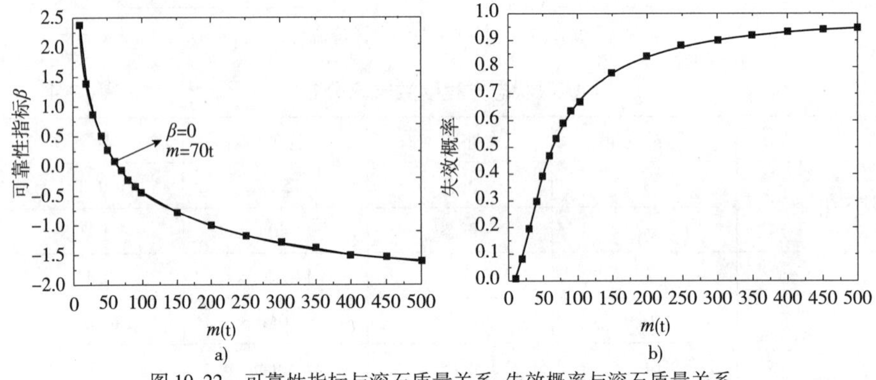

图10.22　可靠性指标与滚石质量关系，失效概率与滚石质量关系

由图10.23可以看出，随着冲击速度的增加，失效概率也显著增加，而可靠性指标显著降低。当冲击速度为6m/s时，可靠性指标为4.107 5；而当冲击速度为12m/s时，可靠性指标仅为1.031 7，对应的失效概率高达0.151 1。

由图10.24可以看出，失效概率随冲击方向墩柱截面宽度增加而降低，截面尺寸在1m以内，冲击失效概率均在5%以上。由此可以得出，山区桥梁单纯增加墩柱截面宽度虽能够降低撞击失效概率，但并非最优方案。箍筋间距与失效概率关系如图10.24所示。

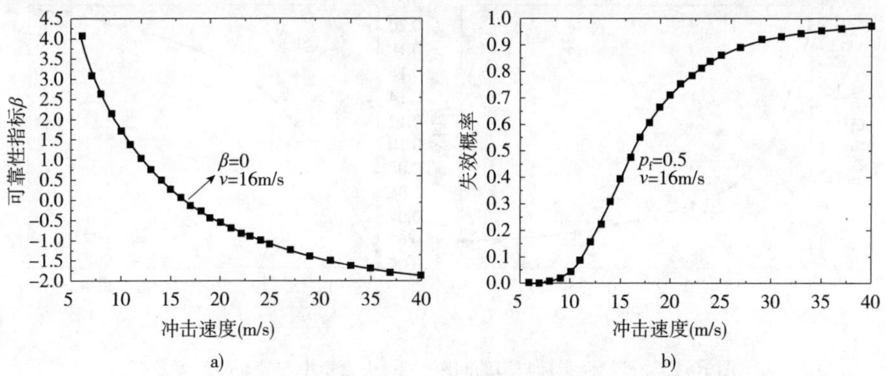

图 10.23　可靠性指标与冲击速度关系，结构失效概率与冲击速度关系

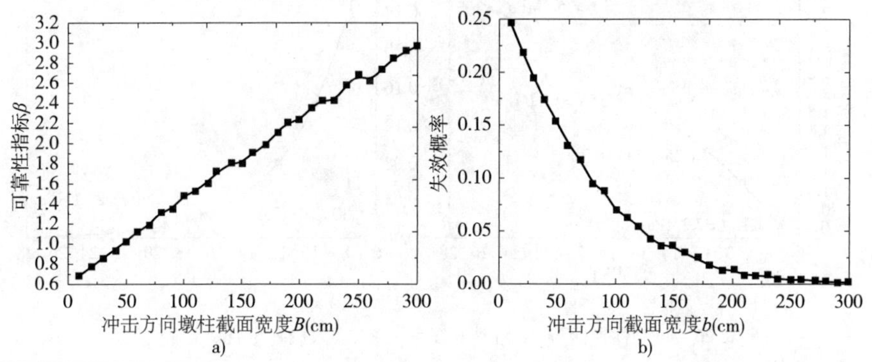

图 10.24　可靠性指标与冲击方向墩柱截面宽度关系，失效概率与冲击方向截面宽度关系

由图 10.25 可以看出，箍筋间距对墩柱剪切承载能力影响显著，箍筋间距越小，结构失效概率越低，可靠性指标越高。混凝土强度等级参数敏感性分析，未考虑混凝土用于下部结构时的强度，只进行了变化规律分析。分析了强度从 C15 ~ C60 的 10 个等级的混凝土，分别使用 Monte Carlo 方法进行失效概率计算，分析结果如图 10.26 所示。

由图 10.26 可以看出，混凝土强度等级对撞击失效概率影响显著，随着混凝土强度等级的提高，冲击失效概率显著降低。C15 混凝土失效概率为 0.26，C60 混凝土计算结果则为 0.001 1。可靠性指标分析结果表明，随着混凝土强度等级增加，可靠性指标近似呈线性增大。在本章建立冲击功能方程的前提下，C60 混凝土可靠性指标约为 C15 混凝土的 5 倍。

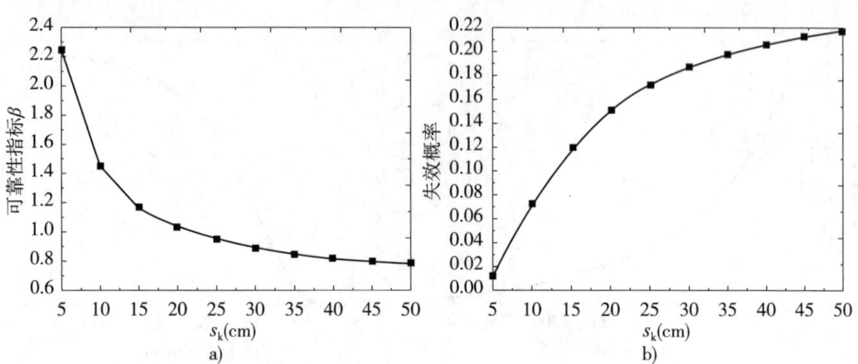

图 10.25　可靠性指标与箍筋间距关系,失效概率与箍筋间距关系

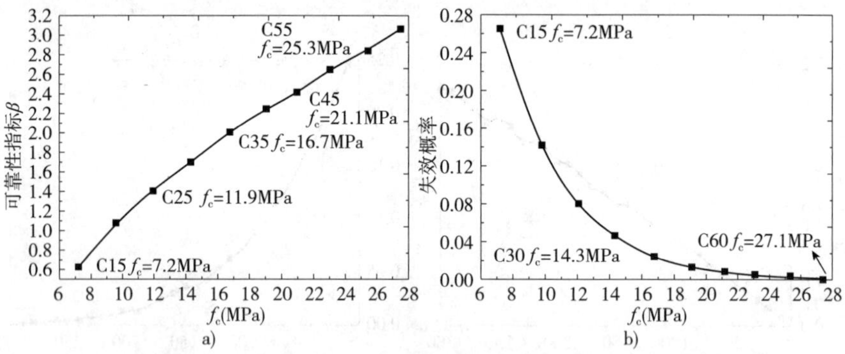

图 10.26　可靠性指标与混凝土强度等级关系,失效概率与混凝土强度关系

10.5　结语

本章应用基于恢复系数的滚石—边坡相互作用方法进行了滚落数值模拟试验,通过多次重复试验获得滚石冲击桥梁位置的概率分布和冲击动能分布,利用两阶段分析方法结合隐式—显式序列求解技术开展了桥梁下部结构滚石作用下的局部损伤和动力响应分析。并从确定性和概率角度分别给出了桥梁下部结构滚石冲击性能评价方法,研究表明:

(1)滚石与桥梁结构作用过程是瞬态的,在很短的接触时间内发生剧烈的能量释放与能量转换。冲击效应既包括压碎、层裂等局部冲击损伤特征也包括结构位移、钢筋屈服和区域开裂等全局响应特征。因此分析中既要

考虑应力波在厚度方向的传播、反射和卸载过程，也要考虑结构长度方向弯矩和剪力引起的整体变形和运动。

(2)虚拟试验技术在处理滚石冲击问题上具有显著优势，在适当的材料模型和单元积分方法以及足够精细的网格尺度下，能够分析难于进行试验的复杂系统冲击问题，获得桥梁系统在冲击过程中的桩—土相互作用规律、结构局部损伤特征以及结构整体的非线性响应特征。

(3)撞击位置的不确定性和冲击荷载的短脉冲宽度、高峰值特征使得应用于桥梁下部结构船舶、车辆撞击设计的等效静力方法在桥梁滚石冲击设计中适用性很低。质量20t、冲击速度15m/s的滚石的冲击荷载峰值与5 000t级海轮撞击力标准值相当。因此，通过增加截面抗力的方法降低结构失效概率不现实，应以降低滚石冲击需求方式提高结构可靠性指标。

本章参考文献

[1] HOEK E. Practical rock engineering [M]. Rocscience. 2000.

[2] EVANS S, HUNGR O. The assessment of rockfall hazard at the base of talus slopes [J]. Canadian Geotechnical Journal, 1993, 30(4): 620-636.

[3] GUZZETTI F. Landslide fatalities and the evaluation of landslide risk in Italy [J]. Engineering Geology, 2000, 58(2): 89-107.

[4] GUZZETTI F, CROSTA G, DETTI R, et al. STONE: a computer program for the three-dimensional simulation of rock-falls [J]. Computers & Geosciences, 2002, 28(9): 1079-1093.

[5] CHAU K, WONG R, LIU J, et al. Rockfall hazard analysis for Hong Kong based on rockfall inventory [J]. Rock mechanics and rock engineering, 2003, 36(5): 383-408.

[6] AZZONI A, LA BARBERA G, ZANINETTI A. Analysis and prediction of rockfalls using a mathematical model [C]//Proceedings of the International journal of rock mechanics and mining sciences & geomechanics abstracts, F, 1995.

[7] KEYLOCK C, DOMAAS U. Evaluation of topographic models of rockfall travel distance for use in hazard applications [J]. Arctic, Antarctic, and Alpine Research, 1999, 312-320.

[8] BUNCE C,CRUDEN D,MORGENSTERN N. Assessment of the hazard from rock fall on a highway [J]. Canadian Geotechnical Journal,1997,34(3):344-356.

[9] AZZONI A,DE FREITAS M. Prediction of rock fall trajectories with the aid of in situ test [J]. Rock Mech Rock Engng,1995,28(2):111-124.

[10] CHAU K,WONG R,WU J. Coefficient of restitution and rotational motions of rockfall impacts [J]. International Journal of Rock Mechanics and Mining Sciences,2002,39(1):69-77.

[11] PITEAU D,CLAYTON R. Computer rockfall model[C]//F,1976.

[12] STEVENS W D. RocFall,a tool for probabilistic analysis,design of remedial measures and prediction of rockfalls [J]. 1998.

[13] COWPER G,SYMONDS P S. DTIC Document[R]. 1957.

[14] GOVINDJEE S,KAY G J,SIMO J C. Anisotropic modelling and numerical simulation of brittle damage in concrete [J]. International Journal for Numerical Methods in Engineering,1995,38(21):3611-3633.

[15] MURRAY Y D,ABU-ODEH A Y,BLIGH R P,2007.

[16] HALLQUIST J O. LS-DYNA keyword user's manual [J]. Livermore Software Technology Corporation,Livermore,CA,2007.

马如进 副研究员

马如进，博士，博士生导师，同济大学土木工程学院桥梁工程系副研究员。1999年毕业于同济大学桥梁工程系，获桥梁与隧道工程专业学士学位；2004年获得同济大学桥梁与隧道工程专业博士学位。2006年3月～2007年2月，在美国Texas Tech University风科学与工程研究中心从事桥梁抗风研究。近年来主要从事大跨桥梁管理与维护技术、极端作用下的桥梁设计方法及安全评估、桥梁结构振动与控制及桥梁结构设计理论等方面的研究。先后承担与参与了多项国家自然科学基金项目、国家科技支撑计划项目、交通运输部科技项目等，同时为我国近年来建成的润扬大桥、苏通大桥、杭州湾跨海大桥、泰州大桥、崇启大桥、青岛海湾大桥等近40座多重大桥梁工程提供了科技服务，参与修编行业规范2部。曾获上海市科技进步一等奖、中国公路学会科技进步特等奖、一等奖等各种省部级奖项8次。在国际与国内期刊及会议发表学术论文50余篇。